A HISTÓRIA DO CONCEITO DE *LATIN AMERICA* NOS ESTADOS UNIDOS

da linguagem comum ao discurso das ciências sociais

CONTRACORRENTE

João Feres Júnior

A HISTÓRIA DO CONCEITO DE *LATIN AMERICA* NOS ESTADOS UNIDOS

da linguagem comum ao discurso das ciências sociais

(2ª edição, revista e ampliada)

SÃO PAULO

2023

CONTRACORRENTE

Alameda Itu, 852 | 1º andar |
CEP 01421 002
www.loja-editoracontracorrente.com.br
contato@editoracontracorrente.com.br

EDITORES
Camila Almeida Janela Valim
Gustavo Marinho de Carvalho
Rafael Valim
Walfrido Warde
Silvio Almeida

EQUIPE EDITORIAL
COORDENAÇÃO DE PROJETO: Juliana Daglio
REVISÃO: Ayla Cardoso
PREPARAÇÃO DE TEXTO E REVISÃO TÉCNICA: Amanda Dorth
DIAGRAMAÇÃO: Pablo Madeira
CAPA: Gustavo André

EQUIPE DE APOIO
Fabiana Celli
Carla Vasconcellos
Regina Gomes
Nathalia Oliveira

Dados Internacionais de Catalogação na Publicação (CIP)
(Câmara Brasileira do Livro, SP, Brasil)

Feres Júnior, João
A história do conceito de Latin America nos Estados Unidos : da linguagem comum ao discurso das ciências sociais / João Feres Júnior. -- 2. ed. -- São Paulo : Editora Contracorrente, 2023.

Bibliografia.
ISBN 978-65-5396-119-7

1. America Latina - Civilização 2. América Latina - Condições sociais 3. Ciências políticas I. Título.

23-158578 CDD-320.98

Índices para catálogo sistemático:
1. América Latina : Ciência política 320.98
Aline Graziele Benitez - Bibliotecária - CRB-1/3129

@editoracontracorrente
Editora Contracorrente
@ContraEditora

SUMÁRIO

PREFÁCIO À PRIMEIRA EDIÇÃO

Os termos usados para identificar povos, culturas e regiões do mundo têm sido, nos últimos tempos, sujeitos à revisão crítica. Isso é particularmente verdadeiro na sociedade estadunidense, onde o tema do multiculturalismo e do respeito à diferença tornou-se candente. Nesse contexto, o significado desses termos de tratamento adquiriu forte significância política. A maioria dos estadunidenses de hoje concorda que termos como *niger*, usado para denominar afro-americanos; *chink*, para chineses; *kike*, para judeus; *deigo*, *guido* ou *wap*, para italianos; e outros mais, são expressões altamente pejorativas e insultuosas, e, por isso, devem ser banidas do uso comum da língua. Esse posicionamento político em relação à língua reconhece que tais termos não funcionam somente como insulto, mas também propagam representações pejorativas dessas pessoas, como a falta de caráter, preguiça, inferioridade racial e intelectual etc. – representações essas que contribuem para o rebaixamento de seu *status* social e para a restrição de seu acesso à representação política e a bens e serviços públicos.

É interessante notar, contudo, que algumas denominações étnicas escaparam dessa onda revisionista. Provavelmente porque elas não são explicitamente insultantes. Esse é o caso de *Latin*

America, um termo amplamente usado no inglês contemporâneo, e que, portanto, parece ter passado no teste do politicamente correto da sociedade estadunidense. Entretanto, acredito que o conceito de *Latin America* tem sido de fato um instrumento de representação distorcida daqueles que os estadunidenses percebem como *Latin Americans*, e, consequentemente, um meio que contribui para o tratamento assaz desigual que tem sido historicamente dispensado a essa gente, tanto àqueles que vivem ao sul do Rio Grande quanto àqueles que vivem nos Estados Unidos como imigrantes "latinos". Neste livro, examino com detalhes os significados atribuídos ao termo, tanto na linguagem comum como nos textos produzidos por especialistas das ciências sociais. Paralelamente a essa análise da semântica histórica de *Latin America*, mostro como essas percepções estiveram diretamente ligadas ao tratamento que os estadunidenses dispensaram aos seus vizinhos do sul. Portanto, apesar da história conceitual constituir o núcleo disciplinar desse trabalho, outras áreas serão necessariamente acionadas: relações internacionais, história dos Estados Unidos, história das ciências sociais e teoria política.

Minha tese principal é a de que *Latin America* tem sido definida no inglês estadunidense, tanto na linguagem comum quanto nos textos especializados, como o oposto de uma autoimagem glorificada de *America*. A título de introdução, demonstrarei essa tese por meio de um experimento semântico parcimonioso que requer apenas um mínimo de informação histórica. Mais especificamente, tratarei de mostrar que, no inglês usado hoje em dia, há uma assimetria fundamental entre a percepção de um Eu coletivo estadunidense e do Outro latino-americano.

O experimento começa com a procura de um termo semanticamente simétrico ao conceito de *Latin America* em inglês. Após encontrar alguns candidatos possíveis, examinarei os significados associados ao seu uso no inglês comum. Por fim, as implicações do uso de *Latin America* e de seus pares simétricos serão avaliadas comparativamente.

Que termo para nomear estadunidenses tem uma estrutura semântica simétrica a *Latin America*? A expressão mais usada hoje em dia é *North America*. Contudo, dado que *North* é um conceito geográfico, um ponto cardeal, e *Latin* não contém nenhum referente espacial explícito, *North America* não é um bom candidato. Os termos correlatos a *North America* seriam South e *Central America*, e não *Latin America*. Vamos supor, provisoriamente, que o adjetivo *Latin*, em *Latin America*, refere-se somente à família linguística à qual pertencem as principais línguas faladas nas Américas Central e do Sul: o português e o espanhol. Deve haver uma palavra em inglês que é tão apropriada para descrever os habitantes do continente que são falantes da língua quanto *Latin* o é para aqueles que falam português e espanhol. O candidato mais óbvio é *Anglo-Saxon*.

De fato, *Angle* e *Saxon* são os nomes de duas tribos que invadiram as ilhas britânicas no século V, e que falavam dialetos germânicos. Deve-se notar, porém, que, no uso corrente da língua, o adjetivo composto *Anglo-Saxon* refere-se, especificamente, ao inglês e às coisas inglesas. Dado que o inglês é a língua dos europeus que colonizaram os Estados Unidos, vamos escolher *Anglo-Saxon America* como primeiro candidato a par simétrico de *Latin America*. Essa não é uma escolha perfeita, pois, se aplicarmos o mesmo critério de maneira reversa, não teremos *Latin America*, mas sim *Spanish America* e *Portuguese America*, dado que essas eram as línguas dos europeus que colonizaram a parte austral do continente. Contudo, não devemos descartar esse achado, pois, como veremos, ele é prenhe de significado. Guardemo-lo para análise posterior e partamos em busca de um termo mais perfeitamente simétrico.

O substantivo *Latin* faz referência à língua originalmente falada pelos habitantes de uma região no centro-oeste da Itália conhecida como *Latium*, que foi anexada por Roma no século III a.C. Por meio de conquista violenta e expansão territorial, Roma impôs a língua latina a vários povos europeus, inclusive àqueles que habitavam o lugar que ficou conhecido como península ibérica.

O longo período de ocupação e dominação romana no oeste europeu acarretou um processo de fusão linguística que deu origem às línguas neolatinas. De maneira análoga, os anglos, saxões e jutos que invadiram a Inglaterra depois da saída das legiões romanas falavam um dialeto germânico, ou teutônico, e impuseram esse falar sobre as populações conquistadas, mormente os celtas. Por conseguinte, o inglês é considerado pela linguística uma língua germânica. Em suma, o português e o espanhol são línguas latinas da mesma maneira que o inglês é uma língua germânica. Finalmente, chegamos a um correspondente simétrico mais perfeito para *Latin America*: *Germanic* ou *Teutonic America*.

Cabe iniciar agora a segunda parte de nosso exercício: examinar brevemente os significados históricos e políticos associados a esses termos no inglês falado nos Estados Unidos. O termo *Germanic America* não é mais usado para se fazer referência às regiões e populações falantes da língua inglesa do continente. Mas isso não foi sempre assim. Durante o auge da ideologia do Pan-Germanismo, que conquistou muitos adeptos na *intelligentsia* estadunidense no século XIX, os termos *Germanic America* ou *Teutonic America* eram de uso corrente. Por que caíram em desuso? Uma série de eventos contribuiu para esse fim. Os Estados Unidos entraram na Primeira Guerra Mundial contra a Alemanha, fato que serviu para aplacar parte da solidariedade pan-Germânica que havia no país. Ainda mais decisivo parece ter sido a ascensão do Nazismo ao poder na Alemanha e o terror e o genocídio promovido por seus agentes em nome da superioridade racial Germânica. Mais uma vez, os Estados Unidos lutaram contra os alemães e se viram forçados a rechaçar, pelo menos publicamente, a doutrina tão abertamente esposada pelo inimigo de então. Essa rejeição foi ainda amplificada com o influxo de refugiados de guerra para o país, entre eles, pessoas que tinham sido perseguidas pelo regime nazista. Em suma, por razões históricas e políticas, o termo *Germanic America* deixou de ser usado pela maioria da sociedade estadunidense, resistindo apenas em alguns discursos de *White Supremacists* que ainda professam abertamente a superioridade da raça que imaginam ter.

Vamos agora examinar nosso par simétrico mais imperfeito: *Anglo-Saxon America*. A ideia de uma herança anglo-saxônica tem sido um componente forte na confecção da identidade nacional estadunidense. Claramente associado com o pan-Germanismo durante o século XIX, esse termo gozou de uma recepção mais ampla e acabou por sobreviver até os dias de hoje. Contudo, as sucessivas reformas do politicamente correto por que passou a sociedade estadunidense, principalmente após o *Civil Rights Movement* dos anos 1960, fizeram com que o discurso de glorificação aberta dessa herança se tornasse mais restrito a autores e movimentos de direita e de extrema-direita no país. No atual contexto da sociedade estadunidense, a celebração das diferenças étnicas e das tradições das minorias é encorajada, enquanto o anglo-saxonismo explícito é visto com reservas, pois essa ideologia pode ser facilmente associada à continuação de práticas segregacionistas e de exclusão de minorias.

Se, por um lado, *Anglo-Saxon America* parece um candidato possível a par simétrico de *Latin America*, por outro, as conotações políticas associadas a cada termo são muito diferentes: enquanto *Latin America* frequentemente assume um significado geográfico descritivo, pelo menos na superfície, *Anglo-Saxon America* carrega conotações racistas claras. Em outras palavras, quando considerados do ponto de vista pragmático do uso, esses conceitos não são simétricos. Essa diferença real pode ser alternativamente constatada se examinarmos comparativamente a questão da afirmação de identidades. Enquanto alguns estadunidenses podem eventualmente identificar-se como anglo-saxões, a maioria absoluta dos afro-americanos, indígenas (*Native Americans*), asiático-americanos (*Asian Americans*), latinos e mesmo ítalo-americanos e judeus rejeitam esse rótulo. Contudo, essa liberdade de identificação é negada aos *Latin Americans*. Apesar de extremamente diversas, as populações dos países compreendidos sob o rótulo de *Latin*

America são, do ponto de vista estadunidense, igualmente *Latin American*: um negro brasileiro é um *Latin American* da mesma maneira como um indígena Guarani do Paraguai ou um argentino de ascendência judaica. Ou seja, mesmo que os processos coloniais pelos quais passaram os países do Novo Mundo tenham sido semelhantes no tocante à produção de populações multiétnicas, os estadunidenses se outorgam o direito de escolher usar identidade hifenizada, enquanto os outros, aqueles que vivem abaixo do Rio Grande, recebem rótulo indelével de latinos (*Latins*).

Se os pares simétricos de *Latin America* caíram em desuso por razões históricas e políticas, por que *Latin America* persiste como expressão politicamente aceitável? Ora, não seria esse um caso de dois pesos, duas medidas? Se *Anglo-Saxon* e *Germanic* são termos-chave de discursos racistas, não seria *Latin* um termo da mesma estirpe? Mas, se essa intuição está correta, se *Latin America* também é um termo-chave de um discurso racista, esse discurso deve ter uma natureza diferente do pan-germanismo ou do anglo-saxonismo, pois não aparece de maneira explícita. Uma tese auxiliar desse trabalho é a de que o discurso das ciências sociais contribui para esse ocultamento.

Como esse experimento preliminar deixa antever, há algo de estranho, de não familiar, para evitar o chavão Shakespeareano, na semântica do conceito de *Latin America* em inglês. Nos capítulos que se seguem, tentarei desvendar esse mistério.

PREFÁCIO À SEGUNDA EDIÇÃO

Cientistas sociais são muitas vezes motivados pelos problemas que enxergam no mundo, particularmente os que adotam uma posição crítica, como é o meu caso. Essa pretensão de questionar práticas e valores estabelecidos está presente desde a fundação da filosofia ocidental, na atitude do Sócrates platônico em relação à cidade e aos costumes que o cercavam, e é particularmente explícita nas várias vertentes de teoria crítica que surgiram a partir do Iluminismo, algumas delas engajadas em ligar o plano da reflexão com práticas de transformação real do mundo. É verdade que a capacidade média de um pensador mudar o mundo é próxima de zero, pois somos muitos, e as relações sociais e as instituições que estruturam nossa vida coletiva têm suas fundações em costumes sedimentados e em interesses intensos e bastante "frescos". É provavelmente por isso que nossos textos frequentemente assumem a humilde expectativa de "contribuir para o debate" acerca de algum tema específico. Mas também é inegável a constatação de que sobrevive em alguns de nós, profissionais acadêmicos, ainda que atenuada, a velha pretensão de mudar o mundo.

A obra que segue não pertence ao rol daquelas dotadas de humildes pretensões. Na verdade, sequer poderia dizer que ela foi escrita com o intuito de contribuir para um debate acadêmico, pois esse debate simplesmente não existia na época em que foi escrita, na virada do século XXI. O objetivo maior dela é bem claro: confrontar os *Latin American Studies* como um todo, ou seja, como projeto intelectual, institucional e político, mostrando que ele se assenta sobre bases cientificamente inanes, moralmente reprováveis e politicamente inaceitáveis, particularmente para aqueles nomeados como latino-americanos.

Desde a defesa de minha tese, no departamento de Ciência Política do Graduate Center da City University of New York, em dezembro de 2002, muita coisa se produziu acerca de temas correlatos nas vertentes acadêmicas conhecidas como estudos pós-coloniais, estudos da subalternidade, estudos decoloniais e outras denominações geralmente associadas com abordagens pós-estruturalistas. Como o leitor poderá notar ao ler o livro, já naquela época, eu notava o surgimento dessas tendências acadêmicas e marcava algumas diferenças entre elas e meu esforço. A meu ver, tais diferenças ainda continuam verdadeiras, a despeito do tempo transcorrido até os dias de hoje, entre elas, a excessiva importância que tais abordagens dão aos textos literários – muito provavelmente por vício epistêmico da formação profissional dos autores –, sua falta de sistematicidade, sua debilidade metodológica diante das pretensões de alto grau de generalização de suas teses e seu foco excessivo na linguagem sem contextualização suficiente de seu uso e eficácia. O esforço que empreendo é, sim, concentrado no uso da linguagem, mas, ao mesmo tempo, pretende dar conta de sanar essas faltas e falhas.

Podemos dizer que o objetivo maior do trabalho é mostrar como os *Latin American Studies* funcionam, desde que foram criados, não como uma empreitada intelectual axiologicamente neutra, mas como uma articulação institucional produtora de (1) justificativas públicas para relações altamente assimétricas entre os Estados Unidos – seu lugar de produção – e os países latino-americanos – seu objeto de estudo, e de (2) uma pedagogia que ensina consecutivas gerações de estadunidenses acerca da inferioridade moral, intelectual e racial daqueles classificados como latino-americanos perante um modelo estadunidense altamente chauvinista. É escandalosa, do ponto de vista do intelecto, a pretensão de que tantos preconceitos e interesses maldisfarçados sejam propalados sob o manto da neutralidade axiológica.

Mas eu sabia que aquilo que para mim se revelava escandaloso era, em grande medida, invisível para a maior parte das pessoas. Os estadunidenses da academia, sejam eles latino-americanistas ou não, são treinados para não perceberem o conteúdo tóxico produzido pelos *Latin American Studies*. Mesmo aqueles mais treinados na hermenêutica da desconfiança do pensamento crítico tinham dificuldade de notá-lo, muitas vezes, por puro desinteresse. Com o tempo, passei a notar que muitos latino-americanistas reagem a meu livro como uma ameaça a sua própria razão de ser. Considero isso um elogio.

Voltei ao Brasil em 2003 e, no ano seguinte, meu trabalho ganhou o prêmio de melhor tese da ANPOCS, o que redundou em sua publicação. As reações que colhi da academia brasileira foram de dois tipos. Um grande entusiasmo vindo das áreas da história do pensamento, da sociologia, da teoria política e até das relações internacionais, mas certa frieza advinda da ciência política mais *hard*. Isso é compreensível, dado que, a despeito de sua multidisciplinariedade, meu trabalho é fortemente baseado em teoria política normativa e teoria da história e contém, inclusive, uma contribuição original a essas áreas, que é a tipológica das formas de desrespeito impetradas por meio da linguagem, o que denomino oposições assimétricas.

Atribuo, contudo, parte da indiferença advinda da ciência política *hard* à grande influência de autores estadunidenses, da formação desse campo até os dias de hoje. Muitos desses autores, inclusive, são latino-americanistas, ou seja, formados na "ciência da *Latin America*" produzida nos Estados Unidos. Isso parece contribuir para terem dificuldades de desnaturalizar os produtos intelectuais dessa empreitada acadêmica. Um exemplo disso é o discurso de abertura de uma conferência feito por um afamado cientista político nacional, no qual tratava Seymour Martin Lipset como um grande intelectual. Ora, as fragilidades da sociologia política de *Political Man* já seriam suficientes para evitar tal conclusão, mas o culturalismo tóxico de *Elites in Latin America*, dissecado no Capítulo II deste livro, deveria ser suficiente para nem citar o nome do autor.

Desde que voltei para o Brasil, meu contato com os *Latin American Studies* tem sido esporádico. Se, por um lado, assisti aos *Latin American Studies* perderem parte de seu espaço para uma infinidade de enfoques críticos, pós-coloniais e pós-estruturalistas, por outro, há um núcleo duro de produção acadêmica que insiste em "falar" sua ciência da alteridade. E, o que é pior, parece-me que os vícios fundamentais dos *Latin American Studies*, de alguma maneira, por vezes, ainda contaminam esses novos enfoques.

Adicionei um Capítulo como *Post Scriptum* do livro para mostrar como até mesmo representações da *Latin America* que se pretendem politicamente corretas, como os artefatos pré-colombianos, contém as mesmas formas de oposições assimétricas articuladas pelos *Latin American Studies* "clássicos". Minha intenção aqui não foi ridicularizar a ideia de politicamente correto, ou mesmo criticá-la. Pelo contrário, publiquei, ao longo da década passada, dois artigos mostrando que padrões de uso politicamente correto da linguagem sempre existiram, em qualquer sociedade histórica, e que são ainda mais importantes em sociedades democráticas que, a despeito de adotarem uma estrutura jurídica liberal, concebem a si mesmas também como repúblicas.[1] Ou seja, o politicamente

---

1 FERES JÚNIOR, João; NASCIMENTO, Leonardo Fernandes; EISENBERG, Zena Winona. "Monteiro Lobato e o politicamente correto". *Dados*, vol. 56, nº 1, mar. 2013; FERES JÚNIOR, João. "Esquerda, direita e o politicamente correto: breve estudo comparado". *Revista USP*, vol. 115, 2017.

correto é factualmente verdadeiro e politicamente desejável. Mas ele só pode, de fato, funcionar como um padrão de regulação moral se estiver aberto a revisões a partir da crítica de seus pressupostos e usos. É isso que me dediquei a fazer nesse capítulo.

Mais recentemente, tive uma interação acadêmica que me levou a supor que o problema por mim detectado continua vigente. Em outubro de 2021, uma professora estadunidense apresentou remotamente seu trabalho em uma série de seminários organizada pelo meu instituto. Sua palestra explorava os resultados de uma comparação das percepções raciais de italianos e estadunidenses que achei interessante, pois meu trabalho ao longo do doutorado e após estabelecido como professor no Brasil, muitas vezes, lidou com a questão da construção das percepções raciais. Enviei um *e-mail* no dia seguinte congratulando-a pela apresentação e comentando que, no meu trabalho sobre a construção do conceito de *Latin America* pelas ciências sociais estadunidenses, tinha detectado um forte componente racial – como todo contato de *networking*, tentamos sempre promover nosso trabalho.

Não sei se por pressa ou por mera desatenção, sua resposta não levou em conta exatamente o que eu tinha dito. Talvez porque eu tenha citado a linguagem científica e o tópico raça, a colega tenha partido logo para me recomendar leituras sobre esse tema, em um tom vagamente professoral. Sugeriu o livro *National Colors: Racial Classification and the State in Latin America*, de Mara Loveman,[2] e a introdução do *livro Race in Another America*, de Edward Telles.[3] A sugestão do livro de Telles é quase um insulto, dado que ele é fartamente conhecido no campo, mas o livro de Loveman, de fato, eu não conhecia, ainda que me tivesse interessado

2 LOVEMAN, Mara. "The Race to Progress: Census Taking and Nation Making in Brazil (1870-1920)". *Hispanic American Historical Review*, vol. 89, nº 3, 2009.

3 TELLES, Edward E. *Race in another America*: the significance of skin color in Brazil. Princeton: Princeton University Press, 2004.

por um tempo pelo assunto específico das classificações raciais e das instituições que as produzem.

Pois bem, adquiri a publicação, com a rapidez que os atuais meios de comunicação digital nos permitem, e comecei a lê-la. Não é que o prefácio da obra abre com o seguinte argumento:

> Qual é a sua raça? (...) Nos Estados Unidos da América, onde a classificação racial oficial foi historicamente onipresente, as pessoas geralmente têm uma resposta pronta. Estadunidenses são solicitados a identificar sua raça em vários ambientes institucionais ao longo da vida deles. Quando eles se matriculam na escola, solicitam uma carteira de motorista ou um emprego, preenchem formulários de saúde, ou participam do censo, por exemplo, são solicitados a identificar sua pertença e um grupo racial. Por meio de mecanismos de socialização implícitos e explícitos, a maioria dos americanos cresce sabendo qual opção assinalar nos formulários oficiais. Eles sabem como os outros na sociedade estadunidense os veem e a qual categoria racial pertence alguém com sua aparência.

No parágrafo seguinte, Loveman apresenta a *Latin America*:

> Para a maioria dos que cresceram na *Latin America*, ao contrário, a experiência de ser solicitado a identificar sua raça em formulários oficiais não é nada familiar. A maioria dos latino-americanos hoje vivos – pelo menos até recentemente – passou a vida sem ter que identificar sua raça em um formulário oficial. Como resultado, se ou quando são solicitados a declarar sua raça para fins oficiais, podem não ter uma resposta pronta. Eles não têm prática para responder à pergunta. Na verdade, podem muito bem responder com uma categoria que a maioria das pessoas que cresceram nos Estados Unidos não reconheceriam como uma categoria racial de forma alguma: "Minha raça? Bem, eu sou brasileiro, ... mexicano, ... venezuelano, ... argentino".

Tudo isso entregue ali, na primeira página do livro. É difícil escolher o que analisar no texto acima, e não vou me deter muito sobre ele, pois, ao longo do livro, o leitor compreenderá melhor as minúcias do olhar aqui proposto. Antes de questionarmos a veracidade do que é dito, é importante atentar para a pedagogia do que é proposto: a experiência "americana", a nossa, é diametralmente oposta à dos latino-americanos. Não há julgamento de valor explícito aqui, eles virão depois, mas a episteme está montada desde o início: espere desse objeto, *Latin America*, o inteiramente outro. No Capítulo VII do livro, quando examinaremos os livros-texto de introdução aos *Latin American Studies*, identificaremos a repetição *ad nauseam* desse tropo epistêmico, que estrutura toda a empreitada dos *Latin American Studies*.

De cara, o leitor deve ter notado que a necessidade de produzir *Latin America* como um objeto homogêneo força a autora a cometer generalizações inverídicas. Desde quando brasileiros não sabem sua identidade racial, ou respondem "brasileiro", quando instados a declarar a sua raça? Para termos uma ideia do tamanho da falsificação, a Pesquisa Mensal de Emprego do IBGE de julho de 1998 trouxe uma bateria de questões sobre identidade racial que continha uma pergunta de identificação aberta, e contou com 90 mil respondentes. A proporção daqueles que se identificaram como "brasileiros" ao respondê-la foi de 0,12%, ou seja, irrisória. E isso foi há mais de duas décadas, quando a proporção de pretos e pardos de nossa população era consideravelmente menor.

O livro de Loveman contém material suficiente para páginas de análise, mas, como estamos somente no prefácio, é recomendado que sejamos breves. Voltemos, então, brevemente à troca de mensagens com a outra professora estadunidense. Não pude deixar de reagir à recomendação de leitura e disse educadamente que o livro era interessante, mas que incorria em vícios atávicos dos *Latin American Studies*. Contudo, em sua nova resposta, ela ignorou mais uma vez o meu ponto, adicionando gratuitamente o comentário "e claro que há também a questão do significado de cientistas sociais brancos de elite fazerem postulações acerca de populações de origens indígenas e africanas".

Esse comentário foi bastante revelador, pois veio carregado de um tom de reprovação moral. Como mostro no livro, os *Latin American Studies* surgiram como um projeto diretamente ligado aos interesses geopolíticos da Guerra Fria, mas, a partir do final da década de 1960, foram colonizados por acadêmicos profissionais, muitos deles democratas de esquerda. Esse comentário me trouxe à memória imediatamente a resposta do editor da revista *Latin American Research Review*, comentada em detalhe no *post scriptum*, de que os artefatos pré-colombianos estavam na capa para representar os povos originários da *Latin America*, que haviam sofrido séculos de exploração espanhola e portuguesa. A professora, assim como o editor, concebia os *Latin American Studies* como um canal para dar voz aos oprimidos, denunciando assim seus opressores, brancos latino-americanos.

Tal posição é bastante irônica, pois, em sua ânsia de denunciar os cientistas sociais *Latin American*, a professora, ao mesmo tempo, deixava de notar que Mara Loveman é uma cientista social branca de elite fazendo postulações acerca de *Latin Americans*, vistos pelos estadunidenses como fundamentalmente não brancos. Ou seja, a situação de assimetria brutal existente entre Estados Unidos e Brasil e entre a academia estadunidense e a brasileira, que propicia, inclusive, a operação dos *Latin American Studies*, foi totalmente ignorada por ela. A ironia final é que, ao ignorar tal assimetria, a professora, ela mesmo negra estadunidense, pensa como branca estadunidense, pois a branquidade é um critério basal da episteme dos *Latin American Studies*, como mostro em várias passagens do livro.

O desejo de mudar o mundo encerra uma profunda ironia, senão um paradoxo, que tem a ver com a ambição alimentada por muitos de nós de que sua contribuição tenha um efeito duradouro, que permaneça relevante com o passar dos anos e décadas. Ora, uma contribuição que é de fato eficaz em atacar o problema diagnosticado acaba por sabotar essa pretensão de relevância continuada, pois essa só pode ser consolidada se o problema permanece. Provavelmente, tal paradoxo tem a ver com as concepções muito distintas de temporalidade que estão por trás das noções de imortalidade da obra, bastante antiga, e de emancipação, mais própria da condição fenomênica do cristianismo secularizado, que é típica da vida humana contemporânea, com seu subjetivismo alargado e sua trágica relação com a realização da mortalidade. Mas deixemos o que não tem solução de lado, afinal, é tolice almejar produzir uma obra que esteja imune aos paradoxos de seu próprio tempo.

Esse livro foi escrito entre os anos de 1998 e 2002. Defendido como tese de doutorado, ele foi publicado em 2005 pela EDUSC, com o título *A história do conceito de Latin America nos Estados Unidos*. Três anos depois, sua tradução para o espanhol foi publicada pela Editora da Universidade de Cantabria. Em 2010, saíram as versões em francês, pela Editions L'Harmattan, e em inglês, a língua na qual o texto original foi composto, pela Editora Nova Science. O *post scriptum* foi primeiramente publicado como artigo na revista *Theory, Culture and Society*, em 2009.

NOTA DA REVISÃO E AGRADECIMENTOS

Revisar e reeditar um texto longo e recheado de referências e detalhes técnicos, como o presente livro, é uma tarefa hercúlea. O texto da primeira edição foi produto de tradução feita por mim e por uma tradutora contratada – cada um ficou responsável por aproximadamente metade do original. O primeiro resultado não foi bom, pois, a despeito das recomendações que me foram dadas, a profissional não tinha domínio da linguagem acadêmica – para dizer o mínimo. Assim, além de traduzir os capítulos que me couberam na partição, tive que fazer uma revisão detida da outra parte. O produto final, publicado na primeira edição de 2005, continha várias imperfeições.

Para a segunda edição contei com a colaboração de um craque, o coordenador do setor de revisão de textos da EdUERJ, Elmar Aquino, que me ajudou a purgar o texto de todo tipo de problemas de expressão na norma culta da língua pátria e de formatação acadêmica. Fiz algumas outras correções estilísticas. Mantive a palavra *Latin America* em inglês, para denotar o uso do conceito pela comunidade de falantes daquele idioma, mais especificamente pelos estadunidenses. Introduzi uma inovação que foi substituir as palavras "americano" e "norte-americano" por "estadunidense" e "dos Estados Unidos". Essa questão do gentilício poderia ser banal em um texto que trata de outro assunto, mas não no presente trabalho. Na primeira edição utilizei abundantemente "americano", o que é incorreto no plano formal da norma culta, que recomenda "norte-americano". Esse uso em português parece ser uma apropriação/tradução do inglês, *American*, termo que em si já expressa a projeção geopolítica dos Estados Unidos sobre todo o continente. Ele é uma metonímia que corresponde à imagem especular do raciocínio sinedóquico que coloca todas as experiências *Latin American* no mesmo saco: enquanto *American* projeta um particular como universal continental, *Latin American* projeta um universal abstrato, e fundamentalmente negativo, sobre uma pletora de experiências particulares. A fórmula pode parecer complicada, mas a leitura do livro a tornará cristalina, pode apostar, cara leitora!

O uso do termo "estadunidense", não muito comum entre nós falantes da língua portuguesa, cumpre também o papel de causar um certo desconforto e, assim, induzir à reflexão. Também troquei as ocorrências originais de EUA por Estados Unidos, para evitar o uso excessivo de abreviações e, ludicamente, roubar a palavra América do nome daquela nação: um ato de expropriação simbólica que inverte a lógica metonímica de apropriação do nome do continente, que baseia a identidade daquele país.

Por fim, agradeço ao editor da Contracorrente e amigo, Rafael Valim, pelo apoio ao projeto de publicação dessa segunda edição. A primeira edição desse livro já está esgotada há mais de dez anos e os pedidos de reimpressão que me chegam são inúmeros. Ao invés de fazermos uma simples reimpressão, aproveitamos para lançar uma segunda edição ampliada e revisada do livro.

INTRODUÇÃO

> Conheço meus latinos... eles compreendem somente duas coisas: um dinheiro no bolso e um chute no traseiro.
>
> Thomas C. Mann, LBJ's Assistant Secretary of State for Inter-American Affairs do governo Johnson.[4]

Nos dias de hoje, o termo *Latin America* é frequentemente empregado em inglês, tanto em linguagem oral como textual, com a intenção explícita de denotar localização. Como tal, ele se apresenta como mais um elemento do vocabulário geográfico. Essa conotação pode ser vista, por exemplo, nos excertos de textos jornalísticos abaixo:

> O conceitualismo é um movimento que despontou em todo o mundo, de maneira marcante no Japão, África e Europa Oriental, assim como na Europa Ocidental, América do Norte e *Latin America*.[5]

---

4 SMITH, Peter Hopkinson. *Talons of the eagle*: dynamics of U.S.-Latin American relations. 1ª ed. Nova York: Oxford University Press, 1996.

5 JOHNSON, Ken. "'Global conceptualism': conceptual, but verbal, very verbal". *The New York Times*, mai. 1999.

> Por volta dos anos 1920, sua fama nas duas áreas era tanta que era requisitado tanto na Europa quanto na *Latin America*.[6]
>
> Os dados fornecidos pela administração mostram as dimensões do confronto político dentro da universidade – a maior e uma das mais prestigiosas em toda *Latin America*.[7]

A mesma conotação também está presente em textos acadêmicos sobre a *Latin America* produzidos nos Estados Unidos, como os títulos dos trabalhos abaixo deixam transparecer:

> Comunismo na *Latin America*.[8]
>
> Sob a Supervisão do Gigante: Respostas dos EUA às Transformações Revolucionárias na *Latin America*, 1910-1985.[9]
>
> O Novo Protestantismo na *Latin America*: Recordando o Que Já Sabemos, Testando o que Aprendemos.[10]

O emprego de *Latin America* como conceito geográfico é nítido nos exemplos (1) e (2), em que ela é listada ao lado de outros continentes e frações de continentes, como a Europa, África e Europa Oriental. Nos exemplos (1), (2) e (5), a expressão significa algo como "algum lugar dentro dos limites da América Latina". Nos exemplos (4) e (6), dependendo da interpretação, temos os significados "algum lugar na América Latina" ou "a América Latina como um todo".

---

6 SEVERO, Richard. "Senor Wences, Ventriloquist Who Was a TV Regular". *The New York Times*, abr. 1999.

7 PRESTON, Julia. "Mexico students to continue strike at empty campus". *The New York Times*, jul. 1999.

8 ALEXANDER, Robert J. *Communism in Latin America*. New Brunswick: Rutgers University Press, 1957.

9 BLASIER, Cole. *The hovering giant*: U.S. responses to revolutionary change in Latin America 1910-1985. Rev. ed. Pitsburgo: University of Pittsburgh Press, 1985.

10 DIXON, David E. "The new Protestantism in Latin America: remembering what we already know, testing what we have learned". *Comparative Politics*, vol. 27, nº 4, jul. 1995.

Como uma categoria geográfica, *Latin America* pertence à classe de expressões usadas pelos falantes do inglês para nomear os continentes e suas frações. A correspondência entre esses nomes e os maciços territoriais que eles nomeiam é tão imediata no uso corrente da língua que os termos parecem emprestar de seus objetos uma aparência de concretude. Assim como seus colegas continentais, *Latin America* se apresenta como uma expressão cujas origens se perdem no tempo, estável e inquestionável, que nomeia algo que sempre existiu. Contudo, a realidade é bem outra, pois tal expressão latina é uma invenção recente, traduzida para o vocabulário da língua inglesa há pouco mais de um século.[11] Mais interessante é notar que o esforço de transformar essa expressão em um termo técnico descritivo, destituído de aspectos valorativos, só ganhou vigor a partir da metade século XX.

Apesar de o significado geográfico ser o conteúdo semântico mais superficial, e, portanto, mais imediatamente disponível, no uso da expressão *Latin America*, o campo semântico desse conceito é muito mais espesso. Não há necessidade de se lançar mão de argumentos convolutos para atestar que *Latin America* significa muito mais do que o nome de um subcontinente. Uma leitura rápida de dois verbetes do *Oxford English Dictionary*[12] é suficiente. Procurar pela entrada *Latin America* na edição corrente do *OED* é uma tarefa frustrante: ela simplesmente não existe. Na verdade, o *OED* não continha um verbete para *Latin America* ou *Latin American* até a publicação em 1997 do terceiro volume de

---

11 TORRES DE CAICEDO, José Maria. "Las Dos Americas". *In*: ARDAO, Arturo. *Genesis de la idea y el nombre de America Latina*. Caracas: Centro de Estudios Latinoamericanos Romulo Gallegos, 1856; ARDAO, Arturo. *Genesis de la idea y el nombre de America Latina*. Caracas: Centro de Estudios Latinoamericanos Romulo Gallegos, 1980; SIMPSON, John; PROFITT, Michael (Coord.). *Oxford English Dictionary*. Coleção Additions Series. Oxford: Clarendon Press, 1997.

12 De agora em diante, referido pela sigla *OED*.; SIMPSON, John A.; WEINER, E. S. C. *The Oxford English dictionary*. 2ª ed. Oxford; Nova York: Clarendon Press; Oxford University Press, 1991.

suas *Additions Series* –[13] como o nome sugere, as *Additions Series* são separadas que atualizam o conteúdo do dicionário principal. Antes daquela data, referências à expressão *Latin America* encontravam-se no verbete *Latin* do dicionário.

A entrada *Latin* no *Addition Series* contém cinco definições. A primeira, nomeada "sentido A", remete ao dicionário principal e se refere à língua clássica falada originalmente pelas populações do antigo Lácio. A segunda definição é simplesmente *Latin American*. A terceira é uma definição geográfico-linguística: "pertencente aos países das Américas do Norte, do Sul ou Central, nos quais o espanhol ou o português é a língua dominante". Essa definição é seguida de vários exemplos em que o termo é usado com aquele sentido, que se assemelham às citações jornalísticas e acadêmicas comentadas acima.

A quarta definição, contudo, rompe com os limites semânticos previamente sugeridos: "designação das características de temperamento e comportamento popularmente atribuídas a povos europeus ou americanos que falam línguas derivadas do latim". Em um primeiro momento, essa definição parece referir-se exclusivamente a características culturais. Contudo, devemos notar que termos tais como "temperamento", "comportamento" e até "língua" foram historicamente associados a discursos racistas. Seguindo essa definição assaz polissêmica de *Latin America*, o leitor é presenteado com uma lista dessas características: "orgulhoso, apaixonado, impetuoso, extravagante na aparência..., e algumas vezes indiferente ou desrespeitoso".

Os aspectos que definem o caráter latino indicados na quarta definição do *OED* são todos negativos, apesar de alguns não parecerem como tal à primeira vista. Orgulhoso (*proud*) é um termo dúbio, pois pode ser entendido tanto em um sentido positivo quanto negativo.

---

13 SIMPSON, John; PROFITT, Michael (Coord.). *Oxford English Dictionary*. Coleção Additions Series. Oxford: Clarendon Press, 1997.

Esse último corresponderia ao excesso de autoestima e ao apego à honra e a valores tradicionais – comportamentos que são, como veremos mais adiante, comumente associados aos latino-americanos em inglês. Ademais, dado que, do ponto de vista estadunidense, a condição latino-americana não justifica uma atitude de orgulho, a existência desse comportamento por parte dos latino-americanos sugere irracionalidade. Os adjetivos "apaixonado" (*passionate*) e "impetuoso" (*impetuous*) também se associam ao comportamento irracional. Ambos são usados para descrever tipos de ação guiados por emoções e sentimentos, e, portanto, alheios ao controle da razão. Ser "extravagante na aparência" (*showy in appearance*) é obviamente uma característica negativa que denota excesso de vaidade, superficialidade e afetação. Por fim, *dismissive*, palavra sem tradução unívoca para o português, pode ser entendido como indiferença, desrespeito ou mesmo dissimulação.

Caso o leitor esteja ainda em dúvida quanto ao conteúdo altamente negativo da quarta definição de *Latin* no *OED*, ou suspeita de que a interpretação acima carregue nas cores para realçá-lo, as citações escolhidas pelos autores do dicionário para exemplificar a quarta definição desfaz qualquer mal-entendido:

> **1914** WYNDHAM LEWIS em New Weekly 20 de Junho 13/2 Devido ao caráter ridiculamente pueril do temperamento latino, a maquinaria é vista como um imenso brinquedo. **1956** A. WILSON Anglo-Saxon Attitudes II.ii. 278 Apesar de ser sensual e elegante, Gerald detestava a malandragem exibicionista daqueles latinos mulherengos. **1970** Times 19 Aug. 6/4 A fraqueza do homem de Yorkshire reside em seu temperamento latino, que se torna duplamente perigoso quando precisa ser reprimido, como no jogo de cricket. **1981** V. GLENDINNING Edith Sitwell iv. 61 Ele era extrovertido, corporal, instável e muito latino. **1989** Sunday Tel. 8 Jan. 17/1 Sua primeira língua foi o espanhol e não nos surpreende o fato de ele descrever seu temperamento como Latino. Orgulhoso, ele gosta de que seu sucesso seja notado.

Como podemos notar pelo texto das citações, os autores do dicionário economizaram na lista de adjetivos pejorativos da definição, pois ela poderia também incluir "ridiculamente pueril", "mulherengo", "malandro", "exibicionista", "fraco", "duplamente perigoso", "corporal" e "instável". Mais uma vez, a sugestão de irracionalidade aparece associada a quase todas essas qualidades, com exceção talvez para "mulherengo" e "malandro", termos que, ademais, registram uma avaliação altamente negativa do objeto em questão. O desprezo de Gerald resume muito bem a atitude que todos esses termos sugerem em relação a *Latin America* e aos *Latin Americans*.

Resta-nos a quinta e a sexta definições de *Latin*. Uma corresponde aos gêneros musicais provenientes de países que levam esse rótulo de *Latin American*, e a outra informa que *Latin* pode ser usado como uma forma condensada de *Latin America*.

Passemos agora para o verbete *Latin America*, que se encontra imediatamente após *Latin*, na *Addition Series* do *OED*. Uma leitura rápida do texto mostra que essa expressão composta, *Latin America*, carrega grande parte das conotações negativas associadas a *Latin*. A primeira definição apresentada é "pertencente à América Latina ou a seus povos". A segunda definição diz que *Latin American* é "um nativo ou um habitante da *Latin America*; uma pessoa de origem ou descendência *Latin American*". Essa definição contém um elemento racial que vale ser notado. Pois, segundo ela, não são somente as pessoas que vivem na América Latina que são *Latin American*, mas também aqueles que são de ascendência latino-americana. Isto é, um filho de latino-americanos nascido nos Estados Unidos é, segundo essa definição, também latino-americano. As informações mais interessantes, contudo, são dadas nas citações que ilustram tal definição:

> **1912** Chambers's Jrnl. Nov. 720/2 Um inglês quer livrar-se rapidamente do latino-americano. **1960** Business Week 3 Dec. 87 "Fidelism" ou "Fidelismo", assim como é conhecido

> entre os latino-americanos, é uma revolução ao estilo de Castro que é seguida por um governo de esquerda, influenciado pelo comunismo, ou mesmo controlado por eles. **1973** A. MANN Tiara i. 4 Nas Filipinas, um latino-americano qualquer chegou próximo o suficiente de Paulo VI a ponto de poder atacá-lo com uma faca.

Novamente, temos, na primeira citação, expressa a atitude de desprezo que o inglês nutre pelos latino-americanos. O segundo trecho associa os latino-americanos ao comunismo de estilo cubano, uma doutrina política que não deveria ser muito popular entre os leitores de *Business Week* em 1960. Por fim, o exemplo três sugere que a loucura seja uma característica comum aos latino-americanos. A expressão em inglês *some crazy Latin American* é vaga o suficiente para sugerir essa interpretação.

A escolha de citações tão carregadas de conotações pejorativas para exemplificar a definição de *Latin American* como "uma pessoa de origem ou ascendência *Latin American*" pode parecer um tanto surpreendente se considerarmos o sentido estritamente geográfico com o qual a expressão parece muitas vezes estar investida na linguagem cotidiana. Entretanto, esse descompasso é o que faz esse verbete tão significativo. Significativo de que maneira? Aceitemos a premissa de que o dicionário tenta informar seus leitores sobre a maneira como a linguagem é usada. Se essas referências pejorativas fossem de fato marginais à conceitualização de *Latin American*, elas provavelmente não estariam figurando de maneira tão dominante no verbete. Como elas de fato estão, isso indica que, pelo menos no plano da linguagem comum, a caracterização pejorativa do *Latin American* não pode ser facilmente dissociada dos outros significados do conceito, entre eles, o geográfico. Afinal de contas, o que faz *Latin America* não são as curvas do Rio Grande, as montanhas da cordilheira dos Andes ou as rochas do deserto de Atacama, mas o povo que é percebido pelos americanos como *Latin*, e, portanto, como um Outro que habita a América. Se invertermos os adjetivos negativos atribuídos aos latinos e latino-americanos pelos verbetes do *OED*, teremos um conjunto de qualificações positivas que definem uma autoimagem estadunidense disciplinada, ascética e racional.

Descrições pejorativas de *Latin America* não são província exclusiva do *OED* ou mesmo do inglês cotidiano. Formulações semelhantes podem ser encontradas em textos acadêmicos sobre a *Latin America*. Por exemplo, o sociólogo David Martin cometeu a seguinte passagem nas páginas de *Tongues of Fire: the Explosion of Protestantism in Latin America*:

> O argumento desse livro é baseado na tensão real existente entre os ideais pacíficos de desenvolvimento pessoal e cultural promovidos por algumas variantes do protestantismo e os ideais do militarismo e do machismo masculino (sic: *male machismo*). O conflito cultural entre anglo e hispânico é em parte travado nesse plano.[14]

Martin defende que o continente americano é o último palco do conflito entre anglos e latinos, que, segundo ele, começou com a derrota da Armada Espanhola em 1588. Para esse autor, a penetração do protestantismo evangélico na América Latina é a última batalha nessa "guerra" (sic), a qual os anglos estão ganhando, obviamente. Essa visão conspiratória da história cultural é apresentada em cores berrantes. Martin chama os espanhóis de "fanáticos", diz que conflitos religiosos têm "assolado todas as culturas latinas" e acrescenta que, para os brasileiros, "a prostituição e o jogo são atividades naturais do homem que faz jus ao nome". O vocabulário escolhido por Martin para o "estudo" de seu objeto fala por si só. O contraste radical entre a glorificação das virtudes do protestantismo e a demonização do catolicismo latino não escapa à leitura mais superficial do texto.

---

14 MARTIN, David. *Tongues of fire*: the explosion of Protestantism in Latin America. Cambridge: Blackwell, 1990, p. 12.

O maniqueísmo de Martin é tão forte que, algumas vezes, parece aludir ao discurso dos *White Supremacists* estadunidenses, pois associa uma atitude beligerante à mesma percepção de diferença insuperável baseada em noções raciais. Mesmo que o autor evite divagar explicitamente sobre raça, sabemos que os termos *Anglo-Saxon* e *Latin* estão prenhes dessas conotações. O mais importante é notar que, mesmo com essa retórica, *Tongues of Fire* tornou-se uma referência da sociologia da religião dentro dos *Latin American Studies*.

Um quadro um pouco mais sutil, mas igualmente devastador, da *Latin America* é apresentado por Christian Smith em *The spirit and democracy: base communities, Protestantism, and democratization in Latin America*.[15] Fazendo referência a um número vasto de trabalhos acadêmicos, Smith oferece o seguinte diagnóstico dos prospectos da democracia na *Latin America*:

> A cultural política do monismo corporativista da *Latin America*, que já tem meio milênio de existência, é o principal obstáculo ao estabelecimento da democracia. Essa cultura política advém do mundo pré-iluminista, pré-revolução científica, pré-capitalista, aristocrático, patrimonialista, monoliticamente católico e estruturalmente semifeudal da península ibérica do século XVI, e que deixou uma marca profunda nas colônias ibéricas por meio dos processos de conquista e colonização.

Logo após esse trecho, o autor acrescenta uma lista de referências: Rossi and Piano, 1980; Erickson, 1977; Malloy, 1977; Stepan, 1978; Pike and Stritch, 1974; Wiarda, 1973, 1974, 1976, 1977, 1981; Wagley, 1992.[16] Mas Smith não para aí:

---

15 SMITH, Christian. "The spirit and democracy: base communities, Protestantism, and democratization in Latin America". *Sociology of Religion*, vol. 55, nº 2, jul. 1994.

16 MALLOY, James M. *Authoritarianism and corporatism in Latin America*. Coleção Pitt Latin American series. Pittsburgh: University of Pittsburgh Press,

> Na América Latina, os interesses particulares, a diversidade social, o pluralismo cultural, o não conformismo religioso e o desrespeito pela tradição e autoridade são vistos como obstáculos ao bem-comum. Direitos existem, mas eles são concebidos como direitos grupais, e não individuais. As sociedades formadas por esse monismo corporativista de derivação ibérica tendem a caracterizar-se pelo autoritarismo, elitismo, clientelismo, patrimonialismo, familismo, hierarquia, caudilhismo, machismo, mobilidade socioeconômica mínima, padrões assimétricos de moral sexual, reverência à autoridade militar e política e um etos aristocrático de desdém pelo trabalho manual e alta estima pela etiqueta formal.

De novo, o leitor é presenteado com mais referências: Rossi and Piano, 1980; Wiarda, 1986, 1992; Dealy, 1985; Martz and Myers, 1992; Willems, 1975.

Apesar de seguir os meandros retóricos da linguagem das ciências sociais, o texto de Smith é recheado de alusões pejorativas que apresentam o modo de existência do latino-americano como algo vil, desprezível, baixo, injusto, imoral e reacionário. Nota-se aqui, de maneira mais evidente do que no texto do *OED*, que essa caracterização da *Latin America* corresponde ao contrário de uma autoimagem glorificada da cultura e da sociedade estadunidenses. Smith declara que, na *Latin America*, "os interesses particulares, a diversidade social, o pluralismo cultural, o não conformismo religioso e o desrespeito pela tradição e autoridade são vistos como obstáculos ao bem-comum". Ora, essa lista de características, que,

---

1977; PIKE, Fredrick B. "Corporatism and Latin American-United States Relations". *In*: PIKE, Fredrick B.; STRITCH, Thomas (Coord.). *The New Corporatism*: Social-Political Structures in the Iberian World. Notre Dame: University of Notre Dame Press, 1974; WIARDA, Howard J. "Toward a Framework for the Study of Political Change in the lberic-Latin Tradition: The Corporative Model". *World Politics*, vol. 25, nº 1, 1973; WIARDA, Howard J. *Corporatism and development*: the portuguese experience. Amherst: University of Massachusetts Press, 1977.

segundo ele, são rejeitadas na *Latin America*, é nada mais que um sumário do pluralismo protestante estadunidense, da maneira como ele se imagina. Isto é, os latino-americanos são, na visão de Smith, o exato oposto dos estadunidenses. A mesma retórica é usada no trecho anterior, em que expressões como "pré-iluminista, pré-revolução científica, pré-capitalista, aristocrático, patrimonialista, monoliticamente católico e estruturalmente semifeudal" definem a *Latin America* como uma negação, agora implícita, de um lugar que apresenta todos as qualidades que correspondem univocamente aos opostos dessas mazelas: os Estados Unidos. Em suma, por meio dessa variedade do discurso sócio-científico, Smith perpetra, ao mesmo tempo, o rebaixamento explícito do Outro latino-americano e a glorificação de um Eu estadunidense, autointitulado *American*.

O estilo virulento de Martin é realmente incomum, contudo, seus argumentos não o são. *Tongues of Fire* foi citado repetidamente como fonte de referência por autores que, de uma maneira ou de outra, como Martin, viram no crescimento do protestantismo evangélico na América Latina uma cura para os males advindos do catolicismo.[17] A avaliação etnológica da *Latin America* adotada por Martin e seus seguidores não se restringe, contudo, aos estudos de religião na *Latin America*. Como o número abundante de

---

17 STOLL, David. *Is Latin America turning Protestant?*: the politics of Evangelical growth. Berkeley: University of California Press, 1990; DROOGERS, André, HUITZER, Gerrit; SIEBERS, Hans (Coord.). *Popular Power in Latin American Religions*. Saarbrücken; Fort Lauderdale: Verlag Breitenbach Saarbrücken, 1991; IRELAND, Rowan. *Kingdoms come*: religion and politics in Brazil. Pittsburgh: University of Pittsburgh Press, 1991; BURDICK, John. *Looking for God in Brazil*: the progressive Catholic Church in urban Brazil's religious arena. Berkeley: University of California Press, 1993; GARRARD-BURNETT, Virginia; STOLL, David. *Rethinking Protestantism in Latin America*. Filadélfia: Temple University Press, 1993; MARIZ, Cecília Loreto. *Coping with Poverty*: Pentecostals and Christian Base Communities in Brazil. Filadélfia: Temple University Press, 1994; SMITH, Christian. "The spirit and democracy: base communities, Protestantism, and democratization in Latin America". *Sociology of Religion*, vol. 55, nº 2, jul. 1994.

citações usadas por Smith deixa perceber, essa avaliação encontra eco em outras vertentes da literatura de *Latin American Studies*.

Assim como os verbetes do *OED*, os textos de ciências sociais acima indicam que a semântica do conceito de *Latin America* é mais ampla e profunda do que o significado meramente geográfico que muitas vezes lhe é atribuído. Definir *Latin America* em inglês, dar significado a essa expressão, requer isolar, identificar e avaliar um Outro grupo humano, o que, afinal de contas, é a tarefa precípua dos *Latin American Studies*.

Nos capítulos que se seguem, apresentarei a história do conceito de *Latin America* nos Estados Unidos, de sua "pré-história" aos dias de hoje. Em posição ortogonal a esse eixo diacrônico, há também um eixo sincrônico de análise que circunscreve o uso do conceito a duas modalidades discursivas: a linguagem comum e os argumentos e as teorias sócio-científicos. Essa divisão é baseada na hipótese de trabalho da diferença entre essas duas modalidades discursivas. O discurso sócio-científico, principalmente aquele surgido nos Estados Unidos a partir de uma interpretação da posição epistemológica de Max Weber, define-se como livre de julgamentos de valor, e, portanto, qualitativamente diferente da linguagem comum, na qual preconceitos e valorações não reflexivas abundam.[18] Vamos, portanto, aceitar, a princípio, essa divisão, colocada pelo próprio campo sócio-científico, para, após a análise exaustiva das principais abordagens ao estudo de *Latin America*, verificar se de fato os valores estão ausentes dessa produção discursiva. Mesmo

---

18 BALL, Terence. "American political science in its postwar political context". *In*: FARR, James; SEIDELMAN, Raymond (Coord.). *Discipline and history*: political science in the United States. Ann Arbor: University of Michigan Press, 1993; FERES JÚNIOR, João. "Aprendendo com os erros do outros: o que a história da ciência política americana tem para nos ensinar". *Revista de Sociologia e Política*, vol. 15, nov. 2000; FERES JÚNIOR, João. "A Consolidação do Estudo Sociocientífico da América Latina: uma breve história cum estudo bibliográfico". *BIB - Revista de Informação Bibliográfica em Ciências Sociais*, nº 55, 2003.

que, como o breve exame dos trabalhos de Martin e Smith já deixa entrever, iremos constatar a falácia dessa hipótese, a divisão nos será útil, pois possibilita o estudo dos meandros retóricos específicos das ciências sociais, tão importantes para a legitimação social das verdades produzidas por essa modalidade discursiva.

Esse não é, contudo, simplesmente um livro de história. A história conceitual praticada aqui está intimamente imbricada em um projeto crítico de desvendamento do mundo presente com vistas a transformá-lo. Portanto, a questão do significado moral da definição de um Outro como mera negação de uma autoimagem de um Eu coletivo deve preceder a própria análise histórica do caso em questão. A teoria do reconhecimento me pareceu ser um bom ponto de partida para a discussão das implicações morais do problema em questão, uma vez que seu tema é a constituição reflexiva da identidade por meio da análise fenomenológica do encontro entre Eu e Outro. Contudo, tanto Hegel, o pioneiro no tratamento desse tema, quanto Charles Taylor e Axel Honneth não chegam a tratar do uso específico da linguagem na atribuição ou negação do reconhecimento, questão que me é crucial neste trabalho. Na verdade, ainda que Taylor tenha sido o pioneiro no resgate contemporâneo do tema, Honneth é o autor que mais se esforçou para formular uma teoria acabada do reconhecimento, baseada, em grande parte, em textos menos conhecidos da fase romântica de Hegel. Contudo, Honneth opta por desenvolver os aspectos positivos do reconhecimento, ou seja, como ele é atribuído pelas instituições da vida social, enquanto o problema pelo qual me interessei apontava para uma negação radical do reconhecimento do Outro definido como *Latin American* por parte dos estadunidenses. Em suma, nenhum desses autores pode oferecer um ponto arquimediano teórico para orientar minha empreitada. Coube-me, portanto, desenvolver um. Essa discussão com a teoria do reconhecimento encontra-se no primeiro capítulo. Ao lê-lo, o leitor vai perceber que minha solução tenciona o paradigma hegeliano da eticidade em direção a uma moral negativa, quase kantiana, por assim dizer.

Por uma feliz coincidência, o trabalho de reflexão teórica sobre essa questão gerou frutos metodológicos bem concretos. Mais especificamente, ao examinar a estrutura semântica da linguagem usada na definição de um Outro por oposição, notei a existência de três núcleos ao redor dos quais os significados atribuídos ao Outro se concentravam. Ademais, cada núcleo apontava para possibilidades distintas de se agir sobre esse Outro, autorizando ou interditando certas ações. Ainda que essa descoberta se tenha dado em um plano mais abstrato, como produto da análise de casos históricos diferentes da conceituação de *Latin America*, sua estrutura semântica, batizada por mim de tipologia de oposições assimétricas, serviu de instrumento de análise do vasto material que tinha à minha frente. Também no primeiro capítulo, exponho o desenvolvimento dessa tipologia, mostrando sua correspondência biunívoca com formas de se negar o reconhecimento.

No Capítulo II tem início a história do conceito propriamente dita, ou melhor, começamos pela "pré-história", quando os povos e países ao sul do Rio Grande eram coletivamente nomeados de *Spanish America*. Por meio da análise de discursos e textos de políticos proeminentes, jornalistas e intelectuais estadunidenses, mostro como os significados associados ao conceito de *Spanish America* mudaram ao longo do século XIX, de uma situação em que os Estados Unidos tinham quase nenhum contato com seus vizinhos, nas primeiras décadas do século, passando pela anexação do Texas e dos territórios na guerra contra o México, ao final do século, quando aquele país se apoderou das colônias restantes do moribundo império espanhol. Ainda nesse capítulo, analiso a entrada do conceito de *Latin America* na língua inglesa, já no século XX, e a evolução semântica pela qual passou. O capítulo inteiro é dedicado ao exame dos significados atribuídos aos termos na linguagem comum e serve, portanto, como ponto de partida e de comparação com a história semântica do termo no discurso sociocientífico, tratada nos capítulos subsequentes.

Dado que a produção de discursos sobre *Latin America* aumentou de maneira vertiginosa com a consolidação dos *Latin*

American Studies, a partir do começo da década de 1960, a história desse conceito deve conferir um lugar de destaque para a modalidade discursiva sociocientífica. Antes de tratar das primeiras teorias acadêmicas sobre *Latin America*, contudo, é necessário introduzir o contexto histórico-político do surgimento e da evolução dos *Latin American Studies* como instituição dentro da academia estadunidense. Esse mapeamento contextual é feito no Capítulo III. Também nesse capítulo, início a análise da definição do conceito na abordagem teórica mais importante à época da consolidação dos *Latin American Studies*: a teoria da modernização.

No capítulo seguinte, o IV, analiso uma vertente do estudo de *Latin America* que surgiu a partir da teoria da modernização, em parte como crítica a ela e em parte como sua continuação: a teoria da estabilização política. Essa nova abordagem não somente sucedeu temporalmente à teoria da modernização, mas significou uma guinada disciplinar em relação a esta. Enquanto o enfoque dos estudos da modernização era preferencialmente sociológico e econômico, os trabalhos sobre estabilização política saíram da pena de cientistas políticos e historiadores. Consequentemente, a variável política assumiu papel de destaque aqui, ainda que a semântica do termo *Latin America* tenha preservado muitos dos conteúdos já definidos pela teoria da modernização. Veremos como as expectativas projetadas pela teoria da estabilização política a partir de seu diagnóstico de *Latin America* adquirem clareza quando consideramos o momento histórico em que esse conhecimento foi produzido e os interesses geopolíticos dos Estados Unidos em relação a seus vizinhos do sul.

O Capítulo V trata dos estudos da dependência. Diferentemente das abordagens anteriores, esta, também conhecida como teoria da dependência, não foi originalmente gerada em solo estadunidense, mas importada da "América Latina". Meu objetivo aqui não é o de oferecer uma análise exaustiva dos autores "latino-americanos" que contribuíram para esse enfoque, mas de estudar a recepção desse pensamento por parte da academia estadunidense. Portanto, a análise foca os dois autores dos estudos da dependência que mais influenciaram seus pares estadunidenses: Fernando Henrique Cardoso, em sua obra em coautoria com Enzo Faletto, e Andre Gunder Frank. Em seguida, apresento um diagnóstico de como as obras desses autores foram recebidas por latino-americanistas que se filiaram aos estudos da dependência. Veremos que o significado do conceito de *Latin America* nos escritos da dependência difere, em importantes aspectos, daquele disseminado pelos enfoques anteriores dos *Latin American Studies*. Essa diferença semântica se reflete na posição política altamente crítica assumida pelos latino-americanistas partidários da teoria da dependência em relação à política externa de seu país, os Estados Unidos, para com seus vizinhos do sul.

Seguindo uma ordem cronológica, os estudos do corporativismo são o objeto do Capítulo VI. Como no capítulo anterior, os principais autores também aqui merecem uma atenção especial, notadamente Howard Wiarda. Examinarei não só os textos fundamentais dos estudos do corporativismo, publicados no início da década de 1970, mas também algumas contribuições de importantes predecessores dessa vertente dos *Latin American Studies*. No tocante aos significados associados a *Latin America*, os estudos do corporativismo retomam e radicalizam o que já fora proposto pela teoria da modernização e pela teoria da estabilização política. Diferentemente desses enfoques da década de 1960, contudo, o corporativismo teve, em geral, uma relação mais indireta, porém não menos significativa, com os "imperativos" da política externa dos Estados Unidos, exceção feita à participação de Wiarda no *policy making* do governo Nixon, já na década de 1980. Mais uma vez, chamarei atenção para os encaixes entre conteúdo semântico do conceito e expectativas futuras projetadas a partir dele, ou seja, que ações são referendadas e justificadas a partir do diagnóstico feito.

Por fim, no Capítulo VII, chego ao presente para analisar a literatura de livros-texto de introdução aos estudos de *Latin America*. Após estabelecer quais os livros mais usados, atualmetne nas salas de aula dos *colleges* estadunidenses em cursos de estudos da *Latin America*, faço uma análise detalhada de importantes aspectos do significado atribuído nessas obras ao nosso objeto. Esse é um capítulo de importância capital, pois não só fecha a obra como também oferece uma oportunidade única para examinarmos um contexto linguístico de grande significado para todo o projeto. É na sala de aula que os estudantes estadunidenses, trazendo consigo noções mormente extraídas da linguagem comum sobre *Latin America*, entram em contato com o conhecimento sócio-científico do conceito. Ou seja, é nesse espaço, por meio dessa literatura, que se dá o encontro entre linguagem comum e linguagem especializada, e é explícito o esforço dos autores desses livros em estabelecer um diálogo com os alunos a fim de, como eles mesmo dizem, superarem os preconceitos e estereótipos que recaem sobre o objeto em direção a uma compreensão mais sóbria e racional. Diferentemente dos livros acadêmicos mais especializados, os livros-texto são ricos em fotografias e figuras, que cumprem o papel de representar *Latin America* em seus aspectos ou em *toto*. Portanto, a análise aqui se estende à iconografia dos livros, principalmente, às ilustrações em suas capas. Veremos que elas guardam relações fortes de significado com o que é dito no livro.

O leitor atento já deve ter corretamente adivinhado que muitos dos significados pejorativos identificados na análise dos verbetes do *OED* e nos textos de Martin e Smith serão revelados pela análise do significado do conceito, seja na linguagem comum, seja nos discursos sociocientíficos. Contudo, mais interessante e revelador não é saber que eles lá estão, mas compreender em que momento histórico eles aparecem ou são deixados de lado, entender as conexões entre uma determinada definição histórica de *Latin America* e as ações dos homens que dela se serviram, verificar quais significados resistiram ao passar do tempo e por meio de qual retórica e saber quais as implicações do uso do termo no passado e presentemente. São esses conhecimentos que o percurso do presente trabalho pretende revelar.

CAPÍTULO I

TIPOLOGIA DAS FORMAS DE DESRESPEITO

Este capítulo é mais do que uma introdução teórica ao estudo da história do conceito de *Latin America* nos Estados Unidos. Nele, construo uma tipologia de formas linguísticas de negação do reconhecimento, ou de desrespeito,[19] que sirva como instrumento para a análise de qualquer modalidade discursiva concernente à identificação de grupos humanos. Minha preocupação não é somente estabelecer os limites estruturais da semântica dessas definições, mas também

---

19 Por falta de melhor termo, usarei aqui "desrespeito" ou "negação de reconhecimento" como antônimo de "reconhecimento". Em inglês, criou-se o neologismo "*misrecognition*" para denotar a falta de reconhecimento (*recognition*). O termo usado por Honneth no original alemão é "*Anerkennung*", que significa não somente reconhecimento puro e simples, mas também a atribuição de qualidades positivas por meio desse ato. Assim como o português, o alemão também não tem um antônimo perfeitamente simétrico para o termo. Honneth usa "*Mißachtung*", que se traduz por desrespeito, mas que pode também carregar significados mais negativos, como insulto, humilhação, degradação, privação de liberdade e mesmo agressão física. Ver "Translator's Note", em Honneth (HONNETH, Axel. *The struggle for recognition*: the moral grammar of social conflicts. Cambridge; Oxford; Cambridge: Polity Press – Blackwell, 1995).

verificar as consequências ético-morais envolvidas em atos linguísticos de identificação. Como pretendo demonstrar, por meio de uma síntese crítica da teoria do reconhecimento de Axel Honneth com a noção de contraconceito assimétrico de Reinhart Koselleck, essas duas coisas estão intimamente ligadas. Ao optar pelo estudo da negação do reconhecimento, e não de sua atribuição positiva, como o faz Honneth, pretendo abrir o leque de possibilidades de aplicação da teoria para além do confinamento nacional, no qual o Estado e a comunidade política tornam-se necessariamente polos no embate dialógico por reconhecimento, possibilitando uma análise mais adequada das condições de heteronomia vigente no mundo de hoje, tanto em relações internacionais quanto em relações entre grupos dentro de uma mesma nação. Ademais, o foco na questão da linguagem como mídia para se atribuir ou negar o reconhecimento é assunto de extremo interesse, mas ainda pouco explorado pelos estudiosos do tema, como o próprio Honneth faz questão de ressaltar.[20]

Na primeira parte, é exposta à tipologia das formas de desrespeito elaborada por Honneth, além de identificar alguns problemas nela contidos. A partir dessa crítica, e com a ajuda da teoria semântica dos pares de contraconceitos assimétricos de Reinhart Koselleck, proponho, na seção seguinte, uma nova tipologia de formas de desrespeito. A construção dessa tipologia envolve um trabalho de reforma e alteração razoavelmente extenso da teoria koselleckiana.

Como veremos, apesar de seu caráter quase universal, por tratar de estruturas semânticas presentes em qualquer modalidade comunicativa, a tipologia proposta será de grande valia na análise dos discursos que definem o conceito de *Latin America* em inglês. Tem-se de fato um movimento duplo aqui, enquanto a tipologia serve de instumento para o estudo de caso, ele, por seu turno, serve de ensaio para a experimentação da teoria.

---

20 HONNETH, Axel. "Redistribution as Recognition: A Response to Nancy Fraser". *In*: FRASER, Nancy; HONNETH, Axel (Coord.). *Redistribution or recognition?* a political-philosophical exchange. Londres: Verso, 2003.

1.1 Teoria do reconhecimento

O reconhecimento é um dos tópicos mais discutidos da teoria política e social contemporânea. Enquanto conceito, ele foi originalmente articulado na filosofia da consciência de Hegel. Todos os que leem a *Fenomenologia do Espírito* se impressionam com a narração do primeiro encontro da consciência de si com um objeto no mundo, que também é consciente, descrito pelo autor no capítulo chamado "Senhorio e servidão".[21] Hegel chamou esse encontro conflituoso de processo do reconhecimento (*Anerkennung*), expressão que, na literatura secundária, também recebe o nome de "dialética do reconhecimento". Ser reconhecido aqui significa ser "respeitado" por outros. Isto é, em termos hegelianos, para se afirmar verdadeira, a consciência de si necessita ser confirmada por outras consciências de si. Ou, na interpretação de Terry Pinkard, o sujeito que procura o reconhecimento de outro agente é, portanto, um caso da disposição mais geral com que agentes buscam estar certos de que aquilo que eles consideram verdadeiro é realmente verdadeiro.[22]

A despeito de sua inclusão nessa passagem famosa da *Fenomenologia*, o conceito do reconhecimento não tem um papel central no todo do livro – o que marca uma ruptura com os escritos produzidos pelo autor quando jovem, durante sua estadia em Jena, sob a influência do romantismo de Schelling e Hölderling e da filosofia neo-Kantiana de Fichte, na qual o reconhecimento era um tema importante. Na obra que produziu depois da *Fenomenologia*, encontramos Hegel preocupado com temas como o direito, o Estado e a História e, portanto, menos interessado nos meandros psicológicos da consciência.

---

21 HEGEL, Georg Wilhelm Friedrich. *Phenomenology of Spirit*. Trad. A.V. Miller J. N. Findlay. Oxford: Oxford University Press, 1979, pp. 111-119.

22 PINKARD, Terry P. *Hegel's Phenomenology*: the sociality of reason. Nova York: Cambridge University Press, 1994, p. 53 (itálico adicionado).

Desde que foi articulado por Hegel, o tema do reconhecimento permaneceu praticamente ausente dos debates teóricos do pensamento político e social. Esse ostracismo começou a ser revertido por obra do filósofo canadense Charles Taylor, que, no texto intitulado "The politics of recognition", ressuscitou o conceito para discutir o tema do multiculturalismo nas sociedades contemporâneas,[23] mais especificamente, os modos de justificação e coordenação de uma sociedade multicultural com um regime político democrático. Segundo Taylor, as demandas por reconhecimento baseadas na cultura, típicas das sociedades multiculturais contemporâneas, colocam um problema normativo que não pode ser totalmente resolvido pelo reconhecimento igualitário da dignidade, isto é, pela extensão universal de direitos e imunidades, limite normativo da democracia liberal moderna – ou seja, esse liberalismo é cego em relação à diferença. Por seu lado, a política da diferença reclama o reconhecimento e a preservação de identidades únicas.

Taylor coloca sob o signo das "lutas pelo reconhecimento" o movimento feminista, o movimento gay, nacionalismos separatistas, movimentos de minorias centrados em aspectos culturais, raciais ou étnicos etc. Ou seja, na concepção do autor, a questão do reconhecimento diz respeito primordialmente ao campo da cultura, e ela se torna relevante para uma teoria social crítica, enquanto, nas sociedades liberais e democráticas do ocidente, ou da "civilização do Atlântico Norte" (sic), as demandas organizadas em torno de noções culturais substituíram, na maioria, os movimentos por redistribuição material.[24] Para Taylor, a mudança no perfil dos movimentos sociais nessas sociedades se deu pelo fato de o Estado de Bem-Estar Social ter em grande parte resolvido as

---

23 TAYLOR, Charles. "The politics of recognition". *In*: TAYLOR, Charles; GUTMANN, Amy (Coord.). *Multiculturalism*: Examining the Politics of Recognition. Princeton: Princeton University Press, 1992.

24 O diagnóstico aqui se assemelha ao de Ronald Ingelhart acerca das "sociedades pós-materialistas" (INGLEHART, Ronald. *Culture shift in advanced industrial society*. Princeton: Princeton University Press, 1990).

demandas sociais redistributivas, ou seja, garantido o reconhecimento igualitário da dignidade de cada cidadão.[25]

A partir da contribuição de Taylor, publicada junto com comentários ao texto de autores de destaque, como Amy Gutmann, Jürgen Habermas, Anthony Appiah e Michael Walzer, o debate filosófico sobre o reconhecimento cresceu e se espalhou por diversas comunidades acadêmicas no mundo todo. Alguns autores têm trabalhado com os aspectos político-institucionais do reconhecimento cultural, mais especificamente, delineando as maneiras como, em uma democracia moderna, culturas diferentes podem fazer parte da mesma comunidade política.[26] Outros focam a questão do reconhecimento do ponto de vista da ação política, ou seja, daqueles que estão em luta por reconhecimento.[27] Dentro dessa perspectiva, o reconhecimento tem sido tratado com atenção especial por autoras feministas.[28]

---

25 O ensaio de Taylor tem como pano de fundo as demandas das minorias por maior autonomia frente ao estado nacional canadense e, no plano cultural, frente a cultural anglo-saxã da maioria canadense. Apesar do sucesso do texto, a solução proposta por Taylor é deveras tímida, se limitando a sugestão normativa de se adotar uma atitude de curiosidade pelo estudo das culturas exóticas, abrindo-se assim a possibilidade de uma fusão de horizontes culturais de franca inspiração hermenêutica. Ver GADAMER, Hans Georg. *Truth and method*. Trad. Garrett Barden; John Cumming. Nova York: Seabury Press, 1975.

26 KYMLICKA, Will. *Multicultural citizenship*: a liberal theory of minority rights, Oxford political theory. Oxford, Nova York: Clarendon Press, Oxford University Press, 1995.

27 FRASER, Nancy. *Justice interruptus*: critical reflections on the "postsocialist" condition. Nova York: Routledge, 1997; FRASER, Nancy. "Social justice in the age of identity politics: redistribution, recognition, and participation". *In*: FRASER, Nancy; HONNETH, Axel (Coord.). *Redistribution or recognition? a philosophical exchange*. Londres: Verso, 2001; TULLY, James. "Struggles over Recognition and Distribution". *Constellations*, vol. 7, nº 4, 2000; BENHABIB, Seyla. *The claims of culture*: equality and diversity in the global era. Princeton: Princeton University Press, 2002.

28 COOKE, Maeve. "Authenticity and Autonomy: Taylor, Habermas, and the Politics of Recognition". *Political Theory*, vol. 25, nº 2, abr. 1997;

Apesar do pioneirismo de Taylor, de todos os tratamentos acadêmicos dados à questão do reconhecimento, o trabalho de Axel Honneth é, sem dúvida, o mais sistemático e de maior estofo filosófico. Vale notar, contudo, que a compreensão que esses autores têm do problema da negação do reconhecimento, tema de importância crucial no esforço empreendido aqui, é similar. Taylor declara que "a falta de reconhecimento [*nonrecognition* ou *misrecognition*] é danosa, pois constitui uma forma de opressão que aprisiona o indivíduo em um modo de ser tolhido, falso e distorcido".[29] Segundo Honneth:

> O uso de conceitos negativos desse tipo [desrespeito] deve ser considerado uma injustiça não apenas porque ele priva pessoas de sua liberdade de ação ou lhes é insultante, mas também porque ele interfere negativamente na compreensão que as pessoas têm de si próprias – uma compreensão que é adquirida por meios intersubjetivos.[30]

Em *Integrity and Disrespect*, Honneth propõe uma tipologia das formas de reconhecimento a partir de uma crítica a Ernst Bloch,[4] para quem a dignidade humana é uma questão de teoria moral que deve ser estudada não a partir de alguma noção metafísica positiva de respeito, mas tendo como base condições concretas de desrespeito e injúria. Honneth acata a rejeição da especulação metafísica, mas discorda do foco na questão do desrespeito, defendo, então, a possibilidade de uma teoria positiva do reconhecimento.

NICHOLSON, Linda. "To be or not to be". *Constellations*, vol. 3, nº 1, 1996; RORTY, Amelie Oksenberg. "The Hidden Politics of Cultural Identification". *Political Theory*, vol. 22, nº 1, 1994.

29 TAYLOR, Charles; GUTMANN, Amy. *Multiculturalism*: examining the politics of recognition. Princeton: Princeton University Press, 1994.

30 HONNETH, Axel. "Integrity and disrespect: principles of a conception of morality based on the theory of recognition". *Political Theory*, vol. 20, nº 2, mai. 1992, p. 189.

> Se para o conceito de dignidade, a integridade completa do homem só pode ser aproximada por meio da determinação de formas de insulto e desrespeito da pessoa, então devemos concluir que a constituição da integridade humana depende da experiência do reconhecimento intersubjetivo.[31]

Antes, porém, como trabalho preliminar de elaboração de uma teoria positiva do reconhecimento, Honneth propõe uma tipologia tripartite das formas de desrespeito. O primeiro caso são os maus-tratos físicos, que ocorrem quando a pessoa é alienada do controle sobre seu próprio corpo. A tortura e o estupro são exemplos claros desse insulto. Segundo Honneth, o maior dano causado por essa forma de desrespeito não é a dor física, mas a humilhação da perda da autonomia corporal, que, mais tarde, converte-se em perda de autoconfiança, estranhamento em relação ao mundo e insegurança no contato com outras pessoas. Em suma, a pessoa é ferida em sua autoimagem. O autor denomina essa forma de desrespeito de "morte psicológica". O segundo tipo de desrespeito corresponde à negação de direitos a uma pessoa. Honneth argumenta que, enquanto membro de uma sociedade, a pessoa se entende possuidora de uma série de direitos que espera ver respeitados pelos outros membros. Uma vez que qualquer desses direitos lhe é repetidamente negado, a pessoa sente-se rebaixada a uma posição de inferioridade moral, pois o que pressupõe a igualdade de direitos é a capacidade que cada um tem de formular julgamentos morais. Tal insulto deprime a autoestima da pessoa no tocante à capacidade que ela tem de se relacionar com os outros de igual para igual. Honneth designa essa forma de desrespeito "morte social". A terceira forma consiste na depreciação do estilo de vida individual ou grupal.

---

31 HONNETH, Axel. "Integrity and disrespect: principles of a conception of morality based on the theory of recognition". *Political Theory*, vol. 20, nº 2, mai. 1992, p. 188.

> A "honra", a "dignidade", ou, para usarmos uma palavra moderna, o "*status*" de uma pessoa, corresponde ao grau de aceitação social, dentro do horizonte de tradições culturais de uma dada sociedade, dos métodos de autorrealização escolhidos pela pessoa. Caso a hierarquia de valores sociais seja estruturada de modo a imprimir um rótulo de inferioridade e deficiência sobre suas convicções e estilos de vida, essa pessoa é impedida de atribuir valor social às suas habilidades.[32]

Nesse caso, o desrespeito deprime a autoestima da pessoa, na medida em que ela não consegue identificar seus projetos de autorrealização como algo de valor para a comunidade onde está inserida.

Baseado nessa tipologia das formas de desrespeito, Honneth constrói uma tipologia positiva das formas de reconhecimento. O autor argumenta que se a falta de reconhecimento fere a autoestima individual (ou grupal), o reconhecimento mútuo é a maneira pela qual o sujeito é capaz de construir uma imagem positiva de si mesmo, adquirindo assim positividade moral e capacidade de ação.

A primeira forma de reconhecimento – a que se refere ao respeito à integridade corporal da pessoa – corresponde à afeição e ao encorajamento que ela recebe daqueles que lhe são próximos. Honneth informa que o jovem Hegel, durante a sua fase romântica em Jena, chamou-a simplesmente de "amor". O senso de segurança corporal e autoconfiança afetiva, criado pelo reconhecimento dos sentimentos e necessidades da pessoa, é, conforme Honneth, um pré-requisito psicológico para o desenvolvimento de outras atitudes de respeito próprio. Contudo, dado que esse reconhecimento advém daqueles que nos são próximos, membros da família, amigos e parceiros amorosos, aqueles que George H. Mead chama de *significant others*, ele só pode gerar uma moral particular, ou

---

32 HONNETH, Axel. "Integrity and disrespect: principles of a conception of morality based on the theory of recognition". *Political Theory*, vol. 20, nº 2, mai. 1992, p. 191.

melhor, restrita ao círculo fechado daqueles que compartilham dessa afeição.

A segunda forma equivale ao reconhecimento do cidadão, por parte dos outros cidadãos, como membro pleno daquela comunidade e, portanto, como possuidor dos mesmos direitos e deveres que cabem a qualquer outro cidadão. Segundo Honneth, essa relação de reconhecimento é investida de um caráter cognitivo ausente na forma anterior, pois, por meio dela, os sujeitos apreendem a lei em seus dois sentidos: como conjunto de normas específicas da sociedade à qual pertencem e como princípio universalizador de regulação das relações humanas.

A terceira e última forma de reconhecimento corresponde ao respeito e à estima pelo estilo de vida que constitui parte fundamental da biografia de cada indivíduo. Do ponto de vista da pessoa, isso corresponde à percepção de que suas escolhas individuais, qualidades e habilidades são valorizadas pela sociedade como sua contribuição autêntica. Para Honneth, essa forma de reconhecimento pressupõe a anterior, ou seja, o reconhecimento universal dos direitos e deveres. Ao mesmo tempo, ele adiciona ao mero aspecto cognitivo desse reconhecimento um elemento emocional na forma da solidariedade e da simpatia. Honneth defende que esse tipo de reconhecimento funciona por meio do princípio de diferenças igualitárias, ou seja, da ideia de que as pessoas são diferentes, mas não desiguais. Honneth conclui que a moralidade, se entendida como uma instituição que visa à proteção da dignidade humana, deve defender a "reciprocidade do amor, o universalismo dos direitos e a igualdade da solidariedade contra os ataques da força e da repressão".[33]

O subtítulo de *Integrity and Disrespect*, de Honneth, pode ser traduzido por "princípios de uma concepção moral baseada

33 HONNETH, Axel. "Integrity and disrespect: principles of a conception of morality based on the theory of recognition". *Political Theory*, vol. 20, nº 2, mai. 1992, p. 196.

na teoria do reconhecimento". Como o nome indica, por via desse artigo, o autor embarca no empreendimento ambicioso de propor uma concepção moral inovadora e sistemática. Contudo, pensamos que é exatamente a partir de seu propósito mais geral que o esforço de Honneth deve começar a ser criticado, pois a proposta peca pela falta de inovação e, consequentemente, pela incompletude do sistema.

Por que "falta de inovação"? Porque o problema da moral, da razão prática, deve ser colocado sempre no presente, e, portanto, não pode prescindir de uma leitura crítica desse presente. Ora, vejamos, para Hegel, a ideia de *Sittlichkeit* tem como pressuposto necessário a autonomia política, entendida como a capacidade de um povo para viver de acordo com seus costumes e elaborar suas próprias leis – pressuposto este fundamental à teoria republicana, de Aristóteles a Carl Schmitt. Mesmo considerando o estado fragmentário dos principados alemães à época de Hegel, é compreensível que ele tenha, sob a influência dos ideais revolucionários franceses e do romantismo nacionalista alemão, desenhado uma teoria política em que o Estado-nação é o horizonte ético da condição humana (individual e coletiva). Em suas próprias palavras: "a marcha de Deus na terra".[34] Porém, após dois séculos e três guerras mundiais,[35] a decadência do imperialismo europeu e a ascensão do império estadunidense, nós, seres no presente, não podemos compartilhar de uma visão tão ingênua.[36] Qual Estado-nação no mundo de hoje

---

34 HEGEL, Georg Wilhelm Friedrich. *Lectures on the history of philosophy*. Nova York: Humanities Press, 1955, p. 258.

35 Tomo aqui a liberdade de contar a Guerra Fria como a Terceira Guerra Mundial, pois, mais do que qualquer guerra que a precedeu, ela se estendeu por todo o planeta. Infelizmente, ainda não contamos com estatísticas confiáveis do número de mortos produzidos por esse conflito.

36 A diferença entre imperialismo e império feita aqui não corresponde à distinção original elaborada por Hardt e Negri (HARDT, Michael; NEGRI, Antonio. *Empire*. Cambridge: Harvard University Press, 2000). Para esses autores, os imperialismos europeus assentavam-se em bases nacionais, enquanto o império do presente é o único verdadeiramente global. Coerentemente,

tem autonomia suficiente para que a ideia hegeliana de *Sittlichkeit* ainda faça sentido? Os Estados Unidos são, de longe, o mais forte candidato. Os países ditos desenvolvidos da Organização de Cooperação e de Desenvolvimento Econômico – OCDE –, de onde provêm alguns teóricos do reconhecimento, gostariam muito de ser "reconhecidos" como tal. Deve-se dizer, porém, que a autonomia política (e, portanto, ética) desses países perante os Estados Unidos, depois da Segunda Guerra Mundial, ficou reduzida. Isso é particularmente – e, também, ironicamente – verdadeiro para a Alemanha de Honneth.

Nosso intuito aqui, porém, não é destruir totalmente a teoria do reconhecimento desse autor alemão, mas apenas desconstruí-la até um ponto a partir do qual ela possa ser radicalmente reconstruída. Proponho, portanto, que deixemos de lado, por enquanto, os países desenvolvidos ancilares e seus porta-vozes, com seus sonhos de glória, e dediquemo-nos a pensar o problema do reconhecimento no contexto da nossa condição de brasileiros, não no que ela tem de mais particular, mas apenas levando em conta seu alto grau de heteronomia – uma característica compartilhada em maior ou menor grau pela maioria da população do planeta. O caso da vizinha Argentina, onde um Presidente recentemente ameaçou renunciar caso o Congresso não aprovasse medidas propostas pelo FMI e, depois, a mando do próprio FMI, tentou forçar o Senado a anular uma lei que pune a evasão de riquezas do país, é apenas um exemplo mais recente do tipo da heteronomia a que me refiro. Sem precisar citar os golpes militares de um passado não tão distante, podemos juntar a esse exemplo de heteronomia outros, como a tentativa de golpe na Venezuela, a ascensão da Aliança do Norte no Afeganistão e a condição a que está submetido o povo palestino.

para Negri e Hardt, a expressão "império americano" não é verdadeira, afirmação da qual, obviamente, discordamos, pois os mecanismos políticos de tomada de decisão no contexto imperial atual são altamente dependentes da dinâmica política doméstica americana. O governo Bush tem dado mostras abundantes dessa triste realidade.

Precisamos, porém, fazer aqui uma ressalva. Não pretendo sugerir que nossa condição, enquanto brasileiros, seja exclusivamente heterônoma, isto é, que não haja espaço algum para um debate ético-político em nosso país. Só desejo ressaltar que o forte componente de heteronomia de nossa condição faz com que não possamos aceitar o modelo de reconhecimento proposto por Honneth sem antes submetê-lo a uma profunda revisão crítica. Ou seja, trata-se aqui de, sem abandonar o problema do reconhecimento, propor outro modelo teórico que dê conta da heteronomia de nossa condição, ao mesmo tempo que possa também ser usado no contexto do debate "republicano", que tanto ocupa teóricos das "democracias do Atlântico Norte" e de alhures, ainda que de uma maneira radicalmente crítica.

1.2 Negação do reconhecimento e contraconceitos assimétricos

Na atualidade, as críticas mais duras à filosofia de Hegel e de seus seguidores provêm do campo identificado, muitas vezes pejorativamente, como pós-moderno: nietzschianos de vários matizes, estudiosos do colonialismo e da condição pós-colonial, feministas, teóricos das questões de gênero, estruturalistas, pós-estruturalistas etc. Contudo, o autor que utilizei, de maneira assumidamente instrumental, mas não abusiva, como alavanca para organizar um modelo alternativo é estranho ao campo pós-moderno. Trata-se de Reinhart Koselleck, que, com Otto Brunner e Werner Conze, editou a coleção alemã intitulada *História dos Conceitos Básicos* (*Geschichtliche Grundbegriffe*), o trabalho mais detalhado e extenso de história conceitual de que se tem notícia.[37]

37 A *Geschichtliche Grundbegriffe* (KOSELLECK, Reinhart; BRUNNER, Otto CONZE, Werner (Coord.). *Geschichtliche Grundbegriffe*. 9 vols. Stuttgart: Klett-Cotta, 1972-1997) é uma obra de, aproximadamente, nove mil páginas, dividida em nove volumes, com um total de 115 verbetes dedicados a conceitos específicos (RICHTER, Melvin. *The history of political and social*

A formação filosófica e historiográfica de Koselleck deu-se em Heidelberg, sob a influência de Hans Georg Gadamer, Martin Heidegger, Karl Löwith e Carl Schmitt.[38] Sua obra compõe-se principalmente de ensaios sobre a história de conceitos específicos, muitos deles, verbetes da *Geschichtliche Grundbegriffe*, e de artigos sobre metodologia e filosofia da história. A este último grupo de trabalhos pertence o texto "A semântica histórico-política dos contraconceitos assimétricos", a fonte principal de material para o trabalho de (re)construção proposto aqui. Nesse texto, Koselleck elabora um estudo histórico e teórico da semântica de formações conceituaisusadas por grupos de pessoas como instrumento de inferiorização e exclusão de outros grupos, ou seja, nas palavras do próprio autor, como meio de lhes negar reconhecimento.[39]

Segundo Koselleck, essas formações geralmente ocorrem na forma de "pares de contraconceitos assimétricos". Cada par é composto por um conceito positivo, assumido como identidade do

---

concepts: a critical introduction. Nova York; Oxford: Oxford University Press, 1995).

38 Uma introdução curta, mas informativa, à biografia intelectual de Koselleck foi escrita pelo tradutor Keith Tribe, em *Futures Past* (KOSELLECK, Reinhart. *Futures past*: on the semantics of historical time. Cambridge; Londres: The MIT Press, 1985). Para um exame mais detalhado do projeto da *Geschichtliche Grundbegriffe*, ver Richter (RICHTER, Melvin. *The history of political and social concepts*: a critical introduction. Nova York: Oxford University Press, 1995).

39 Diferentemente de Quentin Skinner, que toma a linguagem como forma de ação, de um determinado autor imerso em um dado contexto, Koselleck pretende explorar as possibilidades de ação futura (horizontes de expectativas) e os diagnósticos do passado (espaço de experiência) gerados pelo uso de conceitos (KOSELLECK, Reinhart. "'Space of Experience' and 'Horizon of Expectation': Two Historical Categories". *In*: ______. *Futures past*: on the semantics of historical time. Cambridge and Londres: The MIT Press, 1985). Ou seja, o conceito é um fator da ação política e social, mas não pode ser estritamente reduzido a ela, pois, assim como a ação depende de fatores extralinguísticos, o conceito contém potencialidades que nem sempre se realizam (KOSELLECK, Reinhart; GADAMER, Hans-Georg. *Historia y hermenéutica*. Barcelona: Paidós, 1977).

grupo que nomeia, e um negativo, que corresponde à mera inversão semântica do elemento positivo. O adjetivo "assimétrico" provém do fato de a relação de definição não ser mútua: enquanto o Eu define o Outro como pura negação de sua autoimagem, o Outro não se reconhece naquela definição. Aí reside um problema capital de reconhecimento, pois o Outro experimenta a definição que lhe é impingida como ofensa, insulto e/ou privação.

O primeiro par histórico de contraconceitos estudado por Koselleck é *hellenos/barbaros* na Grécia clássica.

> Os bárbaros não eram simplesmente considerados não gregos ou estrangeiros, mas, enquanto estrangeiros, eram de fato definidos negativamente como: covardes, grosseiros, glutões, brutos etc. O nome de um povo – Hellenos – torna-se o contraconceito para todos os outros, que são agrupados sob um nome coletivo que significa somente o contrário de "Hellenos". Assimetria é, portanto, semanticamente, baseada no contraste consciente de um nome específico com uma classificação genérica.[40]

Koselleck emprega a noção de horizonte de expectativas para denotar os efeitos cognitivos abertos pelo uso desses conceitos.[41] Para ele, o caráter negativo do campo semântico que define o Outro predispõe o Eu a interpretar evidências empíricas como sinais que confirmam seus "preconceitos". No caso da Grécia clássica,

---

40 KOSELLECK, Reinhart. "The historical-political semantics of asymmetric counterconcepts". *In*: ______. *Futures past*: on the semantics of historical time. Cambridge: The MIT Press, 1985, p. 166.

41 A noção de horizontes de expectativas advém da teoria hermenêutica de Gadamer (GADAMER, Hans Georg. *Truth and method*. Trad. Garrett Barden; John Cumming. Nova York: Seabury Press, 1975). Outro exemplo brilhante do uso dessa noção pode ser encontrado em Ricoeur (RICOEUR, Paul. *Hermeneutics and the human sciences*. Paris: Cambridge University Press and Editions de la Maison des Sciences de L'Homme, 1981).

> contato com comerciantes estrangeiros, a massa de escravos, a devastação dos campos gregos promovida pelos invasores persas e experiências similares podiam ser generalizados ao arrepio da crítica.[42]

Do ponto de vista político, o horizonte de expectativas gerado pela semântica do par *hellenos/barbaros* permitia aos gregos justificar a escravização daqueles vistos como bárbaros e/ou a submissão de comunidades bárbaras ao governo de déspotas gregos.[43] Ao argumentar que o bárbaro é um "escravo por natureza", Aristóteles nos dá uma amostra clara das expectativas limitadas abertas aos bárbaros na sociedade grega. Devemos salientar que, nesse contexto semântico, a condição inferior do bárbaro não estava sujeita a modificações introduzidas pela passagem do tempo. Ou seja, não havia uma expectativa de transformação futura dos bárbaros em pessoas civilizadas.

O advento do cristianismo criou formas de distinção que ultrapassavam os limites semânticos do par *hellenos/barbaros*. A principal forma de oposição do mundo cristão cristalizou-se em torno do par contraconceitual cristão/pagão. No evangelho, São Paulo deixa claro que só há duas formas de conduta humana: aceitar a doutrina cristã e viver de acordo com a escritura ou rejeitá-la completamente. O caráter assimétrico dessa concepção é explícito, pois o pagão é definido aí apenas por aquilo que ele não é: cristão. Assim como os *barbaros*, o contraconceito de "pagão" está associado, no pensamento cristão, a conteúdos

---

42 KOSELLECK, Reinhart. "The historical-political semantics of asymmetric counterconcepts". *In*: ______. *Futures past*: on the semantics of historical time. Cambridge: The MIT Press, 1985.

43 Melvin Richter explora com detalhe as conexões entre os conceitos gregos de despotismo, escravidão e barbarismo (RICHTER, Melvin. "Aristotle and the classical Greek concept of despotism". *History of European Ideas*, vol. 12, nº 2, 1990). ARISTOTLE. *The Politics of Aristotle*. Trad. Ernest Barker. Nova York: Oxford University Press, 1958.

semânticos que expressam a falta ou imperfeição de costumes, hábitos e tradições que definem o cristianismo. Porém, o horizonte de expectativas aqui assume um caráter fortemente temporal, pois, na doutrina cristã, a possibilidade da conversão futura do pagão ao cristianismo sempre está aberta. Ou seja, o cristão crê na possibilidade de um mundo futuro inteiramente cristão, onde a abominação, que é a vida pagã, deixaria de existir. Essa expectativa foi usada para justificar a ação dos cristãos contra pagãos. Santo Agostinho conclui que, enquanto a perseguição de cristãos por parte dos pagãos é injusta, o contrário é justificável. Em nome do triunfo cristão, europeus do medievo empreenderam conversões forçadas, saques, invasões e massacres. Na prática, a eliminação do estilo de vida do pagão muitas vezes redundou na eliminação física dos próprios pagãos.

Koselleck chama a atenção para o fato de que o surgimento da oposição cristão/pagão não significou o desaparecimento da oposição que lhe precedeu, *hellenos/barbaros*. Pelo contrário, os dois tipos de oposição foram articulados, alargando assim o arsenal semântico disponível para se representar os Outros do cristianismo. Os modos de se menosprezar o estilo de vida dos bárbaros podiam sempre ser adaptados ao tratamento dos pagãos. O termo bárbaro converte-se em um adjetivo usado para se atribuir uma generalidade negativa ao nome de povos pagãos: sarracenos, ávaros, húngaros, eslavos ou turcos.

Por fim, Koselleck analisa as oposições homem/desumano (*Mensch/Unmensche*) e super-homem/sub-homem (*Ubermensch/Untermensch*), ambas geradas a partir do campo semântico da noção iluminista de humanidade. Aqui, a narrativa koselleckiana volta-se para os detalhes da história desses conceitos na Alemanha, no período que vai do final do século XVII à Segunda Guerra Mundial. Por razões de concisão e clareza, vamos expor somente a parte dessa discussão que diz respeito ao par ariano/não ariano

– uma versão da oposição *Ubermensch/Untermensch* que ganhou força política durante o Terceiro Reich. Segundo Koselleck,[44]

> O não ariano é meramente uma negação de uma determinada posição e nada mais. A aplicação do conceito de ariano não está contida no conceito de ariano. O mesmo pode se dizer de "não ariano". Essa situação define uma forma de negação elástica que fica à disposição daqueles que têm o poder de regular os conteúdos linguísticos e preencher conceitos vazios (...). Pela primeira vez, o par linguístico foi usado de maneira instrumental por aqueles com poder de regular a língua.

O autor admite que essa oposição produz a expectativa da eliminação do não ariano no futuro. Contudo, a exploração que Koselleck faz da semântica do par ariano/não ariano é por demais superficial e, portanto, imprópria para ser assimilada à tipologia das formas de desrespeito aqui proposta sem antes ser reinterpretada e modificada.

Por fim, Koselleck observa que pares contraconceituais têm um caráter duplo de particularidade histórica e de estrutura modelar. Se, por um lado, cada par é produto de um contexto histórico específico, suas estruturas semânticas são transmitidas e assimiladas pelos novos pares que o sucederam. Nessa concepção, a história dos conceitos deve ser compreendida como um adensamento semântico e onomasiológico, em que formas de experiência do passado são transmitidas às gerações futuras por intermédio do meio linguístico.[45] Essa acumulação permite a ocorrência da contemporaneidade do não contemporâneo, um termo que Koselleck

---

44 KOSELLECK, Reinhart. *Futures past*: on the semantics of historical time. Cambridge: The MIT Press, 1985, p. 196.

45 KOSELLECK, Reinhart. "The historical-political semantics of asymmetric counterconcepts". *In*: ______. *Futures past*: on the semantics of historical time. Cambridge: The MIT Press, 1985.

cunhou para se referir à coexistência no "presente" de formas linguísticas (e, portanto, espaços de experiência) produzidas em momentos históricos distintos.

1.3 Formas de desrespeito como oposições assimétricas

Apesar de sua riqueza e sofisticação, a teoria de Koselleck não pode ser integrada como um todo ao presente projeto de construção de uma tipologia do desrespeito. Para dar continuidade a este trabalho, devo suspender o caráter histórico da narrativa koselleckiana e reconstruir os atributos modelares de suas oposições contraconceituais. Por que o caráter histórico deve ser suspenso? Ora, o texto de Koselleck tem como pano de fundo uma macronarrativa da história do Ocidente que começa na Grécia antiga e termina na Alemanha do Terceiro Reich. Se o modelo das formas de desrespeito pretende superar as limitações republicanas da teoria de Honneth, não podemos atribuir um caráter universal à macronarrativa que Koselleck nos oferece, pois ela é, de maneira não reflexiva, baseada na posição nacional alemã. Ademais, a nosso ver, Koselleck explora de maneira um tanto ligeira as implicações semânticas e modelares de cada oposição contraconceitual, particularmente nos casos cristão/pagão e ariano/não ariano.

Seguindo nosso plano de ação, de cada par de contraconceitos identificados pelo autor, isolarei um tipo básico de oposição assimétrica que corresponde à sua característica modelar mais original. A oposição assimétrica nada mais é do que uma das formas semânticas que o desrespeito pode assumir quando articulado por meio da linguagem e é uma das mais radicais, pois o Eu vê no Outro somente reflexões invertidas de sua própria autoimagem. Portanto, essa tipologia de formas de oposição assimétrica é também uma tipologia de formas de desrespeito. Do par *hellenos/barbaros* deduz-se a oposição assimétrica cultural, ou seja, a forma de desrespeito que corresponde à descrição do Outro em termos da negação ou falta de instituições, costumes e práticas atribuídas ao Eu coletivo.

Para Koselleck, a oposição *hellenos/barbaros* é definida exclusivamente em termos culturais (modos de vida, hábitos e costumes). Apesar de o sentido geral dessa interpretação parecer correta, pois a evidência textual aponta realmente para a dominância da oposição cultural, há na concepção grega alguns traços do que chamaríamos hoje de oposição racial, ou seja, da atribuição de aspectos culturais negativos a características físicas e fisionômicas. Ao apresentar a teoria da escravidão natural na *Política*, Aristóteles discute a possível correlação entre barbarismo e características físicas inferiores.[46] Mesmo que Aristóteles, ao fim de sua peroração, rejeitasse tal inferência, o fato de ele ter articulado esse problema naquele contexto histórico-linguístico sugere a possibilidade de que tal raciocínio tenha existido na Grécia antiga. Contudo, este é de fato um problema menor na interpretação koselleckiana. Ademais, da maneira como proposta aqui, a oposição assimétrica cultural pode ser generalizada como forma de desrespeito, independentemente da pertinência da interpretação histórica do caso grego.

A oposição assimétrica cultural pode ser encontrada, por exemplo, nas definições do verbete *Latin* apresentadas pelo *Oxford English Dictionary*, previamente examinadas aqui.[47] *Proud, passionate, impetuous, showy in appearance, sometimes somewhat dismissive*[48] não são somente termos negativos, eles denotam quali-

46 ARISTOTLE. *The Politics of Aristotle*. Trad. Ernest Barker. Nova York: Oxford University Press, 1958.1254b

47 SIMPSON, John; PROFITT, Michael (Coord.). *Oxford English Dictionary*. Coleção Additions Series. Oxford: Clarendon Press, 1997.

48 Tradução aproximada: orgulhoso, passional, impetuoso, exibido e, algumas vezes, um pouco arisco. A citação foi mantida na língua original com o intuito de preservar o conteúdo semântico dos adjetivos, que é invariavelmente alterado em qualquer tradução.

dades que correspondem ao oposto de uma autoimagem anglo-saxã de racionalidade, disciplina, correção e caráter.

Chamamos a segunda forma de desrespeito de oposição assimétrica temporal. Ela é derivada do par contraconceitual cristão/pagão, mas de maneira indireta e incompleta. Koselleck limita sua análise a autores do cristianismo primitivo e medieval, que permaneceram fiéis a uma noção temporal dominada pela eminência escatológica. Por conseguinte, deixa de notar que o desenvolvimento mais profícuo da noção temporal cristã se dá quando de sua secularização a partir do começo da Idade Moderna. Os pioneiros desse movimento de secularização parecem ter sido os tomistas espanhóis, Bartolomeu de las Casas e José de Acosta – autores que se engajaram na exploração etnológica dos povos do Novo Mundo.[49] Para determinar o "lugar" desses novos povos no mundo, eles criaram um sistema de classificação comparada de todas as sociedades de que os europeus tinham notícia, incluindo povos e civilizações já extintos. Nesse sistema, a cristandade católica europeia ocupa o ápice de uma escala de desenvolvimento e é, ao mesmo tempo, a medida pela qual outros povos são classificados. Culturas extraeuropeias são, dessa maneira, identificadas com povos europeus do passado, criando a possibilidade de se pensar diferença cultural em termos de primitivismo, atraso ou retardamento, isto é, em termos de diferença temporal.[50] Essa possibilidade, aberta pelas

---

49 Para uma análise mais pormenorizada das contribuições de Las Casas e Acosta, ver Pagden (PAGDEN, Anthony. *The fall of natural man*: the American Indian and the origins of comparative ethnology. Cambridge: Cambridge University Press, 1982).

50 O antropólogo Johannes Fabian (FABIAN, Johannes. *Time and the other*: how anthropology makes its subject. Nova York: Columbia University Press, 1983) cunhou o termo "não concomitância" para descrever a percepção de que pessoas, na qualidade de membros de uma determinada comunidade, possam existir no presente e, ao mesmo tempo, no passado. Para uma genealogia detalhada da noção de "não concomitância", ver FERES JÚNIOR, João. "Political philosophy, ethnology, and time: a study of the notion of historical handicap". *Kriterion*, vol. 43, nº 105, jun. 2002.

etnologias de Las Casas e Acosta, consolidou-se com o advento de teorias históricas seculares do progresso contínuo na França iluminista.[51] Nelas, a escatologia cristã, ainda presente nos escritos de Las Casas e de Acosta, foi finalmente abandonada, enquanto a noção eurocêntrica de progresso moral e material se tornou o principal instrumento etnológico de classificação do Outro.

Vale ressaltar que cada um desses movimentos de secularização da concepção histórico-etnológica (tomismo espanhol e iluminismo) coincidiu com uma onda de expansão mundial do colonialismo europeu. Essa coincidência não é aleatória, pois, nos dois casos, as novas etnologias serviram para justificar a submissão de povos definidos como "atrasados" ou "imaturos" aos próprios europeus. O paternalismo da retórica colonial, da *mission civilisatrice*, só pôde ser articulado tomando como base tais etnologias.

Contudo, é importante lembrar que o ponto de partida do presente esforço de construção de uma tipologia das formas do desrespeito é o presente. E, neste presente, a forma de desrespeito que se articula como oposição temporal assimétrica é expressa majoritariamente por meio de etnologias do desenvolvimento material e moral, e não da expectativa cristã primitiva de uma solução escatológica para o problema do Outro. Essa é uma forma de desrespeito das mais sérias, pois transforma o Outro (o atrasado) em objeto da ação do Eu (desenvolvido). Como veremos adiante, a teoria da modernização desenvolvida na academia estadunidense durante as décadas de 1950 e 1960 é inteiramente baseada na oposição temporal assimétrica de um Eu ocidental, estadunidense, capitalista-protestante, desenvolvido, a um Outro tradicional, que é

51 O exemplo mais acabado desse tipo de concepção histórica se encontra em Condorcet (CONDORCET, Marie-Jean-Antoine-Nicolas de Caritat marquis de. *Esquisse d'un tableau historique des progrès de l'esprit humain / Fragment sur l'Atlantide*. Paris: Flammarion, [1795] 1988). Para uma discussão panorâmica do desenvolvimento de teorias históricas do progresso contínuo a partir da escatologia cristã, ver Löwith (LÖWITH, Karl. *Meaning in history*. Chicago; Londres: Phoenix Books, The University of Chicago Press, 1949).

simplesmente definido pela falta desses atributos. Essa teoria serviu de base para uma série de políticas externas dos Estados Unidos, da Aliança para o Progresso à remoção forçada de centenas de milhares de camponeses vietnamitas de suas moradias na zona rural para grandes cidades.[52]

A terceira forma de desrespeito, oposição racial assimétrica, é derivada das ideias de Koselleck de maneira ainda mais indireta do que a anterior. Koselleck não compara a semântica do par ariano/não ariano aos pares que o precederam. Façamos esse serviço em seu lugar. Deste modo como "bárbaro", o conceito de não ariano foi usado para se referir genericamente ao Outro, de maneira a apresentá-lo como moralmente inferior. Assim como no par cristão/pagão, a oposição ariano/não ariano gerava a expectativa de solução para o problema do Outro no futuro, que, nesse caso, correspondia à purificação do *Lebensraum* alemão de elementos não arianos e à submissão do resto do mundo ao domínio geopolítico alemão. No entanto, o campo semântico desse par contém elementos estranhos aos dois outros que o precederam (*hellenos/barbaros* e pagão/cristão). Essa "novidade" corresponde à articulação da diferença em termos de raça.

Durante o século XIX, o conceito de "raça" assumiu uma importância político-ideológica sem precedentes para as ideologias nacionalistas que sustentaram a consolidação dos Estados-Nação europeus, principalmente na Alemanha, na França e na Inglaterra.

---

52 Noam Chomsky (CHOMSKY, Noam. *American Power and the New Mandarins*. Nova York: Pantheon, 1968) descreve em detalhes a participação de "grandes nomes" das ciências sociais americanos, como W. W. Rostow e Samuel Huntington, na concepção e na implementação de políticas de urbanização forçada no Vietnã. Baseado na premissa de que o comunismo vietnamita era um sintoma da falta de desenvolvimento, Huntington conclui que uma "modernização" acelerada dos camponeses vietnamitas, por meio da urbanização forçada, roubaria aos vietcongues sua base de sustentação.

Segundo Ivan Hannaford,[53] naquele período, o conceito de raça era usado para exprimir de maneira sintética diferenças que podiam ser biológicas, linguísticas e/ou culturais. Todavia, o autor deixa de notar que esses componentes da noção de raça não são equipotentes. Isso é particularmente verdadeiro para a maneira como o termo é empregado atualmente. Tanto em português como em inglês, o termo "raça" (*race*) não é totalmente destituído de referências culturais, ou seja, no uso comum dessas línguas, culturas específicas são identificadas com determinadas raças. O que parece escapar a Hannaford, e, também, a Koselleck, é que o componente biológico, expresso pelas referências a aspectos físicos, fisionômicos e psicológicos, é, no presente, o elemento determinante da noção de raça.

É correto afirmar que "raça" é uma construção sociocultural. Ao mesmo tempo, porém, não se pode deixar de notar que o termo é usado para significar algo que está além (ou aquém) da cultura: aspectos físicos, fisionômicos e psicológicos. A percepção da diferença racial como oposição assimétrica cria um universo de expectativas próprio, em que o problema do Outro não pode ser "resolvido" pela assimilação cultural – solução que sempre esteve, pelo menos nominalmente, no horizonte dos projetos colonialistas. Dado seu apelo à biologia, a oposição racial assimétrica aponta para a solução desse problema na forma do controle radical do corpo do Outro. Os exemplos práticos desse tipo de desrespeito são a solução final nazista, os guetos étnicos das grandes cidades dos Estados Unidos, o regime sul-africano do *apartheid* etc.

Um exemplo claro de articulação retórica dessa forma de desrespeito é dado pelo discurso proferido no Congresso dos Estados Unidos pelo deputado do Estado de Nova Iorque Washington Hunt quando da discussão sobre a anexação de partes do território mexicano durante a guerra americano-mexicana (1846-1848):

---

53 HANNAFORD, Ivan. *Race*: the history of an idea in the West. Baltimore: The John Hopkins University Press, 1996.

> Pensem no tipo de população que a anexação desses territórios trará para nossa confederação. Devemos preparar-nos para receber uma massa incongruente de espanhóis, índios e mexicanos mestiços – uma mistura de raças que não vai poder usufruir ou administrar nossas instituições livres. Homens de sangue diferente e língua diferente, que não devem se misturar com o nosso povo em pé de igualdade política e social.[54]

A assimetria da comparação é patente: de um lado, estadunidenses brancos anglo-saxões, de outro, um coletivo de gente escura (não brancos). Ao final, os territórios mexicanos foram anexados à Federação estadunidense, mas a maioria daquelas populações "indesejáveis" foi exterminada nesse processo de apropriação, fosse pelo exército dos Estados Unidos, fosse pelos colonos. A expectativa criada por essa percepção racial altamente assimétrica, da qual Hunt era somente um dos porta-vozes, moldou o futuro.

Por meio da noção da contemporaneidade do não contemporâneo, Koselleck identifica o sintoma da sobreposição cumulativa dos campos semânticos de pares de contraconceitos: o cristão pôde usar o arsenal pejorativo que os gregos criaram para se referir aos bárbaros e combiná-lo à sua noção de temporalidade; os racistas podem se servir dos dois para somar à distinção biológica aspectos culturais e temporais (ex.: raças mais primitivas têm culturas menos evoluídas). A ideia da contemporaneidade do não contemporâneo, de fato, parece uma hipótese interessante, porém, ao suspendermos a macronarrativa histórica que orienta o texto de Koselleck, acabamos por descartar o padrão de acumulação semântica específico que ele identifica: dos gregos antigos aos alemães do século XX, passando pela cristandade europeia. Resta-nos substituí-la por uma nova categoria: a "traduzibilidade

54 SCHOULTZ, Lars. *Beneath the United States*: a history of US policy toward Latin America. Cambridge: Harvard University Press, 1998, p. 32.

das formas de oposição assimétrica", definida como propriedade pela qual certas expressões linguísticas são capazes de denotar mais de uma forma de desrespeito. Vocabulários usados na descrição de uma determinada forma de oposição assimétrica, não raro, têm a capacidade de sugerir outras. Por exemplo, a palavra "temperamento" tem matizes culturais e raciais; categorias sociocientíficas, como "patriarcalismo" e "feudalismo", têm nuanças culturais e temporais.

A existência de possibilidades de tradução depende não somente do significado intersubjetivo de cada um dos conceitos utilizados, mas também da articulação retórica empregada no material a ser examinado. Termos que usualmente não são associados a uma determinada forma de desrespeito podem ser semanticamente contaminados pela proximidade de outras expressões geralmente associadas àquela forma. Por exemplo, o termo "rural", ou mesmo "católico", dependendo do contexto no qual é usado, pode sugerir atraso e inferioridade cultural. Em suma, diferentemente da "contemporaneidade do não contemporâneo", definida como característica intrínseca e inelutável do processo histórico, a "traduzibilidade das formas de oposição assimétrica" é uma propriedade hipotética que só pode ser confirmada por meio da análise de cada caso, prescindindo, assim, de qualquer entendimento prévio dos rumos da "história universal".

1.4 Outras considerações

A tipologia das formas de desrespeito apresentada aqui não é incompatível com as observações de Honneth sobre a negação do reconhecimento. De certa maneira, as oposições assimétricas cultural e temporal podem ser vistas como casos particulares da terceira forma de desrespeito identificada pelo autor – aquela que degrada o estilo de vida da pessoa. Porém, ao empreender uma análise detalhada das articulações linguísticas (e retóricas) do desrespeito, esse modelo é capaz de revelar aspectos que a teoria de Honneth sequer vislumbra. Na verdade, as três formas de desrespeito aqui identificadas podem ser usadas (e de fato foram usadas), individualmente ou em conjunto, para justificar a negação de todas as três formas de reconhecimento enumeradas por Honneth (abuso físico, negação de direitos e degradação do estilo de vida). A noção de traduzibilidade permite o exame das várias combinações dessas formas de desrespeito e, portanto, permite uma compreensão melhor do poder que esses usos linguísticos têm de rebaixar o Outro a uma condição de inferioridade submissa.

Essa solução também nos parece vantajosa quando comparada à concepção do problema do reconhecimento segundo o cânone do republicanismo hegeliano. Primeiro, ela nos permite identificar o desrespeito, expresso no uso linguístico corrente de oposições assimétricas, em situações inacessíveis à concepção republicana, como, por exemplo, quando ele ocorre em comunidades linguísticas das quais o Outro não é parte significativa. Essa função nos ajuda a desvendar conexões entre condições de heteronomia e desrespeito em um contexto internacional marcado pela assimetria de poder. Se a identificação desse desrespeito não permite de pronto alterar a situação de heteronomia, ela pelo menos nos ensina a assumir uma postura crítica em relação a discursos que reproduzem as mesmas formas de desrespeito, sejam eles importados ou reproduzidos domesticamente.

Segundo, a tipologia das formas de desrespeito pode também ser aplicada ao contexto interno do Estado-nação democrático liberal, servindo, a todos os que se sentem vítimas de desrespeito, como ferramenta de resistência e desconstrução de discursos que lhes parecem insultantes. Tal tipologia também permite que a identificação do desrespeito se torne independente da afirmação de uma identidade cultural ou racial autêntica. Por meio desse instrumental analítico, a pessoa, ou grupo de pessoas, pode localizar e rejeitar formas linguísticas que lhe atribuam um caráter de imaturidade, primitivismo ou inferioridade, sem ter que assumir publicamente qualquer identidade específica. Ademais, as pessoas ou grupos que desejam afirmar publicamente uma identidade podem utilizar-se dessa tipologia da mesma maneira. Em suma, essa tipologia pretende servir de ferramenta político-ideológica na luta por reconhecimento, ou seja, pela realização, na prática, da igualdade da cidadania liberal expressa formalmente na letra da lei.

Por fim, o modelo aqui proposto evita a conclusão hegeliano-republicana, clara em Honneth, de que o reconhecimento depende da formação de uma autoconsciência saudável. Honneth[55] acredita que seu modelo positivo sirva de base para que todos possam lutar pelas condições que lhes proporcionem uma vida familiar e afetiva sadia, direitos negativos iguais e reconhecimento cultural. No entanto, tal conclusão parece depender de um padrão de normalidade que, imediatamente, constitui-se como critério de exclusão das pessoas que, de alguma maneira, falharam na formação "correta" de sua autoconsciência. Em outras palavras, a tipologia positiva de Honneth corre o risco de constituir-se, na prática, em instrumento de promoção de mais desrespeito.

O reconhecimento, como forma positiva, deve ser um produto do engajamento concreto das pessoas na política, e não um valor a ser fixado por meio da especulação teórica. O esforço em determiná-lo teoricamente é contraditório porque nega os princípios de liberdade e igualdade democrática sobre os quais o próprio reconhecimento se assenta. Consequentemente, a teoria deve ser usada para nos ajudar a resistir às formas de desrespeito, criando ferramentas úteis ao embate político, tenha esse como objeto a comunidade nacional ou os discursos que legitimam poderes imperiais e transnacionais.

Nos próximos capítulos, a tipologia das formas de desrespeito será "testada" como ferramenta de análise da história do conceito de *Latin America* nos Estados Unidos.

---

55 HONNETH, Axel. "Integrity and disrespect: principles of a conception of morality based on the theory of recognition". *Political Theory*, vol. 20, nº 2, mai. 1992.

CAPÍTULO II

A FASE PRÉ-CIENTÍFICA DO CONCEITO DE *LATIN AMERICA*

> O homem comum toma a ideia de caráter nacional de maneira extrema; e, uma vez tendo estabelecido como princípio que um povo é dissimulado, covarde e ignorante, ele não admite exceção, e atribui a todo e qualquer indivíduo daquele povo as mesmas pechas.
>
> - David Hume, "Of National Characters"

De acordo com o *Oxford English Dictionary*, o termo "*Latin America*" somente começou a ser usado em inglês na última década do século XIX. A primeira ocorrência anotada pelo dicionário data de 1890 e encontra-se no documento intitulado *Reciprocity Treaties with Latin America*, de autoria do Presidente estadunidense Benjamin Harrison. O termo "*Latin America*" parece ter sido importado para a língua inglesa do francês ou do espanhol, pois há evidências concretas do uso dos termos *Amérique Latine* e *América Latina*, nas respectivas línguas, já em meados do século

XIX. Por outro lado, não há vestígio do uso do termo em qualquer língua, no período anterior a 1856.

Nós, seres do presente, às vezes nos surpreendemos com as descontinuidades reveladas pelo estudo do passado. Os termos "América Latina" ou "*Latin America*", que hoje frequentam abundantemente as páginas dos jornais, os discursos dos homens públicos e dos cidadãos comuns, têm uma origem recente e muito peculiar. Apesar do debate acadêmico ainda em curso acerca da primeira aparição do termo e de sua autoria,[56] podemos afirmar que, até que se ofereçam evidências em contrário, o termo surgiu na França em meados do século XIX. Há uma discussão, um tanto bizantina, sobre se ele teria sido primeiramente articulado em espanhol ou em francês.[57] O que interessa explicitar aqui, contudo, é o contexto histórico em que o termo apareceu: o governo de Napoleão III na França.[58]

Sob o poder de Napoleão III, floresceu a doutrina do Pan-latinismo, sustentada sobre a ideia da unidade de todos os povos de raça latina.[59] Essa unidade não se traduzia, contudo, em igualdade, pois, para os ideólogos do Pan-latinismo, a França estaria na vanguarda da raça latina, e, portanto, deveria liderar as nações irmãs menos favorecidas à reconquista de um papel de proeminência na

---

56 ARDAO, Arturo. *Genesis de la idea y el nombre de America Latina*. Caracas: Centro de Estudios Latinoamericanos Romulo Gallegos, 1980.

57 PHELAN, John Leddy. "Pan-latinism, French intervention in Mexico (1861-1867) and the genesis of the idea of Latin America". *In*: ORTEGA Y MEDINA, Juan A. (Coord.). *Conciencia y autenticidad históricas*: escritos en homenaje a Edmundo O'Gorman. Mexico: UNAM, 1968.

58 Louis Napoleon, sobrinho de Napoleão Bonaparte, tornou-se Presidente da segunda república em 1848, e proclamou-se imperador em 1952, ficando no trono até 1871.

59 BLACK, Shirley Jean. *Napoleon III and Mexican silver*. Silverton: Ferrell Publications, 2000; CUNNINGHAM, Michele. *Mexico and the foreign policy of Napoleon III*. Houndmills; Nova York: Palgrave Macmillan, 2001; LECAILLON, Jean-François. *Napolâeon III et le Mexique*: les illusions d'un grand dessein. (Coleção Horizons Amâeriques latines). Paris: L'Harmattan, 1994.

história da civilização humana – papel esse perdido para os povos germânicos e anglo-saxões. Um dos mais influentes articuladores dessa doutrina foi Michel Chevalier, historiador que serviu também de conselheiro do imperador. Alguns comentadores veem no uso que Chevalier faz da expressão *race latine*[60] o embrião de uma concepção de América Latina.[61]

O fato de o adjetivo *latine* aparecer no discurso Pan-latinista associado ao substantivo *race* merece atenção. No mesmo período em que o Pan-latinismo surgia na França, o romantismo como movimento filosófico e literário havia se espalhado por quase toda a Europa, conquistando adeptos fervorosos na Alemanha, na França e na Inglaterra. Esse movimento intelectual, em suas várias vertentes, proporcionou estofo ideológico para o florescimento de ideologias e movimentos nacionalistas que acabaram por redefinir o mapa do velho continente. A ideia romântica de que a unidade linguística, racial e consuetudinária do povo (*Volk*) precede a unidade política do Estado serviu como uma alternativa aos argumentos mais "tradicionais" de justificação do poder político pela nobreza do sangue real e aos mais "modernos" baseados na noção fictícia de um contrato fundador. Nos dias de hoje conceitos como raça e língua são tratados de maneira quase independente, contudo, no século XIX seus campos semânticos tinham largas áreas de intersecção.[62] Muitas vezes a unidade racial e linguística de um povo podia ser tratada de maneira equivalente.[63] Junte-se

---

60 CHEVALIER, Michel. *Society, manners and politics in the United States*. Nova York: Augustus M. Kelley Publishers, [1836] 1966.

61 PHELAN, John Leddy. "Pan-latinism, French intervention in Mexico (1861-1867) and the genesis of the idea of Latin America". *In*: ORTEGA Y MEDINA, Juan A. (Coord.). *Conciencia y autenticidad históricas*: escritos en homenaje a Edmundo O'Gorman. Mexico: UNAM, 1968.

62 HANNAFORD, Ivan. *Race*: the history of an idea in the West. Baltimore: The John Hopkins University Press, 1996.

63 TODOROV, Tzvetan. *On human diversity*: nationalism, racism, and exoticism in French thought. Cambridge: Harvard University Press, 1993.

a isso o fato de que os usos e costumes, que na linguagem de hoje são aglutinados sob o rótulo de cultura, também estavam, naquela época, imbricados a aspectos que hoje chamaríamos raciais.[64]

Foi nesse ambiente cultural europeu e, sobretudo, francês, que mais tarde seria o berço das teorias de Renan e de Gobineau, que o Pan-latinismo floresceu. A cena pintada por Chevalier, de raças diferentes competindo no palco da história universal é um bordão do pensamento romântico que pode ser encontrado de Herder a Ralph Waldo Emerson. Contudo, a ideologia romântica do Pan-latinismo não conduzia a um nacionalismo propriamente dito, mas a um projeto imperial, como atestam os escritos de Chevalier e do próprio Napoleão III.[65] Na agenda política desse imperialismo, a submissão das ex-colônias ibéricas no continente americano ao domínio e à influência francesa figurava com destaque. Passando dos planos aos atos, Napoleão III ordenou, em 1861, a invasão do México – um país rico em recursos e em posição estratégica ótima tanto para frear a expansão territorial estadunidense quanto para servir de base à expansão do domínio francês sobre o continente. Napoleão III instituiu o regime monárquico no território mexicano ocupado pelas tropas francesas e conduziu Maximiliano, da Casa de Habsburgo, ao trono imperial. Porém, a ocupação francesa e seu títere austríaco não conseguiram suficiente apoio do povo

---

64 Devemos lembrar que, durante os séculos XVIII e XIX, o debate entre os defensores da monogênese e da heterogênese não encontrou resolução (HANNAFORD, Ivan. *Race*: the history of an idea in the West. Baltimore: The John Hopkins University Press, 1996). A hipótese de que todos os seres humanos descendem de uma ancestral comum (monogênese) conduz à conclusão de que há somente uma espécie humana, enquanto a heterogênese pode ser usada para justificar a existência de diferentes "raças" humanas, inferiores e superiores. Atualmente, o debate entre essas duas hipóteses continua, ainda que agora restrito à antropologia física e à arqueologia.

65 Ver seu tratado sobre a possibilidade de construção de um canal na Nicarágua para ligar os oceanos Atlântico e Pacífico (NAPOLÉON, Louis. *Canal of Nicaragua or, a project to connect Atlantic and Pacific oceans by means of a canal*. Londres: Mills & Son, 1846).

mexicano e acabaram sendo derrotados pelas forças republicanas mexicanas em 1867. Outras iniciativas do monarca francês, ainda na agenda do Pan-latinismo, foram a tentativa de formação de um Reino dos Andes e o projeto de construção de um canal de ligação entre os dois oceanos na América Central, ambos fracassados.

A França serviu de contexto, mas evidências apontam para o fato de que o conceito de América Latina foi primeiramente formulado em língua espanhola, por José Maria Torres de Caicedo – um jornalista, poeta, crítico e escritor colombiano que, apesar de ter vivido quase toda a sua vida adulta em Paris, cultivava fortes laços com seu país de origem. O primeiro registro do uso do termo encontra-se no seu poema *Las Dos Americas*, publicado em Veneza, em 1856.[66] Alarmado com o expansionismo territorial dos Estados Unidos, que, em 1856, já havia anexado metade do território mexicano e patrocinado a invasão da Nicarágua pelo bucaneiro William Walker, Caicedo pregava a formação de uma confederação de repúblicas latino-americanas para resistir à agressão que vinha do norte. A base dessa união seria a herança latina comum dos povos desses países, que, para o autor incluía não somente a língua espanhola e o catolicismo, mas também o republicanismo e a rejeição do sistema escravocrata.[67] Caicedo não pregava uma rejeição radical de tudo aquilo representado pelos Estados Unidos,

---

66 TORRES DE CAICEDO, José Maria. “Las Dos Americas”. *In*: ARDAO, Arturo. *Genesis de la idea y el nombre de America Latina*. Caracas: Centro de Estudios Latinoamericanos Romulo Gallegos, 1856; ARDAO, Arturo. *Genesis de la idea y el nombre de America Latina*. Caracas: Centro de Estudios Latinoamericanos Romulo Gallegos, 1980; VARGAS, Antonio José Rivadeneira. *El bogotano J.M. Torres Caicedo (1830-1889)*, Cloleção Lecturas de Bogotá. Bogotá: Academia Colombiana de Historia, 1989.

67 O Brasil, monárquico e lusófono, certamente não fazia parte da América Latina originalmente projetada por Caicedo. Isso não constitui em si uma exceção quando tratamos do conceito em questão. A experiência luso-brasileira é frequentemente esquecida tanto nas narrativas americanas sobre a América Latina quanto em discursos em língua espanhola. Mesmo hoje, é comum encontrarmos o termo *Latin America* ou Latino América sendo usado como sinônimo de *Spanish America*.

como fizeram alguns entusiastas do latino-americanismo que o sucederam.[68] Pelo contrário, o autor reconhecia as virtudes do sistema republicano e da democracia estadunidense, mas se exasperava com o que entendia ser uma ambição expansionista sem freios e predatória dos Estados Unidos.

Caicedo de fato formulou o conceito de América Latina em um contexto no qual a ideologia do Pan-latinismo vicejava; isso é inequívoco. Dado que o autor era uma figura pública em Paris, que, inclusive, frequentava alguns dos eventos sociais e cerimônias promovidas pela corte de Napoleão III,[69] é razoável supor que o debate acerca do Pan-latinismo não lhe era estranho. Infelizmente, não é meu objetivo aqui estudar o caso de Caicedo e sua relação com a ideologia Pan-latinista. Deve-se notar, porém, que, em seus vários escritos, esse autor raramente referiu-se a questões de política doméstica da França. A quase totalidade de seus textos foi redigida e publicada em espanhol, isto é, Caicedo vivia na França, mas dedicava sua atividade intelectual aos debates travados nas comunidades de língua espanhola de Europa e América.[70] Ademais, o projeto de união latino-americana defendido por ele previa um tratado regional de livre comércio e a aceitação por todos os países membros de direitos políticos e civis universais, mas não explicitava qualquer participação francesa nesse arranjo.[71]

Caicedo tentou transformar suas ideias em um projeto político por meio da criação da *Sociedad Latinoamericana*

---

68 DARÍO, Rubén. *Obras completas*. Madrid: A. Aguado, 1950.

69 VARGAS, Antonio José Rivadeneira. *El bogotano J.M. Torres Caicedo (1830-1889)*, Coleção Lecturas de Bogotá. Bogotá: Academia Colombiana de Historia, 1989.

70 ARDAO, Arturo. *Genesis de la idea y el nombre de America Latina*. Caracas: Centro de Estudios Latinoamericanos Romulo Gallegos, 1980.

71 TORRES DE CAICEDO, José Maria. "Union Latino-Americana: pensamiento de Bolivar para formar una liga americana; su origen y sus desarrollos". *In*: VARGAS, Ribadeneira (Coord.). *El bogotano J.M. Torres Caicedo (1830-1889)*. Bogotá: Academia Colombiana de Historia, 1865.

Científico-Literaria, em 1868, e da *Sociedad de la Unión Latinoamericana*, em 1879 – instituições que congregaram intelectuais de vários países da América Espanhola, em sua maioria, literatos exilados, como Caicedo.[72] Apesar de seus esforços, essas iniciativas tiveram vida curta, não redundando em qualquer desenvolvimento institucional importante, fosse à França ou alhures. O autor morreu em seu exílio parisiense em 1889, no mesmo ano em que o artífice do Pan-Americanismo, Secretário de Estado dos Estados Unidos, James G. Blaine, reuniu representantes de quase todas as nações americanas para a Primeira Conferência dos Estados Americanos, em Whashington D.C.[73] Um ano mais tarde, segundo o *Oxford English Dictionary*, o termo *Latin America* seria usado em um documento oficial dos Estados Unidos.

É importante notar que, em suas duas versões originais, (*América Latina*, em espanhol, e *Amérique Latine*, em francês), o termo em questão constituiu o centro de ideologias diretamente ligadas a projetos políticos imperialistas. A versão espanhola serviu, pelo menos no plano discursivo, de bandeira contra a expansão imperialista estadunidense, enquanto, na França, a expressão simbolizava as pretensões imperialistas do restaurado Estado monárquico francês. Em ambos os casos, a percepção das diferenças entre latino e anglo-saxão era fundamental, sendo que, na versão francesa, o conceito de raça desempenhou um papel marcante nessa diferenciação. No restante do capítulo, examinarei o conceito de América

72 Ver as listas dos nomes desses intelectuais em Torres de Caicedo (TORRES DE CAICEDO, José Maria. "Union Latino-Americana: pensamiento de Bolivar para formar una liga americana; su origen y sus desarrollos". *In*: VARGAS, Ribadeneira (Coord.). *El bogotano J.M. Torres Caicedo (1830-1889)*. Bogotá: Academia Colombiana de Historia, 1865).

73 O governo haitiano recusou-se a mandar representantes, argumentando que os Estados Unidos tentavam anexar parte de seu território: a península de São Nicolau. Por sua vez, o governo de Santo Domingo não foi à reunião sob o pretexto de que os Estados Unidos planejavam invadir a baía de Samana (LOCKEY, Joseph Byrne. *Essays in Pan-Americanism*. Berkeley: University of California Press, 1939).

Latina (*Latin America*) em outro contexto: os Estados Unidos da América de fala inglesa. Baseado nessa breve história das origens do conceito de América Latina, o que poderia se esperar de sua recepção pela língua inglêsa? Seria a versão inglesa também prenhe de conotações raciais? Estaria o conceito finalmente liberto de suas relações com projetos imperialistas? Essas questões importantes somente podem ser respondidas por meio de um estudo cuidadoso da história do conceito de *Latin America* em inglês – história essa que iniciaremos na próxima seção.

2.1 *Spanish America*

Na segunda edição do *OED*, consta que, antes do início do século XX, isto é, antes da tradução do conceito de *Latin America* para o inglês, *Spanish America* era o termo mais correntemente usado pelos falantes da língua para se referirem "às coisas e aos povos da América Latina".[74] Mesmo assumindo que o *OED* esteja correto, e que, portanto, *Latin America* substituiu *Spanish America* no inglês corrente, resta saber se o novo conceito herdou o conteúdo semântico de seu predecessor. Para responder a essa questão, precisamos primeiramente conhecer esse conteúdo, isto é, os significados atribuídos a *Spanish America* antes da introdução de *Latin America*. Portanto, a narrativa histórica sobre o conceito de *Latin America* deve começar por sua pré-história.

Referências pejorativas às coisas espanholas eram comuns na língua inglesa muito antes do termo *Latin America* ser traduzido. As disputas religiosas do século XVI, o poder da Coroa Espanhola, cujos domínios se espalhavam por toda a Europa e além, assim como o terror inspirado pela Real Armada contribuíram para a consolidação de um sentimento antiespanhol muito forte por parte dos habitantes da Grã-Bretanha e de outros países europeus, sentimento

74 SIMPSON, John; PROFITT, Michael (Coord.). *Oxford English Dictionary*. Coleção Additions Series. Oxford: Clarendon Press, 1997.

esse que ficou conhecido pelo nome de Lenda Negra. Expressões claras da Lenda Negra podem ser encontradas na literatura ficcional britânica, em tratados políticos, jornais e panfletos, discursos de políticos, militares e intelectuais etc.[75] Um dos elementos mais correntes da Lenda Negra são relatos dos maus-tratos e crueldades perpetradas pelos colonizadores espanhóis no Novo Mundo, que, muitas vezes, eram usados de maneira comparativa para elogiar a "ordem" e a "justiça" da colonização inglesa.[76]

A Lenda Negra cruzou o Atlântico com as levas de colonizadores ingleses e encontrou um solo fértil para vicejar nos Estados Unidos. Nesse novo contexto, esse sentimento antiespanhol foi logo estendido de seu objeto original, a Espanha europeia, às colônias espanholas do Novo Mundo.[77] O segundo Presidente dos Estados Unidos, John Adams, cometeu o trecho seguinte em uma carta escrita a Thomas Jefferson:

> (...) um governo livre e a religião católica romana não poderão jamais coexistir, em qualquer país ou nação. Consequentemente, qualquer projeto de conciliar essas duas coisas na velha ou na nova Espanha é utópico, platônico e quimérico.

---

75 A análise mais completa e detalhada da Lenda Negra encontra-se em Philip Wayne Powell (POWELL, Philip Wayne. *Tree of hate*: propaganda and prejudices affecting United States relations with the Hispanic world. Nova York: Basic Books, 1971). O estudo de William S. Maltby (MALTBY, William S. *The Black Legend in England*: the development of anti-Spanish sentiment, 1558-1660. Durham: Duke University Press, 1971) trata da origem e do desenvolvimento desse mito na Inglaterra. Para uma compilação de textos originais de autores europeus célebres com alusões a Lenda Negra, ver Charles Gibson (GIBSON, Charles. *The black legend*: anti-Spanish attitudes in the Old World and the New. Nova York: Knopf, 1971).

76 Um exemplo clássico desse argumento pode ser encontrado no Two treatises of government, de John Locke (LOCKE, John; LASLETT, Peter. *Two treatises of government*. Student ed. Coleção Cambridge texts in the history of political thought. Cambridge; Nova York: Cambridge University Press, 1988).

77 O mais correto seria dizer "colônias ibéricas", pois, como veremos mais adiante, o Brasil não escapou dessa pecha.

> Presenciei tamanha prostração e a prostituição da natureza humana em favor dos clérigos na velha Espanha, que formei minha opinião sobre o assunto, há muito tempo. E é de meu entendimento que, na Nova Espanha, as coisas são ainda piores, se isso é possível.[78]

Fiel aos sentimentos antiespanhóis de seu pai, John Quincy Adams, o quinto Presidente dos Estados Unidos, escreveu a seguinte passagem em seu diário quando, ainda jovem, empreendeu visita ao norte da Espanha: "[Os espanhóis] são vadios, sujos e malvados, em suma, seria justo compará-los a uma vara de porcos".[79]

Como o pai, John Quincy Adams também estendeu suas opiniões negativas das coisas espanholas para a "Nova Espanha", e continuou a professá-las na vida adulta, mesmo depois de as colonias espanholas terem conquistado sua independência por meio de movimentos de libertação de forte cunho republicano. Em uma carta a Henry Clay, Quincy Adams escreveu:

> [*Spanish Americans*] não possuem sequer os mais básicos elementos de um governo livre. A desordem civil está impregnada em seus princípios mais básicos. A guerra e a destruição mútua habitam cada membro de sua organização, moral, política e física.[80]

---

78 Adams to Jefferson, 3 February 1821 (CAPPON, Lester J. (Coord.). *The Adams-Jefferson letters*: the complete correspondence between Thomas Jefferson and Abigail and John Quincy Adams. Chapel Hill: University of North Carolina, 1988, p. 571).

79 JQ Adams Diary, 24 December 1779 to 7 January 1780 (TAYLOR, Robert J.; FRIEDLAENDER, Mark (Coord.). *Diary of John Quincy Adams*. vol. 1. Cambridge: Belknap Press, 1981, pp. 17-27).

80 Adams Diary, 9 March 1821 (ADAMS, John Quincy; ADAMS, Charles Francis. *Memoirs of John Quincy Adams*: comprising portions of his diary from 1795 to 1848. 1ª AMS ed. vol. 5. Nova York: AMS Press, 1970, p. 325).

Coerente em seu desprezo pelos povos do sul, Quincy Adams se opôs ao reconhecimento oficial de sua emancipação política por parte dos Estados Unidos.

A família Adams não estava sozinha no que tange aos sentimentos antiespanhóis nos Estados Unidos. Ao comentar sobre os prospectos das novas repúblicas da América Espanhola, Thomas Jefferson declarou: "A história não conhece exemplo de um povo dominado por padres que tenha constituído um governo livre".[81]

Alexander Scott, representante do governo estadunidense na Venezuela, escreveu ao então Presidente James Monroe que o povo daquele país era "tímido, indolente, ignorante, supersticioso, incapaz de se esforçar e desprovido de iniciativa".[82] O representante na Colômbia, Beaufort Watts, foi mais além, escrevendo, em 1828, que o típico colombiano era "um animal obediente que se torna ainda mais submisso quando castigado".[83]

Devemos notar que essas primeiras manifestações de desprezo pelos Hispano-americanos já eram construídas na forma de oposições assimétricas. Cada uma das características negativas atribuídas a eles, dominados por curas (católico), indolentes, ignorantes, supersticiosos, incapazes de se esforçar e desprovidos de iniciativa, correspondem univocamente a uma característica positiva da autoimagem estadunidense: protestante (portanto, anticatólica), trabalhador, educado, racional, industrioso e provido de espírito de iniciativa. Dado que esses adjetivos pejorativos descrevem

81 Jefferson to Thaddeus Kosciusko, 13 April 1811 (JEFFERSON, Thomas; WASHINGTON, H. A. *The writings of Thomas Jefferson*: being his autobiography, correspondence, reports, messages, addresses, and other writings, official and private. Pub. by the order of the Joint Committee of Congress on the Library, from the original manuscripts, deposited in the Department of State. Philadelphia: J. B. Lippincott & Co, 1869, vol. 13, p. 40).

82 Alexander Scott to James Monroe, 16 November 1812 and 1 January 1813, *Consular Letters from La Guaira*, NA M84/R1.

83 Watts to Clay, 10 March 1828, *Despatches from Colombia*, NA T33/R4.

estilos de vida, hábitos e costumes, eles podem ser agrupados sob a denominação de oposições culturais assimétricas.

As expectativas associadas a essas oposições eram muito pessimistas. Para John Adams, o catolicismo e o governo livre são irreconciliáveis, ou seja, enquanto a América espanhola continuar católica, ela não gozará de tal governo. Thomas Jefferson é de opinião semelhante. Já John Quincy Adams leva a oposição assimétrica um passo adiante, abrindo a possibilidade para traduções raciais. Primeiro, ao comparar os espanhóis a animais, mais especificamente, porcos, sugerindo que sua vileza é tão aguda a ponto de desumanizá-los, e segundo, ao dizer que "a guerra e a destruição" estão impregnadas não somente nas instituições morais e políticas dos hispano-americanos, mas também em sua constituição física. Beaufort Watts também se aproxima do feito de Quincy Adams, ao comparar o "típico colombiano" a um cão subserviente.

A introdução de elementos raciais modifica o horizonte de expectativas projetado sobre os hispano-americanos em inglês. Enquanto seus hábitos culturais "deploráveis" são atribuídos ao catolicismo, a possibilidade de solução por meio da reforma cultural está sempre aberta. Contudo, quando maus hábitos são atribuídos à inferioridade racial, esta possibilidade se fecha. Nesse caso, restam somente medidas que possam controlar seus corpos, como, por exemplo: segregação, controle reprodutivo, deportação, controles migratórios e extermínio. Entretanto, seria imprudente exagerar na questão racial, pois, no conjunto de citações apresentado acima, há somente alusões indiretas à raça, ao passo que as oposições culturais assimétricas são explícitas.

Mesmo que as expectativas nos discursos de alguns representantes do governo dos Estados Unidos do início do século XIX fossem altamente pessimistas, elas não chegaram, à época, a produzir uma política externa que lhes fizesse jus. Isso se deu não pelo conteúdo específico dessas expectativas, mas pelo fato de os Estados Unidos, uma nação jovem e agrícola, quase não terem contato com os países do sul. Porém, vale lembrar que, na primeira manifestação importante de política externa estadunidense que dizia respeito à América espanhola, a declaração de James Monroe (mais tarde batizada de Doutrina Monroe), os Estados Unidos trataram seus vizinhos de maneira nitidamente assimétrica, arrogando-se defensores do continente e deixando de reconhecer a autonomia das repúblicas na defesa de seu próprio território.[84]

As citações acima provêm de uma época em que os Estados Unidos tinham muito pouco contato com as recém-criadas repúblicas do sul. Essa situação começou a mudar no segundo quarto do século XIX, com o florescimento de projetos expansionistas naquele país. A expansão de fato foi iniciada em 1819, com a aquisição da Flórida, vendida por um valor quase simbólico aos Estados Unidos pela Espanha, por receio de uma invasão estadunidense iminente.[85] Mas o debate expansionista só recrudesceu durante o longo processo de anexação do Texas e, posteriormente, com o advento da guerra contra o México.[86]

Com o fim do isolamento dos Estados Unidos, os discursos acerca dos vizinhos do sul parecem ter assumido novas colorações. Por exemplo, ao comentar, em 1843, a campanha vitoriosa dos colonos brancos do Texas contra o estado mexicano, o Secretário de Estado Abel Upshur declarou:

---

84 Para uma leitura crítica da recepção histórica da Doutrina Monroe, ver ALLMAN, Timothy D. *Unmanifest destiny*: mayhem and illusion in american foreign policy – from the monroe doctrine to reagan's war in el salvador. Garden City: Doubleday, 1984; PETRAS, James F.; LAPORTE, Robert. *Cultivating Revolution*: the United States and Agrarian Reform in Latin America. Nova York: Vintage Books, 1973.

85 SCHOULTZ, Lars. *Beneath the United States*: a history of US policy toward Latin America. Londres: Harvard University Press, 1998.

86 MONTEJANO, David. *Anglos and Mexicans in the making of Texas, 1836-1986*. 1ª ed. Austin: University of Texas Press, 1987.

> Nenhum homem que conhece minimamente sua própria natureza supõe ser possível que duas raças de homens, distintas por marcas externas indeléveis e perceptíveis a olho nu, que mantiveram desde tempos imemoriais uma relação de senhor e escravo, possam algum dia viver juntas, como iguais, no mesmo país, sob o mesmo governo.[87]

O Texas foi finalmente anexado à união federativa estadunidense em 1845. Em menos de um ano, os Estados Unidos iniciariam uma guerra contra o México.

A escalada do conflito deu-se da seguinte maneira. O então Presidente dos Estados Unidos, James K. Polk mandou um emissário secreto, John Slidell, ao México com a suposta tarefa de cobrar do governo mexicano indenizações decorrentes da anexação do Texas e de negociar um problema de disputa de fronteiras. Os mexicanos entendiam que o rio Nueces era a fronteira sul do Texas, e, portanto, agora também a dos Estados Unidos, enquanto os estadunidenses argumentavam que o rio Grande, que corre, em média, 100 quilômetros ao sul do Nueces, correspondia de fato à linha fronteiriça. Mas Slidell tinha um objetivo mais importante: oferecer aos dirigentes daquele país uma proposta de compra dos territórios mexicanos do Novo México e da Califórnia por 30 milhões de dólares. Os mexicanos rejeitaram veementemente a proposta, assim como se negaram a reconhecer o rio Grande como limite de fronteira.

Diante da recusa dos mexicanos, Polk ordenou a invasão da área sob litígio entre os rios. Os mexicanos logo revidaram com um ataque às tropas invasoras. Polk, então, enviou mensagem ao congresso no dia 11 de maio de 1846, dizendo que o México "havia invadido nosso território e derramado sangue americano em solo americano". Dois dias depois, o Congresso aprovou uma declaração

---

87 Upshur to Edward Everett, 28 September 1843, Instructions to Great Britain, NA M77/R74. Originally quoted in Schoultz's.

de guerra contra o México por maioria esmagadora. Assim se deu o início formal do conflito que iria resultar na anexação, por parte dos Estados Unidos, de 1,3 milhões de quilômetros quadrados de território mexicano – uma área que correspondia, aproximadamente, à metade daquele país e onde hoje estão os estados da Califórnia, Novo México, Utah, Nevada, Arizona e Colorado.[88]

A maioria congressual que apoiou a guerra não voltou a se formar nos debates a respeito da anexação dos territórios. Enquanto os democratas do sul viam na expansão uma oportunidade para aumentar o número de estados escravocratas e, assim, seu poder político na união, os Whigs e os abolicionistas do norte se opunham a ela. O que nos interessa aqui não é o problema da expansão em si, mas os argumentos usados para referendá-la ou rejeitá-la. Por exemplo, em 1847, ao discutir o problema da anexação no Congresso, o senador John Berrien perguntou à sua audiência:

> Vocês pretendem colocar seus direitos sagrados (*birthright*) nas mãos das raças de mestiços (*mongrel*) que habitam esses territórios?[89] Pois é isso que se dará, caso eles sejam incorporados à nossa União.[90]

---

88 SCHOULTZ, Lars. *Beneath the United States*: a history of US policy toward Latin America. Cambridge: Harvard University Press, 1998; SMITH, Peter Hopkinson. *Talons of the eagle*: dynamics of U.S.-Latin American relations. first ed. Nova York: Oxford University Press, 1996.

89 A palavra *birthright* e *mongrel* são de difícil tradução. A primeira diz respeito àquilo que adquirimos ao nascer, ou seja, o senador refere-se, aqui, aos privilégios adquiridos por uma pessoa ao nascer sob o governo dos Estados Unidos. O segundo termo, *mongrel*, traduz-se por mestiço, mas carrega conotações negativas, um tanto eugênicas, de mistura mal proporcionada e de degeneração física e moral – conotações essas que o termo mestiço, hoje em dia, parece ter perdido. *Mongrel* é sempre pejorativo, enquanto seu correlato no português brasileiro nem sempre o é.

90 *Congressional Globe*, 5 February 1847, Appendix pp. 301.

Também contrário à anexação dos territórios, o deputado do estado de Nova Iorque Washington Hunt proferiu o seguinte discurso, já citado aqui:

> (...) pensem no caráter da população que virá com [os territórios] para dentro de nossa Confederação. Devemos nos preparar para receber uma massa incongruente de espanhóis, índios e mexicanos mestiços (*mongrel*) – uma mescla de raças misturadas[91] que não são capazes de administrar ou sequer gozar de nossas instituições livres: homens de sangue e língua diferentes, que não podem se misturar ao nosso povo em pé de igualdade social e política.

Caso os territórios fossem incorporados, Hunt aconselhou:

> (...) eles devem ser governados como uma dependência colonial, sob leis especiais, caso contrário, se incorporados ao nosso sistema federal, tornar-se-ão uma fonte eterna de baderna, anarquia e comoção social.[92]

Enquanto, nas citações do início do século, a questão da raça aparecia somente de maneira alusiva, durante a Guerra Mexicana, ela se tornou o principal instrumento retórico para se afirmar a inferioridade dos mexicanos e dos hispano-americanos em geral. Uma análise mais cuidadosa das falas dos políticos acima mencionados mostra que as características raciais atribuídas por eles aos mexicanos carecem de especificidade, pois estes são chamados de massa incôngrua de espanhóis, índios, e mexicanos mestiços, e mescla de raças misturadas. Ou seja, sua característica racial mais marcante é não serem brancos – fato sugerido na referência que

---

91 A redundância aliterante vem do texto original em inglês, “medley of mixed races”, e deve ser lida, junto com a frase anterior, como um recurso retórico de ênfase.

92 *Congressional Globe*, 13 February 1847, Appendix pp. 363.

Hunt faz à diferença de sangue. Ademais, o argumento apresentado por Upshur de que essas duas raças de homens "mantiveram desde tempos imemoriais uma relação de senhor e escravo" só podem ser entendido como uma referência ao fato de que os habitantes nativos do Texas têm a pele escura, e, portanto, pertencem à mesma categoria de homens escravizados pelo homem branco desde tempos imemoriais: os negros. Não obstante a falácia histórica de tal afirmação, devemos notar que ela é estruturada em torno de uma oposição racial assimétrica. Enquanto o Eu coletivo identifica-se como branco, projeta sobre o Outro uma categoria genérica e abrangente de não-branco, exprimida por meio de uma diversidade de categorias raciais: mestiços, índios, espanhóis, negros etc.

O expansionismo estadunidense fez com que as expectativas a respeito dos hispano-americanos se transformassem, de manifestações de desdém ocasionais e esparsas, em uma questão política candente. As opiniões a respeito da anexação dos territórios mexicanos variavam, mas devemos notar, como o faz Reginald Horsman, que o debate substantivo "não era sobre território, mas sobre os mexicanos",[93] confirmada nas citações acima. Por exemplo, mesmo se opondo a anexação plena, Hunt aceita que os territórios sejam administrados como colônias. Se comparada à "solução final" que foi de fato dada à questão, a proposta de Hunt parece até amena. Os territórios foram incorporados à União e, mais tarde, tornaram-se estados da federação, porém a maioria da população nativa nunca chegou a ser plenamente emancipada. Os indígenas foram, na maioria, dizimados pelos colonizadores e pelo exército dos Estados Unidos, enquanto os mestiços que ainda vivem integram, com os negros, o setor social mais desprivilegiado do sudeste dos Estados Unidos.[94] No final, as expectativas gera-

93 HORSMAN, Reginald. *Race and manifest destiny*: the origins of american racial anglo-saxonism. Cambridge: Cambridge University Press, 1981.

94 PIKE, Frederick B. *The United States and Latin America*; myths and stereotypes of civilization and nature. Austin: University of Texas Press, 1992;

das pela percepção da desigualdade racial e cultural moldaram o futuro. As palavras de Upshur soam como uma terrível profecia, pois aquelas populações não foram capazes de viver junto com os estadunidenses brancos de igual para igual. Como tantas outras, essa foi uma profecia que contribuiu para sua própria realização.

Os mexicanos não foram o alvo exclusivo dessa modalidade de discurso racista estadunidense, a percepção negativa era também estendida à América Espanhola em geral, como ficou registrado no seguinte discurso de John Calhoun, então senador pelo estado da Carolina do Sul:[95]

> Nunca sonhamos incorporar à nossa União qualquer raça senão a caucasiana – a raça branca livre. Incorporar o México seria algo como incorporar uma raça de índios, pois metade dos mexicanos são índios e o resto é composto de tribos mestiças.[96] Eu veementemente protesto contra essa união! O nosso, meu senhor, é o governo da raça branca. As maiores desgraças de

---

FREDRICKSON, George M. *The arrogance of race*: historical perspectives on slavery, racism, and social inequality. 1ª ed. Middletown, Connecticut: Wesleyan University Press, 1988; WOOD, Forrest G. *The arrogance of faith*: christianity and race in America from the colonial era to the twentieth century. Boston: Northeastern University Press, 1991; BENDER, Steven. *Greasers and gringos*: Latinos, law, and the American imagination, Critical America. Nova York: New York University Press, 2003; DE LEON, Arnoldo. *They called them greasers*: Anglo attitudes toward Mexicans in Texas, 1821-1900. 1ª ed. Austin: University of Texas Press, 1983; HEIZER, Robert Fleming; ALMQUIST, Alan F. *The other californians*: prejudice and discrimination under Spain, Mexico, and the United States to 1920. Berkeley: University of California Press, 1971.

95 Calhoun foi figura proeminente no cenário político americano da primeira metade do século XIX, ocupando os postos de deputado, Secretário da Guerra, Vice-Presidente (1825-1832), Secretário de Estado, e, finalmente, Senador. Representante das elites do sul dos Estados Unidos, trabalhou arduamente pela manutenção da escravidão e pelo respeito aos direitos dos estados em relação aos da União.

96 *Mixed tribes*, no original, que tem o sentido literal de raças mescladas, misturadas.

> *Spanish America* advêm do erro fatal de terem colocado essas raças escuras[97] em pé de igualdade com a raça branca.[98]

Nessa passagem, Calhoun usa o México como um exemplo particular de uma totalidade mais geral: a *Spanish America*. Há traços aqui de raciocínio sinedóquico, pois a percepção do México é estendida ao resto do subcontinente. Também se pode notar a oposição assimétrica racial na comparação entre a "raça branca livre" e as outras raças "escuras" e "misturadas", que, por inferência, devem ser consideradas servis. Na passagem acima, Calhoun não dá qualquer relevância à independência das repúblicas, que, na época, tinham cerca de trinta anos de existência, preferindo atribuir as "desgraças de *Spanish America*" ao "erro" da mistura racial. A inferiorização racial do outro serve de base para dois tipos de expectativas: condenar a história da América espanhola ao eterno fracasso e rechaçar qualquer projeto futuro de incorporação de povos marcados pela mistura racial à união estadunidense.

Foi também durante a guerra contra o México que a variante mais radical do nacionalismo estadunidense se consolidou: a doutrina do Destino Manifesto. Os elementos mais marcantes dessa doutrina podem ser vistos em operação na seguinte passagem de autoria de Ralph Waldo Emerson:[99]

> Certamente, a forte raça britânica, que já conquistou grande parte desse território, deve também apoderar-se daquele pedaço [Texas], e do México e do Oregon também; e, com o passar das eras, os métodos e as situações segundo os

---

97 *Colored races*, no original.

98 *Congressional Globe*, 4 January 1848, pp. 96-99.

99 Emerson foi ensaísta, pastor, poeta, filósofo e um dos principais expoentes do "transcendentalismo da Nova Inglaterra", um movimento cultural fortemente influenciado pelo romantismo europeu (Allen 1981).

> quais isso foi feito serão de pouca importância. Pois essa é uma questão secular (...)
>
> A *America* (EUA) é o último esforço da Divina Providência em favor da raça humana, um novo começo de uma civilização nova e mais avançada (...) a casa do homem, que deve se estender às ondas do Oceano Pacífico. Um Destino amigável e sublime.[100]

Segundo o argumento de Emerson, a superioridade racial estadunidense é amparada por um poder ainda mais alto: a vontade de Deus, a Divina Providência – em face da qual as "questões seculares" perdem importância. O autor usa de um suposto conhecimento da vontade Divina para defender o relativismo moral em relação aos crimes da conquista e da ocupação dos novos territórios. No fim das contas, o que importa é o triunfo da raça britânica dos Estados Unidos, e não as razões e justificativas usadas para se alcançar esse triunfo.

A expressão Destino Manifesto foi articulada pela primeira vez pelo jornalista e agitador político John O'Sullivan, um defensor obstinado do expansionismo estadunidense. Na visão do autor:

> O Texas foi absorvido pela União no processo inevitável de cumprimento da lei geral que está levando nossa população em direção ao oeste. (...) Ele foi arrancado do México, de acordo com o curso natural dos eventos, por um processo, em si, perfeitamente legítimo, do qual não temos nenhuma culpa, e no qual todas as censuras resultantes dos malefícios, da perfídia e da loucura recaem somente sobre o México.
>
> O braço avançado do irresistível exército da emigração anglo-saxã já começou a se estender sobre a Califórnia, armado com o arado e o rifle, deixando ao longo de seu

100 STEPHANSON, Anders. *Manifest destiny*: American expansionism and the empire of right. Nova York: Hill and Wang, 1995.

> caminho escolas e faculdades, tribunais e câmaras legislativas, moinhos e casas de reunião.[101]

De novo, a percepção da diferença racial, ancorada no argumento da vontade Divina, serve para justificar padrões morais distintos, segundo os quais os estadunidenses, que, no caso, eram os verdadeiros agressores, nunca fazem o mal por meio de suas ações, enquanto os mexicanos pecam somente por resistirem à manifestação secular dessa vontade, isto é, à expansão territorial da raça anglo-saxã estadunidense.

A doutrina do Destino Manifesto criou profundas raízes no solo da autoimagem estadunidense. Depois de encerrada a guerra contra o México, os Estados Unidos entraram em um período de disputas internas que culminou com a Guerra Civil Americana (1861-1865). Com a reestruturação política interna que se seguiu à guerra e a retomada do crescimento, agora sob a égide dos industrialistas do Nordeste, os estadunidenses começaram novamente a alimentar desígnios expansionistas. O "inimigo" da vez foi a Espanha monárquica e colonialista. Na guerra rápida que se seguiu ao incidente com o *USS Maine*, no porto de Havana, Cuba, os Estados Unidos derrotaram as forças espanholas e apoderaram-se de suas colônias: Cuba, Porto Rico, Filipinas e a ilha de Guam. A doutrina do Destino Manifesto ressurgiu com força no debate público que precedeu a guerra e, também, nas discussões que se seguiram à vitória, como podemos ver, abaixo, na declaração do historiador e senador pelo estado de Ohio Albert Beveridge, datada de 1900:

> Deus não preparou os povos anglófonos e teutônicos por mil anos para a contemplação vã e inútil e a autoadmiração. Não! Ele nos fez mestres organizadores do mundo para estabelecer um sistema onde reina o caos. Ele nos deu o

101 STEPHANSON, Anders. *Manifest destiny*: American expansionism and the empire of right. Nova York: Hill and Wang, 1995.

> espírito do progresso para sobrepujarmos as forças da reação por toda a terra. Ele nos fez adeptos do bom governo para que possamos administrá-lo aos povos selvagens e senis. Não fosse por tal força, esse mundo se afundaria no barbarismo e nas trevas. E, de toda a nossa raça, ele marcou o povo americano como Sua nação escolhida para finalmente liderar no trabalho de regeneração do mundo. Essa é a missão divina da América, e ela reserva a todos nós todos os proventos, toda a glória e toda a felicidade possível ao ser humano. Nós somos os depositários do progresso mundial, os guardiões da paz virtuosa.[102]

O trecho acima contém todas as três formas de oposição assimétrica. Primeiro, encontramos a raça anglófona e a teutônica superior contrastadas com todos os que não pertencem a ela. Segundo, a oposição assimétrica cultural está presente na identificação do Outro como bárbaro e selvagem – termos que sugerem ser também a raça superior o bastião da civilização. Por fim, o Outro é caracterizado como selvagem ou senil, isto é, como imaturo ou decrépito – imagens carregadas de sentido temporal que denotam a falta de sincronia com o momento histórico. Como podemos ver, o termo selvagem pode carregar conotações assimétricas culturais e/ou temporais. O selvagem é incivilizado, mas também pode ser primitivo.

A doutrina do Destino Manifesto acrescenta um aspecto novo a argumentos puramente racistas, como os usados por Upshur, Berrien e Hunt ao discutirem a anexação de território mexicano. Esse aspecto é a oposição assimetria temporal. O edifício ideológico do Destino Manifesto é estruturado sobre a premissa de que os estadunidenses anglo-saxões são a raça escolhida por Deus para ser

---

102 *Congressional Record*, 9 January 1900, p. 711. Mais uma vez, os americanos defrontavam-se com o problema do que fazer com as "raças indesejáveis" que habitavam os territórios por eles conquistados (SCHOULTZ, Lars. *Beneath the United States*: a history of US policy toward Latin America. Londres; Cambridge: Harvard University Press, 1998).

o instrumento de Sua vontade na Terra. Segundo essa concepção, a graça divina é o princípio organizador da história humana, e os estadunidenses, seus agentes verdadeiros e legítimos. Consequentemente, as outras raças estão fadadas a serem subjugadas e/ou disciplinadas por eles.

Nesse caso, a oposição assimétrica racial funciona como um marcador parar a assimetria temporal. É por meio da raça anglo-saxã, identificada como povo escolhido, que a Divina providência pode se transformar em história humana. Porém, essa transformação não corresponde a uma secularização completa. Se, por um lado, o drama do expansionismo dos Estados Unidos é encenado na terra, por outro, a justificação moral das ações dos estadunidenses é de ordem divina – vide os argumentos de Emerson e O'Sullivan sobre a isenção dos estadunidenses e a culpa intrínseca dos mexicanos. Ao apelar para o conhecimento privilegiado das coisas divinas, a doutrina do Destino Manifesto é capaz de produzir um cinismo moral poderoso, que dificilmente pode ser refutado por uma razão prática de ordem secular.

No capítulo anterior, identificou-se a presença de oposição assimétrica temporal já na concepção cristã do pagão e a articulação de uma forma posterior dessa oposição semântica pelas teorias iluministas do progresso secular. Isso foi feito, pois esse tipo mais tardio de oposição assimétrica temporal será de grande valia na análise da história do conceito de *Latin America* no século XX. Contudo, no caso da doutrina do Destino Manifesto, a assimetria temporal em operação assemelha-se mais à da escatologia cristã antiga, pelo menos no que tange à valorização da providência divina como chave para se entender a história humana. É claro que, assim como as teorias iluministas do progresso secular, a doutrina do Destino Manifesto também faz uso do argumento da superioridade material e moral, como fica explícito nas referências de O'Sullivan ao arado, ao rifle, às escolas e faculdades, aos tribunais e câmaras legislativas, aos moinhos e casas de reunião. Contudo, essas coisas são interpretadas como sinais ou expressões de uma superioridade que, mediada pelo aspecto da raça, era divinamente ordenada. Como cruzados medievais, esses estadunidenses concebiam a si próprios como uma vanguarda na Terra de uma narrativa histórica sagrada.[103] Diferentemente dos cruzados, contudo, o escopo semântico posto a serviço dessa nova doutrina é rico em elementos raciais, ou, porque não dizer, racistas.

Como indicam os trechos acima, com a maturação da doutrina do Destino Manifesto o sentimento antiespanhol só fez crescer e se sofisticar, adquirindo também contornos messiânicos. A América Espanhola podia agora se representada pelas três formas de oposição assimétrica: cultural, racial e temporal. É importante salientar que, mesmo que os fundadores da doutrina tenham se preocupado inicialmente com o México, esse não foi o único alvo dessa forma vitaminada de ideologia antiespanhola. Os exemplos de uso de referências igualmente preconceituosas aos povos de outras repúblicas hispano-americanas e do Brasil são abundantes.[104] O representante do governo dos Estados Unidos para a América Central George Squier escreveu em 1849:

> Comparados às repúblicas da Spanish America, os Estados Unidos consolidaram um avanço incomensurável em todos os elementos de grandeza. Esse resultado é uma consequência eminente da recusa por parte da raça teutônica de poluir seu sangue, turvar seu intelecto, rebaixar seus padrões morais e pôr em perigo suas instituições pela mistura com raças humanas inferiores e subordinadas. Em obediência

---

103 O fato de o Presidente americano George W. Bush ter conclamado uma "cruzada" contra o terrorismo após os ataques de 11 de setembro revela o quão fortes os ecos da doutrina do Destino Manifesto ainda são.

104 O leitor encontrará uma gama variada dessas referências em Frederick B. Pike (PIKE, Frederick B. *The United States and Latin America*: myths and stereotypes of civilization and nature. Austin: University of Texas Press, 1992) e em James William Park (PARK, James William. *Latin American Underdevelopment*: a history of perspectives in the United States, 1870-1965. Baton Rouge: Louisiana State University Press, 1995).

> aos céus, [a raça teutônica] já salvou metade do continente do domínio das feras selvagens e de homens ainda mais selvagens. (...) Somente por meio de um sistema judicioso de colonização, que deve assegurar a predominância do sangue branco, ao mesmo tempo que introduz inteligência, indústria e habilidade, é que a [América Central] pode ter esperança de alcançar paz, prosperidade e grandeza.[105]

A mesma combinação de oposições assimétricas usadas para tratar o México é aqui empregada para dar-se sentido à América Espanhola. Essa passagem de Squier apresenta todos os elementos da doutrina do Destino Manifesto. Interessa notar que, talvez por ser um funcionário do Estado, Squier aventura-se a transformar suas expectativas em sugestões de políticas concretas. Sua solução para o "problema" da *Spanish America*, que ele atribui primordialmente à inferioridade racial de seu povo, consiste na colonização branca e no combate à miscigenação racial. Mesmo que ele não diga explicitamente o que será feito das populações racialmente inferiores que habitam o lugar, podemos assumir que esse sistema colonial perpetraria sua submissão perpétua e o controle de suas atividades reprodutivas, senão a eliminação gradual.

O uso de oposições assimétricas para representar os povos ao sul do Rio Grande não era exclusividade de políticos e dos funcionários do governo dos Estados Unidos, intelectuais, acadêmicos e viajantes também partilhavam dessa percepção. Por exemplo, ao comentar a viagem que empreendeu ao Brasil, em 1866, o capitão John Codman deplora a mistura racial na população, e conclui:

> (...) deixe que o governo, a aduana, que o correio e os tribunais sejam dirigidos por intelectos norte-americanos, que o solo

105 SQUIER, Ephraim George. *Notes on Central America, Particularly the States of Honduras and San Salvador*. Nova York, 1855, pp. 57/58 e 234. Originally quoted in Schoultz's.

> seja cultivado pela energia e pelas máquinas norte-americanas, e abaixo irão as relíquias decrépitas da barbárie.[106]

O famoso naturalista suiço, radicado nos Estados Unidos, Louis Agassiz e sua esposa criticam veementemente a mistura de raças que viram no Brasil:

> Não se pode negar a deterioração causada pela mistura de raças, mais presente aqui do que em qualquer outro lugar do mundo. Ela está ceifando rapidamente as melhores qualidades do homem branco, do negro e do índio, deixando em seu lugar um tipo mestiço (mongrel) sem qualidades específicas, deficiente em suas energias físicas e mentais.[107]

Assim como Codman, o casal Agassiz estende ao Brasil o diagnóstico produzido para os hispano-americanos.

Como o México, a descrição pejorativa da América Espanhola veio acompanhada de intervenções e violência por parte dos Estados Unidos. Somente no século XIX, os Estados Unidos anexaram metade do território do México, patrocinaram oficialmente a pirataria na América Central (as aventuras de William Walker na Nicarágua são o exemplo mais lamentável), interferiram em uma guerra entre Chile e Peru e forçaram a arbitragem de uma disputa de fronteiras entre Venezuela e Grã-Bretanha, na qual os representantes venezuelanos não foram incluídos na mesa de negociação.[108] Ao fim daquele século, os estadunidenses provocaram a guerra contra a Espanha e, como espólio de sua

---

106 CODMAN, John. *Ten months in Brazil, with incidents of voyages and travels, descriptions of scenery and characters, notices of commerce and productions, etc.* [S.l.]: Boston, 1867, p. 144.

107 AGASSIZ, Louis; AGASSIS, Elizabeth Cabot Cary. *A Journey in Brazil.* Boston: [s.n.], 1895, p. 292.

108 SMITH, Peter Hopkinson. *Talons of the eagle*: dynamics of U.S.-Latin American relations. first ed. Nova York: Oxford University Press, 1996.

vitória, apropriaram-se das colônias espanholas restantes.[109] Após a guerra, os países da região do Caribe e da América Central foram vítimas de inúmeras intervenções militares estadunidenses. De 1898 a 1934, isto é, do fim da guerra contra a Espanha ao início da *Good Neighbor Policy* (Política da Boa Vizinhança), os militares estadunidenses conduziram pelo menos trinta intervenções na região, ocupando território em alguns casos, assumindo o controle da alfândega e das finanças públicas, depondo governantes, instalando ditadores aliados e orquestrando a secessão da região do Panamá da Colômbia visando conseguir permissão para a construção do canal interoceânico.[110]

---

109 À Cuba, posteriormente, foi concedida uma espécie de liberdade assistida, enquanto Porto Rico permaneceu sob o domínio americano, recebendo, em 1952, o *status* de Estado Livre Associado, sob o qual os cidadãos porto-riquenhos não têm direito de candidatar-se ou votar para Presidente.

110 WILLIAMS, William Appleman. *Empire as a Way of Life*: An Essay on the Causes and Charcter of America's Present Predicament along with a Few Thoughts about an Alternative. Nova York: Oxford University Press, 1980.

[1]

"A Hint", de Clifford Berryman,
Washington Star, 1907.

[2]

"Neighborly Call", de Pease,
Newark Evening News, 1934.

[3]

"For Some, No Siesta", de Roy B. Justus,
Minneapolis Star, 1962.

[4]

"Over the Andes", de Bill Mauldin, St. Louis Post-Dispatch, 1961.
President John F. Kennedy is the truck's driver.

2.2 *Latin America* entra em cena

Quando o conceito de *Latin America* foi incorporado à língua inglesa, ao fim do século XIX, *Spanish America* já estava em uso há quase um século. O novo conceito parece ter herdado de seu predecessor uma parte substancial de sua pesada carga semântica. A associação de *Latin America* com imagens e termos pejorativos, como já notamos de passagem na introdução do livro, foi recorrente durante o século XX. Exemplos dessa associação podem ser encontrados na mídia impressa,[111] nos discursos de funcionários do governo e políticos estadunidenses,[112] na literatura[113] e em trabalhos acadêmicos.[114]

No livro *Latin America in Caricature*,[115] o historiador latino-americanista John J. Johnson apresenta provas substanciais da circulação de imagens pejorativas sobre a América Latina na mídia estadunidense por meio da análise de inúmeras charges publicadas por revistas e jornais estadunidenses de elite, do final do século XIX aos anos 1970. A premissa que orienta a escolha do material é a de que essas elites são os setores sociais mais influentes na formulação da política externa estadunidense em relação

---

111 JOHNSON, John J. *Latin America in Caricature*. Austin: University of Texas Press, 1980.

112 PARK, James William. *Latin American Underdevelopment*: a history of perspectives in the United States, 1870-1965. Baton Rouge: Louisiana State University Press, 1995; SCHOULTZ, Lars. *Beneath the United States*: a history of US policy toward Latin America. Londres; Cambridge: Harvard University Press, 1998.

113 PIKE, Frederick B. *The United States and Latin America*: myths and stereotypes of civilization and nature. Austin: University of Texas Press, 1992.

114 BERGER, Mark T. *Under Northern eyes*: Latin American studies and U.S. hegemony in the Americas, 1898-1990. Caribbean and Latin American studies. Bloomington: Indiana University Press, 1995; PARK, James William. *Latin American Underdevelopment*: a history of perspectives in the United States, 1870-1965. Baton Rouge; Londres: Louisiana State University Press, 1995.

115 JOHNSON, John J. *Latin America in Caricature*. Austin: University of Texas Press, 1980.

à América Latina, seja por forneceram quadros para o governo ou por terem interesses diretos na região. Portanto, ao revelar a "linguagem" pela qual *Latin America* era representada para essa audiência seleta, o autor pretende adquirir conhecimento sobre os parâmetros que orientam as decisões tomadas por seus membros.

Independentemente dos méritos da metodologia adotada por Johnson, a riqueza do material que ele coligiu é impressionante: mais de 130 charges. O autor agrupou as charges em categorias temáticas, definidas pela maneira como a *Latin America* ou os *Latin Americans* eram representados. As categorias são: *Latin America* sob o controle "americano", *Latin America* como mulher, as repúblicas como crianças, as repúblicas como negros, *Latin America* como homens não negros e militarismo na *Latin America*.

A maioria das charges apresenta situações cômico-dramáticas em que personagens humanos representam nações ou coletivos de nações (exemplo: *Latin America*, América do Sul, América Central). Não raro, esses personagens são identificados textualmente no desenho – uma medida que não deixa dúvidas quanto à sua identidade.

Os três tipos de oposição assimétrica anteriormente identificados encontram-se abundantemente expressos no material pictórico da amostra. Com exceções, as figuras humanas que representam *Latin America*, ou algum país *Latin American*, nas charges têm a pele escura – um sinal claro de oposição racial assimétrica. Nos desenhos do fim do século XIX e início do século XX, eles são geralmente negros, com lábios excessivamente grossos, olhos esbugalhados, expressão facial apatetada e sempre descalços, um tipo de representação idêntica aos estereótipos pejorativos associados, nos Estados Unidos, aos escravos negros da zona rural do Sul do país.[116] Como visto no capítulo anterior, as categorias não branco e

---

116 Charge nº 1, "A Hint" by Clifford Berryman, *Washington Star*, 1907. Na época, essa era uma forma comum de se representar não somente africanos e seus descendentes, mas também pessoas percebidas como não brancas.

negro podiam ser confundidas, colocando, assim, índios, mestiços, negros e até espanhóis sob o manto da oposição assimétrica racial. A partir do segundo quarto do século XX, uma nova representação de *Latin American* começa a se tornar dominante, o *Greaser*: um tipo de pele escura, descalço, bigodudo, com um grande *sombrero* e roupas camponesas ou andrajosas, em uma palavra, o estereótipo do mexicano preguiçoso.[117]

A falta de sapatos, o bigode, o *sombrero* e as roupas são marcadores de oposição cultural assimétrica, o que, em algumas charges, é reforçada pela associação dos personagens *Latin American* as vestimentas "típicas" e tradicionais, militarismo, atividades e situações rurais e outros elementos que os leitores estadunidenses dessas publicações certamente achavam inapropriados à sua autoimagem. Essa oposição é explicitada em muitas charges pela presença, na mesma cena, de personagens limpos, bem-vestidos e em trajes modernos que representam os Estados Unidos.

Por fim, a oposição temporal assimétrica é denotada pela representação dos *Latin Americans* como crianças em interação com adultos estadunidenses. Em várias charges, a figura do Tio Sam (aquele sujeito magro e com cavanhaque, vestindo fraque e cartola com os símbolos da bandeira estadunidense) ou de algum Presidente dos Estados Unidos é desenhada em atitude paternal, repreendendo ou tomando conta de crianças mal-comportadas, feias, escuras e, não raro, com ar idiótico, que representam as repúblicas da *Latin America*. Outras vezes, os *Latin Americans* são desenhados como adultos, mas com atitudes e expressões de criança. A criança é um símbolo de imaturidade, e a figura de um adulto com expressão infantil pode ser usada para denotar desenvolvimento truncado, irracionalidade e disfunção. Nos dois casos, há uma contraposição clara entre o personagem estadunidense,

---

117 Charge nº 2, "Neighborly Call" by Pease, *Newark Evening News*, 1934. Cartoon n.º 3, "For Some, No Siesta" by Roy B. Justus, *Minneapolis Star*, 1962.

sempre em atitude séria, bem-ajambrado, racional, em suma, maduro, e o personagem *Latin American*, que, em sua infantilidade, representa temporalmente aquilo que o estadunidense não é. Devemos também lembrar que as figuras de camponeses descalços em situações e roupas tradicionais também sugerem uma *Latin America* subdesenvolvida, atrasada: um lugar preso a um passado no qual a tecnologia e a ciência ocidental não chegaram, um lugar caracterizado por falta de sincronia.[118]

As charges coligidas por Johnson em seu livro oferecem possibilidades abundantes de tradução das formas de desrespeito. Como já notado, o *Latin American* descalço pode simbolizar tanto oposição cultural quanto temporal. O mesmo se dá em relação aos sinais de tradicionalismo e cenários e atividades rurais. Infantilidade e idiotia podem funcionar como referências temporais ao primitivismo e ao atraso, mas também podem ser associadas à inferioridade racial, o que é corroborado pelo fato de os personagens infantis serem representados com a pele escura ou preta.

Os desenhos também são ricos em referências sinedóquicas. Isso se torna mais claro se considerarmos alguns elementos da técnica comunicativa usada em charges. Devido ao seu tamanho limitado, charges precisam concentrar toda a informação em um ou dois quadros e, ainda, articular essa informação de maneira a produzir efeitos cômicos e/ou dramáticos. Uma das maneiras usadas pelos chargistas para sintetizar informação é representar povos, culturas, nações ou continentes inteiros por um só personagem. Isto é, premidos pela necessidade de síntese, os chargistas muitas vezes se esforçam para produzir o estereótipo perfeito: uma figura que represente para uma audiência, de uma só vez, o objeto coletivo que eles almejam desenhar. Em suma, sinédoque é um elemento essencial da técnica comunicativa usada nas charges,

118 Cartoon nº 4, "Over the Andes" by Bill Mauldin, *St. Louis Post-Dispatch*, 1961. President John F. Kennedy is the truck's driver.

e é exatamente isso que faz do material coligido por Johnson uma janela privilegiada para observarmos as conotações associadas à *Latin America* pelo público estadunidense.

Em contraposição às qualidades negativas de seus vizinhos do sul, os personagens americanos representados nas charges são, sem exceção, brancos, bem-comportados e vestidos com roupas modernas. É importante perceber que, diferentemente da doutrina do Destino Manifesto, as charges não fazem referência explícita à providência divina. Por outro lado, o contraste entre o progresso material e moral dos estadunidenses e de seus vizinhos é um dos temas mais constantes no material. Percepções seculares de progresso e desenvolvimento são abundantes na maneira com que *Latin America* é representada nesses desenhos.

Johnson pretendia capturar, por intermédio das charges, a maneira com que as elites estadunidenses percebiam a *Latin America*. Entretanto, esta maneira não difere significativamente dos conteúdos associados ao conceito na linguagem comum – constatação que torna o plano do autor um pouco obsoleto. Isso pode ser constato, analisando-se os resultados de uma pesquisa de opinião conduzida pelo Office of Public Opinion Research em 1940, na qual se pediu aos respondentes que escolhessem de uma lista de dezenove características aquelas que melhor descrevessem os centro e sul-americanos:[119]

[119] CANTRIL, Hadley (Coord.). *Public opinion, 1935-1946*. Princeton: Princeton University Press, 1951, p. 502.

Atributo	%	Atributo	%
Pele escura	80%	Imaginativo	23%
Irascível	49%	Habilidoso	16%
Emotivo	47%	Inteligente	15%
Religioso	45%	Honesto	13%
Atrasado	44%	Bravo	12%
Preguiçoso	41%	Generoso	12%
Ignorante	34%	Progressista	11%
Suspeito	32%	Eficiente	5%
Amigável	30%	Não respondeu	4%
Sujo	28%	Sem opinião	0%
Orgulhoso	26%[120]		

Com a exceção de "amigável", todos os adjetivos da primeira coluna são negativos. A característica mais associada, pele escura, é claramente racial, enquanto as duas seguintes carregam conotações raciais. "Irascível" e "emotivo" são categorias associadas à noção mais geral de temperamento, que é um elemento importante de teorias raciais desde Linnaeus.[121] Mais significante ainda, para os fins desse estudo, é o fato de "pele escura" não ser propriamente

120 Em inglês: dark-skinned, imaginative, quick-tempered, shrewd, emotional, intelligent, religious, honest, backward, brave, lazy, generous, ignorant, progressive, suspicious e efficient.

121 HANNAFORD, Ivan. *Race*: the history of an idea in the West. Baltimore: The John Hopkins University Press, 1996, pp. 203/204.

uma característica racial específica, mas apenas a qualidade de não ser branco – evidência clara do papel crucial que a oposição assimétrica racial tem na conceitualização da *Latin America* na linguagem comum. Religioso, preguiçoso, ignorante, suspeito, sujo, orgulhoso e habilidoso[122] são categorias que devem ser lidas como culturais. Contudo, a proximidade em relação a qualidades raciais, principalmente a noções ligadas ao temperamento, aponta para a possibilidade de se perceber tais características também como consequências da inferioridade racial. O representante mais significativo de assimetria temporal na lista é a palavra "atrasado", que traz a conotação de retardamento, de pertencimento a outra era, que não a presente (falta de sincronia). Ademais, "religioso" e "ignorante" podem também ser associados a um passado pré-secularização e não desenvolvido, e, portanto, carregar também um sabor temporal.

Há ainda outras possibilidades de tradução das formas de desrespeito. "Atrasado", "irascível" e "emotivo" podem também ser vistas como características culturais. Por sua vez, todas as características culturais são potencialmente traduzíveis em inferioridade racial, como já dissemos acima. Por outro lado, características raciais não podem ser expressas como produto exclusivo da cultura ou do atraso. Ou seja, a tradução não funciona igualmente em ambos os sentidos, dado que a raça constitui um elemento irredutível na descrição do outro.

2.3 Conclusão: *Latin America* no inglês comum

O par *American/Latin American* encaixa-se tão bem na definição de contraconceitos assimétricos de Koselleck, que podemos citar o autor *ipsis literis*, só tomando o cuidado para adicionar os conceitos em questão em seus respectivos lugares: "O nome de

---

122 A tradução aqui é muito imperfeita, pois *shrewd* aproxima-se mais do popular "esperto", astuto, aquele que leva vantagem, que usa a inteligência e a habilidade para enganar.

um povo [*Americans*] tornou-se o contraconceito para o resto, reunido sob um nome coletivo que era simplesmente negativo [*Latin Americans*]".

Enquanto cada par de contraconceitos estudados por Koselleck (grego/bárbaro, cristão/pagão, ariano/não ariano) representava o mundo todo, no inglês contemporâneo, o par American/*Latin American* cobre apenas parte dele: o continente americano. Contudo, a América (o continente) é um elemento crucial dentro do nacionalismo dos Estados Unidos, pois ela é o espaço no qual os estadunidenses vão cumprir sua missão divina. Ou seja, parece que a semântica dos contraconceitos de fato depende de uma ideia de totalidade, mas, como o caso em questão demonstra, essa totalidade não precisa necessariamente englobar todo o mundo.

A identificação do raciocínio sinedóquico no tratamento dispensado à *Latin America* na linguagem do dia a dia também concorda com outra observação de Koselleck a respeito da natureza dos contraconceitos assimétricos. Apelando de novo para a citação, pode-se dizer que o par contraconceitual em questão: "(...) é baseado semanticamente no contraste consciente de um nome específico com uma classificação genérica".

Uma vez que a história semântica do conceito de *Latin America* na linguagem comum está preliminarmente mapeada, passemos agora à apropriação desse conceito por parte do discurso socio-científico. O estudo dessa modalidade discursiva, tão importante para as sociedades de hoje, não tem merecido grande atenção por parte da história conceitual. No caso em questão, a comparação entre a semântica do conceito no discurso das ciências sociais e na linguagem comum constitui uma oportunidade ímpar de análise e crítica, como pretendo mostrar nos capítulos a seguir.

CAPÍTULO III

SOB O IMPERATIVO DA MODERNIZAÇÃO

Compreendo que existam entre nós pessoas que estão cansadas de manter este esforço contínuo para ajudar outras nações. Mas pediria a elas que examinassem um mapa e verificassem que muitas daquelas que ajudamos vivem na "linha de frente" da longa e inglória luta pela liberdade – que outras são nações novas equilibrando-se entre a ordem e o caos – e as demais são nações mais antigas que atravessam agora uma transição turbulenta causada por novas expectativas. Nossos esforços para ajudá-las a se ajudarem, para demonstrar e fortalecer a vitalidade das instituições livres, têm um custo pequeno se comparado às nossas despesas militares para a defesa da liberdade. Contudo, todos os nossos exércitos e armas atômicas combinados não servirão para nada se essas nações capitularem, incapazes de atender às necessidades de seu próprio povo e incapazes de evitar, dentro de suas fronteiras, o avanço de forças que ameaçam

> a nossa segurança. Este programa – e a aprovação desta lei – são vitais para os interesses dos Estados Unidos.[123]

Até aqui, discuti a vida pré-científica do conceito de *Latin America*. Nos capítulos subsequentes, examinarei como o conceito de *Latin America* foi construído por meio do discurso sociocientífico. Somente estudando *Latin America* nesses dois contextos diversos e historicamente sucessivos é que conseguiremos compreender as continuidades e rupturas introduzidas pelo discurso sociocientífico, além de obter *insights* sobre a relação entre o labor das ciências sociais e o planejamento de políticas governamentais. Como a análise prévia dos verbetes *Latin* e *Latin America* no *OED* indica, a elevação de *Latin America* ao *status* sociocientífico não impediu que o conceito fosse usado fora da academia. A relação entre a *Latin America* científica e a extracientífica será discutida no último capítulo, em seguida à avaliação de alguns enfoques-chave para o estudo sociocientífico de *Latin America*.

Devido a suas vastas proporções, as fontes literárias produzidas pelos *Latin American Studies* precisam ser organizadas antes de iniciar-se a análise textual. Primeiro, deve-se lembrar ao leitor que o objeto do presente estudo não compreende os trabalhos sobre alguma região pertencente à área conhecida como *Latin America*, ou estudos sobre aspectos políticos, sociais, culturais ou raciais de alguma sociedade considerada *Latin American*. O padrão de classificação adotado por bibliotecas e pela indústria editorial estadunidense classifica como “assunto” *Latin America* obras sobre qualquer país ao sul dos Estados Unidos ou mesmo regiões desses países. Assim, por exemplo, um estudo histórico da escravidão no nordeste do Brasil será catalogado como *Latin American Studies*. O mesmo se aplicaria a um trabalho sobre a guerrilha

---

123 KENNEDY, John F. *The White House*. 13 de março de 1962. Disponível em: https://www.jfklibrary.org/asset-viewer/archives/JFKWHA/1962/JFKWHA-080-004/JFKWHA-080-004.

em El Salvador classificado. Tal prática pode ser observada ainda em conferências sobre *Latin America*, resumos de cursos e literatura secundária produzida pelos *Latin American Studies*. Apesar da prática corrente, não adoto essa denominação vaga de *Latin American Studies* neste livro. Já que o tema do estudo é o conceito de *Latin America*, limitarei minha análise a obras que teorizam explicitamente sobre *Latin America*, isto é, trabalhos nos quais o principal objeto de investigação seja *Latin America* como um todo. Assim, a expressão "literatura dos *Latin American Studies*" é usada aqui em referência apenas àquele conjunto de textos.[124]

Duas medidas ordenadoras complementares precisam ser adotadas: (1) delimitar as fontes literárias dentro de períodos históricos determinados; e (2) identificar os temas que organizam o material. Na próxima seção, será analisado o contexto histórico do surgimento dos *Latin American Studies*. Em seguida, examinarei o advento da modernização enquanto projeto político para deter o comunismo nas áreas pobres do mundo e, também, enquanto abordagem ao estudo do desenvolvimento nessas mesmas áreas. Finalmente, o foco da análise voltar-se-á para a conceituação de *Latin America* na teoria da modernização.

3.1 Fontes significativas

Para alguns comentaristas, os *Latin American Studies* existem como atividade acadêmica desde o final do século XIX, ou início do século XX,[125] entretanto, a meu ver, essa afirmação é um tanto

124 Embora a influência de teorias sobre *Latin America* em estudos de caso seja um tema correlato e promissor, seu estudo deve ser deixado para uma futura oportunidade.

125 MARTZ, John D. "Political science and Latin American studies: a discipline in search of a region". *Latin American Research Review*, vol. 6, nº 1, 1971; JOHNSON, John J. "One hundred years of historical writing on modern Latin American by United States historians". *Hispanic American Historical Review*, vol. 65, nº 4, 1985; BERGER, Mark T. *Under Northern eyes*: Latin

imprecisa. O número de trabalhos acadêmicos sobre questões relativas aos países ao sul dos Estados Unidos publicados antes da virada do século XX é mínimo, e, nesses textos, o conceito de *Latin America* não é sequer empregado.[126] Ademais, esses trabalhos não foram escritos por especialistas nem direcionados a um público acadêmico profissional. Em suma, essa literatura incipiente não constituía o que hoje conhecemos como *Latin American Studies*: uma atividade profissional sustentada por uma extensa rede institucional composta por especialistas, currículos universitários, centros de pesquisa, periódicos, editores, associações, conferências, subvenções e uma estrutura de financiamento etc. Mais importante é verificar que essa literatura não produziu qualquer teoria ou abordagem sociocientífica ao estudo de *Latin America*. Em suma, designá-la como *Latin American Studies* é um duplo presentismo: um conceito e uma prática institucional do presente são projetados em uma circunstância passada, na qual eles não existiam.

Embora a vontade de imaginar os *Latin American Studies avant la lettre*, ou melhor, *avant l'être*, exibida por Berger e Johnson, seja, na maioria, injustificada, eles, de fato, reconhecem que os "supostos" *Latin American Studies* de antes da Segunda Guerra apresentavam níveis muito baixos de profissionalização e institucionalização.

American studies and U.S. hegemony in the Americas, 1898-1990. Caribbean and Latin American studies. Bloomington: Indiana University Press, 1995.

126 As buscas pelo termo *Latin America* nos títulos de livros publicados antes de 1900, realizadas por mim na Library of Congress e na New York Public Library, deram resultado nulo – o que confirma a cronologia do termo fornecida pelo *OED*. O catálogo da New York Public Library mostra seis registros de livros publicados antes de 1900 que contêm *Spanish America* em seus títulos, enquanto o da Library of Congress possui apenas dez. No período entre 1900 e 1950, o número aumenta para dez, na NYPL, e vinte e quatro, na Library of Congress. Isso mostra que, embora *Spanish America* tenha sido o termo preferido no século XIX para designar os países vizinhos ao sul dos Estados Unidos, como informa o *OED*, nunca se tornou o "tema" de uma extensa literatura, fosse ela sociocientífica ou de qualquer outra natureza. Para uma análise quantitativa mais detalhada da produção bibliográfica sobre *Latin America*, ver o apêndice 1.

Segundo os mesmos autores, muitos dos que primeiro estudaram *Latin America* não eram especialistas acadêmicos, mas funcionários do governo e militares que se dedicaram à tarefa como diletantes. Entre os acadêmicos profissionais, o estudo das coisas *Latin American* era realizado principalmente por historiadores, historiadores da diplomacia, uns poucos geógrafos e um número ainda menor de cientistas políticos. Além disso, a maioria desses estudiosos dificilmente poderia ser considerada especialista em *Latin America*, já que, além de publicar artigos ocasionais sobre as repúblicas do sul, eles também estavam envolvidos com outros interesses acadêmicos.

Lançada em 1918, a *Hispanic American Historical Review* tornou-se o primeiro periódico estadunidense dedicado ao estudo do Outro Americano da América (OAA).[127] A *HAHR* criou um veículo para os acadêmicos interessados em escrever sobre o OAA. Os documentos relatando a fundação da revista publicados no primeiro número revelam muita coisa sobre o estado inicial dos estudos sobre o OAA. O primeiro texto publicado pela *HAHR* é uma carta do Presidente Woodrow Wilson cumprimentando o editor Charles E. Chapman pela fundação da revista. Wilson apoiou ativamente a criação da *HAHR*.[128] Além da ajuda financeira de doadores privados, os fundadores da *HAHR* buscaram também aprovação e apoio governamental, o que parece terem recebido, como atestam as cartas de felicitações do Secretário do Tesouro W. G. MacAdoo, do Secretário de Estado Robert Lansing e do dirigente da Pan American Union, John Barret – além, é claro, da missiva do próprio Presidente da República –, todas reproduzidas no primeiro número da revista.

---

127 Adotarei tal expressão provisória nesse trecho do trabalho, pois, embora já houvesse na época uma percepção evidente sobre a diferença fundamental entre os Estados Unidos e um Outro coletivo situado ao sul da fronteira com o México, o vocabulário para designá-lo era ainda instável.

128 BERGER, Mark T. *Under Northern eyes*: Latin American studies and U.S. hegemony in the Americas, 1898-1990. Caribbean and Latin American studies. Bloomington: Indiana University Press, 1995.

A discussão que envolveu a escolha do nome do periódico evidencia a aceitação irregular do termo *Latin America* no início do século XX. Antecedendo o lançamento da *HAHR*, Chapman enviou cartas a setenta e dois acadêmicos, "quase todos historiadores profissionais que se acreditava tivessem certo interesse em *Hispanic-American studies*", pedindo apoio e sugestões para o título da publicação. Seguindo a sugestão de James A. Robertson, a carta de Chapman referia-se à futura revista como *Ibero-American Historical Review*. Cinquenta e quatro acadêmicos responderam à carta, mas vários objetaram ao nome proposto para a revista, sugerindo, em seu lugar, os uso das expressões *Hispanic American* ou *Latin American*.[129]

Um Comitê de Organização foi designado, em 1916, para coordenar as atividades voltadas à criação da revista. Chapman relata que o nome da futura publicação foi tema de muita discussão. Todos os membros concordaram que as palavras *American*, *historical* e *review* deveriam ser usadas, mas ficaram divididos quanto ao uso de *Hispanic* ou *Latin* para qualificar *American* no título. A controvérsia levou a uma votação na qual *Hispanic* ganhou por seis votos contra um. Chapman escreve que as razões para tal escolha foram mais bem expressas por um dos patrocinadores do periódico, J. C. Cebrián, cujas palavras ele reproduz em uma longa citação. Cebrián argumenta que, ao contrário da crença generalizada, *Hispanic* não significa espanhol, mas espanhol e português. Hispânia era o nome original da província romana que incluía toda a península. Cebrián diz que o nome grego Ibéria é impreciso, já que inclui partes da França. Ademais, continua, *Latin* também não é bom, pois pode ser usado igualmente para italiano, espanhol, francês e português, ou seja, o termo carece de especificidade para designar um continente colonizado quase exclusivamente por Espanha e Portugal. Cebrián não esquece o

129 CHAPMAN, Charles E. "The founding of the Review". *Hispanic American Historical Review*, vol. 1, nº 1, 1918, p. 11.

Haiti, mas desqualifica a nação caribenha ao argumentar que "os poucos milhares de negros e negróides que corrompem a língua francesa no Haiti dificilmente poderiam ser considerados latinos",[130] palavras impressas no primeiro número da *HAHR*.[131]

Chamando a atenção para assimetrias semânticas com o propósito de desqualificar *Latin*, Cebrián afirma que chamar os povos do sul de "latinos" seria o mesmo que chamar os estadunidenses de "teutônicos". Entretanto, observa ele, o "mundo" rejeitou o adjetivo "teutônico" para os estadunidenses e da mesma forma deveria rejeitar *Latin American*. Ele conclui afirmando que "o termo *Latin America* é ambíguo, equivocado e não científico".[132] Por fim, a nova revista foi batizada *Hispanic American Historical Review*.

Um levantamento do conteúdo publicado pelo *HAHR* antes da guerra confirma as impressões de Berger e Johnson sobre a baixa qualidade do conhecimento produzido sobre *Latin America*. A maioria dos artigos publicados na revista pertence às disciplinas de história e história diplomática. Eles raramente tratam o OAA como um todo, e os que o fazem carecem de elaboração teórica sobre seu objeto. Isso se deve, em parte, à orientação histórica dominante na *HARH*. Os historiadores da diplomacia no período anterior à Segunda Guerra tendiam a escrever sobre o OAA do ponto de vista da política externa estadunidense. A maior parte de

---

130 CHAPMAN, Charles E. "The founding of the Review". *Hispanic American Historical Review*, vol. 1, nº 1, 1918, p. 17.

131 Como sugere Chapman, em "The founding of the Review", um texto publicado no primeiro número da *HAHR*, narrando os eventos que precederam a fundação do periódico, Cebrián não era um acadêmico. Deve-se observar, entretanto, que não se trata da transcrição de uma reunião, mas de uma citação escolhida por Chapman, professor universitário e editor do periódico, para ilustrar o debate sobre o nome da revista. O fato de Chapman ter publicado tal consideração de Cebrián sobre o Haiti indica a aceitação de argumentos racistas na época.

132 CHAPMAN, Charles E. "The founding of the Review". *Hispanic American Historical Review*, vol. 1, nº 1, 1918, p. 17.

suas contribuições trata primariamente das relações internacionais dos Estados Unidos, relegando as repúblicas ao sul a um segundo plano. Da mesma forma, durante esse período, os artigos sobre história colonial também tendiam a ser centrados nos Estados Unidos, enfocando principalmente o estudo da história das regiões do país que haviam anteriormente pertencido à Espanha ou ao México, tais como Texas, Califórnia, Novo México e Flórida.[133] Os poucos artigos de ciência política publicados nesse período concentram-se, principalmente, na análise formal de constituições e leis.[134]

Como já dito, a rejeição do nome *Latin America* pelos fundadores do periódico deve ser lida como consequência da recepção irregular do conceito durante a primeira metade do século XX. Tal estado de coisas refletia-se também nos títulos dos artigos publicados pela *HAHR*. A revista não publicou um único artigo com o termo *Latin America* em seu título, de sua fundação até 1940.[135] A seleção de livros resenhados pela revista em seus primeiros anos é escassa, irregular e não inteiramente acadêmica. Além de poucos livros sobre história e história intelectual, a *HAHR* também resenhou trabalhos literários de ficção e publicações não acadêmicas, como guias para viajantes, homens de negócios e diletantes.

É compreensível que um periódico chamado *Hispanic American Historical Review* desse prioridade a contribuições sobre história. Entretanto, é preciso ter em mente o fato de a *HAHR* ter sido, durante quase cinquenta anos, o único periódico de divulgação

---

133 BERGER, Mark T. *Under Northern eyes*: Latin American studies and U.S. hegemony in the Americas, 1898-1990. Caribbean and Latin American studies. Bloomington: Indiana University Press, 1995, p. 31.

134 CLEVEN, N. Andrew N. "Some social aspects of the Mexican Constitution of 1817". *Hispanic American Historical Review*, vol. 4, nº 3, 1921; LIMA, Manoel de Oliveria. "New constitutional tendencies in Hispanic America". *Hispanic American Historical Review*, vol. 5, nº 1, 1922.

135 O artigo "Some cultural aspects of *Latin America*", de Herbert E. Bolton, foi o primeiro. Nos cinco anos seguintes, a *HAHR* publicou, em média, um artigo por ano, contendo *Latin America* no título.

dos estudos acadêmicos sobre o OAA.[136] Parece que, ao contrário dos historiadores, cientistas sociais, sociólogos, economistas e cientistas políticos não tiveram estímulo suficiente para estudar o OAA.[137] Essa situação não mudou muito na década que se seguiu à guerra. Na introdução a *Governments of Latin America*, o professor de Governo e Cidadania da New Mexico University, Miguel Jorrín, escreve:

> Quando esse livro foi iniciado, não havia textos em inglês sobre o tema, apenas a excelente compilação do Professor Fitzgibbon sobre as constituições da *Latin America*, que era considerada uma contribuição importante para professores e alunos.[138]

A obra de Fitzgibbon, *The Constitutions of the Americas, as of January 1, 1948*,[139] era o único livro-texto disponível antes de 1953, e sua abordagem, o estudo de leis e constituições, coincide com a dos poucos artigos de ciência política sobre o OAA publicados pelo *HAHR*.[140] Ademais, e isso é digno de nota, o manual

---

136 Segundo Rosendo A. Gomez (GOMEZ, Rosendo A. *The study of latin american politics in university programs in the United States*. Tucson: University of' Arizona Press, 1967), com exceção de um par de artigos ocasionais na *American Political Science Review*, a *HAHR* foi o único periódico a publicar artigos acadêmicos sobre *Latin America* durante o período que antecedeu à guerra.

137 JOHNSON, John J. "One hundred years of historical writing on modern Latin American by United States historians". *Hispanic American Historical Review*, vol. 65, nº 4, 1985.

138 JORRÍN, Miguel. *Governments of Latin America*. Nova York, Toronto, Londres: D. Van Nostrand Company, 1953, p. 7.

139 FITZGIBBON, Russell Humke. *The constitutions of the Americas, as of January 1, 1948*. Chicago: Univ. of Chicago Press, 1948.

140 O enfoque no estudo de Constituições e leis não representou uma característica especial dos trabalhos de ciência política sobre o OAA. De acordo com Robert Dahl, essa abordagem perdeu sua predominância apenas com o aparecimento da revolução behavioral nos anos 1950 (DAHL, Robert. "The Behavioral approach in political science: epitaph for a monument to

de Jorrín também não constituía uma exceção propriamente dita. Como seu título afirma, o livro era dirigido a alunos interessados em Administração Pública comparada. Consequentemente, ele contém longas seções sobre leis e constituições, alternadas com trechos sobre história.

Escrevendo em 1965, Kalman H. Silvert ainda "reclama" da predominância da história nos *Latin American Studies*. Segundo ele, apesar do crescente interesse dos cientistas políticos pelo assunto, muitos dos acadêmicos que escreviam sobre política na *Latin America* ainda eram historiadores.[141] John Martz declara que antes da Segunda Guerra Mundial, "os estudos nessa área, em geral, permaneciam em um estado deprimente"[142]– uma afirmação integralmente corroborada por Mark Berger.[143] Martz acrescenta que:

> Mesmo ao final da Segunda Guerra Mundial, o estudo da *Latin America* por cientistas políticos mal havia começado. Uma revisão da literatura dos anos 1920-1945 mostra que os cientistas políticos, em média, haviam produzido apenas um artigo profissional por ano.[144]

O que é mais significativo para o presente estudo é que a tentativa de se elaborarem teorias sociocientíficas que tomam o

---

a successful protest". *In*: FARR, James; SEIDELMAN, Raymond (Coord.). *Discipline and history*: political science in the United States. Ann Arbor: University of Michigan Press, 1972).

141 MARTZ, John D. (Coord.). *The Dynamics of Change in Latin American Politics*. Englewood Cliffs: Prentice-Hall, 1965, p. 1.

142 MARTZ, John D. "Political science and Latin American studies: a discipline in search of a region". *Latin American Research Review*, vol. 6, nº 1, 1971, p. 75.

143 BERGER, Mark T. *Under Northern eyes*: Latin American studies and U.S. hegemony in the Americas, 1898-1990. Caribbean and Latin American studies. Bloomington: Indiana University Press, 1995, p. 31.

144 Martz obteve esta informação no estudo de Rosendo A. Gomez.

OAA como um todo amadureceram apenas na década de 1950.[145] Antes disso, livros sobre o OAA eram, em geral, compêndios de casos sobre países individuais.[146]

3.2 A Guerra Fria e o avanço dos *Latin American Studies*

A expansão sem precedentes do poder e a influência internacional dos Estados Unidos após a vitória aliada na Segunda Guerra Mundial criou uma demanda interna crescente por conhecimento especializado acerca de outras regiões do mundo, particularmente de lugares e países com os quais os Estados Unidos tiveram pouco contato até então. O início quase imediato da Guerra Fria só intensificou a demanda por competência em assuntos externos. Em resposta a essa demanda, os estudos de área floresceram nas instituições universitárias do país, estimulados por financiamentos vindo dos setores privado e público. Apesar de regiões e países estrangeiros terem sido objeto de estudos acadêmicos antes da guerra, foi apenas durante a Guerra Fria que os estudos de área adquiriram um alto nível de profissionalização e organização institucional.[147]

Como se poderia prever, os fundos para estudos de área eram alocados conforme as prioridades políticas do dia. Até o advento da Revolução Cubana, os responsáveis pela política externa estadunidense consideraram *Latin America* razoavelmente segura

---

145 Ver, por exemplo, Merle Kling (KLING, Merle. "Towards a theory of power and political instability in Latin America". *Western Political Quarterly*, vol. 9, nº 1, mar. 1956).

146 MARTZ, John D. (Coord.). *The Dynamics of Change in Latin American Politics*. Englewood Cliffs: Prentice-Hall, 1965.

147 Do início da década de 1950 ao início da de 1960, o número de programas de estudos de área nos Estados Unidos como um todo mais que triplicou, de 29 para mais de cem (NOVICK, Peter. *That noble dream*: the "objectivity question" and the American historical profession. Cambridge: Cambridge University Press, 1988).

no que tange a ameaças de invasão comunista.[148] [149] A baixa prioridade atribuída à *Latin America* na agenda da política externa estadunidense durante os primórdios da Guerra Fria se traduziu em termos de alocação de ajuda externa para os países da região durante esse período. De 1945 a 1955, *Latin America* recebeu apenas 2% dos recursos despendidos pelos Estados Unidos em ajuda externa não militar.[150] A Coreia do Sul, sozinha, recebeu mais fundos que todos os países da *Latin America* juntos.[151] A falta de interesse governamental na região teve reflexo também nos

---

148 Muitos autores incluem o bem-sucedido lançamento do Sputnik pelos soviéticos e a desastrosa visita do vice-Presidente Nixon à América do Sul entre os eventos que despertaram os americanos para a "ameaça comunista" na *Latin America*. O Sputnik seria um sinal de que o poder soviético havia se tornado global. As manifestações populares contra a visita de Nixon ao Peru e à Venezuela foram interpretadas pelo governo americano como indícios de agitação comunista na *Latin America* (SCHOULTZ, Lars. *National Security and United States Policy Towards Latin America*. Princeton: Princeton University Press, 1987; SMITH, Peter Hopkinson. *Talons of the eagle*: dynamics of U.S.-Latin American relations. first ed. Nova York: Oxford University Press, 1996; SCHOULTZ, Lars. *Beneath the United States*: a history of US policy toward Latin America. Londres; Cambridge: Harvard University Press, 1998).

149 SMITH, Peter Hopkinson. *Talons of the eagle*: dynamics of U.S.-Latin American relations. first ed. Nova York: Oxford University Press, 1996; SCHOULTZ, Lars. *Beneath the United States*: a history of US policy toward Latin America. Londres: Harvard University Press, 1998.

150 Durante esse período, a assistência externa americana à Europa Ocidental somou US$19 bilhões, uma média de quase US$2 bilhões por ano (BETHELL, Leslie. *Latin America since 1930, The Cambridge history of Latin America*. vol. 8. Cambridge: Cambridge University Press, 1991). Em termos comparativos, a ajuda concedida aos países não europeus foi muito menor. Por exemplo, em 1953, o "Terceiro Mundo", como um todo, recebeu apenas US$150 milhões por intermédio do Point IV Program (KOLKO, Gabriel. *Confronting the Third World*: United States Foreign Policy 1945-1980. Nova York: Pantheon Press, 1988). Além disso, a orientação geral dessa política era conceder assistência financeira a lugares que estariam supostamente sujeitos à ameaça comunista direta (p. ex., Europa Ocidental, Sudeste Asiático etc.), enquanto as regiões "mais seguras" tinham que conviver com o investimento privado para fins lucrativos.

151 CHIROT, Daniel. *Social Change in the Modern Era*. Nova York: Harcourt, Brace & Jovanovich, 1986.

meios acadêmicos. Robert A. McCaughey relata que, enquanto, em 1951, as teses sobre *Latin America* representavam 30% de todos os doutorados defendidos nos estudos de área, em 1961, essa proporção havia baixado para 18%.[152] No mesmo período, a porcentagem de doutorados sobre o leste e o sul asiáticos pulou de 25% para 33%.[153]

Essa tendência foi rapidamente revertida após a Revolução Cubana. Em 1959, o American Council of Learned Societies e o Social Science Research Council criaram o Committee on *Latin American Studies*, que objetivava expressamente planejar futuros desenvolvimentos acadêmicos, oferecer bolsas para pesquisa sobre *Latin America* e melhorar a comunicação entre os interessados no assunto. O comitê recebeu ajuda financeira adicional da Carnegie Corporation, da Ford Foundation e do Council on Higher Education in the American Republic.[154] Aplicando uma análise quantitativa agregada, Martin C. Needler e Thomas W. Walker apresentam provas convincentes do súbito crescimento dos *Latin American Studies* no período.[155] Embora o número de ofertas de cursos de

---

152 Os dados apresentados por McCaughey agregam textos sobre a *Latin America* em geral e estudos de caso individuais. A alta percentagem do início dos anos 1950 deve-se, provavelmente, aos incentivos públicos e privados dados aos estudos das coisas *Latin American* durante a política de Boa Vizinhança de FDR, combinados à longa maturação das dissertações de PhD e aos adiamentos e interrupções provocados pela guerra.

153 MCCAUGHEY, Robert A. *International studies and academic enterprise*: a chapter in the enclosure of american learning. Nova York: Columbia University Press, 1984.

154 Para um relato detalhado sobre o crescimento dos *Latin American Studies* na década de 1960, ver Mark T. Berger (BERGER, Mark T. *Under Northern eyes*: Latin American studies and U.S. hegemony in the Americas, 1898-1990. Caribbean and Latin American studies. Bloomington: Indiana University Press, 1995); JOHNSON, John J. (Coord.). *Continuity and change in Latin America*. Stanford: Stanford University Press, 1964.

155 NEEDLER, Martin C.; WALKER, Thomas W. "The Current Status of Latin American Studies Programs". *Latin American Research Review*, vol. 6, nº 1, 1971.

Latin American Studies por universidade fosse praticamente o mesmo em 1949 e em 1958, ele dobrou em 1969. Essa tendência foi constante em todo o espectro de disciplinas – exceto para os cursos de sociologia, cujo número aumentou quatro vezes. Enquanto os levantamentos de 1949 e 1958 identificaram cento e quarenta e nove instituições estadunidenses de ensino superior com oferta de cursos de *Latin American Studies*, o de 1969 totalizou duzentas e doze dessas instituições. Completando a consolidação dos *Latin American Studies*, o periódico *Latin America Research Review* foi criado em 1966, em seguida à fundação da *Latin America Studies Association* (LASA), no mesmo ano.

Um empreendimento científico só é constituído como tal por meio de consolidação profissional e institucional – o que envolve a criação de periódicos, acervos, cargos acadêmicos, programas e centros de pesquisa, oportunidades de financiamento, conferências etc. Consequentemente, não se pode falar de *Latin America* na condição de conceito científico antes da consolidação dos *Latin American Studies*. Como a Revolução Cubana foi o evento que precipitou a consolidação desse campo de estudos, a investigação do conceito sociocientífico de *Latin America* deve começar pela identificação dos textos produzidos em torno de 1959 e, então, traçar a evolução do discurso acadêmico sobre *Latin America* a partir daquele período.

A questão é, pois, a seguinte: se havia, qual foi a teoria ou enfoque preponderante que dominou o desabrochar dos *Latin American Studies* por volta de 1959? A literatura secundária tem uma resposta consensual para essa pergunta: a teoria da modernização.[156] Assim, seguindo o princípio de aceitar primeiramente

156 FOSTER-CARTER, Aidan. "From Rostow to Gunder Frank: Conflicting Paradigms in the Analysis of Underdevelopment". *World Development*, vol. 4, nº 3, 1976; KAHL, Joseph A. *Modernization, Exploitation, and Dependency in Latin America*. Nova Jersey: Transaction Books, 1976; CARDOSO, Fernando Henrique. "The Consumption of Dependency Theory

as distinções adotadas pelo próprio campo de estudos, para depois submetê-las à crítica, prosseguirei com um breve exame da teoria da modernização em geral, para, em seguida, analisar o que essa teoria tem a dizer sobre o objeto de estudo em questão.

3.3 O projeto da modernização e seu contexto

No período que se seguiu à Segunda Guerra Mundial, um clamor por cientificismo varreu as ciências sociais estadunidenses. Na ciência política, esse movimento recebeu o nome de revolução behavioral.[157] Segundo um dos seus principais arautos, o único elemento que verdadeiramente uniu os behavioralistas foi a adoção de uma "perspectiva científica": a convicção de que a teoria confiável é apoiada por dados empíricos confiáveis.[158] O diagnóstico assaz econômico de Robert Dahl pode ser ampliado com uma lista de algumas outras características próprias do movimento. Os behavioralistas rejeitaram as abordagens anteriores, centradas no estudo formalístico de leis, de constituições e de documentos diplomáticos. Eles rejeitaram também a teoria política "tradicional" e seus métodos interpretativos baseados em análise conceitual. Muitos reformistas behavioralistas tomaram emprestado da filosofia da ciência de Karl Popper o bordão de que teorias verdadeiramente

---

in the United States". *Latin American Research Review*, vol. 12, nº 3, 1977; BERGER, Mark T. *Under Northern eyes*. Latin American studies and U.S. hegemony in the Americas, 1898-1990. Caribbean and Latin American studies. Bloomington: Indiana University Press, 1995; KLARÉN, Peter F. "Lost Promise: Explaning Latin American Underdevelopment". *In*: CAMP, Roderic Ai (Coord.). *Democracy in Latin America*: Patterns and Cycles. Wilmington: Scholarly Resources Inc., 1996.

157 Usarei os termos "behavioral" e "behavioralismo" para distinguir esse movimento intelectual do behaviorismo, enfoque da psicologia moderna, cujo principal autor foi B. F. Skinner.

158 DAHL, Robert. "The Behavioral approach in political science: epitaph for a monument to a successful protest". *In*: FARR, James; SEIDELMAN, Raymond (Coord.). *Discipline and history*: political science in the United States. Ann Arbor: University of Michigan Press, 1972.

científicas devem ser abertas à falsificação por meio dos testes empíricos.[159] [160] Ademais, havia uma tendência geral entre os autores de eleger o comportamento individual como a unidade de análise do trabalho sociocientífico.[161]

O cientificismo foi acompanhado por declarações de neutralidade em relação a valores. Combinando *insights* metodológicos da filosofia neopositivista da ciência e ensinamentos derivados da tradição empirista estadunidense com uma leitura um tanto superficial da epistemologia de Max Weber, os behavioralistas alegaram que o conhecimento das coisas humanas deveria ser impermeável à adesão subjetiva do autor a valores culturais e políticos.[162] *A Ciência como Vocação*, e não os trabalhos epistemológicos de

---

159 Em *The Passing of Traditional Society: Modernizing the Middle East*, Daniel Lerner defende a "cientificidade" de seu modelo teórico, gabando-se de sua acessibilidade à falsificação por meio dos testes empíricos (LERNER, Daniel. *The passing of traditional society*: modernizing the Middle East. Glencoe: Free Press, 1967). Myron Weiner apresenta um volume do qual foi editor e coautor com autores-chave da modernização, comemorando o fato de que cientistas sociais "de fato buscam tornar suas hipóteses precisas e passíveis de serem testadas" (WEINER, Myron. *Modernization*: the dynamics of growth. Nova York: Basic Books, 1966).

160 EASTON, David. *The political system*: an inquiry into the state of political science. 2ª ed. Nova York: Knopf, 1953; WEINER, Myron. *Modernization*: the dynamics of growth. Nova York: Basic Books, 1966; LERNER, Daniel. *The passing of traditional society*: modernizing the Middle East. Glencoe: Free Press, 1967; GUNNELL, John G. *Between Philosophy and Politics*: the Alienation of Political theory. Amherst: University of Massachusetts Press, 1986.

161 A ideia de que as ciências sociais deviam concentrar-se em explicar o "comportamento" humano não é uma invenção pós-Segunda Guerra. Autores tais como Arthur F. Bentley já haviam defendido essa ideia desde o início do século XX (BENTLEY, Arthur F. *The process of'governinent*: a study of social pressures. Chicago: The University of Chicago Press, 1908).

162 GUNNELL, John G. "American Political Science, Liberalism and the Invention of Political Theory". *American Political Science Review*, vol. 82, nº 1, mar. 1988; GUNNELL, John G. *The descent of political theory*: the genealogy of an american vocation. Chicago: University of Chicago Press, 1993.

Weber, era frequentemente citada para validar o princípio de que cientistas sociais deveriam abster-se de tornar públicos seus valores e de deixá-los interferir em seu trabalho acadêmico.[163]

Ironicamente, a busca da neutralidade valorativa e do cientificismo foi acompanhada por um crescente envolvimento dos cientistas sociais estadunidenses com programas e instituições governamentais. Durante a Segunda Grande Guerra, muitos cientistas sociais foram recrutados pelo governo para elaborar estudos sobre os aspectos psicológicos e comportamentais da guerra no país e no exterior e suprir conhecimentos especializados sobre a geografia e a cultura de regiões estrangeiras.[164] Um relatório produzido em 1943 pelo Committee on World Regions do Social Science Research Council começa com as seguintes considerações:

> Essa guerra voltou nossa atenção como nunca antes para o mundo inteiro. O interesse por regiões estrangeiras intensificou-se e uma atenção especial foi dirigida às áreas pelas quais, até então, tínhamos pouco ou nenhum interesse. A necessidade imediata de cientistas sociais que conheçam as diferentes regiões do mundo é menor apenas do que a demanda por oficiais da marinha e do exército familiarizados com as zonas de combate reais e potenciais.[165]

---

163 PACKENHAM, Robert A. *The dependency movement*: scholarship and politics in development studies. Cambridge: Harvard University Press, 1992, p. 131.

164 WINKS, Robin. *Cloak and Gown*: Scholars in the Secret War 1939-1961. New Haven: Yale University Press, 1987; BERGER, Mark T. *Under Northern eyes*: Latin American studies and U.S. hegemony in the Americas, 1898-1990. Caribbean and Latin American studies. Bloomington: Indiana University Press, 1995.

165 WALLERSTEIN, Immanuel. "The Unintended Consequences of Cold War Area Studies". *In*: CHOMSKY, Noam (Coord.). *The Cold War and the university*. Nova York: The New Press, 1997, p. 195.

Avaliando o envolvimento dos cientistas sociais durante a guerra, William Nelson Fenton, da Smithsonian Institution, declarou em 1946:

> A guerra e as Forças Armadas despertaram os alunos para o estudo de geografia e para o conhecimento dos "povos esquisitos" do mundo. Podemos esperar uma demanda crescente por essas matérias no currículo do pós-guerra, e não devemos nos espantar se os cursos de antropologia e geografia se multiplicarem de maneira desproporcional.[166]

O prognóstico de Fenton foi correto. Com o começo da Guerra Fria, os Estados Unidos envolveram-se em uma batalha ideológica e geopolítica pelo domínio mundial que excedeu muito as capacidades burocráticas do Estado norte-americano. Ao mesmo tempo, as corporações estadunidenses também espalharam seus negócios pelo mundo todo, criando igualmente uma demanda do setor privado por conhecimento especializado de assuntos estrangeiros. A universidade era a instituição óbvia para atender a essa nova demanda por conhecimento. Como o Presidente do Committee on World Area Research do Social Science Research Council – instituição líder no financiamento de pesquisa sociocientífica nos Estados Unidos –, Robert B. Hall, escreveu em 1947:

> Os que se apegam com mais vigor a esse ponto de vista [de que os estudos de área têm importância geopolítica] sustentam que as universidades têm uma obrigação para com a nação. O bem-estar nacional no período pós-guerra, mais que nunca,

166 *Funny peoples*, no original. (WALLERSTEIN, Immanuel. "The Unintended Consequences of Cold War Area Studies". *In*: CHOMSKY, Noam (Coord.). *The Cold War and the university*. Nova York: The New Press, 1997, pp. 199/200).

> requer cidadãos bem-informados sobre outros povos e a criação de uma grande massa de conhecimento sobre eles.[167]

Entretanto, para poder corresponder às demandas de sua nova tarefa, o sistema universitário precisava ser renovado. Isso foi feito com recursos públicos e privados provenientes de contratos e dotações do governo e de corporações e fundações privadas.[168] Redes e conexões estabelecidas durante a guerra facilitaram o processo de negociação e alocação de recursos no período do pós-guerra.[169]

---

167 WALLERSTEIN, Immanuel. "The Unintended Consequences of Cold War Area Studies". *In*: CHOMSKY, Noam (Coord.). *The Cold War and the university*. Nova York: The New Press, 1997, pp. 199/200.

168 A coletânea mais abrangente de estudos críticos sobre o papel das fundações no período da Guerra Fria é *Philanthropy and Cultural Imperialism*, de Anthony Arnove (ARNOVE, Robert F. *Philanthropy and cultural imperialism*: the foundations at home and abroad. Bloomington: Indiana University Press, 1982). Ver também, de Edward H. Berman (BERMAN, Edward H. *The influence of the carnegie, ford and rockefeller foundations on american foreign policy*: the ideology of philanthropy. Albany: State University of Nova York Press, 1983), David Horowitz (HOROWITZ, David. *The free world colossus*: a critique of american foreign policy in the Cold War. Nova York: Hill and Wang, 1971), Robert A. McCaughey (MCCAUGHEY, Robert A. *International studies and academic enterprise*: a chapter in the enclosure of american learning. Nova York: Columbia University Press, 1984) e Rebecca S. Lowen (CHOMSKY, Noam. *American Power and the New Mandarins*. Nova York: Pantheon, 1968). Sobre a penetração dos interesses ligados à Guerra Fria no sistema universitário americano, ver Mark Berger (BERGER, Mark T. *Under Northern eyes*: Latin American studies and U.S. hegemony in the Americas, 1898-1990. Caribbean and Latin American studies. Bloomington: Indiana University Press, 1995).

169 Terence Ball argumenta que os cientistas sociais usaram o cientificismo como um meio de obter reconhecimento e relevância política e aceitação social e, dessa forma, aumentar suas chances de conseguir fundos para pesquisa (BALL, Terence. "The Politics of Social Science in Postwar America". *In*: MAY, Lary (Coord.). *Recasting America*: Culture and Politics in the Age of Cold War. Chicago: University of Chicago Press, 1989; BALL, Terence. "An Ambivalent Alliance: Political Science and American Democracy". *In*: FARR, James; DRYZEK, John S. LEONARD, Stephen T. (Coord.). *Political science in history*: research programs and political traditions. Cambridge: Cambridge University Press, 1995); BALL, Terence. "American political

Nesse contexto, houve um grande incentivo para que os cientistas sociais se tornassem *policy scientists*,[170] um termo cunhado por um dos líderes da revolução behavioral, Harold D. Lasswell.[171] Mark Berger descreve essa situação da seguinte maneira:

> Durante a Segunda Guerra Mundial e a Guerra Fria que se seguiu, historiadores, cientistas políticos e especialistas em relações internacionais estabeleceram vínculos com o governo estadunidense mais estreitos do que qualquer outra disciplina acadêmica, com exceção da física. Esses vínculos se desenvolveram de várias maneiras, e, embora nem todos os historiadores e cientistas políticos os tivessem, os escalões mais altos dessas profissões foram extremamente bem representados. Alguns ocuparam cargos em tempo integral em órgãos de governo, enquanto outros trabalharam em meio expediente ou ocasionalmente e muitos outros, ainda, permitiram deliberadamente que imperativos geopolíticos da Segunda Guerra Mundial e, posteriormente, da Guerra Fria influenciassem seu trabalho.[172]

---

science in its postwar political context". *In*: FARR, James; SEIDELMAN, Raymond (Coord.). *Discipline and history*: political science in the United States. Ann Arbor: University of Michigan Press, 1993; BERGER, Mark T. *Under Northern eyes*: Latin American studies and U.S. hegemony in the Americas, 1898-1990. Caribbean and Latin American studies. Bloomington: Indiana University Press, 1995.

170 Noam Chomsky prefere o termo mais provocante "novos Mandarins" (CHOMSKY, Noam. *American Power and the New Mandarins*. Nova York: Pantheon, 1968).

171 MCCAUGHEY, Robert A. *International studies and academic enterprise*: a chapter in the enclosure of american learning. Nova York: Columbia University Press, 1984; NOVICK, Peter. *That noble dream*: the "objectivity question" and the American historical profession. Cambridge: Cambridge University Press, 1988; BALL, Terence. "American political science in its postwar political context". *In*: FARR, James; SEIDELMAN, Raymond (Coord.). *Discipline and history*: political science in the United States. Ann Arbor: University of Michigan Press, 1993.

172 BERGER, Mark T. *Under Northern eyes*: Latin American studies and U.S. hegemony in the Americas, 1898-1990. Caribbean and Latin American

Durante a Segunda Guerra Mundial, o Office of Strategic Services (OSS), o órgão de inteligência que, mais tarde, transformou-se na Central Intelligence Agency (CIA), empregou muitos acadêmicos, entre os quais, Walt Whitman Rostow, sete Presidentes da American Historical Association, os filósofos da Escola de Frankfurt Franz Neumann, Otto Kirchheimer e Herbert Marcuse, os economistas Paul Baran e Paul Sweezy, os sociólogos Barrington Moore Jr. e Edward Shils, os historiadores Crane Brinton, Gordon Craig, Felix Gilbert, Hajo Holborn, Leonard Krieger, Carl E. Schorske, L. S. Stavrianos, Arthur M. Schlesinger Jr. e W. Norman Brown, o "latino-americanista" Donald M. Dozer e o Presidente da American Political Science Association, Evron Kirkpatrick, que manteve laços estreitos com a CIA mesmo após a extinção do OSS.[173] O influente cientista político Gabriel Almond assumiu a direção da Enemy Section no Office of War Information, em Washington. Apesar de o número de latino-americanistas no OSS ser pequeno, os poucos que havia foram empregados por outros órgãos governamentais durante a guerra. Segundo Lewis Hanke, a maioria dos especialistas em *Latin America* teve algum tipo de envolvimento no esforço de guerra.[174]

Em termos de relações internacionais, os imperativos para ação política que os cientistas sociais eram estimulados a considerar começaram a ser articulados pelo governo estadunidense logo no início da Guerra Fria. Em um discurso feito em 1949, o Presidente Truman declarou:

> Mais da metade dos povos do mundo está vivendo em condições próximas da miséria. Sua alimentação é inadequada, são

studies. Bloomington: Indiana University Press, 1995, p. 70.

173 BERGER, Mark T. *Under Northern eyes*: Latin American studies and U.S. hegemony in the Americas, 1898-1990. Caribbean and Latin American studies. Bloomington: Indiana University Press, 1995.

174 MILLIKAN, Max Franklin; BLACKMER, Donald L. M. *The emerging nations*: their growth and United States policy. Boston: Little Brown, 1961.

> vítimas de doenças. Sua vida econômica é primitiva e estagnada. Sua pobreza é um handicap e uma ameaça tanto para eles como para áreas vizinhas. Pela primeira vez na história, a humanidade possui o conhecimento e a experiência para aliviar o sofrimento dessas pessoas. (...) Acredito que devamos tornar disponíveis a esses povos pacíficos os benefícios de nossa reserva de conhecimento técnico, para ajudá-los a realizarem seus anseios por uma vida melhor. (...) O que temos em vista é um programa de desenvolvimento baseado nos conceitos de relações democráticas justas. (...) Uma produção maior é a chave da prosperidade e da paz. E a chave de uma produção maior é a utilização mais ampla e mais eficaz de conhecimentos científicos e técnicos modernos.[175]

O mundo descrito por Truman é dividido em três partes: "nós" (os Estados Unidos e seus prósperos aliados), os comunistas e os países pobres. Até a Segunda Guerra Mundial, o fato de o mundo estar repleto de gente miserável não foi percebido como uma ameaça para as "áreas mais prósperas". Após a guerra, contudo, o comunismo passou a ser a razão pela qual a pobreza dos pobres tornava-se um "*handicap*" e uma "ameaça" para as áreas mais prósperas. Em nome da humanidade, Truman propõe ajudar os miseráveis da terra com um programa de "desenvolvimento baseado nos conceitos de relações democráticas justas" – um eufemismo para referir-se ao "capitalismo". O meio pelo qual se chega ao desenvolvimento é, segundo o Presidente, o conhecimento científico e técnico.

Embora não integralmente desenvolvida no trecho acima, a linguagem do "desenvolvimento" iria tornar-se um dos elementos principais da agenda política estadunidense da Guerra Fria. Essa tendência começou com Truman no final da década de 40

175 ESCOBAR, Arturo. *Encountering development*: the making and unmaking of the third world. Princeton: Princeton University Press, 1995.

e atingiu seu ápice com a presidência de John F. Kennedy.[176] Para nós, leitores do presente, é difícil perceber sua "novidade". Por exemplo, a expressão "áreas" ou "países subdesenvolvidos" surgiu somente em meados dos anos 1940, enquanto o termo "Terceiro Mundo" (*Troisième Monde*) apareceu, originalmente, na França no início da década de 1950.[177] Apesar de algumas exceções, o termo "desenvolvimento" não era usado em economia, sociologia ou ciência política até meados dos anos 1940.[178]

A geografia antevista por Truman é tripartite, mas a linguagem que ele usa é marcada por oposições binárias. Em termos socioeconômicos, há o próspero diante do miserável; em termos temporais, o moderno contra o primitivo, o estagnado.

A teoria da modernização surgiu como uma tentativa de produzir um discurso sociocientífico para tratar dessa agenda de política externa da Guerra Fria. Seu tema essencial foi o problema do desenvolvimento e do subdesenvolvimento no Terceiro Mundo, enquanto sua linguagem estava impregnada de cientificismo *behavioral*.

3.4 Suportes institucionais da teoria da modernização

As ligações da teoria da modernização com os interesses políticos governamentais refletiram-se nas biografias profissionais de seus praticantes mais influentes. Um exemplo proeminente é W. W. Rostow, cujo livro *Stages of Economic Growth*, de acordo

---

176 LATHAM, Michael E. *Modernization as ideology*: American Social Science and "Nation Building" in the Kennedy Era. Chapel Hill: The University of North Carolina Press, 2000.

177 HOROWITZ, Irving Louis. *Beyond empire and revolution*: militarization and consolidation in the third world. Nova York: Oxford University Press, 1982.

178 ESCOBAR, Arturo. *Encountering development*: the making and unmaking of the third world. Princeton: Princeton University Press, 1995.

com Aida Foster-Carter, "produziu muito mais discussão do que qualquer outra contribuição isolada, (...) e é, com certeza, o modelo de desenvolvimento mais amplamente conhecido, tanto dentro da profissão quanto fora dela".[179] Segundo Lincoln Gordon, membro da administração de Kennedy, "[nos anos 1960] o pensamento nos círculos acadêmicos e nos oficiais foi profundamente influenciado por *Stages of Economic Growth*, de Walt Rostow".[180]

Rostow foi o arquétipo do *policy scientist*. Na década de 1950, ele trabalhava no Center for International Studies do Massachusetts Institute of Technology – um centro de pesquisa interdisciplinar financiado pela Ford Foundation e pela CIA, que promovia o trabalho de colaboração entre sociólogos, cientistas políticos e economistas, com o objetivo de dar subsídios à política externa dos Estados Unidos.[181] Entretanto, como descrevem alguns comentaristas, os estudos interdisciplinares produzidos no Centro visavam, de fato, à elaboração de mecanismos de controle seguro de sociedades em processo de modernização.[182]

---

179 FOSTER-CARTER, Aidan. "From Rostow to Gunder Frank: Conflicting Paradigms in the Analysis of Underdevelopment". *World Development*, vol. 4, nº 3, 1976, p. 172.

180 ROSTOW, W.W. *The stages of economic growth*: a non-communist manifesto. Nova York: Cambridge University Press, 1960.

181 A informação de que o Centro era financiado também pela CIA pode ser encontrada em Michael E. Latham (LATHAM, Michael E. *Modernization as ideology*: American Social Science and "Nation Building" in the Kennedy Era. Chapel Hill: The University of North Carolina Press, 2000, p. 205). KLARE, Michael (Coord.). *The university-military-police complex*: a directory and related documents. Nova York: The North American Congress on Latin America (NACLA), 1970; LATHAM, Michael E. "Ideology, social science, and destiny: Modernization and the Kennedy-era alliance for progress". *Diplomatic History*, vol. 22, nº 2, 1998.

182 BERGER, Mark T. *Under Northern eyes*: Latin American studies and U.S. hegemony in the Americas, 1898-1990. Caribbean and Latin American studies. Bloomington: Indiana University Press, 1995; LATHAM, Michael E. *Modernization as ideology*: American Social Science and "Nation Building" in the Kennedy Era. Chapel Hill: The University of North Carolina Press, 2000.

Um exemplo expressivo da interpenetração entre ciências sociais, imperativos políticos e propaganda promovida pelo Centro foi o pequeno "tratado" sobre modernização intitulado *The Emerging Nations*,[183] organizado por Max F. Millikan[184] e Donald L. M. Blackmer.[185] A obra, uma coautoria de teóricos da modernização proeminentes, tais como Rostow, Everett E. Hagen, Daniel Lerner, Paul Rosenstein-Rodan,[186] Lucian Pye[187] e o próprio Millikan, foi

---

183 MILLIKAN, Max Franklin; BLACKMER, Donald L. M. *The emerging nations*: their growth and United States policy. Boston: Little Brown, 1961.

184 Millikan estudou no California Institute of Technology e obteve seu doutorado em economia na Universidade de Yale, em 1941. Em 1952, tornou-se diretor do Center for International Studies do MIT e professor de economia daquela instituição. Millikan trabalhou em vários órgãos do governo, entre eles, na OPA, na War Shipping Administration, no Departmento de Estado e na CIA, da qual foi Diretor Assistente em 1951-52. Mesmo durante o período passado no MIT, trabalhava também como consultor de várias organizações governamentais. Em abril de 1961, foi nomeado assessor do Presidente Kennedy para auxiliar na reorganização do programa de ajuda externa (WEINER, Myron. *Modernization*: the dynamics of growth. Nova York: Basic Books, 1966).

185 Blackmer serviu na inteligência do Exército americano na Europa antes de voltar à Universidade de Harvard para obter um diploma do Soviet Union Program. Em 1966, entrou para o Center for International Studies do MIT, na qualidade de Assessor Executivo do Diretor, e, posteriormente, tornou-se Diretor Assistente do Centro (WEINER, Myron. *Modernization*: the dynamics of growth. Nova York: Basic Books, 1966).

186 Paul N. Rosenstein-Rodan obteve seu PhD na Universidade de Viena em 1925. Em 1947, tornou-se diretor assistente do Departamento de Economia do Banco Mundial, em Washington. Subsequentemente, trabalhou no Departament of Economics e no Center for International Studies do MIT, onde foi diretor de pesquisa em programas de assessoria na Itália e na Índia. Também fez parte do Panel of Nine da Aliança para o Progresso (WEINER, Myron. *Modernization*: the dynamics of growth. Nova York: Basic Books, 1966).

187 Professor de Ciência Política do MIT, Lucian W. Pye foi membro de destaque do Center for International Studies. Antes de ir para o MIT, Pye havia trabalhado durante vários anos como pesquisador associado no Center of International Studies de Princeton. Ex-Presidente da American Political Science Association, Pye também dirigiu o Committee on Comparative Politics do Social Science Research Council (WEINER, Myron. *Modernization*: the dynamics of growth. Nova York: Basic Books, 1966).

encomendada pelo governo dos Estados Unidos para ser transmitida pela *Voz da América* a ouvintes de países subdesenvolvidos e comunistas.[188]

Em 1961, Rostow e Millikan ingressaram na administração Kennedy. Rostow trabalhou em estreita ligação com a Latin American Task Force (LATF) – um grupo consultivo reunido por Kennedy visando a elaborar políticas para deter o progresso do comunismo no Hemisfério Ocidental.[189] Os membros da LATF eram Lincoln Gordon (economista de Harvard), Adolf Berle (diplomata), Robert Alexander (economista de Rutgers), Arthur Whitaker (historiador latino-americanista), Teodoro Moscoso e Arturo Morales Carrion. A LATF foi responsável pelo planejamento e pela implantação da Aliança para o Progresso – um programa com o propósito explícito de promover a rápida modernização da *Latin America*.

O Center for International Studies do MIT é apenas um exemplo da estreita relação entre figuras-chave da teoria da modernização e projetos politicamente orientados por instituições públicas e privadas. Em 1967, um estudo mais extenso, também coligido de transmissões da *Voz da América*, foi publicado sob o título *Modernization: the Dynamics of Growth*.[190] Desta feita, contribuíram vinte e cinco especialistas, oriundos das mais ilustres universidades estadunidenses: MIT, Harvard, Columbia, Princeton, Yale, University of Chicago, Stanford, University of Pennsylvania e Duke. Apesar do lugar de destaque ocupado pelos professores do MIT, as diversas afiliações institucionais dos demais colaboradores atestam a difusão generalizada da teoria da modernização no meio acadêmico estadunidense. Além do mais, as referências repetidas

188 A *Voz da América* transmitia textos em inglês e traduzidos.

189 LATHAM, Michael E. "Ideology, social science, and destiny: Modernization and the Kennedy-era alliance for progress". *Diplomatic History*, vol. 22, nº 2, 1998.

190 WEINER, Myron. *Modernization*: the dynamics of growth. Nova York: Basic Books, 1966.

ao envolvimento profissional dos autores com órgãos governamentais, tornado público pelas biografias impressas no início de cada capítulo, mostram que a modernização disseminou-se não só como abordagem teórica, mas também como uma atitude acadêmica de unir "ciência" e envolvimento político.[191]

Esses dois livros são apenas exemplos da colaboração entre academia e governo que acabaram sendo impressos. De fato, o alcance do envolvimento acadêmico na definição de políticas foi além da criação de livros e de transmissões de rádio. Durante as administrações de Kennedy e Johnson, a participação de teóricos da modernização em programas governamentais supostamente voltados para a promoção da modernização no Terceiro Mundo foi intensa.[192] No caso particular da *Latin America*, o governo dos Estados Unidos respondeu à percepção da ameaça de infiltração comunista com iniciativas, tais como a *Latin America* Task Force, a Aliança para o Progresso e o Project Camelot, além de programas gerais de ajuda, como Peace Corps e USAID.[193]

---

191 WEINER, Myron. *Modernization*: the dynamics of growth. Nova York: Basic Books, 1966.

192 A obra de Irving Louis Horowitz, (HOROWITZ, Irving Louis. *The rise and fall of project camelot*: studies in the relationship between social science and practical politics. Cambridge: Massachusetts Institute of Technology Press, 1967) contém ensaios críticos sobre o assunto e uma amostra de documentos oficiais relacionados à criação do Project Camelot. Ver também o trabalho de Michael E. Latham, (LATHAM, Michael E. *Modernization as ideology*: American Social Science and "Nation Building" in the Kennedy Era. Chapel Hill: The University of North Carolina Press, 2000), em que o autor trata da participação de cientistas sociais na Aliança para o Progresso, Project Camelot e Peace Corps. Sobre o uso do Vietnã como campo de provas para políticas radicais de modernização, ver CHOMSKY, Noam. *American Power and the New Mandarins*. Nova York: Pantheon, 1968.

193 A colaboração entre governo e academia não se restringiu aos programas civis de desenvolvimento. Como veremos no próximo capítulo, os cientistas sociais também contribuíram para fazer política externa militar para a *Latin America*.

A simbiose institucional entre teóricos da modernização e governo aparece também em sua produção de textos sociocientíficos. Na verdade, Truman havia antecipado a agenda da teoria da modernização quase uma década antes desse enfoque florescer no meio acadêmico. Os teóricos da modernização adotaram a mesma oposição assimétrica temporal expressa anteriormente pelo Presidente, substituindo apenas os termos "primitiva" e "estagnada" de seu discurso por "tradicional" – palavra que transmite igualmente a ideia de *handicap* histórico. A oposição socioeconômica entre "próspera" e "miserável" feita por Truman é reinterpretada pelos defensores da modernização como uma oposição assimétrica cultural entre "ocidental" e "não ocidental".

A "antropologia" culturalista da teoria da modernização é frequentemente baseada na tese elaborada por Max Weber de que os valores instilados pelo protestantismo, particularmente em sua variedade puritana, induziram o desenvolvimento do "espírito do capitalismo". Os teóricos da modernização tendem a equiparar a narrativa histórica de Weber sobre o nascimento do espírito do capitalismo ao advento da própria modernidade. Consequentemente, o protestantismo é considerado a principal causa da modernidade. Por outro lado, o argumento de Weber sobre a secularização do espírito do capitalismo, isto é, sobre a progressiva autonomia que este adquiriu em relação a suas raízes culturais religiosas originais, é menosprezado pela teoria da modernização.[194] Além do mais, a preocupação de Weber com a angústia do homem moderno diante de uma sociedade dominada pela racionalidade instrumental quase desaparece nos escritos sobre modernização, que tendem a pintar um quadro cor-de-rosa das sociedades modernas, mormente dos Estados Unidos, ao mesmo tempo que jogam o fardo psicológico da modernização sobre o homem das sociedades em fase de transição do tradicionalismo à modernidade.[195]

---

194 WEBER, Max, Talcott Parsons; TAWNEY, R. H. *The Protestant ethic and the spirit of capitalism*. Nova York: Scribner's, 1950.

195 PYE, Lucian W. *Politics, personality, and nation building*: Burma's search for identity. New Haven: Yale University Press, 1962, p. xv.

A posição interpretativa adotada pelos teóricos da modernização permite-lhes usar a cultura como um pivô para oposições tanto temporais quanto socioeconômicas. O protestantismo é considerado a perpétua fonte de modernidade, ao passo que todos os não protestantes são relegados a uma condição de tradicionalismo. Assim como "moderno", o termo "tradição" possui conotações culturais, temporais e socioeconômicas. Ao contrário da "modernidade", cujas origens os teóricos atribuem a uma cultura específica, "tradicionalismo" não faz referência a qualquer formação cultural, histórica ou socioeconômica em particular, isto é, ele é definido apenas em oposição assimétrica à modernidade.[196] A teoria da modernização ensina que o tradicional é não protestante, não moderno e não capitalista, enquanto a modernidade é o produto de um processo histórico peculiar definido pela *Weltanschauung* de uma cultura peculiar: o protestantismo.

Nos escritos da teoria da modernização, o mundo é dividido em duas metades: a protestante, representada pelos Estados Unidos, os demais países anglo-saxônicos e as nações germânicas, e o resto.[197] Para Millikan, essa interpretação das ideias de Weber corresponde verdadeiramente à história moderna da própria civilização

---

196 Ver Weber (WEBER, Max, Talcott Parsons; TAWNEY, R. H. *The Protestant ethic and the spirit of capitalism*. Nova York: Scribner's, 1950). A tradução para o inglês da *Ética Protestante*, de Weber, por Talcott Parsons, o discípulo mais influente de Weber nos Estados Unidos, recentemente tornou-se alvo de críticas. Para uma breve história da recepção de Weber nos Estados Unidos, ver Keith Tribe (TRIBE, Keith. *Transformation and Translation*: Max Weber in English. Tampere: History of Concepts Group Annual Conference, 2001). Melvin Richter critica o tratamento dado por Parsons, Edward Shils e Reinhard Bendix ao termo *Herrschaft* em suas traduções das obras de Weber, mostrando que esses estudiosos prestaram pouca atenção aos significados que o conceito tinha na virada do século (RICHTER, Melvin. *The history of political and social concepts*: a critical introduction. Nova York: Oxford University Press, 1995, p. 68).

197 LERNER, Daniel. *The passing of traditional society*: modernizing the Middle East. Glencoe: Free Press, 1967; LIPSET, Seymour Martin. *Political man*: the social bases of politics. Garden City: Doubleday, 1960; ROSTOW, Walt

ocidental.[198] Alguns autores substituem o termo modernização por ocidentalização, pois, se a modernidade é um fenômeno eminentemente ocidental, argumentam, modernizar-se significa adquirir valores ocidentais.[199] Outros, ainda, batizam a cultura do Ocidente de "cultura mundial", em oposição a todas as outras culturas que eles percebem como não ocidentais.[200] David Lerner vai direto ao ponto, igualando explicitamente modernização e americanização.[201]

Contudo, a oposição assimétrica cultural da modernização nem sempre é expressa em termos de um contraste explícito entre protestantismo e outras religiões. Como sugerido acima, termos tais como "Ocidente" ou mesmo "Estados Unidos" podem servir como encarnações seculares do elemento positivo dessa oposição assimétrica – com a vantagem de evitar a expressão evidente de moralismo religioso. Assim, o Ocidente é positivamente descrito pelos teóricos da modernização como sendo racional, capitalista, industrializado, rico e democrático. De modo inverso, as sociedades não ocidentais são tudo o que a sociedade ocidental não é. Rostow fala das crenças pré-newtonianas, da família e de laços locais que caracterizam aquelas sociedades em oposição às atitudes científicas e democráticas do homem moderno.[202] Lerner enumera

---

Whitman. *The stages of economic growth*: a non-communist manifesto. Nova York: Cambridge University Press, 1960.

198 MILLIKAN, Max Franklin. BLACKMER, Donald L. M. *The emerging nations*: their growth and United States policy. Boston: Little Brown, 1961.

199 BLANKSTEN, George. "The Politics of Latin America". *In*: ALMOND, Gabriel; COLEMAN, James S. (Coord.). *The Politics of Developing Areas*. Princeton: Princeton University, 1960.

200 PYE, Lucian. *Politics, personality, and nation building*: Burma's search for identity. New Haven: Yale University Press, 1962; WELCH, Claude E. (Coord.). *Political modernization*: a reader in comparative political change. Belmont: Wadsworth Publishing Company, 1967.

201 LERNER, Daniel. *The passing of traditional society*: modernizing the Middle East. Glencoe: Free Press, 1967.

202 ROSTOW, Walt Whitman. *The stages of economic growth*: a non-communist manifesto. Nova York: Cambridge University Press, 1960, p. 5.

várias oposições duais: "aldeia *versus* cidade, terra *versus* dinheiro, analfabetismo *versus* ilustração, resignação *versus* ambição, devoção *versus* atividade".[203] Lipset atribui a sociedades não ocidentais os valores da atribuição (*ascription*), particularismo, difusão e elitismo, ao passo que, na sociedade moderna, estão infundidos os valores da realização (*achievement*), universalismo, especificidade e igualitarismo.[204] Segundo Max Millikan, as sociedades tradicionais são governadas pelo poder hierárquico hereditário e vivem "sob o domínio dos costumes em lugar da lei".[205]

A oposição assimétrica cultural na teoria da modernização está inteiramente imbricada com a oposição assimétrica temporal. O binômio ocidental/não ocidental pode ser traduzido diretamente pelo binômio moderno/tradicional. Se, de um lado, tem-se a história da cultura que os cientistas sociais usaram para identificar a modernização ocidental (estadunidense), do outro, há a irrelevância das histórias dos povos "tradicionais". Na verdade, o próprio conceito de "tradicional" implica incapacidade histórica. Consistente com esse ponto de vista, Millikan apresenta uma história da civilização em que as sociedades tradicionais só mudam pela intervenção dos poderes do Ocidente.[206] De maneira semelhante, Pye sugere que as sociedades tradicionais só conhecem a mudança histórica pela infusão de elementos culturais ocidentais.[207]

---

203 LERNER, Daniel. *The passing of traditional society*: modernizing the Middle East. Glencoe: Free Press, 1967, p. 44.

204 LIPSET, Seymour Martin; SOLARI, Aldo E. *Elites in Latin America*. Nova York: Oxford University Press, 1967, p. 5.

205 Rostow, 1957.

206 MILLIKAN, Max Franklin; BLACKMER, Donald L. M. *The emerging nations*: their growth and United States policy. Boston: Little Brown, 1961, p. 7.

207 PYE, Lucian. "Armies in the Process of Political Modernization". *In*: JOHNSON, John J. (Coord.). *The Role of the Military in Underdeveloped Countries*. Princeton: Princeton University Press, 1962, p. 32.

O caráter assimétrico temporal da modernização também pode ser aferido por meio do exame da terminologia relacionada a tempo empregada por seus autores. A sociedade ocidental moderna é considerada dinâmica, em um processo de constante mudança e inovação, ao passo que as sociedades tradicionais são representadas como estáticas, emperradas no tempo, imutáveis. Karl Deutsch, por exemplo, tenta quantificar a "mobilidade" da vida moderna em relação à "estagnação" das sociedades tradicionais.[208] Segundo Inkeles, o homem moderno é definido por sua "disposição para novas experiências e sua abertura diante da inovação e da mudança", ao mesmo tempo que o homem tradicional está menos disposto a "aceitar novas ideias, novas maneiras de sentir e agir".[209] Lerner concorda com Inkeles, ao afirmar que as pessoas no Ocidente ficaram habituadas aos "vários ritmos de mudança".[210] Millikan e Blackmer dão o toque final, dizendo que "no conjunto, é correta a caracterização ocidental que considera estáticas as sociedades tradicionais" –[211] uma conclusão repetida por Cyril Black anos mais tarde.[212]

As expectativas produzidas pela teoria da modernização podem ser classificadas de acordo com duas temporalidades: curto e longo prazo. O projeto intelectual da modernização como um todo depende da expectativa de que, no longo prazo, todas as sociedades humanas alcançarão a condição moderna. Nesse plano,

---

208 DEUTSCH, Karl. "Social Mobilization and Political Development". *American Political Science Review*, vol. 55, nº 3, 1961.

209 INKELES, Alex. "The modernization of man". *In*: WEINER, Myron (Coord.). *Modernization*: the dynamics of growth. Nova York: Basic Books, 1966.

210 LERNER, Daniel. *The passing of traditional society*: modernizing the Middle East. Glencoe: Free Press, 1967, p. 47.

211 LERNER, Daniel. *The passing of traditional society*: modernizing the Middle East. Glencoe: Free Press, 1967, p. 7.

212 BLACK, Cyril Edwin. "Change as a condition of modern life". *In*: WEINER, Myron (Coord.). *Modernization*: the dynamics of growth. Nova York: Basic Books, 1966, p. 19.

a modernização apresenta-se como uma versão secularizada da soteriologia cristã: o processo de modernização corresponderia à realização da história universal. Não limitada ao reino da mera especulação, essa teleologia encontra sua confirmação terrena no anseio dos povos subdesenvolvidos pelos confortos e bens modernos. Em outras palavras, a modernização carrega o apelo moral de um ato de redenção e salvação, de evolução benéfica e inevitável.[213]

Ao mesmo tempo, contudo, a inevitabilidade escatológica da redenção moderna não tem muito valor quando se trata de lidar com os "problemas" imediatos dos subdesenvolvidos. Em outras palavras, para funcionar como apoio discursivo à definição de políticas de ação, a teoria da modernização também precisa produzir expectativas adequadas de curto prazo. A política é ação humana e, como tal, trabalha com magnitudes de tempo que são próprias do processo da vida humana. Descendo das alturas da história universal para o contexto histórico específico no qual a teoria da modernização apareceu, uma expectativa mais imediata e historicamente limitada é revelada: a possível propagação do comunismo no Terceiro Mundo. Embora nem sempre de maneira explícita, essa preocupação frequentemente aparece nos textos dos teóricos da modernização.[214] Como Rostow adverte, o processo de modernização está repleto de perigos. A ruptura de tradições e o abandono de antigos estilos

---

213 Tanto Black quanto Inkeles compuseram panegíricos às maravilhas e aos benefícios da modernização, enquanto Lerner declara que as sociedades tradicionais são incapazes de resistir a ela. (BLACK, Cyril Edwin. "Change as a condition of modern life". *In*: WEINER, Myron (Coord.). *Modernization*: the dynamics of growth. Nova York: Basic Books, 1966, p. 17; INKELES, Alex. "The modernization of man". *In*: WEINER, Myron (Coord.). *Modernization*: the dynamics of growth. Nova York: Basic Books, 1966, p. 138; LERNER, Daniel. *The passing of traditional society*: modernizing the Middle East. Glencoe: Free Press, 1967, p. 45).

214 Além de manifestar sua preocupação com a infiltração comunista no Terceiro Mundo em seus tratados sobre modernização, algumas figuras proeminentes da teoria da modernização, tais como Pye, Almond e Inkeles, produziram trabalhos sobre aspectos psicológicos e comportamentais do comunismo (1995).

de vida podem gerar reações vindas de setores sociais descontentes e detentores do poder que se sintam ameaçados. Isso pode causar agitação civil e conflito interno ou revolução, pondo em perigo o processo de modernização como um todo.

Rostow, por exemplo, deseja que seu trabalho em *Stages* seja aceito como uma teoria da modernização universalmente válida – escrita com a intenção expressa de refutar a teoria do desenvolvimento de Marx e suas consequências revolucionárias. No entanto, seu alvo principal não é Marx, o filósofo, mas o próprio comunismo, em suas duas encarnações: soviética e chinesa. Ao contrário da modernização "normal", o comunismo para Rostow é "uma espécie de doença que pode acometer uma sociedade transicional se esta deixa de organizar efetivamente os elementos internos e prepará-los para avançar na tarefa de modernização". Coerente com essa linha de pensamento, ele chama os comunistas de "abutres do processo de modernização" e deu a seu livro o subtítulo "um Manifesto Não Comunista".[215]

Em suma, o trajeto que parte das expectativas de curto prazo para chegar à salvação no longo prazo precisava evitar tanto a calmaria do tradicionalismo quanto as águas turbulentas do "comunismo totalitário". Os perigos dessa travessia provavelmente justificam o tom imperativo de alguns dos conselhos dados pelos defensores da modernização. Rostow adverte:

> As linhas gerais de mudança social, necessárias para preparar uma sociedade tradicionalista para o crescimento normal, estão-se tornando suficientemente conhecidas. Todos concordariam que uma nova elite – uma nova liderança – deve

---

215 Ver *View from the seventh floor* (ROSTOW, Walt Whitman. *View from the seventh floor*. 1ª ed. Nova York: Harper & Row, 1964), um relato de Rostow na primeira pessoa sobre seu programa anticomunista. ROSTOW, Walt Whitman. *The stages of economic growth*: a non-communist manifesto. Nova York: Cambridge University Press, 1960.

> desenvolver-se e ter espaço para começar a construção de uma sociedade industrial moderna (...).
>
> Outros homens na sociedade devem estar preparados para suportar o esforço e os riscos da liderança (...).
>
> Outros homens na sociedade devem estar preparados para emprestar seu dinheiro a longo prazo (...).
>
> E a população como um todo deve estar preparada para receber treinamento e pôr para funcionar um sistema econômico cujos métodos estão sujeitos a mudanças regulares (...).[216]

O verbo usado pelo autor é *must*, ou seja, tem tom assaz imperativo. A receita de Rostow para se trilhar o caminho da modernização é também caracterizada por uma noção de quais deveriam ser seus agentes. De modo semelhante a muitos de seus colegas de teoria da modernização, Rostow considera as elites como agentes sociais por excelência.[217] Os estudos sobre modernização com frequência contêm vastas seções dedicadas a identificar e avaliar elites modernizadoras em meios tradicionais. Mais uma vez respaldados por interpretações do texto de Weber, esses estudiosos consideram a elite de negócios como um promissor agente da modernização. Afinal, falando de modo ideal, o homem de negócios encarna o indivíduo cujo interesse próprio dirige sua ação por um motivo útil. Ele valoriza a realização acima de tudo, e sua natureza racional o conduz a valores universalistas.

---

216 ROSTOW, Walt Whitman. *The stages of economic growth*: a non-communist manifesto. Nova York: Cambridge University Press, 1960.

217 Para um relato informativo crítico sobre a ascensão da teoria da elite à predominância no meio acadêmico americano durante a Guerra Fria e suas relações estreitas com políticas externas visando ao controle de países do Terceiro Mundo, ver Irene L. Gendzier (GENDZIER, Irene L. *Managing political change*: social scientists and the Third World. Boulder: Westview Press, 1985). Para uma crítica marxista das teorias desenvolvimentistas das elites, ver Paul Cammack, (CAMMACK, Paul. *Capitalism and democracy in the third world*: the doctrine for political development. Leicester: Leicester University Press, 1997).

Importante também é o papel desempenhado pelas elites políticas modernizadoras – as que adotam estilos de vida e valores ocidentais – como complemento da ação da elite de negócios. Alguns autores também observaram que, já que a educação é um aspecto-chave para incutir nas pessoas valores modernos e dado que os intelectuais costumam ter grande influência sobre sistemas educacionais, a elite intelectual é crucial fomentar atitudes e valores modernizadores.[218]

Apesar do tom imperativo que caracterizava várias recomendações formuladas pelos teóricos da modernização, a literatura produzida por eles era, em geral, otimista em relação aos prospectos das sociedades em questão. Muitos autores chegaram ao ponto de sustentar que haviam realmente descoberto os segredos da promoção do desenvolvimento e da modernização. Rostow declara que "os artifícios que conduzem ao crescimento não são tão difíceis assim".[219] Meier e Baldwin escrevem que "os problemas econômicos do desenvolvimento são relativamente simples".[220] De modo semelhante, Daniel Lerner sustenta que "em toda parte, a crescente urbanização contribuiu para aumentar a alfabetização; a crescente alfabetização tendeu a aumentar a exposição aos meios de comunicação; a crescente exposição aos meios de comunicação foi acompanhada de uma maior participação econômica (maior renda *per capita*) e política (extensão do voto)".[221] Seymour Martin Lipset declara que o desenvolvimento econômico, a urbanização, a alfabetização e a participação política são todos positivamente correlacionados.[222] Em

218 LIPSET, Seymour Martin; SOLARI, Aldo E. *Elites in Latin America*. Nova York: Oxford University Press, 1967.

219 ROSTOW, Walt Whitman. *The stages of economic growth*: a non-communist manifesto. Nova York: Cambridge University Press, 1960.

220 MEIER, Gerald M.; BALDWIN, Robert E. *Economic development*: theory, history, policy. Nova York: Wiley, 1957.

221 LERNER, Daniel. *The passing of traditional society*: modernizing the Middle East. Glencoe: Free Press, 1967, p. 46.

222 ROSTOW, Walt Whitman. *The stages of economic growth*: a non-communist manifesto. Nova York: Cambridge University Press, 1960.

suma, essas afirmações sugerem que os mecanismos da modernização, uma vez descobertos e tornados públicos, poderiam ser facilmente empregados pelas elites locais ou pelos fazedores de política externa.

No conjunto, contudo, as expectativas geradas pela teoria da modernização produzem um paradoxo aparente: de um lado, a descrição de um caminho fácil para a modernização parece indicar um processo autoinduzido espontâneo; de outro, a instabilidade e as reações geradas pelo desmantelamento da sociedade tradicional demandam medidas imperativas a serem tomadas por responsáveis pela política externa estadunidense e/ou por elites políticas locais. Ainda que a intervenção direta dos Estados Unidos seja raramente discutida nos textos sobre modernização, deve-se observar que o edifício todo dessa abordagem repousa sobre a premissa de negar agência àqueles definidos como tradicionais ou subdesenvolvidos. Isto é, somente se espera ação da parte dos Estados Unidos e de seus seguidores (elites que emulam o Ocidente); os demais devem segui-los. Por conseguinte, a resistência ao receituário da modernização é considerada sobrevivência tradicionalista ou agitação comunista. Em suma, se deixado por sua conta, o subdesenvolvido não vai se tornar moderno – pelo menos, não no ritmo e na direção desejados por esses especialistas estadunidenses.

Em nenhum texto são as expectativas paradoxais geradas pela abordagem da modernização mais claras do que na discussão que Rostow faz sobre a democracia em *The Stages of Economic Growth*. O autor apresenta seu projeto de modernização como um apelo por democracia no mundo subdesenvolvido. Ao mesmo tempo, ele ensina que a democracia é um processo político no qual os fins nunca são fixos: os resultados não podem ser conhecidos *a priori* porque são produto da negociação entre diferentes interesses e paixões humanos. No entanto, se essa definição de democracia for verdadeira, não há garantia de que os países subdesenvolvidos seguirão o caminho modernizador prescrito por Rostow. E mais, seguindo sua própria definição, deve-se concluir que a interferência do Norte sempre irá frustrar a liberdade democrática nesses países, a menos que Rostow acredite, seguindo Rousseau, que "eles" deveriam ser forçados a ser livres. Essa conclusão, entretanto, estaria em franca contradição com a defesa prévia que o autor faz da não determinação dos resultados democráticos. Em suma, é impossível conciliar a defesa da democracia feita por Rostow com seu plano fortemente prescritivo, no qual as elites *devem* "construir" e "arriscar", enquanto a população *deve* "aceitar" o que lhe é imposto. Quer dizer, se a democracia é o objetivo mais elevado, então a sociedade subdesenvolvida deve ser livre para escolher seu caminho – um resultado que poria em risco seu compromisso com a modernização capitalista sob a égide dos Estados Unidos. Por outro lado, se a fidelidade à modernização é prioridade, então a autonomia democrática deve ser sacrificada em nome da aceleração do processo.

Embora a maioria dos teóricos da modernização evite encarar esse paradoxo e, assim, manifestar claramente sua opção, alguns fornecem indicações suficientes de suas preferências, particularmente quando discutem uma forma muito explícita de intervenção: o imperialismo. Cyril Black argumenta que

> O imperialismo é considerado frequentemente como a única fonte de opressão política; mas, na verdade, tem servido para difundir os benefícios da modernidade a um custo, relativamente falando, bastante moderado.

Rostow[223] exprime opinião semelhante:

> Não há dúvida de que sem a afronta à dignidade humana e nacional causada pela intromissão de poderes mais avançados, a taxa de modernização de sociedades tradicionais durante o último século e meio teria sido muito mais lenta do que, de fato, o foi (...).

223 ROSTOW, Walt Whitman. *The stages of economic growth*: a non-communist manifesto. Nova York: Cambridge University Press, 1960.

Os dois autores concordam que o colonialismo ocidental foi benéfico para o mundo subdesenvolvido porque promoveu a difusão de tecnologia, valores e costumes modernos. Em outras palavras, há indícios suficientes nesses autores para concluir-se que, quando os imperativos da modernização entram em conflito com a autonomia democrática, a última deve ser sacrificada devido à primeira. Na verdade, a ascensão da instabilidade política no "Terceiro Mundo" eventualmente forçou os estudiosos a encararem o paradoxo da democracia como parte integral da teoria da modernização. Sua fidelidade aos valores democráticos foi posta à prova, e a resposta foi um deslocamento da temática em direção à estabilidade política – que é o tema do próximo capítulo. No final, a fidelidade da teoria da modernização aos interesses do governo e dos capitais estadunidenses parece ter prevalecido.

3.5 Modernização e *Latin American Studies*

A profissionalização dos *Latin American Studies* ocorreu sob o signo da teoria da modernização. Devido, em parte, ao caráter multidisciplinar dos estudos de área, o conjunto das obras sobre modernização na *Latin America* apresenta certo grau de diversidade teórica e metodológica.

Os textos mais significativos, contudo, não são muitos. Segundo Shannan Mattiace e Roderic Ai Camp, "Values, education, and entrepreneurship", de Seymour Martin Lipset, é "o trabalho mais representativo da teoria da modernização sobre desenvolvimento na *Latin America*" produzido nos Estados Unidos.[224] No longo

---

224 MATTIACE, Shannan; CAMP, Roderic Ai. "Democracy and Development: An Overview". *In*: CAMP, Roderic Ai (Coord.). *Democracy in Latin America*: Patterns and Cycles. Wilmington: Scholarly Resources Inc, 1996.

primeiro capítulo de Elites in *Latin America*, Lipset[225] analisa a sociedade *Latin American* em termos dos valores que a orientam.

> O sistema de valores de uma sociedade pode enfatizar que uma pessoa, em sua orientação em relação às demais, trate-as em termos de suas habilidades e desempenho (realização) ou em termos de qualidades hereditárias (atribuição); aplique um critério geral (universalismo) ou responda a algum atributo ou relação pessoal (particularismo); lide com eles, em termos das posições específicas que, por ventura, ocupem (especificidade) ou, em termos gerais, enquanto membros individuais da coletividade (difusão).[226]

Lipset toma emprestadas de Talcott Parsons ferramentas conceituais analíticas chamadas pelo autor de "variáveis-modelo".[227] Ao trio original de pares conceituais elaborado por Parsons – realização/atribuição, universalismo/particularismo e especificidade/difusão –, Lipset acrescenta um de sua autoria: igualitarismo/elitismo. Como se poderia esperar, a sociedade estadunidense é identificada com todas as orientações valorativas positivas, enquanto *Latin America* fica com as negativas: atribuição, particularismo, especificidade e elitismo. Na realidade, a sociologia de Lipset não é muito inovadora, dado que Parsons já havia caracterizado a *Latin America*

---

225 LIPSET, Seymour Martin; SOLARI, Aldo E. *Elites in Latin America*. Nova York: Oxford University Press, 1967.

226 LIPSET, Seymour Martin; SOLARI, Aldo E. *Elites in Latin America*. Nova York: Oxford University Press, 1967, pp. 5/6.

227 Em inglês, *pattern-variables*. Berthold Frank Hoselitz é outro teórico da modernização que emprega as categorias de Parsons de maneira semelhante (HOSELITZ, Berthod Frank. *The progress of underdeveloped areas*. Chicago: University of Chicago Press, 1952; HOSELITZ, Berthod Frank. *Sociological aspects of economic growth*. Nova York: Free Press, 1965; HOSELITZ, Berthold Frank; COLLEGE, Dartmouth. *Theories of economic growth*. Glencoe: Free Press, 1960).

como um sistema particularista/atributivo em completo contraste com a sociedade moderna.[228]

O uso de tais oposições dualistas como ferramentas no estudo da sociedade *Latin American* apenas confirma algo que Lipset, seus colegas e leitores já sabiam. No veio da sociologia estrutural-funcionalista de Parsons, esse autor descreve *Latin America* da seguinte maneira:

> Um sistema como esse tende a enfocar o parentesco e a comunidade local, e mitigar a ênfase na necessidade de centros de autoridade mais abrangentes, poderosos e legítimos, tais como o Estado. Devido a uma insuficiente orientação para a realização, tais sistemas consideram o trabalho como um mal necessário. A moralidade converge em torno da aceitação tradicionalista de padrões e arranjos recebidos. É dada ênfase ao comportamento expressivo, e não ao instrumental. Há pouca preocupação com o comportamento da autoridade externa enquanto ela não interfere na liberdade expressiva. Esses sistemas também tendem a enfatizar a difusão e o elitismo. O status conferido pela posição da pessoa tende a ser mantido em todas as situações. Assim, se uma pessoa desempenha um papel de elite, ela é geralmente respeitada (...).[229]

Como indica o trecho acima, o elemento mais evidente na etnologia de Lipset sobre *Latin America* é a oposição assimétrica cultural. Todas as quatro orientações de valor conferidas à sociedade *Latin American* (atribuição, particularismo, difusão e elitismo) são valores culturais, ou melhor, patologias culturais. É impossível não notar que esse vocabulário inspirado em Weber também sugere um

---

228 Na realidade, Parsons usa o termo *Spanish-American*, e não *Latin American*. Tal distinção parece ser irrelevante para Lipset. (PARSONS, Talcott. *The social system*. Glencoe, Ill.: Free Press, 1951, p. 199).

229 LIPSET, Seymour Martin; SOLARI, Aldo E. *Elites in Latin America*. Nova York: Oxford University Press, 1967, p. 7.

quadro de irracionalidade. Lipset fala sobre a rejeição do comportamento instrumental pelo *Latin American* em nome da expressividade, do impulso de se afirmar sua própria particularidade pessoal. Consequentemente, o *Latin American* é atraído para as relações sociais desiguais da família, e menos inclinado a apoiar arranjos universalistas tais como o Estado moderno. Em suma, além de ser deletéria para o desenvolvimento econômico, a irracionalidade do *Latin American* tem graves consequências políticas.

Não contente em simplesmente apresentar sua análise sociológica, Lipset fornece uma explicação histórica para essa diferença radical entre os estadunidenses e *Latin Americans*. A fonte de inspiração é previsível:

> Weber tentou provar que o capitalismo e a industrialização surgiram na Europa Ocidental e na América do Norte porque elementos de valores inerentes ou derivados da "ética protestante" favoreceram os tipos necessários de comportamento por parte daqueles que tinham acesso ao capital; enquanto, em outros períodos e em outras culturas, a "ética" social e religiosa impediu que fosse dada uma ênfase sistemática e racional ao crescimento.[230]

Dessa cena geral de oposição entre protestantes e o resto do mundo, o autor parte para as especificidades do caso *Latin American*.

> O fracasso relativo dos países *Latin American* em desenvolver-se numa escala comparável aos da América do Norte ou da Oceania tem sido considerado, até certo ponto, uma consequência dos diferentes sistemas de valores dominantes em cada área. A descendência britânica aparentemente teve a vantagem de valores derivados em parte da ética protestante

230 LIPSET, Seymour Martin; SOLARI, Aldo E. *Elites in Latin America*. Nova York: Oxford University Press, 1967, p. 2.

> e da formação de "Novas Sociedades", nas quais elementos feudais de atribuição estavam ausentes. Já que *Latin America*, por outro lado, é católica, vem sendo dominada há longos séculos por elites de poder que criaram uma estrutura social congruente com valores sociais feudais.[231]

Mais uma vez, *Latin America* é comparada aos Estados Unidos, ou melhor, literalmente, à América anglo-saxônica. Um componente religioso agora é acrescentado ao conjunto de oposições culturais que definem o "continente" do sul. Ao mesmo tempo, esse elemento cultural religioso desempenha o papel retórico de permitir uma tradução da oposição assimétrica cultural para a assimétrica temporal. Em termos substantivos, Lipset apresenta a herança cultural católica da *Latin America* como a causa da incapacidade desta para desenvolver-se.[232] A imagem do *handicap* histórico (oposição assimétrica temporal) é reforçada pela afirmação de que a *Latin America* é feudal e permaneceu feudal desde sua fundação. O uso da expressão "longos séculos" apenas aumenta essa percepção de total imobilidade histórica.[233]

---

231 As escolhas retóricas feitas pelo autor são dignas de menção. Lipset parece empregar a forma passiva "tem sido considerado", no trecho acima, para evitar uma afirmação autoral direta sobre o assunto. Em lugar disso, ele prefere basear suas opiniões sobre a *Latin America* em autores aclamados, tais como Weber e Louis Hartz. (LIPSET, Seymour Martin; SOLARI, Aldo E. *Elites in Latin America*. Nova York: Oxford University Press, 1967, p. 3).

232 O argumento apresentado de forma silogística incompleta na última frase da passagem citada exige a premissa oculta de que o catolicismo é feudal. Caso contrário, tratar-se-ia de um *non sequitur*.

233 Lipset alega que as descobertas de David McClelland e seus colegas fornecem evidência empírica para sua asserção. Um psicólogo fartamente citado pelos teóricos da modernização, McClelland estudou a interação entre a orientação para a realização (que ele denominou realização *n*) e o crescimento econômico, em uma ampla variedade de contextos, incluindo os Estados Unidos, Brasil e Japão contemporâneos, a Grécia antiga, o Peru pré-incaico, a Espanha da era dos descobrimentos e a Inglaterra do período Tudor até a revolução industrial (MCCLELLAND, David Clarence. *The achieving society*. Princeton: Van Nostrand, 1961). Ao contrário do que

A referência, na passagem acima, à "formação de novas sociedades" vem da obra de Louis Hartz, *The Founding of New Societies* –[234] uma das principais fontes de inspiração de Lipset no texto. Nesse livro influente, Hartz defende a tese de que a *Latin America* foi congelada em um feudalismo ibérico perpétuo, a qual Lipset aceita sem reservas.[235]

---

sugere Lipset, McClelland pretende demonstrar que o desenvolvimento econômico e a orientação para a realização eram correlacionados, a despeito do contexto cultural específico. Eis porque ele incluiu tantos casos díspares em seu estudo comparativo. McClelland afirma que, por exemplo, durante o período dos descobrimentos, a orientação para a realização estava no auge, e a economia espanhola crescia a altas taxas. Esse argumento está em contradição evidente com as alegações românticas de Hartz sobre o perene caráter feudal da cultura ibérica. No entanto, Lipset parece não ver problema algum em usar ambos os autores para apoiar seus argumentos, como se as contribuições deles fossem obviamente complementares.

234 HARTZ, Louis. *The founding of new societies*: studies in the history of the United States, Latin America, South Africa, Canada and Australia. Nova York: Harcourt, Brace & World, 1964.

235 Hartz foi um dos mais influentes historiadores americanos do século XX (BERGER, Mark T. *Under Northern eyes*: Latin American studies and U.S. hegemony in the Americas, 1898-1990. Caribbean and Latin American studies. Bloomington: Indiana University Press, 1995). Em *The Founding of New Societies*, ele apresenta uma teoria histórica da civilização mundial carregada de traços hegelianos e românticos. Hartz retrata a Europa como uma entidade cultural dentro da qual três tendências principais foram geradas: liberalismo, radicalismo e feudalismo. Na Europa, os constantes conflitos entre essas tendências criaram uma condição de dinamismo e de mudança históricos. Entretanto, com o período dos descobrimentos e o colonialismo, tendências culturais isoladas (fragmentos de Europa) foram transplantadas para outras partes do mundo – um processo que Hartz denomina "a fundação de novas sociedades". Aos Estados Unidos foi concedido o liberalismo, à Austrália e à África do Sul, o radicalismo, e à *Latin America*, o feudalismo. Já que, nos novos ambientes, cada fragmento estava isolado dos dois outros elementos da tríade, não havia qualquer dinâmica de mudança. Em suma, nas novas sociedades, os fragmentos da Europa foram convertidos em tradições.

Hartz identifica o espírito da América liberal com John Locke, e diz que Francisco de Suárez representa a *Latin America* feudal. A associação entre Suárez e feudalismo, ou, de modo geral, com o patriarcalismo e a hierarquia *Latin American*, tornou-se um lugar comum na literatura dos *Latin American Studies*, como veremos a seguir. Hartz é uma das fontes mais influentes dessa interpretação.

A semântica do conceito de "tradicional" está impregnada da imagem de *handicap* histórico. Uma sociedade tradicionalista é incapaz de mudar seus hábitos arraigados e, portanto, de experimentar mudanças históricas. Como já visto acima, "tradição" é a categoria usada pelos teóricos da modernização para opor todos aqueles considerados como Outros ao ocidente liderado pela América. Esse conceito é tão crucial para o esforço teórico de Lipset que ele o emprega sessenta e três vezes no texto, na maioria delas, para referir-se explicitamente a aspectos do *handicap* histórico da *Latin America*.

Em suma, além de culturalmente despreparada para a modernização, *Latin America* é também resistente à mudança histórica. Esse quadro desanimador conduz a expectativas pessimistas, que é exatamente o que se percebe na análise de Lipset das elites *Latin American*. A elite empresarial é a primeira a ser examinada. Embora os empresários devessem hipoteticamente ser os portadores de atitudes modernizadoras, afirma o autor, em *Latin America*, eles são atraídos pelos valores agrários aristocráticos dominantes da classe dos grandes proprietários de terras, quais sejam, o particularismo e a atribuição familiar. Em consequência, os empresários *Latin American* são receosos de dividir responsabilidades administrativas com profissionais que não pertençam a seu círculo familiar. Isso reduz as oportunidades de ascensão dos gerentes orientados para a realização e obstrui a racionalização e a profissionalização das atividades empresariais. Segundo Lipset, esses valores também contribuem para tornar os empresários *Latin American* avessos ao risco e ao planejamento de longo prazo, desconfiados do mercado de ações e ansiosos para extrair rapidamente lucros altos das transações. Em poucas palavras, do ponto de vista do capitalismo moderno, os empresários *Latin American* são irracionais.

O autor identifica uma doença semelhante que acomete as elites políticas *Latin American*. Sua fixação ao particularismo e à atribuição tem como resultado uma incapacidade de operar dentro de princípios universalistas, o que obstrui a formação de consenso e contribui para a perpétua instabilidade do sistema político na

Latin America. Por sua vez, a falta de estabilidade política também produz um clima de incerteza econômica que acentua a aversão da elite empresarial ao risco.

A elite intelectual não é diferente das demais. Embora os intelectuais hipoteticamente sejam um instrumento por meio do qual ideias e valores modernos possam ser introduzidos nas sociedades em desenvolvimento, diz Lipset, isso não ocorre na *Latin America*. Os pensadores latinos "rejeitam os valores da sociedade industrial, que eles frequentemente identificam com os Estados Unidos". Segundo o autor, por meio de sua influência sobre o sistema educacional, os intelectuais latinos perpetuam a reprodução dos valores da classe dos proprietários de terras. Seguindo esses valores, priorizam a educação humanística, negligenciando o fato de que, em sociedades modernas, a educação técnica e científica deve ter primazia.

Ainda que muitos estudos de elites partam da premissa de que elas são os agentes sociais e políticos mais efetivos,[236] o texto de Lipset parece indicar a direção oposta. Profundamente engajadas na conservação da tradição, as elites *Latin American* que ele descreve não são agentes da modernização, mas seus maiores inimigos. Por que a versão de modernização de Lipset é tão pessimista a respeito das perspectivas da *Latin America*? Afinal, esse pessimismo não combina com a orientação política que caracterizou programas de desenvolvimento do tipo Aliança para o Progresso. A resposta surge quando consideramos a época em que essa obra foi escrita. Embora "Values" seja considerado pela literatura secundária como um típico trabalho da teoria da modernização, ele é, na verdade, um trabalho tardio sobre o tema. Na data de sua publicação, em 1967,

---

236 Irene Gendzier mostra que as teorias de elites acerca da democracia americana influenciaram a maneira pela qual cientistas sociais americanos estudaram o desenvolvimento no Terceiro Mundo (GENDZIER, Irene L. *Managing political change*: social scientists and the Third World. Boulder: Westview Press, 1985).

a Aliança para o Progresso tinha praticamente acabado. Muitos latino-americanistas haviam se afastado da teoria da modernização original para estudar o tema da estabilidade política – uma opção que se adequava perfeitamente à política adotada por Johnson e Nixon de promover ditaduras anticomunistas. Assim, ainda que Lipset se apegue ao problema da modernização, seu diagnóstico e seu prognóstico foram produzidos em uma época em que essa não era mais a solução preferencial contra a ameaça comunista.

Alguns dos primeiros trabalhos sociocientíficos sobre a *Latin America* já continham as mesmas oposições assimétricas culturais identificadas no texto de Lipset sobre modernização. Desses textos pioneiros, um dos mais dignos de nota é "Pathology of Democracy in Latin-America: a symposium",[237] transcrição das apresentações do simpósio de mesmo nome publicada na *American Political Science Review*. O cientista político Russell Fitzgibbon, um dos participantes do evento, sustenta que o pensamento político da *Latin America* sofre de acentuado individualismo, herdado da Península Ibérica, acrescentando que a influência católica dominante ensina as pessoas a aceitarem a autoridade, tanto secular quanto religiosa, ao mesmo tempo que o regionalismo excessivo combinado com a fragmentação hierárquica impede a consolidação de um estado nacional forte.[238] Entre outras mazelas da situação *Latin American*, Fitzgibbon cita a falta de dignidade política, o excesso de dignidade pessoal e o militarismo.

---

237 "Pathology" é composto de quatro partes, cada uma avaliando o problema da democracia na *Latin America* do ponto de vista de uma matéria: história, ciência política, economia e sociologia. (PIERSON, W.W. "Pathology of democracy in Latin-America: a symposium". *American Political Science Association*, vol. 44, nº 1, 1950).

238 FITZGIBBON, Russell Humke. "Pathology of democracy in Latin-America: a symposium. II. A political scientist's point of view". *American Political Science Association*, vol. 44, nº 1, mar. 1950, p. 122.

Os outros colaboradores de *Pathology* chegam a conclusões semelhantes. O historiador Arthur P. Whitaker[239] identifica *Latin America* com o velho ruralismo, personalismo e militarismo. Já o sociólogo W. Rex Crawford fala do culto à personalidade, do nepotismo e de uma forma extrema de individualismo que contribui para um "personalismo generalizado". Segundo ele, o personalismo está ligado também à inclinação "natural" da *Latin America* para a corrupção e o suborno.[240]

Os autores de "Pathology" apresentam um retrato da *Latin America* semelhante ao que foi descrito por Lipset dezessete anos depois. A semântica dos termos "intenso individualismo", "personalismo", "excesso de dignidade pessoal", "individualismo extremo" e "culto da personalidade" justapõe-se aos usados por Lipset, "atribuição" e "particularismo" e, também, ao que ele denominou de ênfase no "comportamento expressivo". Ambas as leituras sugerem que os *Latin Americans* não são inteiramente racionais – uma avaliação que aponta também para sua falta de responsabilidade e incapacidade de agir. Embora Lipset não use a mesma metáfora nosológica adotada pelos autores de *Pathology*, as orientações de valor por meio das quais ele define a *Latin America* podem ser todas entendidas como patologias. Em suma, o mesmo conjunto de oposições assimétricas culturais que caracteriza a teoria da modernização em *Latin America* já se encontra nesse conjunto de textos do início da década de 1950.

Enquanto "*Values*" pode ser considerado um texto tardio sobre modernização, "Pathology" deve ser lido como um predecessor

---

239 Um dos latino-americanistas mais proeminentes da primeira metade do século XX, Arthur Whitaker também colaborou com a Força-Tarefa para a *Latin America*, de Kennedy (BERGER, Mark T. *Under Northern eyes*: Latin American studies and U.S. hegemony in the Americas, 1898-1990. Caribbean and Latin American studies. Bloomington: Indiana University Press, 1995).

240 PIERSON, W.W. "Pathology of democracy in Latin-America: a symposium". *American Political Science Association*, vol. 44, nº 1, 1950.

da teoria da modernização. Embora apresentem uma etnologia da *Latin America* que prenuncia em muitos aspectos a teoria da modernização, os autores de *Pathology* não estavam empenhados em pensar políticas para promover o desenvolvimento na *Latin America*. De fato, seu prognóstico é quase sempre pessimista. Alguns deles chegam a criticar programas de assistência tecnológica e econômica, tais como o Point IV de Truman, por serem tentativas superficiais para interromper a reprodução dos processos culturais que estão profundamente enraizados no *ethos Latin American* (ou devo dizer no *ontos*?)

Até aqui, avaliamos um texto tardio sobre modernização e uma contribuição precoce. Vamos mostrar agora que houve continuidade entre esses dois extremos. Ninguém "estudou" o individualismo da *Latin America* com mais afinco que o sociólogo John Gillin. Esse autor explica que, ao contrário do individualismo estadunidense, baseado em um senso de igualdade, o individualismo *Latin American* está relacionado com sentimentos de singularidade e particularidade. Na *Latin America*, o individualismo é, muitas vezes, expresso linguisticamente por referências abundantes à alma. Isso mostra, segundo o autor, que esse tipo de individualismo possui profundas conotações místicas e religiosas para os *Latin Americans*. Esse valor tão profundamente arraigado tem, para Gillin, também consequências seculares. O individualismo *Latin American* intensifica o valor de *la dignidad*: o sentimento que impele "cada pessoa... a defender sua integridade íntima no máximo de sua capacidade".[241]

O sentimento de *dignidad*, por sua vez, está por trás do caráter macho que, segundo afirma Gillin, "é altamente valorizado na cultura *Latin American*". Ademais, acrescenta, "daí a distância é pequena para o caudilho" – o líder político é valorizado não por

241 GILLIN, John. "Ethos components in modern Latin America Culture". *American Anthropologist*, vol. 57, nº 1, jun. 1955.

representar os outros, mas por "conter em sua personalidade as qualidades que os próprios [*Latin Americans*] têm consciência de possuir e que gostariam de manifestar".

Gillin conclui que "o conceito que controla a alma está, lógica e emocionalmente, relacionado com o modelo de personalismo na *Latin America*". Enredado nos interstícios de sua espiritualidade, o *Latin American* é incapaz de desenvolver um interesse pelo estudo de coisas concretas: "a investigação pragmática e empírica de premissas e dados não é inata ou constitui objeto de motivação para o *Latin American*". Segundo Gillin, ao contrário do estadunidense com seu ponto de vista prático, o *Latin American* está "interessado principalmente em valores espirituais". A mesma espiritualidade que dificulta o pragmatismo no espírito *Latin American* produz uma inclinação para visões idealistas e transcendentais do mundo.[242]

Em sua breve análise do machismo *Latin American*, apresentado no tratado sobre modernização intitulado *On the Theory of Social Change*, Everett E. Hagen descreve um complexo patológico que associa irracionalidade, má-formação da individualidade, autoritarismo e machismo. De acordo com Hagen, nas sociedades tradicionais, os pais "não percebem os fenômenos do mundo como interagindo por meio de sistemas que permitem análise", e sim na condição de "objetos ou eventos fortuitos sobre os quais não têm controle (...)". Essa falta de racionalidade os leva a temer a fragilidade da criança e, portanto, a superprotegê-la. Por conseguinte, a criança satisfaz-se com os prazeres ao seu alcance, inclusive com o contato sexual com sua mãe. Uma vez que a criança cresce e torna-se fisicamente mais forte, o pai reverte o tratamento da indulgência para um regime autoritário rigoroso, impedindo o acesso do menino à gratificação materna. Surpreendido por essa súbita interdição e incapaz de negociar com seu pai autoritário,

242 Gillin não se preocupa em apresentar um trabalho de campo ou estudos de caso originais para justificar suas generalizações sobre a *Latin America*.

o menino volta toda a sua frustração para dentro, resultando em um complexo de Édipo que, entre outras coisas, torna o menino inseguro acerca de sua própria masculinidade. Esse mecanismo, diz Hagen, produz o macho *Latin American*.[243]

Cultural Factors in Economic Growth, do historiador econômico Thomas C. Cochran,[244] é um dos primeiros textos sobre *Latin America* que podem ser qualificados como teoria da modernização. Assim como Gillin, e, também, antecipando Lipset, Cochran escreve que os empresários *Latin American* não se comportam como seus equivalentes estadunidenses. Isso ocorre porque as características culturais *Latin American* não são favoráveis ao desenvolvimento econômico. O "empresário *Latin*" gosta de conversas e especulações abstratas, mas não de ação.[245] Ele empenha-se em obter um *status* social que não é baseado em seu sucesso nos negócios, um costume que o impede de dedicar todo o seu empenho à função do progresso econômico. Apoiando-se nas "descobertas" de John Fayerweather, Cochran afirma que os indivíduos *Latin American* "dão mais ênfase a formas de polidez e obediência do que aos fatos do comportamento".[246]

Como Hagen, Cochran sustenta que esse defeito no caráter *Latin American* é transmitido pela criação da criança, pela educação

---

243 Deve-se notar que, apesar de seu verniz psicanalítico, o argumento de Hagen dá apoio às asserções do século XIX sobre a virilidade do anglo-saxônico em relação à fraqueza e à afetação do hispano-americano. (HAGEN, Everett Einar. *On the theory of social change*: how economic growth begins. Homewood, Ill.: Dorsey Press, 1962, p. 147 (Dorsey series in anthropology and sociology)

244 COCHRAN, Thomas C. "Cultural Factors in Economic Growth". *Journal of Economic History*, vol. 20, nº 4, 1960.

245 Para uma opinião semelhante, ver Morse (MORSE, Richard M. "The heritage of Latin America". *In*: HARTZ, Louis (Coord.). *The Founding of New Societies*: Studies in the History of the United States, Latin America, South Africa, Canada and Australia. Nova York: Harcourt, Brace & World, 1964).

246 FAYERWEATHER, John. *The executive overseas*. Syracuse: Syracuse University Press, 1959.

e pela vida familiar. Citando o estudo comparado de David McClelland sobre orientação para a realização, ele explica que as culturas nas quais as crianças ouvem estórias com um elevado conteúdo de realização exibem taxas mais altas de desenvolvimento econômico. Esse não é o caso da família *Latin American*, declara Cochran, a qual prefere cultivar nas crianças valores que são prejudiciais à competitividade e à realização. Visto que, segundo Cochran, o sistema familiar é muito mais forte na *Latin America* do que na América do Norte (inclusive no "velho Sul" dos Estados Unidos), os *Latin Americans* são mais propensos a ficar presos em sua rede hierárquica autoritária.

Para Cochran, diferentes espécies de individualismo animam as culturas da *Latin America* e dos Estados Unidos. O individualismo *Latin* é voltado para dentro, sensível a critérios internos, enquanto o individualismo estadunidense é social e, portanto, apoiado em critérios externos. O trecho é, em grande medida, baseado em Gillin, cujo texto é reproduzido quase literalmente. Cochran acrescenta que a personalidade egocêntrica do *Latin American* produz incapacidade para organização, delegação de autoridade, lealdade e para tarefas administrativas – uma lista de falhas que ele toma emprestado de Albert Hirschman.[247] O autor fornece então uma série de evidências anedóticas para justificar suas alegações, entre elas, a tendência que os *Latin Americans* têm de demorar muito tempo no almoço e seu amor pelo lazer.

Cochran desloca-se então para o tema da comunicação que, segundo ele, desempenha um papel preponderante no desenvolvimento econômico. Partindo do argumento de Gillin de que os *Latin Americans* não estão fundamentalmente interessados em tecnologia ou em conhecer as causas das coisas, Cochran conclui que eles não são receptivos a novas ideias trazidas pelos meios

---

247 HIRSCHMAN, Albert O. *The strategy of economic development*. Coleção Yale studies in economics: 10. New Haven: Yale University Press, 1958.

de comunicação. Segundo o autor, os *Latin Americans* são até capazes de imitar a linguagem dos empresários estadunidenses, mas essa imitação nunca evolui para um comportamento empresarial verdadeiro, porque suas reações continuam a ser dirigidas por emoções e pela fixação a modelos tradicionais. Para ilustrar seus argumentos, o autor apresenta ao leitor várias anedotas sobre mexicanos, tomadas de Fayerweather, e sobre porto-riquenhos, retiradas de sua própria pesquisa.

Em "Traditions of Conflict in Latin America",[248] o historiador latino-americanista Richard W. Weatherhead também antecipa a descrição de Lipset: "A vida política em *Latin America* é sempre prejudicada pela tradição personalista e pela lealdade incondicional à pessoa do líder, em detrimento das leis da república".

Como muitos dos autores já vistos, Weatherhead carece do conceitualismo sistemático adotado por Lipset em sua descrição sociológica da *Latin America*. Não obstante, o produto final é surpreendentemente parecido. Se esse material bibliográfico é considerado em sua totalidade, podemos ver que, mesmo que o vocabulário varie de um texto para o outro, os campos semânticos dos conceitos empregados possuem grandes zonas de interseção.

Como os excertos acima indicam, oposições assimétricas culturais permeiam a etnologia da *Latin America* na teoria da modernização. Os Estados Unidos são sempre o polo de comparação puramente positivo, ao passo que a *Latin America* é sempre apresentada como o contrário dos Estados Unidos. Mesmo quando uma estimada virtude estadunidense tal como o individualismo é encontrada na *Latin America*, os autores se esforçam em demonstrar que se trata de uma espécie inteiramente diferente de individualismo. Enquanto o individualismo estadunidense é um

---

248 WEATHERHEAD, Richard W. "Traditions of Conflict in Latin America". *In*: MAIER, Joseph; WEATHERHEAD, Richard W. (Coord.). *Politics of Change in Latin America*. Nova York: Alfred A. Knopf, 1964.

valor essencial da modernidade, o individualismo *Latin American* é responsável por gerar as mais poderosas disposições contrárias à modernização: falta de mobilidade social, autoritarismo, falta de atitude empresarial, machismo e irracionalidade.

Os teóricos da modernização tendem a considerar a cultura como um conjunto de disposições psicológicas capazes de gerar estruturas sociais e instituições políticas. Por ser uma disciplina na fronteira entre as ciências sociais e as ciências naturais, a psicologia permite que haja muita ambivalência e, portanto, algumas traduções semânticas sutis. Por meio de alusões a essa disciplina quase médica, os aspectos culturais negativos da *Latin America* são apresentados como sendo patologias. Essa interpretação e esse modo retórico de apresentação já eram usados antes mesmo da teoria da modernização, como pudemos constatar na análise dos textos de "Pathology".

A oposição assimétrica cultural, contudo, é apenas metade do quadro. Sua outra metade, o *handicap* histórico, correspondente à outra enfermidade tão ou mais incapacitante. Ela está expressa sutilmente, por exemplo, na seguinte passagem do trabalho de Weatherhead, "Traditions of Conflict in *Latin America*":

> O homem Latin American vive sob o signo do paradoxo. Ele herda uma tradição de conflito que é a base de sua cultura e de seu modo de vida. As próprias fundações de sua existência são uma série de antagonismos básicos dos quais ele não pode escapar. Sua vida e seu trabalho, assim como seu ser espiritual, respondem a esses antagonismos. O que quer que ele afirme será de alguma forma fatalmente desmentido por seu oposto. Essa regra é válida não importa o que ele faça, e não há consistência lógica que possa superar esse ônus de paradoxo.[249]

---

249 WEATHERHEAD, Richard W. "Traditions of Conflict in Latin America". *In*: MAIER, Joseph; WEATHERHEAD, Richard W. (Coord.). *Politics of Change in Latin America*. Nova York: Alfred A. Knopf, 1964, p. 14.

O elemento mais dramático nesse trecho é a imagem de angústia profunda de uma existência humana presa a paradoxos inescapáveis. Seu tom dramático lembra o Prometeu de Ésquilo, Sísifo ou mesmo imagens bíblicas de castigo eterno. Tal efeito é produzido pela junção de sofrimento com a incapacidade de escapar dessa situação. Weatherhead não está falando sobre uma incapacidade momentânea, acidental, de se efetuar mudança, mas de uma maldição inescapável que afeta as "próprias fundações da existência" *Latin American*. Ou seja, *Latin America* sofre de um *handicap* histórico incurável. Essa interpretação é confirmada também pela asserção de que essa situação de paralisia conflituosa é uma tradição herdada. A palavra "tradição" enfatiza a incapacidade de mudar, enquanto o verbo "herdar" transmite a ideia de algo que é transferido ao longo do tempo: mais uma imagem de permanência. Isto é, na *Latin America*, a passagem do tempo não produz história.[250]

Previsivelmente, Weatherhead declara: "O feudalismo e o legado do passado conspiram contra o presente e o futuro de mil maneiras visíveis e invisíveis".

---

250 A associação entre conflito e *handicap* histórico não foi criada por Weatherhead. Como mostrei no capítulo 2, essa associação tornou-se possível primeiramente nas etnologias do início da era moderna criadas pelos tomistas espanhóis e foi mais bem desenvolvida pelos pensadores do iluminismo. Por exemplo, ao descrever os impérios orientais, Hegel declara: "Por um lado, vemos duração, estabilidade – impérios com seu lugar no simples espaço, como se fosse [diferentemente do Tempo] – *História não-histórica* (...) Por outro lado, a Forma do Tempo está em contraste com essa *estabilidade espacial*. Os Estados em questão, *sem sofrer qualquer mudança em si mesmos*, ou no princípio de sua existência, estão constantemente mudando sua posição em relação uns aos outros. Eles estão em conflito incessante, o que traz a destruição rápida (...). Essa História, também, é em sua maior parte realmente não histórica, porque é apenas a repetição da mesma ruína majestosa" (HEGEL, Georg Wilhelm Friedrich. *The philosophy of history*. Trad. J. Sibree. NeovaYork: The Colonial Press, 1899, pp. 105/106).

A reiteração usada aqui pelo autor serve para, mais uma vez, destacar o bordão do *handicap* histórico: o feudalismo, que nada mais é que uma herança do passado, conspira com o "legado do passado". O fato de que eles conspiram contra o presente e o futuro completa a imagem de imobilidade histórica. Mantendo-se fiel ao seu estilo dramático, Weatherhead fala dessa conspiração operando "de mil maneiras percebidas e despercebidas".

Descrições semelhantes podem ser encontradas nos textos de "Pathology of Democracy in Latin-America". Whitaker cita García Calderón para falar de política *Latin American*:[251]

> "Toda a história da América e a herança do espanhol e do índio", escreve ele, "acabou na exaltação do caudilho. O governo pelos caciques, senhores absolutos, como os próprios caudilhos, é muito antigo na Espanha. (...) As revoluções [*Latin*] American são como as guerras dos mouros comandadas por Kaids místicos".[252]

O fraseado muda, mas o tropo é o mesmo. O trecho assevera que toda a história da *Latin America* produziu a preservação de uma instituição política espanhola "muito antiga". Isto é, a história da *Latin America* não foi de fato histórica. Para corroborar o bordão, as revoluções na *Latin America* são equiparadas às guerras mouriscas da Espanha medieval. Isto é, na *Latin America*, as revoluções são simulacros por meio dos quais a repetição do passado se reproduz. Por fim, a liderança revolucionária é mística, e, portanto, irracional, fechando assim a série de reiterações da oposição assimétrica temporal com uma tradução para a oposição assimétrica cultural.

---

251 O artifício retórico de usar o depoimento de um nativo para dar crédito à interpretação do autor é frequentemente utilizado na literatura de *Latin American Studies*, como veremos no decorrer deste trabalho.

252 García Calderón usa o termo América em lugar de *Latin America*.

As imagens da instabilidade política endêmica (Lipset) e de constante revolução (Whitaker) da *Latin America* são prenhes de significado temporal. Os termos instabilidade e revolução transmitem as ideias de movimento e mudança. Entretanto, esses autores se esforçam para mostrar que na *Latin America* existe movimento sem mudança, um arremedo provavelmente inconsciente da imagem de incessante repetição de uma história não histórica que Hegel usou para referir-se ao oriente.[253] A constante instabilidade da *Latin America* obstrui o desenvolvimento; suas revoluções não trazem novas ordens políticas.

Whitaker[254] acrescenta:

> Escapar desse padrão de absolutismo político torna-se difícil devido ao padrão católico predominante de absolutismo religioso, que gera entre os vários partidos e grupos uma "intolerância agressiva" e torna a vida política pacífica quase impossível. (...) A passagem do tempo não alterou muito esse padrão.

Escapar não é possível; a passagem do tempo não traz mudança: a ideia do *handicap* histórico se repete mais uma vez. Como Lipset, Whitaker atribui o *handicap* histórico da *Latin America* ao catolicismo dominante.

Fitzgibbon, por sua vez, responsabiliza a herança ibérica pelo individualismo patológico de *Latin America* – herança essa que inclui o catolicismo. O autor refere-se ao "modelo político *Latin American*" como uma "relíquia" da herança ibérica. Quer dizer, na *Latin America*, uma relíquia do passado constitui o presente

---

253 HEGEL, Georg Wilhelm Friedrich. *The philosophy of history*. Trad. John Sibree. 2ª rev. ed. Nova York: Willey, 1900.

254 WHITAKER, Arthur P. "Pathology of democracy in Latin-America: a symposium. I. A historian's point of view". *American Political Science Association*, vol. 44, nº 1, 1950, p. 110.

da política – alusão mais clara ao *handicap* histórico dificilmente poderia ser encontrada. De forma semelhante, Gillin identifica "a visão católica romana da alma tal como foi elaborada na Espanha medieval" na raiz da patologia individualista da *Latin America*.[255]

Alguns autores identificam também as heranças dos indígenas e, com menos frequência, dos africanos entre as fontes do tradicionalismo na *Latin America*. Por exemplo, Whitaker, após sustentar que o autoritarismo *Latin American* tem raízes ibéricas, acrescenta:

> Os índios americanos [pré-conquista] obedeciam [também] a caciques; esse modelo original foi fortalecido pelo meio físico, porque "o deserto é monoteísta; sobre a árida uniformidade seu Deus imponente reina supremo".[256]

Em outro trecho, Whitaker cita James Bryce, historiador britânico do final do século XIX, para responsabilizar "a herança colonial, indígena e negra, e também ibérica" pelo atraso da *Latin America*.

Uma denúncia mais radical do tradicionalismo indígena encontra-se na contribuição de W. Rex Crawford para "Pathology":[257]

> [Os indígenas *Latin American*] vivem em um nível de tradicionalismo e gerontocracia. (...) Trata-se de um ato de realismo da

---

255 GILLIN, John. "Ethos components in modern Latin America Culture". *American Anthropologist*, vol. 57, nº 1, jun. 1955, p. 491.

256 WHITAKER, Arthur P. "Pathology of democracy in Latin-America: a symposium. I. A historian's point of view". *American Political Science Association*, vol. 44, nº 1, 1950, p. 110; BERMAN, Marshall. *The politics of authenticity*: radical individualism and the emergence of modern society. Nova York: Atheneum, 1970.

257 CRAWFORD, W. Rex. "Pathology of democracy in Latin-America: a symposium. IV. A sociologist's point of view". *American Political Science Association*, vol. 44, nº 1, 1950, p. 140.

> nossa parte reconhecer, como faz o antropólogo, esse elemento, imutável e resistente, em vez de dinâmico e em controle, na vida de muitas repúblicas *Latin American.*

O tropo do *handicap* histórico é apresentado no trecho de Crawford, usando a representação de uma *Latin America* "imutável e resistente, em vez de dinâmica e em controle". Mas agora o culpado é o tradicionalismo indígena.

Em sua contribuição ao bem-recebido trabalho sobre modernização de Gabriel Almond e James Coleman,[258] *The politics of the developing areas*, George I. Blanksten[259] encontra uma solução que integra o tradicionalismo ibérico e indígena em um único cenário histórico.[260] Repetindo Whitaker, que por sua vez citou Bryce, ele argumenta que, já que o autoritarismo é comum na tradição tanto espanhola quanto indígena, ele consegue unir as duas metades culturais da sociedade *Latin American*, contribuindo,

---

258 ALMOND, Gabriel; COLEMAN, James Scote (Coord.). *The Politics of Developing Areas*. Princeton: Princeton University, 1960.

259 George I. Blanksten foi professor de Ciência Política na Northwestern University e também trabalhou como analista político no Departamento de Estado (KAUTSKY, John H. (Coord.). *Political change in underdeveloped countries*: nationalism and communism. Nova York: Wiley, 1965, p. 11).

260 *The politics of the developing areas* (ALMOND, Gabriel; COLEMAN, James Scote (Coord.). *The Politics of Developing Areas*. Princeton: Princeton University, 1960) foi publicado pela Princeton University Press para o Center of International Studies, da mesma universidade, sob os auspícios do Comparative Politics Committee do SSRC. Além de Almond, Coleman e Blanksten, outros autores da teoria da modernização, tais como Lucien Pye, Myron Weiner e Dankwart A. Rustow também contribuíram para o volume. O livro faz parte de uma série de tratados sobre modernização publicados pelo International Studies Center de Princeton do final dos anos 1950 até o final dos 1960. Segundo Mark Berger, o trabalho de Almond "representou o exemplo mais influente da teoria da modernização produzida por um cientista político" (BERGER, Marx T. *Under Northern eyes*: Latin American studies and U.S. hegemony in the Americas, 1898-1990. Bloomington: Indiana University Press, 1995. xiii, 570 p. (Caribbean and Latin American studies).

dessa forma, para a coesão dos estados nacionais da região que, de outra forma, seriam muito fracos.[261]

Deve-se acrescentar, contudo, que, embora não inteiramente ausentes da literatura, as alusões ao tradicionalismo indígena e africano empalidecem em comparação com a proeminência dada pelos latino-americanistas ao catolicismo ibérico como causa principal do *handicap* histórico da *Latin America*.

Como indica o uso repetido do *handicap* histórico, a oposição assimétrica temporal é um elemento crucial na abordagem da teoria da modernização ao estudo da *Latin America*. Os conceitos usados para expressá-lo – "tradicional", "feudal", "católico", "medieval", "herança ibérica" – possuem campos semânticos com largas áreas de interseção, o que permite certa variabilidade nas maneiras como o bordão é expresso e enfatizado. Assim, encontramos autores que consideram a *Latin America* feudal e católica, ou feudal por ser católica, ou dominada por sua herança ibérica, ou pelo tradicionalismo: todas elas formas diferentes de exprimir a mesma coisa.

Apesar do papel proeminente das oposições assimétricas cultural e temporal nos textos sobre modernização na *Latin America*, alguns não são totalmente isentos de percepções racistas. Whitaker informa ao leitor, sem qualquer avaliação crítica, que James Bryce atribui a falta de democracia na *Latin America*, em parte, à "heterogeneidade racial" – um argumento que, como já mostramos, os nacionalistas estadunidenses do século XIX adotaram abertamente. Bryce escreve também que a Argentina e o Chile são as únicas repúblicas autênticas da região, atribuindo tal privilégio ao influxo de imigrantes vindos da Espanha e da Itália e à influência dos negociantes estrangeiros.[262]

---

261 BLANKSTEN, George. "The Politics of Latin America". *In*: ALMOND, Gabriel; COLEMAN, James S. (Coord.). *The Politics of Developing Areas*. Princeton: Princeton University, 1960.

262 WHITAKER, Arthur P. "Pathology of democracy in Latin-America: a symposium. I. A historian's point of view". *American Political Science Association*,

Aqui, a difusão cultural dos valores europeus não pode ser separada da infusão racial de sangue europeu nesses países.

Já Fitzgibbon afirma que a falta de integração entre brancos, mestiços e indígenas é parcialmente responsável pela falta de democracia na *Latin America*. Apesar do aparente caráter descritivo, não normativo, dessa afirmação, o autor escolhe as palavras seguintes, de William Lythe Schurz, para falar dos mestiços: "[uma] amálgama perturbadora de povos mestiços que se movem em um mundo político e social indefinido entre os *status* estabelecidos dos puro-sangue".[263]

Latino-americanista pioneiro do período pré-guerra, Schurz explica o futuro promissor da democracia na Argentina nos seguintes termos:

> As condições na Argentina são incomumente favoráveis ao desenvolvimento da democracia política. Ela é povoada por uma raça predominantemente branca. Ela está livre do peso morto de uma grande população indígena, da influência por demais volátil do negro, e [segue-se o trecho acima].[264]

O advérbio "incomumente" indica que o autor está comparando a Argentina ao resto da *Latin America*, que é "comumente" repleta de indígenas, negros e mestiços (oposição assimétrica racial). A oposição assimétrica racial é construída contrastando a excelência da raça branca com o caráter degenerado desses indígenas, negros e mestiços, ou seja, de todos os que não são brancos. O estilo depreciador usado para "racializar" o Outro nesse trecho lembra os

vol. 44, nº 1, 1950.

263 FITZGIBBON, Russell Humke. "Pathology of democracy in Latin-America: a symposium. II. A political scientist's point of view". *American Political Science Association*, vol. 44, nº 1, mar. 1950, p. 124.

264 SCHURZ, William Lythe. *Latin America*: a descriptive survey. Nova York: E. P. Dutton, 1941, p. 140.

virulentos discursos racistas dos adeptos da doutrina do Destino Manifesto. Os ecos das bravatas sobre a pureza e a superioridade anglo-saxônicas em face da degeneração dos híbridos, mestiços e zambos da América Espanhola são por demais estridentes para serem ignorados. Fitzgibbon não faz objeção a esse argumento, ao contrário, parece considerar os comentários depreciativos de Schurz como conhecimento douto e útil.

Segundo Peter Berger, com a ascensão da teoria da modernização, os argumentos racistas, que eram comuns nos textos sociocientíficos do período anterior à Segunda Guerra sobre a *Latin America*, eventualmente desapareceram. De fato, Bryce escreveu seus comentários carregados de racismo no início do século XX, e Schurz publicou os seus em 1941. Além do mais, quando Whitaker e Fitzgibbon publicaram suas contribuições,[265] o discurso desenvolvimentista de Truman estava apenas começando a penetrar no meio acadêmico. Em outras palavras, os traços de racismo encontrados até agora pertencem de fato a um contexto anterior à TM. Entretanto, não se deve supor que as preocupações racistas desapareceram inteiramente com a teoria da modernização. Mesmo que, se comparado à importância das oposições assimétricas cultural e temporal na teoria da modernização, o racismo tenha permanecido bastante marginal, ele não está totalmente ausente de alguns de seus textos.

Blanksten, por exemplo, escreve na seção de seu capítulo intitulada "Traditional Culture": "É possível escrever um ensaio sobre a política dos Estados Unidos sem mencionar o índio americano; feito semelhante não pode ser executado no caso da *Latin America*".[266] Isso,

265 WHITAKER, Arthur P. "Pathology of democracy in Latin-America: a symposium. I. A historian's point of view". *American Political Science Association*, vol. 44, nº 1, 1950; FITZGIBBON, Russell Humke. "Pathology of democracy in Latin-America: a symposium. II. A political scientist's point of view". *American Political Science Association*, vol. 44, nº 1, mar. 1950.

266 BLANKSTEN, George. "The Politics of Latin America". *In*: ALMOND, Gabriel; COLEMAN, James S. (Coord.). *The Politics of Developing Areas*. Princeton: Princeton University, 1960.

continua ele, acontece porque os indígenas pré-hispânicos da *Latin America* diferiam significativamente do indígena norte-americano britânico e porque a colonização europeia nessas áreas também foi diferente. Os indígenas civilizados da *Latin America* sobreviveram melhor à colonização do que seus primos nômades do Norte. Consequentemente, países como o Peru, o Equador e a Bolívia "ainda" possuem grandes populações indígenas. Além do mais, enquanto os europeus no norte britânico formaram uma sociedade que excluiu os indígenas, os espanhóis usaram sua força de trabalho e se casaram com suas mulheres.

> O encontro das civilizações indígena e europeia produziu um sistema de classes que é de fundamental importância para os padrões políticos da *Latin America*. Esse sistema de classes, com o passar das gerações, tornou-se muito rígido e formalizado.[267]
>
> Blanksten nos informa que esse sistema de classes é baseado no que os *Latin Americans* chamam de raça. Ele adverte seus leitores de língua inglesa que, ao contrário do conceito moderno, ocidental ou estadunidense, de raça, "as bases da diferenciação entre eles são sociais, em lugar de biológicas".

Apesar da sua tentativa de traçar a análise em termos de cultura e de prevenir o leitor sobre as diferentes concepções de raça, é impossível não observar que cultura e raça se sobrepõem na comparação de Blanksten entre a América do Norte e a *Latin America*. Sua narrativa cultural é também uma narrativa racial que apresenta aos seus leitores uma América do Norte anglo-saxônica, branca e pura diante de uma *Latin America* híbrida: os anglo-saxões excluíram o Outro enquanto os espanhóis tiveram casamentos inter-raciais. A importância desse elemento é ampliada

---

267 BLANKSTEN, George. "The Politics of Latin America". *In*: ALMOND, Gabriel; COLEMAN, James S. (Coord.). *The Politics of Developing Areas*. Princeton: Princeton University, 1960, p. 460.

pelo fato de Blanksten usá-lo para justificar o sistema de classes altamente rígido e formalizado da *Latin America* que, de acordo com ele, resistiu à passagem das gerações. Quer dizer, aqui se encontra uma tradução possível entre oposições assimétricas racial, cultural e temporal.

A partir do diagnóstico de *Latin America* como um lugar contaminado por patologias culturais e *handicap* histórico elaborado pela teoria de modernização, que expectativas poderiam ser plausivelmente geradas?

Alguns textos mais antigos exibem uma atitude incerta em relação às perspectivas de modernização na *Latin America*. Por exemplo, apoiando-se no caso argentino, Whitaker tenta demonstrar que, na *Latin America*, não existe correlação positiva entre democracia e variáveis como nível de alfabetização, urbanização, classe média e organização partidária. Ele reconhece que tais variáveis são "geralmente consideradas de crucial importância" para a promoção da democracia, mas, mesmo assim, recusa-se a aceitar que elas se apliquem para o caso em questão. Whitaker prefere atribuir a fragilidade da democracia na *Latin America* a uma suposta falta de concordância entre os *Latin Americans* sobre "princípios básicos" e "questões significativas" da democracia.[268] Como Whitaker, Crawford usa o exemplo da Argentina para argumentar que a contribuição da classe média à democratização na *Latin America* não deveria ser considerada uma "lei férrea".

Ao contrário de Whitaker, Fitzgibbon está entre aqueles que consideram essas variáveis "de importância crucial". Segundo ele, a perspectiva da democracia na *Latin America* poderia ser melhorada pelo desenvolvimento econômico, que promove estabilidade política, educação de massa e taxas mais altas de alfabetização.

268 WHITAKER, Arthur P. "Pathology of democracy in Latin-America: a symposium. I. A historian's point of view". *American Political Science Association*, vol. 44, nº 1, 1950.

Por outro lado, Fitzgibbon adverte que a democratização na *Latin America* deve ser nativa, quer dizer, não pode ser imposta pelos Estados Unidos. O autor conclui seu texto afirmando que a democratização no continente inteiro levará um longo tempo para ser atingida. Em linha com seu apelo prévio pela não intervenção, essa avaliação final não se traduz em anseio por modernização, políticas concretas, ação e resultados rápidos – coisas que mais tarde se tornariam lugares comuns nos textos da teoria da modernização.

Outros predecessores da teoria da modernização manifestam uma preocupação mais clara acerca do papel dos Estados Unidos no desenvolvimento da *Latin America*, que, com frequência, é expressa por meio de referências ao programa Point IV, de Truman. Revelando uma propensão intervencionista, Mosk declara que o programa deveria promover não só a industrialização, mas também uma reforma agrária na *Latin America*. Ao contrário de Mosk, Gillin argumenta que os programas de assistência técnica, sozinhos, não conseguirão modernizar a região. Isso porque o pensamento científico pragmático embutido na tecnologia é alheio à cultura *Latin American*. Gillin detém-se nessa avaliação negativa e não se arrisca a dizer como a modernização deveria ser efetuada em um ambiente tão adverso.

Enquanto os textos pioneiros sobre modernização revelavam uma mistura de desânimo e entusiasmo pelas perspectivas da *Latin America*, as obras produzidas após a Revolução Cubana tendem a tratar a *Latin America* como uma sociedade transicional. Isto é, apesar das divergências relativas à natureza, alcance e velocidade da modernização, quase todos os autores do período posterior à Revolução Cubana reconhecem que esse processo já está em andamento.[269]

---

269 Começar um texto com uma dramática descrição dos efeitos da modernização sobre o subdesenvolvido tornou-se um clichê da literatura da teoria da modernização em geral (MILLIKAN, Max Franklin; BLACKMER, Donald L. M. *The emerging nations*: their growth and United States policy. Boston: Little Brown, 1961; PYE, Lucian. *Politics, personality, and nation building*: Burma's

Weatherhead, que partilha com Gillin de uma concepção semelhante da alma *Latin American*, sustenta que o sucesso da modernização na região depende tanto dos estadunidenses como dos *Latin Americans*. Sintonizado com a orientação política do momento, ele defende o apoio à Aliança para o Progresso, pois esta seria o meio de alcançar os fins da teoria da modernização.

Apesar de explicitamente concordar com o diagnóstico desalentador de Gillin e Weatherhead, Lipset também se preocupa em prescrever medidas modernizadoras. A última seção de seu texto é inteiramente dedicada a discutir a reforma do sistema educacional *Latin American*. Seu objetivo é criar por meio da educação uma nova elite empresarial equipada com os valores da realização e da inovação. As medidas institucionais que levariam a cabo essa reforma incluem a profissionalização de carreiras universitárias, democratização do sistema de admissão e, mais importante, a criação de novos currículos que priorizem as disciplinas técnicas e científicas em detrimento das humanas. O projeto de reforma educacional de Lipset pode ser lido como um manual de recomendações para burocratas e *policymakers*, especialmente aqueles envolvidos em programas educacionais de cooperação do tipo USAID.

Lipset[270] também cita alguns agentes potenciais de modernização:

---

search for identity. New Haven: Yale University Press, 1962; SILVERT, Kalman H. (Coord.). *Expectant Peoples*: Nationalism and Development. Nova York: Vintage Books, 1963; BLACK, Cyril Edwin. "Change as a condition of modern life". *In*: WEINER, Myron (Coord.). *Modernization*: the dynamics of growth. Nova York: Basic Books, 1966), e também nos escritos sobre modernização em *Latin America* (JOHNSON, John J. *Political change in Latin America*: the emergence of the middle sectors. Stanford: Stanford University Press, 1958; MAIER, Joseph; WEATHERHEAD, Richard W. *Politics of Change in Latin America*. Nova York: Frederick A. Praeger, 1964).

270 LIPSET, Seymour Martin; SOLARI, Aldo E. *Elites in Latin America*. Nova York: Oxford University Press, 1967, p. 14.

> Os administradores de companhias estrangeiras, sejam brasileiros ou estrangeiros, têm um comportamento diferente. Eles tendem a enfatizar um alto grau de racionalidade e prática burocrática na condução de suas empresas. (...) O pessoal executivo é composto de empregados ambiciosos e competentes, interessados em seu sucesso pessoal e que dão valor à ambição neles próprios e nos demais.[271]

Com a difusão dos hábitos modernizadores promovidos pelos administradores de companhias estrangeiras, afirma ele, os imigrantes também desempenham um papel modernizador na *Latin America*. Uma vez que encontram os caminhos tradicionais para o *status* social praticamente fechados, eles buscam maneiras alternativas de atingir sucesso e reconhecimento. Em meios culturais tradicionalmente contrários à realização, tais como a *Latin America*, diz o autor, essas maneiras alternativas podem ser o espírito empreendedor e a orientação para a realização.

Como dito acima, na visão de Lipset, as elites *Latin American* não são agentes de modernização, mas obstáculos. Eles não agem, ou melhor, eles apenas reagem negativamente ao avanço das modernas orientações de valor. Os agentes de fato da modernização são aqueles que não são *Latin American*: imigrantes e companhias estrangeiras. Estaria o autor aqui sugerindo políticas de aumento da imigração e do investimento estrangeiro privado na região? Embora Lipset não responda diretamente a essa pergunta, sua aposta na imigração, que, na *Latin America*, foi em grande parte europeia, e nos administradores estrangeiros traz reverberações de teorias racistas de um passado não tão distante.

As expectativas de Blanksten em relação ao futuro da modernização (que ele chama de ocidentalização) na *Latin America* são

---

271 Neste trecho, Lipset usa o Brasil como exemplo do papel modernizador dos administradores estrangeiros na *Latin America* como um todo: mais um caso de raciocínio sinedóquico.

mais otimistas, mas não muito diferentes das de Lipset. Ele apresenta primeiramente uma história resumida da ocidentalização da *Latin America*, na qual os agentes são todos europeus ou estadunidenses. Primeiro, chegaram os portugueses e os espanhóis, que ocidentalizaram a região "à sua maneira". Nos séculos seguintes, ondas de imigração europeia contribuíram para levar adiante a ocidentalização. Finalmente, do século XIX até o presente, os Estados Unidos têm sido o mais importante agente da ocidentalização na região.

> Mais que qualquer outra grande ***potência***, os Estados Unidos estão em contato com a *Latin America*. Esse contato teve seu efeito ocidentalizante. As formas do contato dos Estados Unidos com a área têm sido muitas e variadas, desde invasão e ocupação militar até influências culturais e constitucionais, além de investimento financeiro, comércio e assistência técnica.[272]

Desenvolvimento econômico, diz o autor, também promove a ocidentalização. Novamente, aqui, os Estados Unidos têm um papel crucial.

O intercâmbio internacional de tecnologia, é claro, é um processo tão antigo quanto as próprias relações internacionais. Mas, desde o início dos anos 1940, foram tomadas medidas, primeiramente na *Latin America* e depois em outras áreas subdesenvolvidas, para estruturar ou canalizar esse intercâmbio por meio de políticas públicas planejadas para contribuir para o desenvolvimento econômico mais imediato e efetivo dos países participantes. Essas políticas são identificadas geralmente como assistência técnica, "Point IV", ou cooperação técnica.[273]

---

272 BLANKSTEN, George. "The Politics of Latin America". *In*: ALMOND, Gabriel; COLEMAN, James S. (Coord.). *The Politics of Developing Areas*. Princeton: Princeton University, 1960, p. 468.

273 BLANKSTEN, George. "The Politics of Latin America". *In*: ALMOND, Gabriel; COLEMAN, James S. (Coord.). *The Politics of Developing Areas*.

Segundo Blanksten, esses programas de cooperação tecnológica desempenharam um papel crucial no impressionante desenvolvimento econômico vivido por alguns países *Latin American*, tais como Brasil, Peru e México. Por fim, acrescenta o autor, os *Latin Americans*, por meio de sua participação em organizações e foros diplomáticos internacionais, na condição de parceiro mais fraco do Ocidente, acabam por absorver influências ocidentais benéficas.

Em suma, na visão de Blanksten, a agência do processo de ocidentalização da *Latin America* sempre vem de fora. Os *Latin Americans* são capazes de absorver ocidentalização, mas não de produzi-la ou de tentar desenvolvê-la sem ajuda. Essa linha de raciocínio ecoa Gillin, que diz que a capacidade do *Latin American* para aprender como operar máquinas coexiste com sua incapacidade de entender as causas e as razões científicas por trás da tecnologia da máquina. Previsivelmente, os Estados Unidos são identificados como os agentes da última fase da ocidentalização da *Latin America* – aquela que outros autores chamam simplesmente de modernização. A série de ações envolvida nesse processo é digna de nota: cooperação tecnológica, influências constitucionais, relações comerciais e, também, invasão e ocupação militar. Enquanto os estadunidenses agem, os *Latin Americans* devem pacientemente observar, ou, no máximo, imitar.

No fim, a conclusão de Blanksten é algo que se poderia coerentemente esperar da etnologia da TN sobre *Latin America*. Afinal, devido à sua cultura patológica e à sua incapacidade histórica (oposições assimétricas cultural e temporal), os *Latin Americans* nunca seriam capazes de vencer por seu próprio esforço. Assim, segundo a teoria, a modernização na *Latin America* deve ser um processo conduzido sob supervisão e influência estadunidenses.

Assim como os principais teóricos da modernização da época, os latino-americanistas também esperavam que a modernização

---

Princeton: Princeton University, 1960, p. 471.

impedisse o avanço do comunismo. Repetindo Rostow, Lipset afirma que o comunismo pode trazer a modernização por meio da promoção do comportamento orientado para a realização – uma advertência velada para os que pensavam que uma política de omissão benigna em relação à *Latin America* ainda era possível. Em um texto cheio de invectivas contra Castro, Weatherhead[274] ousa ser mais explícito: "Os imperativos de mudança tornar-se-ão os ventos da revolução, a menos que nós e [os *Latin Americans*] planejemos um conjunto viável de diretrizes e políticas para esse período instável".

Dando ao mote "modernização contra o comunismo" um aspecto mais otimista, John J. Johnson[275] observa que os setores modernizadores intermediários são uma força social capaz de enfraquecer o radicalismo de esquerda dos movimentos trabalhistas urbanos.

Do ponto de vista da teoria da modernização, curar as patologias da *Latin America* e salvá-la do comunismo frequentemente correspondiam à mesma coisa. E essa cura deveria ser realizada pelos que esbanjavam saúde: os estadunidenses. Segundo a visão de Weatherhead:[276]

> [N]o conjunto, o gringo de hoje é uma criatura civilizada, bem-equilibrada, construtiva. Veja, para dar alguns exemplos, o estudante sério que vai para a *Latin America* aprender e descobrir, o aventureiro altruísta do Peace Corps, o homem de negócios que aceita a restrição socialista à sua empresa

---

274 WEATHERHEAD, Richard W. "Traditions of Conflict in Latin America". *In*: MAIER, Joseph; WEATHERHEAD, Richard W. (Coord.). *Politics of Change in Latin America*. Nova York: Alfred A. Knopf, 1964, p. 9.

275 JOHNSON, John. *Political change in Latin America*: the emergence of the middle sectors. Stanford: Stanford University Press, 1958.

276 WEATHERHEAD, Richard W. "Traditions of Conflict in Latin America". *In*: MAIER, Joseph; WEATHERHEAD, Richard W. (Coord.). *Politics of Change in Latin America*. Nova York: Alfred A. Knopf, 1964, p. 29.

> e divide seus lucros totais com o governo do país anfitrião, e o crescente número de profissionais talentosos que ocupam mais e mais cargos de autoridade no Departamento de Estado e no Foreign Service.

Os *Latin Americans* não deveriam temer. Apesar de sua terrível condição, eles estavam em boas mãos.

3.6 Conclusão

O historiador latino-americanista Richard Morse[277] escreveu um dia:

> (...) qualquer que seja a ênfase, parece seguro dizer que em grande parte da historiografia produzida nos Estados Unidos existe a premissa tácita de que *Latin America* é uma extensão arcaica do sul da Europa que nunca comprou passagem para o grande barco do sonho americano.

Conforme mostrou a análise neste capítulo, a avaliação geral de Morse sobre o estado da disciplina historiográfica pode ser estendida a todas as ciências sociais que contribuíram para o estudo da modernização na *Latin America*.[278] Sejam eles sociólogos, historiadores ou cientistas políticos, autores adotam um modelo idealizado da sociedade moderna estadunidense e constroem uma imagem da *Latin America* que é uma coleção de imperfeições, omissões e negações desse modelo. Se a sociedade moderna estadunidense é orientada para a realização e universalista,

---

277 MORSE, Richard M. "The heritage of Latin America". *In*: HARTZ, Louis (Coord.). *The Founding of New Societies*: Studies in the History of the United States, Latin America, South Africa, Canada and Australia. Nova York: Harcourt, Brace & World, 1964, p. 49.

278 Veremos no capítulo 6 que o diagnóstico de Morse pode também ser aplicado à sua própria produção acadêmica.

Latin America está presa à atribuição e ao particularismo. Se o individualismo moderno é a base da liberdade, democracia e progresso econômico, pessoal e político, o individualismo da *Latin America* é a fonte de autoritarismo, machismo, caudilhismo e irracionalidade. As oposições são também temporais. Enquanto o Ocidente anglo-saxônico protestante é o farol do progresso e desenvolvimento humanos, a *Latin America* católica é a prisão que mantém seus detentos congelados em um passado feudal. Por fim, ainda que de maneira marginal, há a sugestão ocasional de que a falta de modernidade da *Latin America* é devida ao fato de sua população não ser branca.

Como vimos, oposições assimétricas culturais e temporais abundam nos textos sobre modernização. Mas uma pergunta importante ainda deve ser feita: existe um tipo dominante de oposição assimétrica ou elas são igualmente traduzíveis? Os mesmos textos mostram que as duas formas de oposição assimétrica são extremamente trasladáveis, quer dizer, expressões de diversidade cultural podem ser entendidas como sinais de incapacidade histórica e vice-versa. No entanto, parece que, pelo menos em alguns textos, a oposição assimétrica cultural torna-se dominante quando é apresentado o argumento de que, no final das contas, o catolicismo é a causa da paralisia histórica de *Latin America*.

O tipo de oposição assimétrica temporal encontrado em textos sobre modernização difere das formas que caracterizaram a ideologia do Destino Manifesto. A fraseologia escatológica, religiosa e belicosa cedeu lugar à noção de um processo modernizador secular, de tipo similar ao encontrado em algumas teorias iluministas de progresso histórico. O mais importante é que o enfraquecimento da oposição assimétrica racial permitiu que a oposição assimétrica temporal se tornasse a base de justificação de um projeto neocolonial. Os modernos, enquanto aqueles que atingiram o ápice do desenvolvimento histórico (tanto moral quanto material), são opostos ao resto – aqueles que ficaram para trás. Uma vez que o racismo foi minimizado, as expectativas de resgatar os não modernos de sua condição indigente podiam ser novamente formuladas. Entretanto, assim como o colonialismo europeu do século XIX, esse projeto de redenção deveria ser encargo do homem branco, agora também moderno. Os não modernos podem ter no máximo um papel auxiliar na sua própria modernização, pois o fato de que eles permaneceram em uma situação de paralisia histórica durante tanto tempo é prova de sua incapacidade de realizar essa mudança.

O raciocínio sinedóquico é o *modus operandi* dos trabalhos dos *Latin American* Studies examinados até agora. Para poder apresentar a *Latin America* no papel de negação total e coerente de um Eu coletivo estadunidense, os textos sociocientíficos examinados neste capítulo utilizam dois estilos retóricos. O primeiro corresponde a uma simples narrativa genérica em que a *Latin America* é o único personagem. Esse tipo pode ser encontrado em Gillin e, particularmente, em Fitzgibbon, que fala do "ponto de vista *Latin American*", de um "quadro *Latin American*", do "corpo político *Latin American*", e assim por diante. O segundo estilo, usado por Whitaker, Lipset e outros, pode ser denominado anedótico: enquanto a teoria sobre *Latin America* como um todo é exposta, exemplos específicos são usados como ilustrações. Essa técnica retórica pretende demonstrar que a teoria ou a narrativa histórica generalizante são apoiadas por evidências empíricas. Considerando que há pelo menos vinte casos *Latin American*, os autores podem escolher o exemplo que melhor ilustre a regularidade que querem identificar, ignorando metodicamente os que poderiam pô-la em dúvida. Trata-se de claro viés de seleção, vício intelectual que leva em inglês o nome cômico de *cherry picking*.

O estilo genérico simples produz uma narrativa que é sempre fiel a si mesma, isto é, fiel ao caráter negativo atribuído à *Latin America*. No entanto, para uma ciência social que afirma que seu discurso é baseado em fatos empíricos, esse estilo narrativo é retoricamente ingênuo e demasiadamente interpretativo – provavelmente devido à dificuldade de se produzir fatos empíricos sobre a *Latin America* em geral. Apesar da convicção disseminada na comunidade acadêmica dos Estados Unidos acerca da coerência fundamental de *Latin America*, ainda assim é difícil imaginar como é possível se planejar uma pesquisa ou se conseguir uma bolsa para estudar *Latin America* em termos exclusivamente generalizantes. Provavelmente, essa é a razão pela qual o estilo anedótico tenha se tornado dominante. Nele, o fio da narrativa também é uma teoria genérica, mas suas generalizações são muitas vezes "apoiadas" em exemplos específicos, em um constante exercício de raciocínio sinedóquico. O número e o nome dos países usados como exemplos variam bastante, mas isso não é um problema, já que o exemplo é validado pela teoria genérica, e não vice-versa. Assim, o caso da Argentina é considerado um exemplo de democracia conservadora *Latin American*; a Costa Rica é a prova de que a democracia na *Latin America* não está correlacionada com a urbanização; enquanto a presidência de Vargas no Brasil é um produto do estadismo *Latin American*. Em suma, nesse estilo narrativo, *Latin America* é um *Geist* que se manifesta por meio de encarnações específicas. Contudo, ao contrário do *Geist* do romantismo, este não possui qualquer qualidade positiva. Trata-se verdadeiramente de um *ghost*, para sermos fiéis à língua original dos escritos em questão.

CAPÍTULO IV

ESTABILIZAÇÃO POLÍTICA

"Deveríamos parar de falar sobre objetivos vagos e (...) irreais, tais como direitos humanos, elevação do padrão de vida e democratização. Não está longe o dia em que teremos de negociar usando conceitos objetivos de poder. Quanto menos estivermos obstruídos por slogans idealistas, melhor".

- Secretário de Estado George Kennan, 1948.

"(...) na *Latin America*, há uma base forte para o comunismo. Ele disse que, sempre que um ditador é substituído, os comunistas levam vantagem. Em sua opinião, os Estados Unidos deveriam apoiar homens fortes nos governos *Latin American*".

- Minutas de uma reunião do National Security Council, relatando os argumentos do Secretário do Tesouro George Humphrey, 17 de fevereiro de 1955.

"(...) Os mais calorosos votos (...) o povo americano acompanhou com inquietação as dificuldades políticas e econômicas que essa grande nação atravessa, e aprecia a determinação com que a comunidade brasileira solucionou suas dificuldades dentro do um quadro de democracia constitucional e sem conflito civil".

> - Presidente Lindon Johnson. Telegrama enviado à junta militar brasileira horas depois do golpe de Estado que depôs o Presidente João Goulart em 1º de abril de 1964.

Neste capítulo, analiso a literatura de estabilização política na *Latin America*. Ainda que alguns comentaristas defendam que essa literatura se distancia da teoria da modernização, penso que ela deve ser considerada mais como uma variante sua, pelo menos do ponto de vista que interessa a este trabalho, qual seja, o da conceituação de *Latin America*. Os autores que contribuíram para a literatura da estabilização política não tentaram reformular ou abolir significativamente a interpretação de *Latin America* proposta pela teoria da modernização. Pelo contrário, quando necessário, tomaram elementos daquela para sustentar seus próprios argumentos. Ao mesmo tempo, esses autores dão atenção especial a tópicos próprios da política, os quais a modernização tratou de maneira marginal. Como consequência dessa focalização maior, o conjunto de assuntos tratados é menor, entre eles, as relações militares entre Estados Unidos e *Latin America* se destacam. Ademais, essa literatura é mais preocupada em encontrar respostas para questões específicas de política (ex: avaliação dos diferentes tipos de programas de ajuda militar). Dado o foco muito genérico e difuso da teoria da modernização, pode-se afirmar com segurança que a estabilização política é a primeira literatura especializada produzida pelos *Latin American Studies*.

Devido ao enfoque político específico dos trabalhos sobre estabilização política, a análise textual realizada nas seções seguintes irá diferir em alguns aspectos da que foi feita anteriormente. Embora um dos objetivos principais ainda seja identificar oposições assimétricas, a insuficiência de descrições etnológicas nos textos reduz as possibilidades de identificação efetiva. Ao mesmo tempo, a abundância de argumentos orientados para a política, para a ação futura, oferece uma grande oportunidade de examinarmos as expectativas geradas por esses textos. Na seção final, explicarei a interação entre oposições assimétricas e expectativas na literatura sobre estabilização política na *Latin America*.

4.1 O imperativo da estabilização política

Embora a faceta mais visível da Aliança para o Progresso enfatizasse a reforma social e econômica,[279] as políticas para *Latin America* implementadas pela administração Kennedy tinham um escopo muito mais abrangente. Como vimos no capítulo anterior, o projeto para desenvolver a *Latin America* estava diretamente ligado à preocupação de evitar o avanço do comunismo ao sul da fronteira dos Estados Unidos. Entretanto, Kennedy não confiou a defesa do hemisfério ocidental unicamente aos programas de desenvolvimento. Paralelamente, ou às vezes entremeado neles, a administração implementou um conjunto de políticas de segurança baseadas em uma teoria nova de como lidar com a ameaça comunista no hemisfério.

Antes de 1962, os programas de assistência militar dos Estados Unidos à *Latin America* eram baseados na hipótese de agressão vinda de fora do hemisfério. Esse "conceito" informou o Tratado Interamericano de Assistência Recíproca, assinado no Rio de Janeiro em 1947, e a Lei de Segurança Mútua, aprovada pelo Congresso dos Estados Unidos em 1951, durante a guerra da Coreia. Conforme a seção 105 da Lei, a segurança interna não constituía uma base para assistência militar às nações *Latin American*. Em seguida à aprovação da Lei, a administração começou a negociar acordos bilaterais com vários países, os quais incluíam o fornecimento de armas e consultores militares. Em menos de nove anos após a

---

279 Os objetivos propostos na Carta da Aliança para o Progresso incluíam tributação progressiva, reforma agrária, investimento em saúde, habitação e educação, eliminação da inflação, estabilização nos preços de exportação de *commodities*, integração econômica e fomento da empresa privada (LIEUWEN, Edwin. *Generals vs. presidents*: neomilitarism in Latin America. Nova York: Praeger, 1964, p. 4).

aprovação da Lei, os Estados Unidos haviam instalado missões militares em todas as repúblicas do hemisfério sul, e transferido 317 milhões de dólares em subvenções a título de ajuda militar a uma lista de doze países. Equipamentos militares no valor de 140 milhões de dólares foram enviados para dezessete países.[280]

A administração Kennedy reviu a orientação prévia na suposição de que (1) a União Soviética não tentaria uma invasão direta do continente e (2), no caso de um conflito em grande escala com forças soviéticas, as forças militares *Latin American* não seriam capazes de desempenhar um papel importante na defesa do hemisfério.[281] Essa mudança de política foi posteriormente resumida pelo Secretário de Defesa Robert S. McNamara, em 1963, diante do House Subcommittee on Appropriations:

> Até 1960, os programas de assistência militar para a *Latin America* foram orientados para a defesa do hemisfério. À medida que se tornou claro não haver ameaça de agressão

---

280 A transferência desses recursos estava condicionada geralmente a exigências de padronização de equipamento impostas pelo governo americano. Usando o argumento de que a manutenção e a substituição de peças dependiam em grande parte de padrões industriais comuns, o governo americano tentou dissuadir seus vizinhos do sul de adquirirem equipamento militar europeu ou asiático, ou mesmo produzirem seu próprio equipamento. Isto é, o programa tinha por objetivo garantir que aqueles países se tornassem clientes da indústria bélica americana (LIEUWEN, Edwin. *Generals vs. presidents*: neomilitarism in Latin America. Nova York: Praeger, 1964, p. 205). LIEUWEN, Edwin. *Arms and politics in Latin America.* 1ª ed. Nova York: Published for the Council on Foreign Relations by Praeger, 1960; BARBER, Willard F.; RONNING, C. Neale. *Internal Security and Military Power*: Counterinsurgency and Civic Action in Latin America. Columbus: Ohio State University Press, 1966.

281 Segundo John D. Powell, essa mudança ocorreu em 1961 e tornou-se pública em 1963, quando o Secretário de Defesa McNamara apresentou ao Congresso um demonstrativo de proposta orçamentária, que destinava metade dos recursos para equipamento de segurança interna e treinamento (POWELL, John D. "Military Assistance and Militarism in Latin America". *Western Political Quarterly*, vol. XVIII, jun. 1965, p. 383).

> externa patente e significativa contra a *Latin America*, a ênfase deslocou-se para capacitação da segurança interna a ser usada contra a subversão de inspiração comunista ou a agressão dissimulada, e para projetos de ação cívica destinados a promover estabilidade e fortalecer as economias nacionais.[282]

Para o governo estadunidense, a revolução cubana havia mostrado que, em vez de hostilidades diretas, os comunistas iriam explorar o conflito interno para se infiltrar na *Latin America*. A política deveria mudar de acordo com essa percepção, reduzindo a assistência militar prevista no Programa de Assistência Mútua (MAP) e transferindo recursos para "programas de segurança interna", também conhecidos pelo nome menos eufemístico de programas de contrainsurreição. Formalmente, contudo, parte desses programas era classificada como "ação cívica militar". Segundo o *Dictionary of United States Military Terms for Joint Usage*, publicado em 1º de fevereiro de 1964, pela Chefia do Estado Maior das Forças Armadas, "ação cívica militar" corresponde:

> ao uso de forças militares preponderantemente nativas em projetos úteis à população local em todos os níveis e nas áreas de educação, treinamento, obras públicas, agricultura, transporte, comunicações, saúde, saneamento e outras que contribuam para o desenvolvimento econômico e social, e que também sirvam para melhorar a reputação das forças militares junto à população (as forças dos Estados Unidos podem às vezes orientar ou engajar-se em ações cívicas militares em áreas de além-mar).[283]

---

282 House Subcommittee on Appropriations, Hearings, Foreign Operations Appropriations for 1964, 88th Cong. 1st Sess. [May, 1963], Part 2. (BARBER, Willard F.; RONNING, C. Neale. *Internal Security and Military Power*: Counterinsurgency and Civic Action in Latin America. Columbus: Ohio State University Press, 1966, p. 48).

283 Deve-se observar que os "programas de segurança interna" defendidos pela administração Kennedy incluíram muito mais do que as ações definidas sob

Em suma, se, por um lado, o governo estadunidense havia dado apoio público à reforma social na *Latin America*, por meio do Ato de Bogotá, em 1960, e da Carta da Aliança para o Progresso, em 1961, por outro lado, esse mesmo governo estava adotando medidas para obstruir qualquer sinal de agitação social naqueles países. Mas o discurso que apoiava a ação cívica militar era retoricamente adaptado para evitar esse paradoxo potencial, apresentando-a como uma solução política que iria conjugar segurança interna com modernização. Na verdade, esse tipo de argumento já estava presente em uma declaração em favor da Aliança para o Progresso, feita por John F. Kennedy, em 13 de março de 1961,[284] apenas seis semanas após sua posse:

> E a nova geração de líderes militares [*Latin American*] tem mostrado uma consciência crescente de que exércitos não podem limitar-se a defender seus países – mas, como aprendemos com nosso Corpo Militar de Engenharia, ajudar a construí-los.

Nove dias depois, Kennedy afirmava em discurso:

---

o título "ação cívica militar". Contrainsurreição implicava, entre outras coisas, fortalecer relações com militares *Latin American* anticomunistas e proporcionar treinamento e equipamento para reprimir grupos políticos e movimentos sociais dissidentes (NELSON-PALLMEYER, Jack. *School of assassins*: the case for closing the School of the AMERICAS and for fundamentally changing U.S. foreign policy. Nova York: Orbis Books, 1997; SCHOULTZ, Lars. *Beneath the United States*: a history of US policy toward Latin America. Londres; Cambridge: Harvard University Press, 1998). BARBER, Willard F.; RONNING, C. Neale. *Internal Security and Military Power*: Counterinsurgency and Civic Action in Latin America. Columbus: Ohio State University Press, 1966, p. 6.

284 A Carta da Aliança para o Progresso foi assinada por representantes de todos os países da OEA em Punta del Este, Uruguai, em 17 de agosto de 1961 (LIEUWEN, Edwin. *Generals vs. presidents*: neomilitarism in Latin America. Nova York: Praeger, 1964, p. 4).

> (...) Até onde as condições mundiais de segurança permitirem, a assistência militar no futuro dará mais ênfase à segurança interna, obras civis e crescimento econômico das nações assim assistidas.

Em 25 de maio de 1961, Kennedy dirigiu-se dessa maneira ao Congresso dos Estados Unidos:

> A assistência militar pode, além de suas finalidades militares, trazer uma contribuição ao progresso econômico. As obras realizadas por nossos Engenheiros Militares são um exemplo do papel que forças militares nos países emergentes podem desempenhar no desenvolvimento, no saneamento e na construção de estradas em povoados.[285]

Em suma, a administração Kennedy promoveu ativamente o envolvimento de militares *Latin American* em assuntos internos não estritamente relacionados à proteção da segurança nacional. O Secretário de Defesa Robert McNamara foi ainda mais longe, ao afirmar diante de uma subcomissão do Senado que, por incrementar o contato entre oficiais estadunidenses e *Latin American*, as iniciativas de ação cívica iriam contribuir para a difusão de um espírito de compromisso democrático entre os militares *Latin American*.

> A experiência que temos mostra que a exposição de oficiais militares [*Latin American*] às nossas escolas os familiariza com as filosofias democráticas e o modo de pensar democrático que eles, por sua vez, levam de volta a seus países.[286]

---

285 BARBER, Willard F.; RONNING, C. Neale. *Internal Security and Military Power*: Counterinsurgency and Civic Action in Latin America. Columbus: Ohio State University Press, 1966, p. 73.

286 Senate Committee on Foreign Relations, Hearings, Foreign Assistance Act of 1962, 87th Cong., 2nd Sess. (April 5-18, 1962), p. 76. (BARBER, Willard F.; RONNING, C. Neale. *Internal Security and Military Power*: Counterinsurgency and Civic Action in Latin America. Columbus: Ohio

A ideia de usar ação cívica contra agitação social nasceu da experiência estadunidense com operações de contraguerrilha no Sudeste Asiático. De acordo com alguns comentaristas, a prioridade real dos programas de ação militar era melhorar a imagem do exército junto a bolsões isolados da população que poderiam ser propensos à agitação social, e não à modernização propriamente dita.[287] Na verdade, havia uma faceta escassamente divulgada do contato entre militares estadunidenses e *Latin American* que era ainda mais prejudicial à democracia: a contrainsurreição propriamente dita. Esta incluía não apenas o apoio a ditadores anticomunistas, mas também o treinamento de militares *Latin American* em técnicas de repressão, tais como guerra de guerrilha, intimidação psicológica coletiva, métodos de tortura, sabotagem e outros meios de "promover a democracia".[288] Obviamente, os

---

State University Press, 1966, p. 218). BARBER, Willard F.; RONNING, C. Neale. *Internal Security and Military Power*: Counterinsurgency and Civic Action in Latin America. Columbus: Ohio State University Press, 1966, p. 73.

287 LIEUWEN, Edwin. *Generals vs. presidents*: neomilitarism in Latin America. Nova York: Praeger, 1964; BARBER, Willard F.; RONNING, C. Neale. *Internal Security and Military Power*: Counterinsurgency and Civic Action in Latin America. Columbus: Ohio State University Press, 1966.

288 O exemplo mais ignominioso desse contato "estreito" é a School of the Americas (SOA). Estabelecida inicialmente pelo governo americano em 1946 na Zona do Canal do Panamá e posteriormente transferida para Fort Benning, no estado da Geórgia, a SOA atendia quase que exclusivamente militares *Latin American*. Sob as ordens de Kennedy, essa academia militar foi convertida em uma escola de contrainsurreição. Seus diplomados não tardaram a se envolver em todo tipo de abuso de poder, inclusive tortura, assassínio de membros do clero, líderes sindicais, políticos e ativistas de movimentos sociais, golpes de estado etc. A falta de interesse acadêmico pela School of the Americas é digna de nota. Para conseguir obter informações sobre essa mal-afamada agência do governo americano, é preciso apelar para a literatura não acadêmica. Para uma aterradora descrição das atividades da SOA, ver Jack Nelson-Pallmeyer (NELSON-PALLMEYER, Jack. *School of assassins*: the case for closing the School of the AMERICAS and for fundamentally changing U.S. foreign policy. Maryknoll, Nova York: Orbis Books, 1997). Uma denúncia radical das atividades da SOA, com um apelo pelo fechamento da escola, foi apresentada pelo padre Roy Bourgeois no documentário em vídeo *School of the Assassins*

operadores do governo sabiam que a retórica do progresso e da modernização vende melhor que um esquema "maquiavélico" de repressão e de propaganda militar por meio de obras públicas.

Essa maneira nova de tratar a política de segurança, posta em prática pela administração Kennedy, foi respaldada também por trabalhos acadêmicos. De maneira semelhante à agenda da modernização pelo desenvolvimento econômico, a da segurança com modernização também contou com justificações veiculadas por trabalhos acadêmicos, os quais são denominados coletivamente de literatura de estabilização política.[289]

Semelhante à literatura de modernização, a literatura sobre estabilização política não se refere exclusivamente ao caso *Latin American*. Alguns autores desenvolveram teorias para explicar a instabilidade nos países subdesenvolvidos em geral. O escritor mais influente que adotou essa abordagem genérica da estabilização

---

(BOURGEOIS, Roy. *School of the Assassins*. Maryknoll World Productions. Videotape, 1994. Duração 18 min.). Amostras dos raros materiais de instrução da SOA que foram tornados públicos encontram-se em *Spanish-language intelligence training manuals* (US GOVERNMENT DEFENSE DEPARTMENT. *Spanish-language intelligence training manuals*: [compiled from outdated instructional material... evolving from lesson plans used in an intelligence course at USASOA... and distributed by SOUTHCOM Mobile Training Teams to military personnel and intelligence schools in five Latin American countries – Colombia, Ecuador, El Salvador, Guatemala, and Peru] / [put together by Army military intelligence officers in SOUTHCOM, Panama]. Washington: Released by the Assistant to the Secretary of Defense, 1992). Para conseguir entender melhor o jargão utilizado nos manuais divulgados, ler primeiramente Steven Lee Myers (MYERS, Steven Lee. "Old U.S. Army manuals for Latin officers urged rights abuses". *New York Times*, set. 1966). Sobre a SOA, ver também Eilerman (EILERMAN, Marge. "Dancing the dance to freedom". *The Humanist*, vol. 59, nº 4, 1999), Privett (PRIVETT, Stephen A. "School of the Americas on trial". *America*, vol. 174, mai./jun. 1996) e Bourgeois (BOURGEOIS, Roy. "Bearing witness". *The Progressive*, vol. 56, abr. 1992).

289 Empresto aqui o termo adotado por Paul Cammack (CAMMACK, Paul. *Capitalism and democracy in the third world*: the doctrine for political development. Leicester: Leicester University Press, 1997).

política foi Samuel P. Huntington.[290] Huntington vinha trabalhando com os aspectos políticos da modernização durante mais de uma década, quando publicou *Political Order in Changing Societies*, em 1968.[291] *Political Order* é um livro sobre modernização, embora o autor rejeitasse esse rótulo. Nele, Huntington pretende demonstrar que os trabalhos anteriores sobre modernização estavam profundamente enganados sobre a natureza e as consequências do processo modernizador. Segundo seu argumento, acadêmicos e *policy makers* não levavam em consideração o plano da política ou, quando muito, enxergavam-na como um subproduto inócuo do desenvolvimento econômico. "No pensamento estadunidense, a cadeia causal era: assistência econômica promove desenvolvimento econômico, desenvolvimento econômico promove estabilidade política".[292]

---

290 Huntington colaborou com o governo dos Estados Unidos durante um longo período. De 1966 a 1969, foi Presidente do Council on Vietnamese Studies do Southeast Asian Advisory Group da United States Agency for International Development (USAID). Patrocinado pelo Departamento de Estado americano, Huntington visitou o Vietnã em 1967 para estudar o comunismo naquele país. Durante a administração Carter, tornou-se Coordenador de Segurança Nacional do National Security Council, um posto que ocupou até agosto de 1978 (CHOMSKY, Noam. *American Power and the New Mandarins*. Nova York: Pantheon, 1968; BERGER, Mark T. *Under Northern eyes*: Latin American studies and U.S. hegemony in the Americas, 1898-1990. Caribbean and Latin American studies. Bloomington: Indiana University Press, 1995).

291 Em 1973, Henry C. Kenski e Margaret Gorgan Kenski avaliaram cursos sobre desenvolvimento político em uma amostra de âmbito nacional que incluía 575 faculdades e universidades americanas. A obra de Huntington, *Political Order in Changing Societies*, foi com grande margem em relação ao segundo colocado, (1) o livro sobre desenvolvimento político e modernização que os entrevistados consideraram mais importante (57,6%) e (2) a abordagem ao desenvolvimento político que eles julgaram mais útil (59,4%) (KENSKI, Henry C.; GORGAN, Margaret. *Teaching political development and modernization at american universities*: a survey. Tucson: University of Arizona Press, 1974).

292 HUNTINGTON, Samuel P. *Political Order in Changing Societies*. New Haven: Yale University Press, 1968, p. 6.

Para Huntington, esse raciocínio está cabalmente errado. Na verdade, o oposto ocorre com frequência: desenvolvimento econômico promove instabilidade política. Segundo o autor, políticos estadunidenses ignoraram durante muito tempo as consequências políticas nefastas da modernização. Portanto, precisavam agora tomar consciência desse erro e corrigir sua conduta. Seu conselho é inequívoco: a estabilização política deve vir primeiro. Mas por quê?

Neste ponto da análise, devemos estar conscientes da natureza incomum dos escritos de Huntington. Ao contrário de outros cientistas políticos, que tendem a encobrir valores e interesses políticos sob uma grossa camada de argumentos sociocientíficos, ele é explícito a seu respeito. Ao mesmo tempo, não abandona inteiramente o projeto de escrever ciências sociais. O resultado final é um livro de natureza híbrida, parte manual de recomendações para o príncipe, seguindo a *raison d'état* do interesse nacional e da ação estratégica, e parte obra sociocientífica, na qual as razões emanam dos próprios objetos, independentemente dos sujeitos interessados.

O manual de recomendações para o príncipe contido em *Political Order* é entremeado de citações extraídas de Maquiavel, Platão e Aristóteles, discussões sobre formas de governo, padrões de deterioração política, reforma e fundação de instituições e advertências sobre a importância da ação no plano da política. Em meio a essa filosofia política, o autor propõe uma resposta muito simples para a pergunta acima: se os estadunidenses não promoverem a estabilização dos sistemas políticos em vias de modernização, os soviéticos o farão. Poucos acadêmicos deixaram os imperativos da Guerra Fria refulgir com tanta clareza em seus textos. Contudo, para entender integralmente o argumento de Huntington, é preciso mergulhar no texto sociocientífico que completa *Political Order*, ou seja, é preciso entender por que modernização produz instabilidade.

Segundo Huntington, modernização econômica promove "mudança social rápida": urbanização, aumento da alfabetização, industrialização e comunicação em massa. Isso contribui para ampliar a consciência política, multiplicar demandas e estender a participação política. Em suma, a modernização produz uma "rápida mobilização de novos grupos políticos" – um fato que, segundo o autor, tem sido frequentemente negligenciado pela literatura sociocientífica. Essas mudanças, por sua vez,

> enfraquecem fontes tradicionais de autoridade política e instituições políticas tradicionais e complicam enormemente a tarefa de criar novas bases de associação política e novas instituições políticas que combinem legitimidade e efetividade (...) O resultado é instabilidade política e desordem.[293]

As manifestações concretas de instabilidade e desordem, sustenta Huntington, são greves políticas, guerrilha, insurreição, golpes civis e militares, revoltas e revoluções.

Uma leitura superficial arrisca concluir prematuramente que, para Huntington, a dinâmica intrínseca da modernização era a única responsável pelo avanço da instabilidade. No entanto, o caso não é esse. De acordo com o autor, modernização só produz ruptura devido à natureza tradicional das instituições políticas dos países. Em outras palavras, a estrutura conceitual que o autor usa para explicar o Outro ainda é a mesma da teoria da modernização. Como o trecho acima indica, a oposição moderno/tradicional é central para a compreensão de sua ciência política da modernização.

> (...) a falta de confiança, própria da cultura da sociedade [tradicional], produz obstáculos formidáveis à criação de instituições públicas. Aquelas sociedades que são carentes de um governo estável e efetivo são também carentes de

---

293 HUNTINGTON, Samuel P. *Political Order in Changing Societies*. New Haven: Yale University Press, 1968, p. 6.

> confiança mútua entre seus cidadãos, de lealdades nacionais e públicas, e de experiência e capacidade de organização.[294]

Preservando coerentemente a natureza assimétrica da oposição moderno/tradicional, o autor define a sociedade tradicional em termos de "falta" e "carência" de traços culturais modernos. Semelhantemente a outros textos sobre modernização, a oposição assimétrica cultural está entremeada com a oposição assimétrica temporal, isto é, com a apresentação do Outro em termos de tradicionalismo e *handicap* histórico.

Huntington estende as possibilidades semânticas da oposição assimétrica ao criar um par conceitual: sistemas políticos efetivos/sistemas políticos fracos. Essa nova oposição corresponde à expressão da oposição assimétrica fundamental de moderno/tradicional no campo da política. Segundo o autor, um sistema político efetivo corresponde a

> (...) instituições políticas fortes, adaptáveis, coerentes: burocracias efetivas, partidos políticos bem organizados, um elevado grau de participação popular em assuntos públicos, sistemas operantes de controle civil sobre os militares, atividade extensiva do governo na economia e procedimentos razoavelmente efetivos para regulamentar a sucessão e controlar conflitos políticos.[295]

Estados Unidos, Grã-Bretanha e União Soviética são apresentados como exemplos de sistemas políticos efetivos. Representando o outro extremo da oposição estão África, Ásia e *Latin America*. Como se poderia esperar, seus sistemas políticos fracos carecem

---

294 HUNTINGTON, Samuel P. *Political Order in Changing Societies*. New Haven: Yale University Press, 1968, p. 28.

295 HUNTINGTON, Samuel P. *Political Order in Changing Societies*. New Haven: Yale University Press, 1968, p. 1.

dos atributos que Huntington arrogou ao primeiro grupo. Segundo o autor, os fracos caracterizam-se pela:

> falta de comunidade política e governo efetivo, autorizado e legítimo (...) em que a comunidade política está fragmentada contra si própria e instituições políticas possuem pouco poder, ainda menos majestade e nenhuma robustez – em que, em muitos casos, os governos simplesmente não governam.

"Falta", "pouco", "menos", "nenhuma", esses termos todos definem o sistema político fraco como a negação do sistema efetivo. A "inovação" conceitual introduzida por Huntington continua contida na mesma estrutura de oposições assimétricas que caracterizam a teoria da modernização. O par político efetivo/fraco pode ser interpretado como oposição assimétrica cultural, isto é, a definida em termos de estilos de vida, instituições e costumes. Ao mesmo tempo, porém, o autor fala de subdesenvolvimento político como sendo algo tão característico da Ásia, da África e da *Latin America* quanto de subdesenvolvimento econômico. Em outras palavras, sistemas políticos fracos podem também ser considerados produtos da natureza imatura ou do atraso de uma sociedade – oposição assimétrica temporal.

Para Huntington, os mesmos males culturais afetam as sociedades asiáticas, africanas e *Latin American*: falta de confiança, falta de solidariedade, falta de comunidade política. Porém, ao tratar de *Latin America*, o autor enumera um elemento a mais: "Na *Latin America* (...) prevaleceram tradições de individualismo egocêntrico e de desconfiança e ódio em relação a outros grupos na sociedade".[296]

Dessa maneira, o autor defende que a "cultura ibérica" não é apenas outra fonte de "desconfiança e ódio em relação a outros grupos

---

296 HUNTINGTON, Samuel P. *Political Order in Changing Societies*. New Haven: Yale University Press, 1968, p. 29.

na sociedade", ela é também a fonte do "individualismo egocêntrico" – uma pérola etnológica recebida de seus colegas latino-americanistas. Evidências são então apresentadas sob a forma de citações de Simon Bolívar e de um jornal equatoriano que "confirmam" sua descrição de uma *Latin America* impotente e consumida por desconfiança, agitação e violência. A falácia sinedóquica apresenta-se, mais uma vez, ajudada aqui pelo expediente retórico de usar o testemunho dos nativos para confirmar as teorias do autor.

Para concluir a análise de *Political Order*, é preciso voltar ao manual de recomendações para o príncipe. A suposta intenção do trabalho é convencer os políticos dos Estados Unidos da suprema insensatez de sua linha de conduta prévia. Huntington não economiza retórica para atingir seu objetivo. Primeiramente, lisonjeia:

> Ao enfrentar os países em vias de modernização, os Estados Unidos são prejudicados por sua história feliz. Em seu desenvolvimento, os Estados Unidos foram abençoados com a abundância econômica, bem estar social e estabilidade política. Essa conjuntura cheia de bênçãos levou os americanos a acreditarem na unidade do bem (...) os americanos (...) nasceram iguais e, portanto, nunca tiveram que preocupar-se em criar igualdade, gozaram os frutos da revolução democrática sem terem que passar por ela.[297]

Esse quadro róseo da história dos Estados Unidos tem o objetivo de apresentar o "erro político" como um produto da ingenuidade natural dos estadunidenses: seu esforço para ajudar a desenvolver os países pobres é repleto de boas intenções, entretanto, o mundo real é muito pior do que se imaginava.[298] Em seguida, Huntington assume um tom de conselheiro solene, argumentando que o problema

---

297 HUNTINGTON, Samuel P. *Political Order in Changing Societies*. New Haven: Yale University Press, 1968, pp. 5-7.

298 Weatherhead também repete o mesmo argumento. Ver capítulo anterior.

principal dos países subdesenvolvidos não é liberdade, e sim ordem: a menos que a autoridade esteja firmemente estabelecida, aqueles países estarão "à mercê de intelectuais alienados, coronéis violentos e estudantes desordeiros". E o tom torna-se ainda mais ameaçador quando o assunto desemboca no comunismo: "(...) uma coisa que os governos comunistas sabem fazer é governar (...) eles podem não proporcionar liberdade, mas proporcionam autoridade; criam governos que sabem governar".[299]

O manual de recomendações para o príncipe soa como um apelo à ação. Os estadunidenses devem urgentemente corrigir suas políticas e enfocar a promoção de estabilidade social no terceiro mundo, antes que o perigo vermelho o faça. Mas como os políticos dos Estados Unidos poderiam implementar essa nova orientação? A maioria dos países, geralmente, recebe com agrado empréstimos, ajuda e cooperação tecnológica, mas como poderiam "receber" instituições políticas vindas de fora? Quer dizer, essa nova diretriz pede meios específicos para que sejam criadas condições de estabilidade via institucionalização política. Ademais, visto que as revoluções comunistas apoiadas pelos soviéticos envolveram, em geral, considerável participação popular, qual a direção que a estabilização política apoiada pelos Estados Unidos deveria adotar?

Comecemos a responder essas perguntas pela última. Segundo Huntington, desenvolvimento político deve preceder participação política. Considerando que os países subdesenvolvidos carecem de instituições políticas firmes, estas deveriam ser criadas antes que o sistema político seja democratizado – caso contrário, a participação irá subjugar a capacidade política. A fórmula de Huntington para a Ásia, a África e a *Latin America* era: menos democracia, menor participação política popular e mais controle. Para atingir esses objetivos, os estadunidenses precisavam de agentes internos, cidadãos

---

299 HUNTINGTON, Samuel P. *Political Order in Changing Societies*. New Haven: Yale University Press, 1968, p. 14.

que não estivessem primariamente envolvidos na cultura política tradicional daqueles países. Como já visto, autores da modernização já sustentavam que as elites favoráveis ao ocidente deveriam ser os agentes internos de modernização. Huntington, porém, é muito mais pessimista em relação às perspectivas de modernização no Terceiro Mundo. Segundo ele, só um grupo de elite reunia capacidades suficientes para desempenhar o papel de arautos da modernidade: os militares.

> Em muitas sociedades, a oportunidade que os militares têm para criatividade política pode ser a última chance concreta de institucionalização política, excetuando-se o caminho totalitário. Se os militares deixam de aproveitar tal oportunidade, a expansão da participação transforma a sociedade em um sistema de massa conservador. Em um sistema desse tipo, a oportunidade de criar instituições políticas passa dos militares, os apóstolos da ordem, para os demais líderes da classe média, que são os apóstolos da revolução.[300]

Por que os militares? Porque

> (...) [n]esses estágios iniciais de modernização política, os oficiais militares desempenham um papel altamente modernizador e progressista (...) Semelhante aos empresários protestantes da Europa Ocidental, os soldados reformadores nas sociedades não ocidentais encarnam e promovem um puritanismo que (...) é uma inovação digna de nota em suas sociedades.[301]

Huntington apresenta argumentos adicionais para apoiar sua afirmação de que os militares podem de fato desempenhar tal papel:

---

300 HUNTINGTON, Samuel P. *Political Order in Changing Societies*. New Haven: Yale University Press, 1968, p. 262.

301 HUNTINGTON, Samuel P. *Political Order in Changing Societies*. New Haven: Yale University Press, 1968, p. 203.

> (...) [n]o século XX a profissionalização do corpo de oficiais produziu um comprometimento ainda maior com modernização e desenvolvimento nacional e também transformou o perfil típico de participação militar na política, do líder individualista para a junta coletiva.[302]

Esse panegírico é corroborado por um "exemplo bem-sucedido": o Brasil, onde, segundo o autor, oficiais militares "preocupados com o desenvolvimento" tomaram o poder.

Em suma, *Political Order in Changing Societies* justifica o apoio dado pelos Estados Unidos às ditaduras militares anticomunistas no Terceiro Mundo – especialmente na *Latin America*, a principal fonte de exemplos no livro.[303] Na verdade, em vez de um apelo à ação, o livro parece ser uma justificativa *post factum* de uma orientação política que, embora não muito divulgada, o governo estadunidense já vinha seguindo há algum tempo. São abundantes as evidências que conduzem a essa conclusão: a derrubada do Presidente democraticamente eleito da Guatemala, Jacobo Arbenz, por um movimento militar planejado, financiado e orientado pelos

302 Antes da publicação de *Political Order*, Huntington já havia escrito sobre a importância do profissionalismo militar (HUNTINGTON, Samuel P. "Conservatism as an Ideology". *American Political Science Review*, vol. 51, nº 2, jun. 1957). HUNTINGTON, Samuel P. *Political Order in Changing Societies*. New Haven: Yale University Press, 1968, p. 203.

303 Em um texto posterior, Huntington aparentemente se retrata, sustentando que nem os militares, nem eleições livres poderiam ser um substituto a longo prazo para a organização política. O autor então recomenda que o governo americano mude suas políticas para apoiar pelo menos "um partido político anticomunista forte" (HUNTINGTON, Samuel P. "Political Development and Political Decay". *In*: WELCH, Calude E. (Coord.). *Political Modernization*: a reader in comparative political change. Belmont: Wadsworth Publishing Company, 1967). No entanto, não descarta explicitamente o recurso à intervenção política militar nos casos em que a conveniência exija o adiamento de objetivos de longo prazo.

Estados Unidos;[304] o súbito aumento da ajuda militar para a *Latin America* concedido por Truman;[305] o investimento de Kennedy em programas de contrainsurreição; o apoio de Lyndon Johnson aos ditadores militares;[306] a intervenção estadunidense na República Dominicana em 1965,[307] entre outras.

Como sugere a análise de *Political Order*, a contribuição do discurso sociocientífico ao *policy making* não pode ser reduzida à participação direta de cientistas sociais como *policymakers*. Discursos sociocientíficos também desempenham o importante papel de fornecer razões *post factum* para políticas governamentais de difícil justificação pública. Deve-se observar que, mesmo sob a pressão ideológica da Guerra Fria, o apoio a ditadores nunca se tornou uma política governamental explícita – provavelmente, devido à desaprovação interna que tal endosso iria acarretar. Nesse

---

304 SCHLESINGER, Stephen; KINZER, Stephen. *Bitter fruit*: the untold story of the american coup in guatemala. Nova York: Anchor Press, 1983; GLEIJESES, Piero. *Shattered hope*: the Guatemalan revolution and the United States, 1944-1954. Princeton: Princeton University Press, 1991.

305 Edwin Lieuwen argumenta que a ajuda militar americana aos países *Latin American* elevou a posição política interna dos militares naqueles países e eventualmente contribuiu para o colapso de seus regimes democráticos por meio de golpes militares (LIEUWEN, Edwin. *Arms and politics in Latin America*. Rev. English 2ª ed. Nova York: Published for the Council on Foreign Relations by Praeger, 1961; LIEUWEN, Edwin. *Generals vs. presidents*: neomilitarism in Latin America. Nova York: Praeger, 1964). Irving Louis Horowitz nega que a ajuda militar americana à *Latin America* vise principalmente a promover a defesa do hemisfério contra a agressão vinda de fora, demonstrando que os programas de ajuda enfatizaram tecnologias de contrainsurreição e repressão civil (HOROWITZ, Irving Louis. *Three worlds of development*: the theory and practice of international stratification. Nova York: Oxford University Press, 1972).

306 PARKER, Phyllis R. *1964*: o papel dos Estados Unidos no golpe de Estado de 31 de março. 2ª ed. Rio de Janeiro: Civilização Brasileira, 1977; PARKER, Phyllis R. *Brazil and the quiet intervention, 1964*. Austin: University of Texas Press, 1979.

307 GLEIJESES, Piero. *The Dominican Crisis*: The 1965 Constitutionalist Revolt and American Intervention. Baltimore: Johns Hopkins University Press, 1978.

contexto, o discurso sociocientífico desempenha o papel terapêutico de "demonstrar" que aquilo que poderia parecer, à primeira vista, um ato contra os princípios da democracia é, na realidade, uma forma política inteligente de concatenar a proteção da democracia e os interesses nacionais dos Estados Unidos a um caminho mais seguro e promissor para o desenvolvimento do Terceiro Mundo. Além disso, o discurso sociocientífico tem autoridade e legitimidade diante de um público maior que o dos burocratas dos Departamentos de Estado e de Defesa. Assim, a política impalatável torna-se mais aceitável e mais pública, embora nunca seja de fato incluída em discursos presidenciais.

Apesar de sua ampla recepção, Huntington não foi o único nem o primeiro autor a estudar o papel dos militares no processo de modernização. Outros pesos pesados do meio acadêmico estadunidense, tais como o sociólogo Edward Shils[308] e o cientista político Lucian Pye, também escreveram sobre o assunto.[309] O trabalho de Pye, "Armies in the Process of Political Modernization",[310] escrito sob o patrocínio da Rand Corporation, antecipa a contribuição de Huntington em muitos aspectos. Assumindo um tom explícito de aconselhamento político, Pye afirma que, em "sociedades em transição", os exércitos são agentes de modernização mais efetivos do que partidos políticos ou grupos civis. Segundo o autor, os militares contribuem para fomentar um "sentimento de cidadania", "nacionalismo responsável" e justiça social. Ademais,

---

308 SHILS, Edward. *Political Development in the New States*. Haia: Mouton and Company, 1962.

309 Ver também as contribuições de Morris Janowitz (JANOWITZ, Morris. *The military in the political development of new nations*: an essay in comparative analysis. Chicago: University of Chicago Press, 1964) e Hans Daalder (DAALDER, Hans. *The role of the military in the emerging countries*. Haia: Moulton, 1962).

310 PYE, Lucian. "Armies in the Process of Political Modernization". *In*: JOHNSON, John J. (Coord.). *The Role of the Military in Underdeveloped Countries*. Princeton: Princeton University Press, 1962.

líderes militares são "muito menos desconfiados do Ocidente" do que líderes civis. Sua conclusão final é a de que a ajuda militar estadunidense é crucial para o progresso da modernização nos países subdesenvolvidos.[311]

4.2 *Latin American Studies* e estabilização política

Os cientistas sociais que tratam de estabilização política na *Latin America* também tendem a exibir uma acentuada orientação para o *policy making*. Ao comentar o estado geral dos estudos sobre militares na *Latin America*, Lyle N. McAlister afirma:

> Em todo caso, as considerações políticas dos Estados Unidos representaram um estímulo importante para o estudo dos militares *Latin American*; não apenas devido ao interesse e à importância intrínsecos desse fator, mas também porque organizações orientadas para a política, como o Council on Foreign Relations e vários órgãos do Governo dos Estados Unidos, deram apoio financeiro para a pesquisa.[312]

---

311 A mesma avaliação foi reproduzida em documentos políticos influentes. Por exemplo, no relatório sobre a sua missão presidencial à *Latin America*, apresentado à administração Nixon que tomava posse, o Governador de Nova York, Nelson A. Rockefeller, escreve que "motivado por uma crescente impaciência com a corrupção, ineficiência e uma ordem política estagnada, o novo militar está preparado para adaptar sua tradição autoritária aos objetivos do progresso social e econômico" (ROCKEFELLER, Nelson A. *The rockefeller report on the americas*: the official report of a United States presidential mission for the western hemisphere. Chicago: Quadrangle Books, 1969, pp. 32/33). PYE, Lucian. "Armies in the Process of Political Modernization". *In*: JOHNSON, John J. (Coord.). *The Role of the Military in Underdeveloped Countries*. Princeton: Princeton University Press, 1962.

312 MCALISTER, Lyle N. "Recent research and writings on the role of the military in Latin America". *Latin American Research Review*, vol. II, nº 1, out. 1966, p. 7.

Vale dizer que esse testemunho vem de um acadêmico que se sentia à vontade com a política externa dos Estados Unidos na Guerra Fria e com o papel dos intelectuais em promover esses interesses.[313]

Se Huntington foi o autor mais influente dessa vertente da literatura acadêmica, John J. Johnson foi, certamente, seu latino-americanista mais importante. Johnson trabalhou para o Departamento de Estado, na função de chefe do South American Branch da Division of Research for the American Republics, em 1952 e 1953.[314] Em 1958, publicou *Political Change in Latin America*, um livro considerado pelos comentaristas uma das primeiras colaborações à teoria da modernização.[315] Como outros trabalhos produzidos na época sobre modernização, esse livro apresenta uma perspectiva otimista acerca das consequências políticas e econômicas do processo. No entanto, em lugar de insistir sobre a importância de mudanças estruturais e reformas políticas para promover o desenvolvimento econômico, Johnson enfoca o papel dos sectores intermediários *Latin American* como agentes históricos da modernização.[316]

---

313 Para a opinião do autor sobre as implicações políticas e éticas das pesquisas sobre o tema do envolvimento militar em política na *Latin America* durante a Guerra Fria, ver McAlister (MCALISTER, Lyle N. “Recent research and writings on the role of the military in Latin America”. *Latin American Research Review*, vol. II, nº 1, out. 1966, pp. 31/32).

314 Esta informação biográfica está em *Political Change in Latin America: The Emergence of the Middle Sectors* (JOHNSON, John J. *Political change in Latin America*: the emergence of the middle sectors. Stanford: Stanford University Press, 1958, p. 9). Johnson também trabalhou como consultor da Rand Corporation no final dos anos 1950 e começo dos 1960 (JOHNSON, John J. *The role of the military in underdeveloped countries*. Princeton: Princeton University Press, 1962).

315 BERGER, Mark T. *Under Northern eyes*: Latin American studies and U.S. hegemony in the Americas, 1898-1990. Caribbean and Latin American studies. Bloomington: Indiana University Press, 1995; MATTIACE, Shannan; CAMP, Roderic Ai. “Democracy and Development: An Overview”. *In*: CAMP, Roderic Ai (Coord.). *Democracy in Latin America*: Patterns and Cycles. Wilmington: Scholarly Resources Inc, 1996.

316 Segundo Johnson, os setores intermediários da sociedade *Latin American* são compostos de profissionais urbanos, funcionários públicos e outros

Ainda que a estabilidade política não seja um tópico chave em *Political Change in Latin America*, Johnson já exibe certo entusiasmo em relação ao papel dos militares no processo de modernização *Latin American*, classificando-os como burocratas estatais, uma categoria que tende a se tornar mais poderosa à medida que a modernização progride. Johnson diz que, "desde 1930, a orientação social e econômica dos oficiais politicamente ativos tem sido distante daquela dos antigos grupos de poder mais próximos aos setores civis intermediários". Isso aconteceu devido a três motivos: 1) a crescente profissionalização da carreira militar, que oferece a elementos do setor intermediário uma fonte atraente de renda e estabilidade de emprego, ao mesmo tempo que repele membros dos grupos de elite tradicionais; 2) dado que os setores intermediários civis melhoraram sua posição política, os oficiais militares puderam preservar suas ligações políticas com aquele setor, em vez de serem cooptados pelas elites tradicionais; 3) os militares simpatizam com a inclinação modernizadora dos setores intermediários para a industrialização. Destacando esse motivo final, o autor argumenta que, apesar das abordagens políticas diferentes, os setores intermediários civis e os militares têm um projeto comum de crescimento industrial associado ao progresso nacional.[317]

Tais argumentos sobre o papel político dos militares na *Latin America* são estudados mais a fundo em "The Latin-American Military as a Politically Competing Group in Transitional Society", um capítulo que Johnson escreveu para o livro *The Role of the Military in Underdeveloped Countries*.[318] O autor começa o texto

---

grupos sociais que não fazem parte das elites tradicionais proprietárias de terras nem das massas empobrecidas (JOHNSON, John J. *Political change in Latin America*: the emergence of the middle sectors. Stanford: Stanford University Press, 1958).

317 JOHNSON, John. *Political change in Latin America*: the emergence of the middle sectors. Stanford: Stanford University Press, 1958, pp. 13/14.

318 JOHNSON, John J. (Coord.). *The role of the military in underdeveloped countries*. Princeton: Princeton University Press, 1962.

afirmando que "o militarismo foi e ainda é um fato da vida na *Latin America*" – asserção logo seguida por uma explicação histórica: "Militarismo na *Latin America* de hoje é um resíduo cultural das Guerras de Independência (1810-1825) e desordens civis subsequentes".

Johnson chama o militarismo de resíduo porque o considera como uma forma moribunda de política personalista, ligada aos valores e aos interesses aristocráticos tradicionais. Na realidade, o fim do militarismo, segundo ele, deve ser considerado um resultado do processo de modernização que afetou com bastante força os militares. Repetindo aquilo que já havia afirmado em *Political Change*, o autor argumenta que a crescente necessidade de educação superior, treinamento técnico e especialização, necessários para operar equipamentos militares modernos, mudou o perfil da carreira militar, atraindo pessoas dos setores intermediários para a corporação. A mudança em direção ao profissionalismo moderno levou os militares para longe dos interesses das elites proprietárias de terra e na direção da agenda do setor intermediário: nacionalismo desenvolvimentista. Johnson acrescenta que, mesmo que esses novos militares tomem o poder, as dificuldades de administrar sociedades modernas complexas os forçariam a usar consultores civis e a manter a agenda dos setores intermediários.

> Politicamente, então, pode-se esperar que os militaristas que buscam o poder num futuro próximo irão procurar o apoio popular nos mesmos grupos socioeconômicos que incluem desde os trabalhadores urbanos, a burocracia e os profissionais até os proprietários e gerentes de empresas comerciais – como os setores intermediários fizeram durante meio século.[319]

319 JOHNSON, John J. (Coord.). *The role of the military in underdeveloped countries*. Princeton: Princeton University Press, 1962, p. 127.

O autor alega que a evidência empírica dessa nova conscientização política militar já existe:

> Em várias nações onde os militaristas se engajaram em política, os oficiais desenvolveram um novo conceito do papel do exército no governo e na sociedade. Sob a influência do novo conceito, as forças armadas procuraram, na maioria dos casos, com sucesso, livrar-se de sua tradicional subserviência a um ditador todo poderoso e, em vez disso, organizaram-se de tal maneira que, quando a intervenção ocorre, é em nome das forças armadas, e não no de um indivíduo.[320]

E a boa nova sobre os novos militares não fica restrita às consequências estruturais da modernização. Antecedendo o Secretário de Defesa Robert McNamara, Johnson declara:

> (...) há um volume crescente de evidências de que os programas de treinamento que trazem jovens oficiais aos Estados Unidos criam possibilidades políticas interessantes. Nas academias e escolas de treinamento dos Estados Unidos, estagiários *Latin American* convivem com futuros oficiais americanos, os quais separam rigorosamente seus interesses profissionais e políticos. A postura dos Estados Unidos em relação ao papel dos militares parece ter tido alguma influência.[321]

Infelizmente, escreve o autor, essa influência positiva de convivência com militares estadunidenses pode não ser suficiente para os regimes democráticos de *Latin America*:

---

320 JOHNSON, John J. (Coord.). *The role of the military in underdeveloped countries*. Princeton: Princeton University Press, 1962, p. 119.

321 JOHNSON, John J. (Coord.). *The role of the military in underdeveloped countries*. Princeton: Princeton University Press, 1962, p. 129.

> De tudo isso se pode concluir que, se a *Latin America* deve continuar a satisfazer-se com o militarismo, o que parece provável, poderia beneficiar-se de ter pelo menos um núcleo duro de oficiais que, treinados nos Estados Unidos, poderiam servir às vezes como resistência contra colegas militares, sejam de direita ou de esquerda, que egoisticamente venham a usurpar o poder e impor ditaduras totalitárias.[322]

Mesmo se as consequências benéficas do convívio com militares estadunidenses não livrarem a *Latin America* de seus antigos vícios, pelo menos produzirão uma elite militar pró-Estados Unidos para combater o comunismo.

Em outras palavras, para Johnson, os militares *Latin American* educados nos Estados Unidos são não apenas arautos do desenvolvimento econômico, mas também promotores de valores democráticos, tais como a separação entre a profissão militar e a política. O militarismo, nesse contexto, é considerado uma doença tradicional *Latin American*, contra a qual essa nova classe de oficiais militares democraticamente propensos trava uma batalha que poderá não vencer. Mesmo se a *Latin America* for incapaz de livrar-se do antigo vício do militarismo, os militares educados nos Estados Unidos manterão uma posição de centro, rejeitando a "usurpação egoísta do poder" e as "ditaduras totalitárias". Johnson leva o leitor a concluir que os militares *Latin American* educados nos Estados Unidos não estariam predispostos a se envolverem em golpes militares. Mesmo se isso acontecesse, seria com o objetivo de limitar a audácia e a ganância de seus colegas *Latin American* que não foram educados nos Estados Unidos.[323]

---

322 JOHNSON, John J. (Coord.). *The role of the military in underdeveloped countries*. Princeton: Princeton University Press, 1962, p. 129.

323 Infelizmente, os fatos contradizem a tese da convivência defendida por Johnson, Huntington, McNamara e outros estudiosos e políticos. A lista de militares *Latin American* que receberam treinamento nos Estados Unidos e posteriormente usurparam o poder em seus países é extensa, incluindo o panamenho

Na introdução que escreveu logo em seguida para *Continuity and Change in Latin America*,[324] o tom de Johnson torna-se menos otimista, e surge uma nítida preocupação com a estabilidade política na *Latin America*.[325]

> Agora, em resposta aos avanços da ciência e da tecnologia modernas, o ritmo e o escopo da transformação estão se acelerando. A estrutura tradicional está ruindo, o poder político e o econômico estão sendo transferidos com crescente rapidez das *haciendas* integradas para as cidades ainda não organizadas. Uma filosofia de mudança constante suplantou a de estabilidade.[326]

Johnson pertence ao grupo de latino-americanistas que preferem caracterizar a *Latin America* como uma sociedade "transicional", e não "tradicional". A diferença é que, em vez de serem apenas estáticas, as sociedades transicionais, como o nome indica, possuem setores que passam por um processo de transformação. Consequentemente, tais sociedades contêm uma mistura de elementos tradicionais e modernos.[327] Essa caracterização já havia sido apresentada em *Political Change in Latin America*. Agora,

---

Manuel Noriega, o argentino Leopoldo Galtieri, o boliviano Hugo Banzer, o guatemalteco Romeo Lucas García, o hondurenho Policarpo Paz García e o salvadorenho Rafael Bustillo – todos antigos "Chefes de Estado".

324 JOHNSON, John J. *The military and society in Latin America*. Stanford: Stanford University Press, 1964.

325 *Continuity and Change in Latin America* foi escrito sob os auspícios do Committee on *Latin American Studies*, criado em 1959 pelo American Council of Learned Societies em conjunto com o Social Science Research Council, com assistência financeira da Carnegie Corporation, Ford Foundation e Council on Higher Education in the American Republics.

326 JOHNSON, John J. *The military and society in Latin America*. Stanford: Stanford University Press, 1964, p. 3.

327 Deve-se observar que a introdução da noção de sociedade transicional não livra essa etnologia da oposição assimétrica temporal. Afinal, a sociedade transicional ainda não é suficientemente desenvolvida ou imatura.

entretanto, Johnson descobre que a mudança pode ter algumas consequências perigosas – a "revolução de expectativas crescentes" se torna indigesta.[328]

> Novos sistemas de referência estão sendo construídos; novas formas de mostrar descontentamento estão surgindo. Está cada vez mais na moda ser revolucionário. Aqueles que buscam progresso por meio da reforma disputam diretamente com os que exigem progresso pela violência.[329]

A constatação da ameaça revolucionária iminente obriga o autor a reavaliar seu otimismo anterior em relação à modernização *Latin American*.

> Primeiro, os sistemas tradicionais estão sendo repudiados antes de serem encontrados substitutos viáveis para eles. Milhões estão abandonando valores estabelecidos em troca de outros novos, que são transitórios, produtos do momento. Os últimos vestígios de interesse comum entre os que têm e os que não têm estão ameaçados. Os que não têm exigem um tipo de relacionamento novo, mais "democrático".[330]

É interessante notar que Johnson, embora pareça temer a substituição do tradicionalismo por uma agenda revolucionária,

---

328 A expressão "revolução de expectativas crescentes" é uma constante retórica da teoria da modernização. É interessante observar que, com a evolução dessa teoria, seu uso também mudou. Nos primeiros tratados de modernização, a "revolução" era frequentemente invocada para demonstrar que a modernização era um processo inevitável e que também atendia à aspiração dos povos subdesenvolvidos. No entanto, em trabalhos posteriores, como o de Johnson, o termo torna-se um sinal de alerta sobre os perigos da instabilidade política desencadeada pelo processo de modernização.

329 JOHNSON, John J. (Coord.). *Continuity and change in Latin America*. Stanford: Stanford University Press, 1964, p. 3.

330 JOHNSON, John J. (Coord.). *Continuity and change in Latin America*. Stanford: Stanford University Press, 1964, p. 3.

repudia também a "sobrevivência" das tradições *Latin American* – que considera um sinal do fracasso parcial do processo de modernização na região.

> Naturalmente, a Latin America não é uma simples unidade, e muitos aspectos do passado – personalismo, monocultura, graves desigualdades – perduram mesmo onde o progresso rumo a uma vida melhor é mais notável. As marcas de antigas atitudes e valores podem ser observadas nas mais modernas instituições. A cada momento, o impulso de mudança enfrenta forças inibidoras. As escolas não estão produzindo líderes suficientes, ou técnicos suficientes, para moldar a nova ordem em todas as suas dimensões. Em resumo, mudança e conservação estão em conflito em toda parte; trata-se apenas de uma questão de intensidade.[331]

Para o autor, o caminho para a modernização é uma via estreita entre a Sila do tradicionalismo e o Caríbides da insurreição revolucionária. O problema então passa a ser: quem vai conduzir a *Latin America* por essa via? O autor imediatamente se abstém de uma solução institucional:

> Instituições não, mas pessoas, às vezes individualmente, mas com mais frequência coletivamente, irão determinar, na análise final, se as forças em funcionamento na Latin America vão retardar ou fomentar o desenvolvimento social.[332]

Em outras palavras, tal qual Huntington, Johnson sustenta que instituições democráticas não podem garantir a modernização. Pelo contrário, a intensificação da participação política exacerba

331 JOHNSON, John J. (Coord.). *Continuity and change in Latin America*. Stanford: Stanford University Press, 1964, p. 16.

332 JOHNSON, John J. (Coord.). *Continuity and change in Latin America*. Stanford: Stanford University Press, 1964, p. 16.

a revolução de expectativas crescentes, atraindo o fantasma da revolução social. A solução deve vir de um grupo de pessoas, ou de um indivíduo, com determinação política para modernizar o país e evitar a infiltração comunista. Em *The Military and Society in Latin America*,[333] Johnson apresenta uma resposta inequívoca:

> [Os *Latin Americans* precisam saber] que estão se movendo rapidamente em direção a uma era de profunda desordem social e que a democracia representativa ocidental não mais possui o monopólio deste hemisfério, o público pode manter seus exércitos para resistir à violência provocada pelo extremismo, e, ao mesmo tempo, trabalhar para convertê-los em instituições socialmente mais construtivas. Isso seria não apenas heroico, mas certamente realista, e os *Latin Americans* provavelmente terão que ser mais realistas do que normalmente seriam, se quiserem sobreviver ao assalto de extremistas de direita e de esquerda.[334]

A solução proposta aponta para a estabilização política:

> As forças armadas, em circunstâncias nas quais a frustração e a desilusão acerca do desenvolvimento nacional frequentemente deixam políticos sofrendo de ansiedade e incerteza, podem tornar-se cada vez mais confiantes em sua capacidade para "pôr ordem na confusão". Se, e quando, tal situação acontecer, as forças armadas podem decidir proporcionar (...) a segurança que é solicitada por tantos. Em todo caso, já que as forças armadas provavelmente serão, durante algum tempo, a única força capaz de contrapor a demagogia desenfreada. Elas irão desempenhar nos estados da Latin

---

333 JOHNSON, John J. *The military and society in Latin America*. Stanford: Stanford University Press, 1964.

334 JOHNSON, John J. *The military and society in Latin America*. Stanford: Stanford University Press, 1964, p. 262.

> America um papel diferente daquele que têm nos estados com grande coesão social.[335]

Johnson acrescenta que os militares são melhores agentes da modernização que os civis *Latin American*. Seu profissionalismo os torna mais competentes que os burocratas civis. Eles podem contribuir para construir a infraestrutura do país, desenvolvendo atividades econômicas na fronteira (ex: desflorestamento) e prestando serviços sociais que os civis não estão dispostos a prestar. Devido ao seu compromisso com causas nacionalistas, diz o autor, os militares tendem a ser menos corruptos que seus colegas civis quando encarregados de atividades administrativas.

Em termos de política, os argumentos de Johnson oferecem justificativas convincentes para o apoio aos programas de ação cívica e aos ditadores militares da *Latin America*. Seguindo essa linha de raciocínio, só um pulso forte seria capaz de conduzir com segurança a imatura *Latin America* pela estreita via da modernização.

Johnson não está sozinho em sua revisão parcial da teoria da modernização. Apesar de seu tom menos direto, Lyle N. McAlister apresenta os mesmos argumentos. Em sua opinião, os militares *Latin American* têm contribuído historicamente para promover educação pública e treinamento técnico e para romper as barreiras tradicionais de classe e casta. McAlister também defende que os militares são mais competentes que os burocratas civis *Latin American* para lidar com tarefas administrativas. O que é mais importante, o autor argumenta que a classe moderna de militares *Latin American* é capaz de contribuir para a estabilidade política ao engajar-se diretamente na política e, dessa forma, impedir "o

335 JOHNSON, John J. *The military and society in Latin America*. Stanford: Stanford University Press, 1964, p. 262.

pêndulo político de oscilar para longe demais do centro", e ao enfraquecer a insurreição por meio da "ação cívica".[336]

Como Johnson, McAlister sustenta que o envolvimento dos militares com ciência e tecnologia tornou-os modernizadores. Para o autor, o contexto por meio (ou contra) do qual esses modernizadores militares se movem ainda é aquele descrito pela teoria da modernização. Os principais obstáculos na via para a modernização continuam a ser o "caráter individualista do temperamento hispânico", a "tradição hispânica" e a "estrutura altamente personalista da sociedade espanhola (sic)". Em outras palavras, as coisas que são "verdadeiramente" *Latin American* são negativas, e modernização é sempre algo que vem do exterior, geralmente de um lugar previsivelmente específico no exterior.

> [Os militares *Latin American* que] foram treinados em academias e fizeram curso especializado nos Estados Unidos, e não na Europa (...) possuem a melhor preparação técnica e a curiosidade intelectual mais aguçada: são menos presos à tradição e mais propensos a serem idealistas.[337]

A presença difusa desse argumento nos textos que estamos examinando mostra que o Secretário de Defesa Robert S. McNamara estava muito sintonizado com o discurso de acadêmicos da estabilização política, ou, mais provavelmente, vice-versa.

O professor de Ciência Militar na Arizona State University e Tenente-Coronel do Exército dos Estados Unidos, Theodore

---

336 McAlister informa que os programas de ação cívica são "baseados na experiência das forças britânicas, americanas e filipinas em luta contra os soldados comunistas irregulares no sudeste da Ásia" (MCALISTER, Lyle N. "The Military". *In*: JOHNSON, John J. (Coord.). *Continuity and change in Latin America*. Stanford: Stanford University Press, 1964).

337 MCALISTER, Lyle N. "The Military". *In*: JOHNSON, John J. (Coord.). *Continuity and change in Latin America*. Stanford: Stanford University Press, 1964.

Wyckoff, também contribuiu para a subliteratura de estabilidade política na *Latin America*. Wyckoff classifica os países *Latin American* conforme o nível de intervenção militar na política em três categorias: sempre, nunca e ocasionalmente.[338] Segundo o autor, na realidade, a maioria dos países *Latin American* está entre duas dessas categorias.[339] As principais variáveis que explicam as diferenças entre países, segundo ele, são o tamanho e o perfil da população. Costa Rica e Uruguai pertencem à categoria "nunca" porque são pequenos, e sua população é "homogeneamente europeia" (sic). Nesses países, governar não é muito complexo. Do lado oposto, o do "sempre", os países tendem também a ser pequenos e, portanto, facilmente controlados por uma pequena elite militar. Em contraste com o exemplo anterior, contudo, suas sociedades são compostas majoritariamente por "grupos de negros ou índios não assimilados que absorveram muito pouco da cultura ocidental e que possuem virtualmente nenhuma consciência política".[340]

---

338 A tipologia de intervenção militar de Wyckoff foi posteriormente adotada por outros especialistas em estabilidade política e estudos militares na *Latin America* (POWELL, John D. "Military Assistance and Militarism in Latin America". *Western Political Quarterly* XVIII, jun. 1965; MCALISTER, Lyle N. "Recent research and writings on the role of the military in Latin America". *Latin American Research Review*, vol. II, nº 1, out. 1966).

339 WYCKOFF, Theodore. "The Role of the Military in Latin American Politics". *In*: MARTZ, John D. (Coord.). *The Dynamics of Change in Latin American Politics*. Englewood Cliffs: Prentice-Hall, 1965.

340 O trabalho de Wyckoff, "The Role of the Military in *Latin American* Politics", foi publicado primeiramente sob forma de artigo no *Western Political Quarterly* (WYCKOFF, Theodore. "The Role of the Military in Latin American Politics". *Western Political Quarterly*, vol. XIII, nº 4, set. 1960). Ver também Wyckoff (WYCKOFF, Theodore. "Communist Military Capabilities in Latin America: The Spectrum of Violence". *In*: MASON, Bruce B. (Coord.). *The Political-Military Defense of Latin America*. Tempe: Bureau of Governmental Research, Arizona State University, 1963; WYCKOFF, Theodore. *The defense of Latin America*: the changing concept. vol. XIII. nº 81. Coleção Public Affairs Series. Tempe: Bureau of Government Research; Arizona State University, 1964). WYCKOFF, Theodore. "The Role of the Military in Latin American Politics". *In*: MARTZ, John D. (Coord.). *The Dynamics of Change in Latin American Politics*. Englewood Cliffs: Prentice-Hall, 1965.

Wyckoff declara que sua intenção é encontrar soluções para o problema militarista da *Latin America*. Na verdade, porém, seus escritos são guiados por preocupações políticas. A tipologia tripartite é apresentada como um preâmbulo para determinar até onde o militarismo *Latin American* endêmico se correlaciona com a modernização política e, principalmente, com estabilidade. Wyckoff conclui seu estudo propondo quatro teses. A primeira: o papel dos militares depende das condições políticas de um determinado país. Militares politicamente ativos seriam um sintoma de "imaturidade política", e não um sintoma persistente de uma patologia incurável. A segunda é uma derivação da primeira: os militares são fortes apenas quando a oposição é fraca, isto é, quando o sistema político do país sofre de "imaturidade política". A terceira hipótese não é diretamente relacionada aos militares, mas também deriva das anteriores: com a aculturação progressiva das classes mais baixas, o sistema político torna-se mais democrático e menos elitista, isto é, com a modernização, a democracia resultará naturalmente. Finalmente, Wyckoff sustenta que,

> (...) longe de ser uma ameaça às instituições democráticas, [os militares] podem servir como uma força para sustentá-las e defendê-las. As disposições constitucionais podem até ser reescritas para formalizar esse ajuste, tornando os oficiais de alta patente um tipo de judiciário, com poderes para interpretar a correção ou a inexatidão de atos dos poderes Executivo e Legislativo do governo. Se essa hipótese vier a ser correta, a democracia nesses países não terá nada a temer do papel político dos militares.[341]

Por mais absurdo e contraditório que pareça, Wyckoff realmente sugere que democracia sob supervisão militar é desejável para

---

341 WYCKOFF, Theodore. "The Role of the Military in Latin American Politics". *In*: MARTZ, John D. (Coord.). *The Dynamics of Change in Latin American Politics*. Englewood Cliffs: Prentice-Hall, 1965, p. 275.

a *Latin America*. A solução é bastante semelhante à que foi exposta por Johnson e McAlister, com a diferença de que Wyckoff chega a sugerir que o poder de supervisão dos militares sobre o Executivo e o Legislativo seja perpetuado como princípio constitucional.

Deve-se observar que, para Wyckoff, a ocidentalização é um pré-requisito da democracia. Segundo o autor, a falta de intervenção militar em países *Latin American* está correlacionada com o nível de "aculturação política" de suas populações ou, em suas prórprias palavras: "a aculturação política (...) arranca os dentes das forças que poderiam pô-la em perigo".[342] Essa avaliação de Wyckoff sobre a *Latin America* se parece com a definição de sociedade transicional da teoria da modernização. Em ambas as sociedades, são classificadas segundo seu grau de aculturação. Mas o autor lhe acrescenta um componente racial ao sustentar que as populações "homogeneamente europeias" da *Latin America* são predispostas a um governo civil, ao passo que "os grupos índios ou negros não assimilados" (isto é, não brancos) são campo fértil para o desenvolvimento do militarismo. Mais uma vez, traduções entre imaturidade, alteridade cultural e diferença racial se fazem possíveis.

Muitos dos trabalhos sobre o tema da estabilidade política na *Latin America* são manuais de aconselhamento político. O texto de John D. Powell, "Military Assistance and Militarism in *Latin America*" é um exemplo típico. Nesse artigo, Powell identifica uma contradição básica entre as metas de longo prazo da Aliança para o Progresso de Kennedy, que objetivavam fomentar democracia e desenvolvimento na *Latin America*, e a meta de curto prazo do Programa de Assistência Militar (MAP) que, desde a aprovação da Lei de Assistência Mútua de 1951, enfocava a preparação contra a "penetração comunista" em *Latin America*. Baseando-se na análise de dados quantitativos abundantes, o autor conclui que

342 WYCKOFF, Theodore. "The Role of the Military in Latin American Politics". *In*: MARTZ, John D. (Coord.). *The Dynamics of Change in Latin American Politics*. Englewood Cliffs: Prentice-Hall, 1965, p. 275.

o MAP, na verdade, contribuiu para que ocorresse intervenção militar na política *Latin American*. Powell resume sua análise declarando que "esse pode ser o preço oculto da segurança anticomunista que os Estados Unidos buscam no hemisfério ocidental por meio do MAP".[343] Estendendo sua análise aos programas de ação cívica de Kennedy, o autor sustenta que a mudança de ênfase para a segurança interna contribuiu para aumentar a capacidade intervencionista interna dos militares *Latin American* e, consequentemente, enfraquecer ainda mais as democracias da região. Isto é, segundo o autor, a mudança de orientação política sob Kennedy só contribuiu para exacerbar essa contradição.

Powell propõe uma solução para esse dilema que poderia sair-se melhor do que o MAP em termos de fomentar o "desenvolvimento político" na *Latin America* e, ao mesmo tempo, manter a meta de curto prazo de evitar a penetração comunista no hemisfério. O autor argumenta que, já que a segurança é uma questão política, o Departamento de Estado, em lugar do Pentágono, deveria coordenar os programas de assistência militar. O MAP deveria ser reduzido e combinado com o Programa de Segurança Pública da Agency for International Development (AID), que

> (...) proporciona treinamento e equipamento a forças policiais *Latin American* para essa finalidade; o treinamento inclui administração, organização e gerenciamento policiais, operações policiais urbanas e rurais, controle de fronteiras, técnicas de investigação, controle de distúrbios, comunicações e registros e identificação. Além disso, fornece equipamento policial, inclusive para comunicações, transporte motorizado e armas de uso policial.[344]

---

343 POWELL, John D. "Military Assistance and Militarism in Latin America". *Western Political Quarterly* XVIII, jun. 1965, p. 388.

344 POWELL, John D. "Military Assistance and Militarism in Latin America". *Western Political Quarterly* XVIII, jun. 1965, p. 390.

A combinação correta do MAP e do Programa de Segurança Pública dependerá do perfil de cada país. Tomando emprestada a tipologia tripartite de Wyckoff, Powell afirma que, nos países--nunca, governados por civis, o MAP deveria ser restrito à preparação para a guerra submarina, deixando a maioria da assistência militar estadunidense para o Programa de Segurança Pública.[345] Nas nações-sempre (dominadas pelos militares), o MAP deveria ser parcialmente conservado, enquanto a assistência econômica estadunidense e o Programa de Segurança Pública seriam voltados para estabelecer uma força policial controlada por civis e independente do controle militar direto.[346]

Embora Powell reconheça que a assistência militar dos Estados Unidos contribuiu para fortalecer a posição política dos militares na *Latin America*, ele considera esta uma consequência inevitável induzida pelo militarismo arraigado da *Latin America*.

---

345 Para um estudo histórico da participação do governo americano no estabelecimento do policiamento interno no Brasil, ver Martha Knisely Huggins (HUGGINS, Martha Knisely. *Political policing*: The United States and Latin America. Londres: Duke University Press, 1998). No livro, Huggins dá especial atenção à colaboração de funcionários estadunidenses agentes secretos e alguns civis com o aparato repressivo montado depois do golpe militar de 1964, que incluía esquadrões da morte, prisões ilegais e tortura de presos políticos. A autora argumenta que a estratégia de usar o policiamento para combater o comunismo na *Latin America* ganhou momento com a mudança de ênfase para a contrainsurreição feita pelo governo Kennedy. Segundo ela, o procurador-geral dos Estados Unidos, Robert Kennedy, foi uma figura-chave na orquestração dessa mudança (HUGGINS, Martha Knisely. *Political policing*: The United States and Latin America. Londres: Duke University Press, 1998 pp. 101/111). Seguindo o relato de Huggins, pode-se perceber que a colaboração dos Estados Unidos com a repressão policial no Brasil começou antes que Powell publicasse seu trabalho (POWELL, John D. "Military Assistance and Militarism in Latin America". *Western Political Quarterly*, vol. XVIII, jun. 1965) e continuou durante a década de 1970.

346 POWELL, John D. "Military Assistance and Militarism in Latin America". *Western Political Quarterly* XVIII, jun. 1965, p. 391.

> É amplamente aceito o fato de que existem vários fatores identificáveis no meio cultural *Latin American*, tais como machismo e uma tendência marcante para o fatalismo, que afetam tanto os militares quanto o ambiente político no qual os militares operam.[347]

Na nota de rodapé ao trecho acima, Powell cita John Gillin em apoio à sua conclusão, acrescentando que o machismo é um "tipo de masculinidade altamente valorizada, caracterizada por proezas sexuais, orientação para a ação, ousadia e autoconfiança", e que também possui "conotações de autoritarismo, encontradas em muitas culturas agressivamente patriarcais". Em outras palavras, sua concepção não é muito diferente da de Wyckoff que, conforme as palavras do próprio Powell, "parece sentir que o ambiente político e cultural *Latin American* de alguma maneira 'exige' a intervenção militar na política por sua natureza verdadeiramente ibérica".

A abordagem de Powell ao gerenciamento da estabilidade na *Latin America* pode ser denominada de repressão anticomunista direcionada, combinada a uma suposta preocupação com a democracia. Os países que haviam demonstrado uma vocação democrática prévia deveriam receber treinamento e ajuda para a criação de um aparato policial repressivo anticomunista, ao passo que os países com uma "tradição" de atividade política militar também deveriam receber os mesmos incentivos, combinados com a cooperação militar direta. Dessa maneira, Powell dá uma oportunidade para que os elementos civis anticomunistas dos países democraticamente inclinados para preservar a "democracia", desde que os movimentos populares "corrompidos" pelo comunismo sejam devidamente reprimidos.

Outra contribuição relevante, que não esconde sua orientação para o *policymaking*, é o trabalho de Willard F. Barber e

---

347 POWELL, John D. "Military Assistance and Militarism in Latin America". *Western Political Quarterly* XVIII, jun. 1965, p. 388.

C. Neale Ronning, *Internal Security and Military Power: Counterinsurgency and Civic Action in Latin America*, publicado sob os auspícios do Mershon Center for Education in National Security.[348] Na página de abertura, os autores declaram que estão interessados em examinar a maneira como os Estados Unidos, no papel de superpotência, podem impor "seu próprio estilo de paz e segurança internacionais" no relacionamento com seus vizinhos do sul. No mesmo parágrafo, o problema é redefinido em termos de como promover estabilidade em países que estão vivenciando mudança rápida. O livro então fornece uma avaliação detalhada dos programas de Ação Cívica Militar (MCA) e sua utilidade para atingir as metas de segurança da política externa estadunidense na *Latin America*.

Após rever a evolução histórica da doutrina de segurança dos Estados Unidos, Barber e Ronning concluem que os militares *Latin American* se tornaram o principal meio de defesa do hemisfério contra o comunismo. Não por terem condições de resistir a um ataque soviético direto, mas porque sua determinação "ferozmente anticomunista" é útil contra a subversão interna. Contudo, isso não faz com que a MCA, por si só, valha a pena. Primeiro, comparados ao MAP, os fundos para a MCA sempre foram poucos e, segundo, não existe uma avaliação confiável das consequências e benefícios dessa política. Os autores argumentam que a falta de uma avaliação digna de confiança levanta questões sobre a competência dos militares *Latin American* para atender às metas primárias da MCA: contribuir para a modernização e melhorar a imagem dos militares perante grupos da população potencialmente

348 Willard Barber trabalhou para o Foreign Service Office e posteriormente para o Departamento de Estado, sempre em postos que tratavam de assuntos *Latin American*. C. Neale Ronning é um cientista político que, segundo o prefácio do livro, "mergulhou profundamente nas fontes e implicações da violência política em alguns países [*Latin American*]" (BARBER, Willard F.; RONNING, C. Neale. *Internal Security and Military Power*: Counterinsurgency and Civic Action in Latin America. Columbus: Ohio State University Press, 1966, p. 8).

inclinados à agitação. Por fim, a MCA dá aos funcionários públicos estadunidenses pouco controle sobre as ações de seus colegas *Latin American*:

> Há algum tempo, a *Latin America* tem sido um campo de provas. Oficiais *Latin American* são treinados por norte-americanos em formas de combate à guerrilha – os instrutores anseiam que seus alunos considerem o novo jogo mais interessante do que o antigo de "depor o Presidente", para que não usem as técnicas aprendidas para ajudar a causa da insurreição e, acima de tudo, para que consigam distinguir corretamente o guerrilheiro revolucionário (bastante contaminado por ideologia estrangeira) do cidadão que protesta contra a injustiça e a opressão (defensor da reforma agrária).[349]

Entretanto, para Barber e Ronning, seus anseios não são atendidos. Contradizendo outros especialistas no assunto, os autores duvidam de que os militares *Latin American* possam ter um desempenho melhor que os civis no estabelecimento de infraestrutura e de prestação de serviços sociais. Ademais, sustentam que os trabalhos de infraestrutura implementados sob a égide de programas de MCA não são suficientes para desempenhar um papel decisivo na promoção da modernização. Quanto ao objetivo de conquistar as boas graças da população, argumentam que os projetos militares são geralmente pouco permeáveis à participação civil e, portanto, contribuem pouco para fortalecer as relações entre civis e militares.

Ao enumerar os poucos prós e os muitos contras da MCA, Barber e Ronning acabam minimizando a importância daqueles

---

349 Neste trecho, os autores referem-se à MCA como um programa de contrainsurreição. Isso revela quão tênue era a distinção entre os programas. (BARBER, Willard F.; RONNING, C. Neale. *Internal Security and Military Power*: Counterinsurgency and Civic Action in Latin America. Columbus: Ohio State University Press, 1966, p. 8).

programas. Embora não defendam o término da MCA, os autores alegam que o programa foi supervalorizado por políticos e funcionários do governo dos Estados Unidos, como se fora uma panaceia contra o comunismo e o subdesenvolvimento, aumentando assim as expectativas em relação a seus resultados. O problema com essas expectativas crescentes é que resultados pífios podem levar à desativação dos programas de MCA. E os autores notam que isso já estava acontecendo. Comparado com a administração Kennedy, a de Lyndon Johnson tinha pouco interesse nos programas de MCA e inclinava-se na direção do apoio direto aos ditadores militares anticomunistas e da intervenção militar direta dos Estados Unidos. Barber e Ronning concluem que os programas de MCA deveriam ser adaptados a cada caso nacional, acrescentando que as expectativas em relação a esses programas deveriam ser reavaliadas segundo a importância relativamente pequena que eles tinham dentro do escopo mais amplo da política estadunidense de segurança no hemisfério.[350]

4.3 Conclusão

Como indica a análise acima, a literatura da estabilidade política na *Latin America* afasta-se da teoria clássica de modernização sem romper com suas hipóteses etnológicas essenciais. A *Latin America* continua a ser um lugar caracterizado pela mesma combinação de oposições assimétricas culturais, temporais e, às vezes, raciais. Indícios dessa continuidade podem ser observados na definição de Huntington dos sistemas políticos fracos, que ele atribui à falta de valores culturais modernos. Os problemas que Johnson identifica na sociedade *Latin American* transicional são

350 Uma das queixas de Barber e Ronning é que, nas audiências no Congresso, as verbas destinadas à ação cívica são discutidas em termos de *Latin America* como um todo, não considerando as especificidades de cada caso nacional (BARBER, Willard F.; RONNING, C. Neale. *Internal Security and Military Power*: Counterinsurgency and Civic Action in Latin America. Columbus: Ohio State University Press, 1966, p. 231).

atribuídos à persistência do tradicionalismo – um termo prenhe de oposições assimétricas temporais e culturais. Além disso, seus "setores intermediários" nada mais são que grupos sociais aculturados, que se tornam arautos da modernidade só porque se libertaram do tradicionalismo *Latin American* pela incorporação de valores "ocidentais". Seguindo uma fórmula semelhante, McAlister argumenta que a aculturação é a única trilha para a democracia – quer dizer, só se livrando da carga negativa da cultura *Latin* e adotando valores "ocidentais", aquelas sociedades conseguirão escapar da instabilidade e do subdesenvolvimento. Finalmente, Wyckoff vai mais além ao impregnar sua tipologia de aculturação com matizes raciais. Por meio da oposição assimétrica racial, as referências recorrentes de Wyckoff ao autoritarismo, militarismo e machismo "tradicionais" da *Latin America* adquirem um tom determinista que contribui imensamente para o pessimismo da sua mensagem.

Baseado nesse diagnóstico da situação, aqueles autores pensam que a *Latin America* só pode ser salva por militares anticomunistas alinhados com os Estados Unidos, que adquiriram uma propensão para o progresso e para a democracia por meio de contatos com seus colegas estadunidenses. O quadro geral é bastante irônico, senão trágico, dado que os mesmos militares que são declarados patrocinadores potenciais da democracia na *Latin America* só podem desempenhar tal papel se tomarem o poder e, portanto, erradicarem a democracia. Percebendo essa contradição, Wyckoff recomenda que as democracias *Latin American* transformem a tutela militar em um princípio constitucional, uma medida que não apenas deixa de resolver a contradição, como também revela claramente a posição da democracia na lista de prioridades da estabilização política.

Embora suas etnologias sejam basicamente as mesmas, as expectativas produzidas pelas literaturas da modernização e da estabilidade política são bastante diferentes. Enquanto a teoria da modernização considera o atraso e a patologia cultural da *Latin America* obstáculos que o processo de modernização irá superar, a literatura sobre estabilidade política julga essas mesmas características uma ameaça eminente contra a segurança estadunidense. Para seus autores, a *Latin America* havia se tornado o "ponto fraco" dos Estados Unidos – o palco principal da luta contra o comunismo no contexto da Guerra Fria posterior à revolução cubana. De certa forma, a percepção do continente americano como o *Lebensraum* do povo estadunidense, um pressuposto fundamental da ideologia do Destino Manifesto, foi, após a Segunda Guerra Mundial, substituída gradualmente por uma concepção de *Latin America* como *buffer* de segurança contra o comunismo. É claro que, além das preocupações de segurança imediatas da Guerra Fria, salvar a *Latin America* do comunismo representava também um meio de garantir a continuação da influência e da rentabilidade do capitalismo estadunidense na região.[351]

Mas como etnologias tão semelhantes da *Latin America* poderiam produzir expectativas tão diferentes? Isso só pode ser entendido enquanto um produto da maleabilidade do discurso sociocientífico. Como mostrei no capítulo anterior, os teóricos "clássicos" da modernização também advertem contra os perigos da instabilidade gerada pelo processo modernizador. Entretanto, preferiram enfatizar as possibilidades e os benefícios da modernização patrocinada pelos Estados Unidos e minimizar os fatores que poderiam não contribuir para aquela agenda. Os autores da literatura da estabilização política são também entusiastas da influência estadunidense na *Latin America*, daí o argumento recorrente sobre o contato benéfico entre militares *Latin American* e seus colegas estadunidenses amantes da democracia. No entanto, preferem insistir nas consequências prejudiciais da modernização, produzindo assim uma expectativa geral de ameaça iminente que justifica medidas extremas, tais como golpes militares, intervenção, contrainsurreição e assim por diante. Não por coincidência, essa

351 SCHOULTZ, Lars. *Beneath the United States*: a history of US policy toward Latin America. Cambridge: Harvard University Press, 1998.

mudança de ênfase dentro da teoria da modernização seguiu-se a uma mudança na orientação política governamental dos Estados Unidos em relação aos países *Latin American*.

Comparada à maior parte da produção dos *Latin American Studies*, a postura abertamente nacionalista da literatura sobre estabilidade política na *Latin America* é incomum. Isso pode ser parcialmente explicado por sua evidente proximidade ao *policymaking*. Os autores citados, sem exceção, concordam a respeito dos principais conteúdos e prioridades dos interesses nacionais dos Estados Unidos na *Latin America*: prevenir a difusão do comunismo. Os imperativos da Guerra Fria são incontestes e há pouca pretensão de ocultar os interesses de segurança por trás de discursos sociocientíficos supostamente neutros em relação a valores e interesses. Alguns autores exibem certo desconforto com o que consideram metas contraditórias da política externa estadunidense em relação à *Latin America*: promover a democracia e combater o comunismo por intermédio da ajuda militar. Entretanto, mesmo estes sugerem que tal contradição pode ser resolvida pela correta adaptação das políticas de ajuda militar. Dessa forma, os militares *Latin American* seriam transformados em agentes tanto da modernização quanto da estabilidade política no continente – uma avaliação que produziu as mais desastrosas consequências, principalmente para os assim chamados *Latin American*, é claro.

Na literatura da estabilidade política, o raciocínio sinedóquico é também um recurso retórico muito utilizado. Ao argumentar que o militarismo é inerente à cultura *Latin American* e que os militares desempenharam um papel crucial na história da região, esses cientistas sociais continuam tratando *Latin America* como se fosse uma unidade e, consequentemente, estendem suas conclusões nefastas a todos os países *Latin American*. Esse argumento também serve para eximir os estadunidenses de qualquer responsabilidade em fomentar o militarismo na *Latin America*. Afinal, se o militarismo é parte da natureza política *Latin American*, a ajuda militar não constituiria uma interferência significativa nos assuntos *Latin American*. Os acadêmicos não foram os únicos a raciocinar dessa maneira. Como Barber e Ronning mostraram, o Congresso dos Estados Unidos tratou o problema da ajuda militar aos países do sul como um todo: um problema de política externa dos Estados Unidos em relação à *Latin America*.

CAPÍTULO V

ESTUDOS SOBRE DEPENDÊNCIA

> "Além do objetivo geral já assinalado, procurou-se também mostrar, implicitamente, que considerar problemas econômicos ou políticos da *América Latina* como um todo, sem especificar diferenças de estrutura e de história que distinguem as situações, países e momentos, dentro do conjunto, constitui um equívoco teórico de consequências práticas perigosas".
>
> - Fernando Henrique Cardoso e Enzo Faletto

Certamente a crítica mais acerba à teoria da modernização que penetrou os *Latin American Studies* até o momento, os estudos da dependência[352] chegaram ao meio acadêmico dos Estados Unidos como um importado da *Latin America*. Os caminhos transnacionais de intercâmbio de ideias e influência que deram origem à "teoria" da dependência devem ser estudados via recepção das obras importadas pela comunidade acadêmica daquele país.[353] Embora a intenção aqui não seja fazer um estudo completo dessa recepção,

---

352 Também referidos aqui como "dependência" ou "teoria da dependência".

353 Para uma introdução geral à teoria da recepção, ver HOLUB, Robert C. *Reception theory*: a critical introduction. Londres: Methuen, 1984.

examinarei alguns aspectos dos trabalhos de autores "originais" da dependência e de seus seguidores estadunidenses.

Antes de começar o estudo desse intercâmbio acadêmico, devo lembrar mais uma vez que o objeto principal deste livro são os textos sociocientíficos sobre *Latin America* produzidos nos Estados Unidos. Essa escolha tem razões teóricas e metodológicas. O estudo, em sua totalidade, repousa sobre a hipótese de que a *Latin America* foi conceituada pelos estadunidenses por meio de formas de oposição assimétrica. Dada a produção numerosa e a extensa estrutura institucional dos *Latin American Studies*, é razoável trabalhar com a hipótese de que as ciências sociais desempenham um papel crucial na definição de *Latin America* na sociedade estadunidense. Essa estrutura institucional é financiada nacionalmente para produzir uma ciência social com foco em interesses nacionais.[354] Ademais, a orientação linguístico-pragmática de meu enfoque pede tal restrição. Uma vez que os conceitos só existem por meio do uso de falantes/escritores em uma determinada comunidade linguística, essa comunidade deve ser o primeiro e mais importante lócus de investigação.

---

354 Para um mapeamento detalhado das fontes públicas e privadas de financiamento, ver Klare (KLARE, Michael (Coord.). *The university-military-police complex*: a directory and related documents. Nova York: The North American Congress on Latin America (NACLA), 1970), Fagen (FAGEN, Richard R. "Studying Latin American Politics: Some Implications of a Dependencia Approach". *Latin American Research Review*, vol. 12, nº 2, 1977), Horowitz (HOROWITZ, Irving Louis. *The rise and fall of project camelot*: studies in the relationship between social science and practical politics. Cambridge: Massachusetts Institute of Technology Press, 1967; HOROWITZ, David. *The free world colossus*: a critique of american foreign policy in the Cold War. Nova York: Hill and Wang, 1971) e Seybold (SEYBOLD, Peter J. "The Ford Foundation and the Triumph of Behavioralism in American Political Science". *In*: ARNOVE, Robert F. (Coord.). *Philanthropy and Cultural Imperialism*: The Foundations at Home and Abroad, 1982). Para uma defesa da importância dos interesses nacionais na definição de linhas de pesquisa e subvenções para os *Latin American Studies* feita por uma figura-chave de sua atual estrutura institucional, ver Torres (TORRES, Carlos Alberto. "Center Directors Discuss the Future of Latin American Studies". *LASA Forum*, 2000).

Posto isso, devo acrescentar que, nesta seção específica do trabalho, algumas fontes "estrangeiras" também precisam ser examinadas. Importa aqui não o contexto original no qual esses textos foram produzidos, mas as maneiras pelas quais eles foram recebidos pelos profissionais acadêmicos dos Estados Unidos.

O levantamento da literatura primária e secundária mostra que a teoria da dependência "chegou" à academia estadunidense em duas ondas sucessivas. A primeira, no final dos anos 1960, por meio do trabalho influente de Andre Gunder Frank e, posteriormente, durante os anos 1970, por meio da lenta recepção por parte de alguns latino-americanistas do trabalho produzido por *dependentistas Latin American*. Conforme J. Samuel Valenzuela e Arturo Valenzuela[355] observaram em 1978,

> é revelador que os escritos mais importantes do "enfoque da dependência" ainda não foram traduzidos para o inglês, mais de uma década após os primeiros esboços mimeografados começarem a circular em Santiago. A análise de dependência tornou-se conhecida nos Estados Unidos e na Europa não por meio dos escritos de *Latin Americans*, mas de intérpretes, tais como Andre Gunder Frank, cujo trabalho difere substancialmente daquele de autores importantes nesse campo, tais como F. H. Cardoso, O. Sunkel e T. dos Santos.

A obra de Fernando Henrique Cardoso e Enzo Faletto, *Dependencia y Desarrollo en América Latina* é um exemplo importante desse processo. Embora fosse escrito mais ou menos na mesma época e lugar que os primeiros textos de Frank (Santiago do Chile, segunda metade dos anos 1960), o livro de Cardoso e Faletto só foi traduzido e publicado em inglês em 1979, dez anos após a publicação da primeira edição em espanhol. Já os numerosos trabalhos de

355 VALENZUELA, J. Samuel; VALENZUELA, Arturo. "Modernization and Dependency: alternative perspectives in the study of Latin American underdevelopment". *Comparative Politics*, vol. 10, nº 4, 1978, p. 540.

Frank foram prontamente publicados em inglês, começando com *Capitalism and Underdevelopment in Latin America*, em 1967.[356]

Muitos autores foram recebidos pela academia estadunidense como *dependentistas* oriundos da *Latin America*, entre eles, Osvaldo Sunkel, Celso Furtado, Ruy Mauro Marini, Theotonio dos Santos, Aníbal Quijano, Octávio Ianni e Florestan Fernandes. Decidi limitar a análise feita aqui a Cardoso e Faletto, porque sua obra atingiu um público mais amplo nos Estados Unidos do que a de seus colegas *Latin American*.[357] Até mesmo Frank, a outra grande influência na história dessa recepção, acabou sendo eclipsado pela reputação de Cardoso como *dependentista* líder. Relembrando com grande pesar mais de uma década de recepção da dependência nos Estados Unidos, Robert A. Packenham[358] declara:

> De todos os autores que usaram a perspectiva da dependência, nenhum foi mais aclamado e influente, especialmente nos Estados Unidos, que o sociólogo brasileiro Fernando Henrique Cardoso. (...) De todos os trabalhos de Cardoso sobre dependência, nenhum é mais importante do que o livro que escreveu com o chileno Enzo Faletto, *Dependencia y Desarrollo en América Latina*.[359] Para muitos, esse é o *locus classicus* da literatura sobre dependência.

---

356 Uma edição revisada e aumentada foi publicada em 1969.

357 PACKENHAM, Robert A. "Plus ça Change...: the English Edition of Cardoso and Faletto's Dependencia y Desarollo en América Latina". *Latin American Research Review*, vol. 17, nº 1, 1982.

358 PACKENHAM, Robert A. "Plus ça Change...: the English Edition of Cardoso and Faletto's Dependencia y Desarollo en América Latina". *Latin American Research Review*, vol. 17, nº 1, 1982, p. 131.

359 CARDOSO, Fernando Henrique; FALETTO, Enzo. *Dependencia y desarrollo en América Latina*: ensayo de interpretación sociológica. 1ª ed; 2ª ed; 3ª ed. México: Siglo Veintiuno Editores, 1969.

Packenham então deslinda uma lista de latino-americanistas "famosos" que atribuem a Cardoso a mesma importância fundamental.

Esse hiato entre as duas ondas de consumo da dependência está parcialmente relacionado ao grau de exotismo de seus respectivos autores e de seus textos originais. Cardoso era um professor de sociologia brasileiro exilado no Chile, e Faletto, um intelectual chileno, ambos influenciados pela sociologia francesa e pela economia de Raúl Prebisch e Celso Furtado. Seu texto original foi escrito em espanhol. Frank, por sua vez, era um alemão que havia emigrado para os Estados Unidos, onde se formou em economia pela University of Chicago, dando início logo em seguida a uma carreira acadêmica como economista "convencional" e especialista na União Soviética. Posteriormente, deu aulas de Economia e Ciências Sociais na Iowa State University, Michigan State University e Wayne State University, antes de passar temporadas na Universidade de Brasília, Universidad de Chile e Universidad Nacional de México. Frank diz ter ido "para *Latin America* um liberal e rapidamente se tornado um revolucionário".[360] Enquanto alguns comentaristas preferem classificá-lo como divulgador nos Estados Unidos dos estudos de dependência feitos por *dependentistas*, outros o consideram um autor original, herdeiro intelectual da tradição marxista estadunidense, que inclui Paul A. Baran e Paul Sweezy.[361]

Nas seções seguintes, examinarei a maneira como Frank e Cardoso e Faletto conceituam a *Latin America* em seus textos mais influentes para, depois, avaliar a recepção de seus trabalhos pelos *Latin American Studies*.

360 FOSTER-CARTER, Aidan. "From Rostow to Gunder Frank: Conflicting Paradigms in the Analysis of Underdevelopment". *World Development*, vol. 4, nº 3, 1976, p. 176.

361 VALENZUELA, J. Samuel; VALENZUELA, Arturo. "Modernization and Dependency: alternative perspectives in the study of Latin American underdevelopment". *Comparative Politics*, vol. 10, nº 4, 1978.

5.1 Andre Gunder Frank

O esforço de Frank em refutar as principais teses da teoria da modernização é digno de nota. Primeiro, a de que os países subdesenvolvidos não passaram por qualquer mudança histórica significativa, e, assim, que seu subdesenvolvimento corresponde à perpetuação do atraso e do tradicionalismo. De acordo com Frank,

> (...) nossa pesquisa indica que esses países possuem uma história, e que seu subdesenvolvimento foi produzido pelo desenvolvimento do mercantilismo e, posteriormente, do capitalismo industrial.[362]

Segundo, o autor procura rejeitar a ideia de que a sociedade *Latin American* é dividida em dois setores: um moderno, urbano e capitalista; e outro rural, atrasado e/ou "feudal". De acordo com Frank, as regiões rurais dos países *Latin American* são parte integral das economias capitalistas daqueles países, servindo na condição de "colônias internas" para as regiões mais industrializadas, cuja dinâmica de crescimento, por sua vez, depende do capitalismo metropolitano.[363] O subdesenvolvimento daquelas regiões não é uma sobrevivência anacrônica do tradicionalismo, mas um produto do desenvolvimento das metrópoles internas. Portanto, as sociedades subdesenvolvidas devem ser consideradas como um todo, em vez

---

362 COCKCROFT, James D.; FRANK, Andre Gunder; JOHNSON, Dale L. *Dependence and underdevelopment*: Latin America's political economy. Garden City: Anchor Books, 1972, p. 11.

363 Frank usa o termo "metrópole" (em oposição a satélite) para referir-se ao capitalismo desenvolvido. No sistema capitalista mundial, os principais países industrializados são as metrópoles. Ao mesmo tempo, dentro de países satélites, existe também uma relação metrópole/satélite entre áreas industrializadas e rurais FRANK, Andre Gunder. *Latin America*: underdevelopment or revolution – essays on the development of underdevelopment and the immediate enemy. Nova York: Monthly Review Press, 1969

de serem partidas em duas metades funcionalmente independentes, uma moderna e uma anacrônica.

> Essa longa relação entre os países hoje subdesenvolvidos e desenvolvidos, dentro do mesmo processo histórico, não afetou apenas o enclave de exportação nos países subdesenvolvidos, como quer a tese quase universalmente aceita e também empírica e teoricamente errônea da sociedade ou economia "dual". Ao contrário, essa relação histórica transformou o tecido social inteiro dos povos cujos países agora são subdesenvolvidos, exatamente como nos países desenvolvidos.[364]

Terceiro, os teóricos da modernização argumentam que a difusão de capital, cultura e tecnologia oriunda dos países desenvolvidos é um fator crucial na industrialização dos países satélites. Mas Frank tenta demonstrar pela análise de evidências históricas que os países satélites tendem a desenvolver-se economicamente mais depressa quando os laços com o capitalismo metropolitano se enfraquecem, por exemplo, durante a Grande Depressão e as duas Guerras Mundiais. Quando os laços de dependência são restabelecidos e os países satélites são reintegrados à sua função dependente no sistema capitalista mundial, seu dinamismo retrocede.[365]

---

364 FRANK, Andre Gunder. "The development of underdevelopment". *In*: COCKCROFT, James D.; FRANK, Andre Gunder; JOHNSON, Dale L. (Coord.). *Dependence and underdevelopment*: Latin America's political economy. Garden City: Anchor Books, 1972, p. 348.

365 FRANK, Andre Gunder. "The development of underdevelopment". *In*: COCKCROFT, James D.; FRANK, Andre Gunder; JOHNSON, Dale L. (Coord.). *Dependence and underdevelopment*: Latin America's political economy. Garden City: Anchor Books, 1972, p. 7; FRANK, Andre Gunder. "Sociology of development and underdevelopment of sociology". *In*: COCKCROFT; James D.; FRANK, Andre Gunder; JOHNSON, Dale L. (Coord.). *Dependence and Underdevelopment*: Latin America's Political Economy. Garden City: Anchor Books, 1972, p. 327.

E quarto, teóricos da modernização frequentemente classificam as áreas subdesenvolvidas da *Latin America* como pré-capitalistas. Frank apresenta a seguinte objeção:

> O argumento de um estágio pré-capitalista é usado por muitos estudiosos, até mesmo marxistas, para justificar a suposta necessidade de reforma, ou de uma revolução burguesa, para trazer a *Latin America* ao estágio capitalista da história. Nós mostraremos, porém, que as partes supostamente pré-capitalistas, feudais ou atrasadas da *Latin America* (que também podem ser denominadas colônias internas) refletem e também contribuem para o subdesenvolvimento contínuo e completamente capitalista de *Latin America*.[366]

Não se pode deixar de notar que o ataque de Frank à teoria da modernização tem um forte componente de crítica conceitual. O autor se esforça em demonstrar que a modernização não estava errada somente no tocante a suas premissas e hipóteses, mas também em sua conceituação do próprio problema do desenvolvimento. Isso fica explícito em sua crítica do conceito de "subdesenvolvimento", elemento crucial para a etnologia temporalmente carregada da modernização. Frank sustenta que os países desenvolvidos de hoje nunca foram subdesenvolvidos, mas apenas pouco desenvolvidos, acrescentando que "nenhum país jamais esteve num estado original de subdesenvolvimento". "Subdesenvolvimento" não é uma simples ausência ou negação de desenvolvimento, mas uma condição que resulta da transformação de uma economia pouco desenvolvida autossuficiente em uma economia dependente, a serviço das necessidades e dos mercados dos países capitalistas desenvolvidos.

Com esse movimento, Frank subverte a oposição assimétrica temporal básica que fundamenta a teoria da modernização. Para

---

366 COCKCROFT, James D.; FRANK, Andre Gunder; JOHNSON, Dale L. *Dependence and underdevelopment*: Latin America's political economy. Garden City: Anchor Books, 1972, pp. 11/12.

ele, desenvolvimento e subdesenvolvimento são partes da mesma problemática. Ou seja, subdesenvolvimento não é um produto da paralisia histórica, mas de um processo que o autor denomina de "o desenvolvimento do subdesenvolvimento".[367]

Essa crítica é estendida ao uso do termo "feudal" para descrever *Latin America* e suas regiões. Frank afirma que as regiões, que hoje são julgadas feudais pela teoria da modernização, foram as primeiras a serem integradas ao sistema capitalista mundial, acrescentando que as relações e condições reproduzidas em tais regiões permaneceram funcionalmente integradas àquele sistema desde então. Por isso, a desigualdade econômica não deve ser considerada um sinal de *handicap* histórico. Segundo Frank, a expansão do mundo europeu, que começou no século XV, incorporou a maior parte do mundo em um "único fluxo de história mundial".[368] As áreas subdesenvolvidas e desenvolvidas do mundo partilham a mesma história há séculos: todas pertencem ao mesmo período. Em suma, a rejeição por Frank do argumento de *handicap* histórico é evidente, mesmo que seu vocabulário não coloque o problema nesses termos. Ao se referir à teoria da modernização, o autor argumenta: "Essa abordagem inteira do desenvolvimento econômico e da mudança cultural atribui uma história aos países desenvolvidos, mas nega qualquer história aos subdesenvolvidos".[369]

---

367 FRANK, Andre Gunder. "Sociology of development and underdevelopment of sociology". *In*: COCKCROFT; James D.; FRANK, Andre Gunder; JOHNSON, Dale L. (Coord.). *Dependence and Underdevelopment*: Latin America's Political Economy. Garden City: Anchor Books, 1972, p. 23.

368 FRANK, Andre Gunder. "The development of underdevelopment". *In*: COCKCROFT, James D.; FRANK, Andre Gunder; JOHNSON, Dale L. (Coord.). *Dependence and underdevelopment*: Latin America's political economy. Garden City: Anchor Books, 1972.

369 FRANK, Andre Gunder. "The development of underdevelopment". *In*: COCKCROFT, James D.; FRANK, Andre Gunder; JOHNSON, Dale L. (Coord.). *Dependence and underdevelopment*: Latin America's political economy. Garden City: Anchor Books, 1972, p. 346.

Sua consciência acerca das assimetrias temporais fundamentais que dão suporte à teoria da modernização é exibida mais uma vez em sua rejeição da teoria dos estágios de desenvolvimento.

> Geralmente, considera-se que o desenvolvimento econômico ocorre em uma sucessão de estágios capitalistas e que os países subdesenvolvidos de hoje estão ainda em um estágio, às vezes descrito como se fora um estágio original da história, pelo qual os países agora desenvolvidos passaram há muito tempo. Entretanto, mesmo um conhecimento limitado de história mostra que o subdesenvolvimento não é original ou tradicional, e que nem o passado nem o presente dos países subdesenvolvidos se assemelham em qualquer aspecto importante ao passado dos atuais países desenvolvidos.[370]

Ao rejeitar a oposição assimétrica temporal da teoria da modernização, Frank também evita limitar o problema do desenvolvimento/subdesenvolvimento ao interior de fronteiras nacionais fechadas. Tanto os países subdesenvolvidos quanto os desenvolvidos partilham do mesmo mundo, do mesmo sistema capitalista internacional. A tese da sobrevivência feudal e a premissa do isolamento espacial são demolidas de uma vez. Para Frank, o subdesenvolvimento surgiu exatamente por que os países satélites não eram nem feudais, nem isolados.[371] A noção de colonização interna lhe permite sustentar que, por exemplo, até mesmo partes dos Estados Unidos eram subdesenvolvidas.[372] Tão

---

370 FRANK, Andre Gunder. "Sociology of development and underdevelopment of sociology". *In*: COCKCROFT; James D.; FRANK, Andre Gunder; JOHNSON, Dale L. (Coord.). *Dependence and Underdevelopment*: Latin America's Political Economy. Garden City: Anchor Books, 1972, p. 3.

371 FRANK, Andre Gunder. *Latin America*: underdevelopment or revolution – essays on the development of underdevelopment and the immediate enemy. Nova York: Monthly Review Press, 1969, pp. 221-230.

372 COCKCROFT, James D.; FRANK, Andre Gunder; JOHNSON, Dale L. *Dependence and underdevelopment*: Latin America's political economy. Garden City: Anchor Books, 1972, p. 19.

logo as fronteiras espaciais fixas, que a modernização supõe serem imutáveis, são questionadas, a teoria culturalista de desenvolvimento capitalista, por ser de base nacional, perde seu valor analítico. O estruturalismo econômico de Frank tem pouca tolerância para com interpretações culturalistas, inclusive aquelas baseadas em argumentos sobre identidades nacionais ou religiosas (ex: estadunidense, ocidental, protestante, puritana, anglo-saxônica). Junto com o culturalismo, a ideia de que a modernização depende da difusão de valores e de proficiência tecnológica por meio de contato entre desenvolvidos e subdesenvolvidos – difusionismo – também evapora. Novamente examinando os registros históricos, o autor verifica que o exato oposto é um fato, isto é, os lugares onde o contato foi mais intenso tornaram-se mais intensamente subdesenvolvidos.[373]

Apesar de sua crítica conceitual abrangente da teoria da modernização, Frank continua a utilizar o termo *Latin America*. Quais são as consequências dessa escolha? Primeiro, em seu texto, o conceito não é um depositório de oposições assimétricas culturais ou temporais explícitas. O autor declara repetidamente que sua análise do desenvolvimento do subdesenvolvimento em países-satélite se aplica à *Latin America* tanto quanto à África ou à Ásia. Além disso, metrópoles e satélites são partes complementares de todo o sistema capitalista mundial, e não um par de conceitos criados por simples oposição.[374] Frank sugere, às vezes, que os países *Latin American* compartilham uma história comum de colonialismo e de "satelitização", isto é, foram primeiramente colonizados por metrópoles que, posteriormente, tornaram-se igualmente satélites de outras metrópoles. Entretanto, diz também que esse passado é comum a outros locais pós-coloniais do mundo que não são *Latin American*.

---

373 FRANK, Andre Gunder. "Sociology of development and underdevelopment of sociology". *In*: COCKCROFT; James D.; FRANK, Andre Gunder; JOHNSON, Dale L. (Coord.). *Dependence and Underdevelopment*: Latin America's Political Economy. Garden City: Anchor Books, 1972, p. 10.

374 Muitas características metropolitanas são reproduzidas nos satélites e vice-versa.

Quase sempre o autor usa *Latin America* para designar uma região geográfica. Pode-se argumentar que, ao libertar-se das assimetrias culturais e temporais, Frank acaba por reduzir o campo semântico de *Latin* a um mínimo. No entanto, o campo semântico de um conceito dificilmente pode ser monopolizado por um autor ou mesmo uma única teoria. Para ser bem-sucedida, a redução semântica radical de *Latin America* feita por Frank teria que se tornar hegemônica a ponto de eliminar ou drasticamente reduzir a circulação de definições rivais, tanto nos círculos acadêmicos quanto na sociedade em geral. Como se verá nos capítulos seguintes, nem Frank, nem a teoria da dependência como um todo lograram essa hegemonia. Apesar do esforço de Frank, o conceito de *Latin America* continuou a ser um lócus de oposições assimétricas raciais, culturais e temporais.

A atitude acadêmica de Frank difere muito da dos teóricos da modernização. Enquanto estes tendem a se concentrar em "questões" de política e a tratar debates acadêmicos de maneira bastante superficial, Frank dedica boa parte de seus escritos a revisar e criticar a literatura estadunidense sobre desenvolvimento econômico. O longo ensaio intitulado "Sociology of development and underdevelopment of sociology"[375] é um exemplo desse pendor acadêmico. Usando a tática retórica de apropriar-se das categorias do inimigo para provar que estão erradas, Frank toma emprestado de Manning Nash um esquema que divide o campo acadêmico do desenvolvimento econômico em três enfoques: ideal-típico, difusionista e psicológico.[376] O

375 FRANK, Andre Gunder. "Sociology of development and underdevelopment of sociology". *In*: COCKCROFT; James D.; FRANK, Andre Gunder; JOHNSON, Dale L. (Coord.). *Dependence and Underdevelopment*: Latin America's Political Economy. Garden City: Anchor Books, 1972.

376 O próprio Nash é um teórico do desenvolvimento econômico, que Frank identifica com a abordagem psicológica adotada também por Everett Hagen e David McClelland (FRANK, Andre Gunder. "Sociology of development and underdevelopment of sociology". *In*: COCKCROFT; James D.; FRANK, Andre Gunder; JOHNSON, Dale L. (Coord.). *Dependence*

enfoque ideal-típico tem dois subtipos: teorias de variáveis-modelo, tais como a de Berthold Hoselitz,[377] e teorias de estágios de desenvolvimento, que têm em W. W. Rostow seu exemplo mais influente. O autor identifica a tendência difusionista com a obra de Martin Bronfenbrenner e Daniel Gamick e, particularmente, com suas contribuições para o periódico *Economic Development and Cultural Change*. Finalmente, o enfoque psicológico é representado por Everett Hagen e David McClelland. Baseado na mesma análise esboçada acima, e com uma grande quantidade de evidências empíricas, Frank argumenta que cada um desses enfoques de desenvolvimento político é teoricamente equivocado e empiricamente falso, acrescentando que as políticas baseadas nessas teorias jamais conseguirão produzir qualquer tipo de desenvolvimento, mas somente o desenvolvimento do subdesenvolvimento.

A condenação por Frank da teoria da modernização não é estritamente acadêmica. O autor também acusa cientistas sociais de nepotismo, de produzir justificativas para a invasão da Baía dos Porcos, de justificar o deslocamento forçado de milhões de vietnamitas de suas terras e de encobrir todas essas atrocidades sob o manto de uma política de desenvolvimento humanitário. Vários nomes são arrolados.[378]

Apesar de sua biografia e de seu esforço em criticar a academia estadunidense como um todo, Frank também se define como

---

and Underdevelopment: Latin America's Political Economy. Garden City: Anchor Books, 1972, p. 390).

377 Para um exame do uso feito por Seymour M. Lipset dos conceitos de variáveis-modelo de Talcott Parson na análise da modernização na *Latin America*, ver Capítulo IV.

378 FRANK, Andre Gunder. "Who is the enemy?" *In*: COCKCROFT; James D.; FRANK, Andre Gunder; JOHNSON, Dale L. (Coord.). *Dependence and Underdevelopment*: Latin America's Political Economy. Garden City: Anchor Books, 1972, p. 331.

um economista *Latin American*.[379] Contudo, sua agenda é bem diferente da de seus predecessores. Ele apresenta sua contribuição como um apelo, não por uma política melhor para *Latin America*, mas pela ação política direta em favor da liberação nacional *Latin American*. Em um artigo intitulado "Who is the enemy?", esse autor discute tática e estratégia revolucionárias. Lançando mão do vocabulário político leninista, sustenta que a burguesia nacional é o inimigo tático imediato da revolução, ao passo que o imperialismo seria seu inimigo estratégico.

A leitura da situação revolucionária feita por Frank chocava-se com a interpretação corrente do problema da revolução em países subdesenvolvidos defendida pelos partidos comunistas da época. Segundo essa visão, o desenvolvimento capitalista é uma pré-condição necessária para a revolução comunista. Consequentemente, concluíram os comunistas, nos países subdesenvolvidos, uma aliança tática com a burguesia nacional deve ser o primeiro passo para a libertação. Frank identifica corretamente nessa avaliação marxista uma forma de teoria de estágios do desenvolvimento que, semelhante à teoria liberal de estágios, atribui o subdesenvolvimento ao isolamento, ao feudalismo e ao atraso. Ao provar que essa avaliação está errada, Frank também deseja mostrar que a tática comunista corrente é extremamente equivocada. Afinal, já que a burguesia nacional é um agente local da exploração imperialista e, portanto, um elemento crucial na reprodução do subdesenvolvimento, tal aliança significará de fato a própria derrota do ideal revolucionário.[380] Em suma, a teoria da dependência de Frank desafia tanto

379 FRANK, Andre Gunder; BONILLA, Arturo. "Declaration of Latin American economists". *In*: COCKCROFT; James D.; FRANK, Andre Gunder; JOHNSON, Dale L. (Coord.). *Dependence and Underdevelopment*: Latin America's Political Economy. Garden City: Anchor Books, 1972, p. 305.

380 FRANK, Andre Gunder. "Who is the enemy?" *In*: COCKCROFT; James D.; FRANK, Andre Gunder; JOHNSON, Dale L. (Coord.). *Dependence and Underdevelopment*: Latin America's Political Economy. Garden City: Anchor Books, 1972.

a teoria da modernização baseada nos Estados Unidos quanto a teoria revolucionária de sua época.

5.2 A dependência de Cardoso e Faletto

Cabe agora organizar os argumentos apresentados por Cardoso e Faletto em *Dependencia y Desarrollo en América Latina*,[381] principalmente naquilo que diz respeito à sua concepção de *América Latina*, e, em seguida, avaliar a recepção da teoria da dependência pela academia estadunidense.

Ao contrário de Frank, Cardoso e Faletto não elegem a teoria da modernização, na época, a principal abordagem do problema do desenvolvimento em sociedades subdesenvolvidas no meio acadêmico dos Estados Unidos, como seu principal adversário intelectual. Esses autores de fato criticam teóricos da modernização, tais como Hoselitz e Rostow, mas também estão preocupados em discutir teorias do desenvolvimento elaboradas por outros *dependentistas* e por autores ligados à CEPAL.

Cardoso e Faletto alegam que estudos da dependência anteriores enfatizaram excessivamente a estrutura e o controle externo.[382] Contudo, argumentam, já que o objetivo é mudar a situação de dominação existente, não basta entender as estruturas, é preciso compreender também a maneira pela qual as estruturas

---

381 Publicado em inglês com o título *Dependency and Development in Latin America* (CARDOSO, Fernando Henrique; FALETTO, Enzo. *Dependency and development in Latin America*. Berkeley: University of California Press, 1979). CARDOSO, Fernando Henrique; FALETTO, Enzo. *Dependencia y desarrollo en América Latina*: ensayo de interpretación sociológica. 1ª ed; 2ª ed; 3ª ed. México: Siglo Veintiuno Editores, 1969.

382 Cardoso, mais tarde, criticou Frank por reproduzir o mesmo tipo de determinismo estrutural de *dependentistas* anteriores e, assim, deixar de lado a especificidade histórica de cada situação dependente (CARDOSO, Fernando Henrique. "The Consumption of Dependency Theory in the United States". *Latin American Research Review*, vol. 12, nº 3, 1977).

mudam ao longo do tempo. É esse o objetivo de sua abordagem, a qual denominam "estrutural-histórica". Segundo essa concepção, as estruturas sociais e econômicas limitam os cursos possíveis de ação, porém, elas também são lugares de contradição e de oportunidades que podem ser exploradas por atores sociais que buscam mudança. Essas estruturas de dependência são tanto internacionais quanto nacionais, e só podem existir por meio da dominação, que é eminentemente política. É por intermédio da arena política, portanto, que as estruturas de dependência podem ser preservadas ou alteradas. De modo inverso, o estudo das estruturas de dependência em um determinado cenário nacional pode ajudar a entender a política, a sociedade e a história econômica nacionais. Esse projeto ambicioso foi habilmente descrito por um comentarista como sendo uma tentativa não apenas de justapor política e economia, mas também de "uni-las concretamente".[383]

Cardoso e Faletto também discutem conceitos, chamando a atenção para a forma como foram mal utilizados em teorias do desenvolvimento, em especial, a oposição dicotômica entre "tradicional" e "moderno". Os autores argumentam que o conceito de "tradicional" é uma mera negação não específica de uma idealização de "moderno" e, portanto, uma ferramenta analítica ineficiente, que representa mal os processos históricos por meio dos quais as desigualdades atuais de desenvolvimento foram criadas.[384] As sociedades ditas tradicionais não estavam paradas no tempo, ao

---

383 Em outro texto, Cardoso fez um apelo pela rejeição do estudo de política e economia como disciplinas compartimentadas e defendeu a volta à economia política (CARDOSO, Fernando Henrique. "The Consumption of Dependency Theory in the United States". *Latin American Research Review*, vol. 12, nº 3, 1977). FONT, Mauricio A. "Introduction: to craft a new era: the intellectual trajectory of Fernando Henrique Cardoso". *In*: CARDOSO, Fernando Henrique (Coord.). *Charting a new course*: the politics of globalization and social transformation. Lanham: Rowman & Littlefield Publishers, 2001.

384 CARDOSO, Fernando Henrique; FALETTO, Enzo. *Dependencia y desarrollo en América Latina*: ensayo de interpretación sociológica. 1ª ed; 2ª ed; 3ª ed. México: Siglo Veintiuno Editores, 1969, p. 12.

contrário, desde sua criação, integraram-se ao sistema capitalista mundial, primeiro na condição de apêndices coloniais, depois como mercados periféricos e, finalmente, em alguns casos, na qualidade de periferias industrializadas. Isto é, as estruturas internas sociais, políticas e econômicas dessas sociedades mudaram de fato, e tais mudanças deveriam ser percebidas em relação à evolução do papel delas no sistema capitalista mundial. Entretanto, a oposição dualista moderno/tradicional é insensível ao contexto histórico porque pressupõe a universalidade de um modelo de desenvolvimento europeu que, segundo os autores, não é nem universal, nem uma boa descrição do processo de desenvolvimento econômico que teve lugar na maioria dos países europeus.[385] Por fim, essa conceituação dualista descreve mal a estrutura interna das sociedades dependentes *latino-americanas*, pois os setores que parecem "tradicionais" têm estado de fato funcionalmente integrados aos setores mais desenvolvidos das mesmas sociedades, seja na condição de produtores de matérias-primas ou fornecedores de mão de obra barata.[386] A fim de estabelecer claramente uma distância crítica em relação ao uso sociocientífico dos conceitos de "tradicional" e "moderno", Cardoso e Faletto sempre os empregam entre aspas.

Na crítica de Cardoso e Faletto ao dualismo tradicional/moderno, pode-se ler uma rejeição da oposição assimétrica temporal. Em termos históricos, o problema do subdesenvolvimento deve ser entendido segundo a relação sincrônica entre sociedades centrais e periféricas, e não como a capacidade interna de uma sociedade de imitar um modelo universal de desenvolvimento. Consequentemente, se o subdesenvolvimento é um produto da

385 CARDOSO, Fernando Henrique; FALETTO, Enzo. *Dependencia y desarrollo en América Latina*: ensayo de interpretación sociológica. 1ª ed; 2ª ed; 3ª ed. México: Siglo Veintiuno Editores, 1969, pp. 14-16.

386 CARDOSO, Fernando Henrique; FALETTO, Enzo. *Dependencia y desarrollo en América Latina*: ensayo de interpretación sociológica. 1ª ed; 2ª ed; 3ª ed. México: Siglo Veintiuno Editores, 1969, p. 12.

relação histórica de subordinação, não pode ser confundido com carência de desenvolvimento, conclusão similar a de Frank.

> Nesse sentido, deve-se fazer uma distinção entre a situação de países subdesenvolvidos e de países que carecem de desenvolvimento. (...) Neste ensaio, é necessário indicar que (...) a última refere-se em termos históricos à situação (sempre mais rara) de economias e povos que não têm relações de mercado com os países industrializados.[387]

A pressuposição de isolamento espacial e histórico, tão cara à caracterização de subdesenvolvimento da teoria da modernização, é abandonada. De fato, os autores redefinem o conceito de "subdesenvolvimento", descartando as implicações assimétricas temporais de "ausência", "retardo" e "primitivismo". Para eles, ao invés de carência de desenvolvimento, "subdesenvolvimento" é uma forma de desenvolvimento produzida por relações hierárquicas (assimétricas) de dominação: enquanto os países industrializados no centro do sistema capitalista mundial podem ser considerados interdependentes, a periferia deve ser caracterizada como dependente. Embora a condição de dependência inclua uma ampla gama de formas de desenvolvimento (desde o enclave agrícola até a industrialização), ela não consegue produzir desenvolvimento autossustentável, permanecendo estruturalmente dependente da importação de capital e de tecnologia estrangeiros.[388]

---

387 Traduzido por mim do original em espanhol. (FRANK, Andre Gunder. *Latin America*: underdevelopment or revolution – essays on the development of underdevelopment and the immediate enemy. Nova York: Monthly Review Press, 1969, p. 22).

388 Poder-se-ia argumentar com razão que, já que o desenvolvimento da Europa e dos Estados Unidos foi apoiado na exploração do resto do mundo, a ideia de desenvolvimento autossustentável é falsa, uma invenção – algo que os países ditos desenvolvidos, na verdade, nunca alcançaram. Ao contrário de Frank, entretanto, Cardoso e Faletto não encampam a tese de que o "desenvolvimento do subdesenvolvimento" é um resultado inexorável do sistema capitalista mundial.

Apesar do uso extenso do termo *América Latina*, Cardoso e Faletto evitam definir subdesenvolvimento em termos culturais. Sua preferência por variáveis econômicas estruturais deixa pouco espaço para reflexões sobre valores e costumes arraigados. Consequentemente, não produzem uma teoria totalizadora do subdesenvolvimento na *América Latina*, pelo contrário, em lugar disso, apresentam uma tipologia de formas de subdesenvolvimento baseada em diferentes graus de dependência. Há uma divisão básica entre economias em que a propriedade nacional do sistema produtivo foi preservada (dependência nacional) e economias de enclaves estrangeiros. O primeiro tipo é subdividido em casos nos quais ocorreu industrialização e casos em que os setores agrícolas mantiveram proeminência econômica. Os enclaves econômicos podem ser baseados em atividade agrícola ou em mineração. Cada caso permite à nação um conjunto diferente de relações sociais e econômicas internas e externas. Os autores afirmam que, mesmo que a situação de dependência seja marcada por limitações econômicas estruturais que diminuam o grau de autonomia nacional, a variação de respostas nunca pode ser determinada *a priori*. Em suma, no final, a unidade de análise é o Estado-nação, e não a *América Latina*.

Por outro lado, entretanto, como indica o título do livro, os autores se esforçam para falar sobre *América Latina*. Embora enfoquem casos nacionais, enquadram sua análise no interior da *América Latina*. Isso pode ser explicado, em parte, por sua situação institucional no momento em que o texto foi elaborado: a CEPAL. No prefácio que escreveram para a primeira edição em inglês do livro, publicada dez anos depois do original em espanhol,[389] Cardoso e Faletto declaram:

---

389 Embora o livro não se tenha tornado disponível para o grande público de língua exclusivamente inglesa até 1979, os latino-americanistas, muitos dos quais proficientes em espanhol, começaram a citar o trabalho no início dos anos 1970.

> Escrevemos este livro em Santiago, Chile, entre 1965 e os primeiros meses de 1967. Na ocasião, trabalhávamos no Latin American Institute for Economic and Social Planning, uma organização das Nações Unidas que teve origem na Economic Commission for Latin America (CEPAL). Nosso propósito foi mostrar especificamente de que maneira desenvolvimento social, político e econômico estão relacionados na *Latin America.*[390]

Ao contrário de Frank, que explicitamente minimiza a especificidade da *América Latina* em sua teoria da dependência, Cardoso e Faletto não abandonam sua meta de compreender esse objeto. Embora insistam nas diferenças entre países, regiões e economias, esses autores também apresentam seus achados em termos totalizadores. Em outras palavras, a tarefa de produzir conhecimento sobre *América Latina* parece ter sido determinada *a priori*. Há que se levar em conta que a instituição na qual trabalhavam enfocava exatamente a produção desse tipo de conhecimento.

A situação de Cardoso e Faletto era prenhe de implicações irônicas. Por um lado, a CEPAL havia-se tornado, desde os anos 1950, um centro de crítica às teorias de desenvolvimento importadas dos Estados Unidos e produzidas pelos mesmos cientistas sociais que estudamos no capítulo anterior.[391] Por outro lado, contudo, a estrutura institucional das Nações Unidas e seus órgãos de desenvolvimento seguiam a geopolítica da Guerra Fria traçada, em larga medida, pelos *policymakers* estadunidenses. Naquele mapa

---

390 CARDOSO, Fernando Henrique; FALETTO, Enzo. *Dependency and development in Latin America*. Berkeley: University of California Press, 1979, p. 7.

391 Para uma história detalhada da CEPAL, ver Gert Rosenthal (ROSENTHAL, Gert. "The contribution of the economic commission for Latin America and the Caribbean to the United Nations intellectual legacy". *Manuscript*, 2002). FONT, Mauricio A. "Introduction: to craft a new era: the intellectual trajectory of Fernando Henrique Cardoso". *In*: CARDOSO, Fernando Henrique (Coord.). *Charting a new course*: the politics of globalization and social transformation. Lanham: Rowman & Littlefield Publishers, 2001.

geopolítico, *Latin America* era definida como área subdesenvolvida, portanto, necessitada de políticas desenvolvimentistas.[392] Deve-se observar, entretanto, que *Dependencia y Desarrollo en América Latina* não apresenta soluções políticas para o problema do subdesenvolvimento na *Latin America*. Na verdade, grande parte do texto é dedicada a provar que a dependência foi nociva ao desenvolvimento dos países *Latin American*. Os países que conseguiram manter um grau mais elevado de autonomia relativa foram os que se desenvolveram mais. Uma rápida análise semântica dos termos-chave utilizados no livro mostra que "dependência" é sempre igualada a "heteronomia", e ambas são contrastadas à "autonomia". Ademais, na obra, o lócus da oposição autonomia/dependência é sempre o estado nação, e não a *América Latina* como um todo.

Há também outro elemento importante separando as interpretações de Cardoso e Faletto das de Frank: a meta de se atingir o desenvolvimento dentro do capitalismo. Enquanto Frank conclui que o desenvolvimento do subdesenvolvimento só pode ser detido pelo completo rompimento com o sistema capitalista mundial, levado a efeito por uma revolução popular, Cardoso e Faletto preferem enfatizar a possibilidade de desenvolvimento em situações de dependência, sugerindo que seria desejável adotar esse caminho no caso dos países da *América Latina* – ainda que essa posição esteja em contradição com sua crítica da heteronomia. Em suma, a diferença aqui não é propriamente teórica, mas político-estratégica. Não surpreende que Frank tenha continuado a ser identificado como um intelectual radical de esquerda, enquanto Cardoso seguiu carreira política no Brasil, sendo eleito Presidente em 1995, apoiado por uma aliança política de centro-direita.

392 ESCOBAR, Arturo. *Encountering development*: the making and unmaking of the third world. Princeton: Princeton University Press, 1995.

5.3 A teoria da dependência nos Estados Unidos

A recepção da teoria da dependência nos Estados Unidos foi ampla e variada. A quantidade de textos produzidos por estudiosos estadunidenses é tão vasta que só posso esboçar aqui algumas linhas gerais de análise. Antes de ir às fontes textuais, porém, é preciso clarificar alguns aspectos contextuais que condicionaram tal recepção.

O momento político em que a teoria da dependência adentrou a academia dos Estados Unidos, início dos anos 1970, diferia consideravelmente do contexto anterior da teoria da modernização. Até meados dos anos 1960, o *establishment* dos Estados Unidos conseguiu sustentar um apoio hegemônico às políticas governamentais da Guerra Fria, tanto internas quanto externas. Os dissidentes eram efetivamente silenciados, isolados, perseguidos, demitidos, privados de recursos ou, de uma maneira ou de outra, reduzidos a uma posição de insignificância.[393] Entretanto, eventos tais como o Movimento pelos Direitos Civis e a Guerra do Vietnã acabaram por quebrar essa hegemonia e gerar uma avalanche de críticas contra as políticas domésticas e internacionais estadunidenses. No bojo desse movimento, a esquerda estadunidense começou a

---

393 A literatura sobre a perseguição dos intelectuais de esquerda nas universidades americanas, públicas e privadas tem crescido nos últimos anos (SANDERS, Jane. *Cold war on the campus*: academic freedom at the University of Washington, 1946-64. Seattle: University of Washington Press, 1979) (MELANSON, Richard A. *Writing History and Making Policy*: The Cold War, Vietnam and Revisionism. Nova York: University Press of America, 1983; MUELLER, John. "The Cold War Consensus: From Fearful Hostility to War Contempt". *In*: MELANSON, Richard A.; THOMPSON, Kenneth W. (Coord.). *Foreign Policy and Domestic Consensus*. Nova York: University Press of America, 1985; RICHARDS, Thomas F. "The Cold War at Rutgers University: a case study of the dismissals of professors Heimlich, Finley, and Glasser". *Graduate Program in Social and Philosophical Foundations, Rutgers University*, vol. 15, nov. 1986; CHOMSKY, Noam (Coord.). *The Cold War and the university*. Nova York: The New Press 1997; LOWEN, Rebecca S. *Creating the cold war university*. Berkeley: University of California Press, 1997).

angariar certo reconhecimento público. A tensão entre setores e atores sociais críticos e o governo aumentou à medida que suas políticas caminhavam cada vez mais para a direita, do liberalismo de um Kennedy democrata educado em Harvard, ao militarismo ainda tímido do sulista Lyndon Johnson, ao realismo kissingeriano belicoso de Nixon.

Essa cisão ideológica refletiu-se também na academia, com o aparecimento de grupos de dissidentes de orientação mais radical ou esquerdista, especialmente entre a nova geração de estudiosos diplomados nas universidades estadunidenses durante a década de 1960. Nesse contexto, os *Latin American Studies* também se tornaram um palco para dissensão, mais aberto à produção acadêmica crítica. É importante notar que isso ocorreu enquanto o financiamento para os *Latin American Studies* atingia seu auge histórico.[394]

Os dissidentes não formaram uma frente unida. Suas estratégias de dissensão assumiram formas diversas, algumas mais militantes e outras mais acadêmicas. Na primeira categoria, podemos incluir o NACLA (North American Congress on *Latin America*), que foi fundando a partir da mobilização de um grupo de intelectuais estadunidenses, em sua maioria, latino-americanistas, contra a invasão da República Dominicana em 1965, e rapidamente tornou-se uma instituição militante contra o imperialismo estadunidense

---

394 O "Report of Activities" do Joint Committee of the Foreign Area Fellowship Program declara que, no período de 1960-70, os *Latin American Studies* receberam mais de 40 milhões de dólares em recursos originados do governo americano e de fundações privadas. Richard R. Fagen observa que essa estimativa exclui o financiamento por meio da AID ou de outros programas e órgãos governamentais, os recursos de agências internacionais e o apoio financeiro concedido diretamente pelo sistema universitário. Usando fontes alternativas de informação, Fagen conclui que "escolas e universidades americanas estavam despendendo nada menos que uma média de 40 milhões de dólares anuais, durante os anos 1960, com custos diretos associados aos programas de *Latin American Studies*" (FAGEN, Richard R. "Studying Latin American Politics: Some Implications of a Dependencia Approach". *Latin American Research Review*, vol. 12, nº 2, 1977).

no continente, denunciando ações do governo e de corporações privadas. Em 1974, marxistas e outros latino-americanistas de esquerda fundaram a revista *Latin American Perspectives*, que oferecia espaço para novas tentativas de unir trabalho acadêmico e pontos de vista políticos de esquerda. Outros dissidentes assumiram posições-chave nas instituições mais importantes ligadas à profissão, mormente na Latin American Students Association (LASA) e em seu periódico, *Latin American Research Review*.

A LASA foi fundada em 1966 por latino-americanistas da "velha escola", tais como John Johnson, Kalman Silvert, Federico Gil, Richard Morse e Howard Cline.[395] Entretanto, durante o vertiginoso crescimento da profissão no final dos anos 1960 e início dos anos 1970, uma abundância de jovens acadêmicos ingressou na associação, entre eles, vários esquerdistas e simpatizantes dos estudos de dependência.[396] Logo passaram a ocupar cargos eletivos administrativos na associação e a promover o que Robert Packenham, um dos mais fervorosos críticos da dependência e de sua recepção, denominou de politização das atividades da LASA.

Segundo Packenham, essa nova orientação surgiu inicialmente sob a forma de crítica interna. Durante a conferência sobre relações interamericanas que teve lugar em Lima, em 1972, alguns latino-americanistas pleitearam novos tipos de trabalho e formas organizacionais das ciências sociais que fossem mais críticos, contra o *status quo*, e mais diretamente ligados à ação social.[397] Segundo

---

395 JOHNSON, John J. "Remarks by John Johnson". *LASA Forum*, vol. 15, nº 2, 1984; GIL, Federico. "Latin American studies and political science: a historical sketch". *LASA Forum*, vol. 16, nº 2, 1985; SAFA, Helen Icken. "President's corner". *LASA Forum*, vol. 14, n º4, 1985.

396 PACKENHAM, Robert A. *The dependency movement*: scholarship and politics in development studies. Cambridge: Harvard University Press, 1992, pp. 268-297.

397 PACKENHAM, Robert A. *The dependency movement*: scholarship and politics in development studies. Cambridge: Harvard University Press, 1992, p. 271.

Packenham, tais preocupações foram incorporadas pela LASA na forma de princípios institucionais e passaram a orientar as ações da associação a partir do mandato de Richard R. Fagen (1974-76) na presidência, continuando com o de Helen I. Safa (1983-85) até a época em que escreveu. Para provar seu argumento, cita trecho do discurso de fim de mandato de Safa:

> Alguns consideram [a LASA] uma organização puramente acadêmica, destinada a reunir conhecimento sobre *Latin America* por meio de nossos congressos e publicações. Com certeza, esta é uma função central da LASA, e provavelmente era a função central imaginada pelos membros fundadores da associação. (...) Ao mesmo tempo, porém, alguns membros da LASA acham que precisamos adotar uma posição mais ativista com relação aos eventos na *Latin America*. Esses membros acham que não deveríamos simplesmente estudar acontecimentos e problemas na *Latin America*, mas tentar ajudar e participar no processo de mudança social. (...) Minha presidência da LASA foi nitidamente mais ativista que puramente acadêmica. (...) Estou preparada para defender essa política contra acusações de partidarismo e politização. Enquanto acadêmica, tenho sempre me empenhado em falar livremente a respeito de questões de meu interesse, particularmente quando julguei ter um conhecimento especial sobre o assunto. Enquanto fui Presidente da LASA, senti mais profundamente essa necessidade, devido à visibilidade e ao respeito que a associação possui na maioria dos círculos que estudam *Latin America*, tanto nos Estados Unidos quanto no exterior. Se quisermos continuar merecendo esse respeito, especialmente na *Latin America*, precisamos apoiar o princípio da autodeterminação e retorno à democracia civil em todos os países do nosso hemisfério. (...) Estou segura de que meus sucessores na presidência da LASA defenderão essas bandeiras tão ardorosamente quanto eu.[398]

---

398 Conforme citado em Packenham (PACKENHAM, Robert A. *The dependency movement*: scholarship and politics in development studies. Cambridge:

Packenham acusa os *dependentistas* e seus seguidores estadunidenses de solapar a tradição liberal de seu pais inspirada nas ideias éticas de Weber, de separar a vocação política da acadêmica. Também os acusa de construir teorias holísticas que não estão abertas à falsificação, e, portanto, não estritamente científicas, evocando Karl Popper e Imre Lakatos para fundamentar seu argumento.[399] Ironicamente, o fato de que Packenham conseguiu publicar a alegação de que cientistas políticos da Guerra Fria separavam política de academia é, por si só, uma prova de que "falsificação" é uma noção insuficiente para explicar o funcionamento das ciências sociais, pois, como vimos, aqueles que mais fervorosamente defenderam essa bandeira foram os que mais se envolveram diretamente com interesses políticos e, por que não dizer, com a defesa de valores.

Este não é o lugar nem o momento para explorar as contradições do texto altamente politizado de Packenham. Entretanto, quero chamar a atenção para um engano em seu argumento que está diretamente relacionado ao nosso tema. Turvado pelo seu desprezo para com os apelos esquerdistas ao ativismo, Packenham deixa de notar a determinação e o afinco com os quais essa nova geração de latino-americanistas dedicou-se à produção de conhecimento sociocientífico de uma maneira que podemos chamar de escolástica. Ao contrário de seus predecessores, esses sim politicamente orientados, que estavam mais preocupados com fatos e ações, subvenções e resultados, e tinham uma literatura acadêmica muito tímida com a qual debater, os dissidentes foram muito mais propensos a se envolver em debates acadêmicos, com seus antecessores latino-americanistas, com *dependentistas* e com outras correntes da esquerda estadunidense. Nunca textos sobre *Latin America* trouxeram tantas citações bibliográficas, elaborações teóricas e

Harvard University Press, 1992, pp. 272/273).

399 PACKENHAM, Robert A. *The dependency movement*: scholarship and politics in development studies. Cambridge: Harvard University Press, 1992, pp. 50 e 317.

discussões metodológicas. Embora engajados também em estudos empiricamente orientados, essa nova geração de latino-americanistas dedicou-se com afinco à recepção da "teoria" da dependência, por meio de artigos de revisão bibliográfica e textos teóricos.[400]

A história da recepção da teoria da dependência nos Estados Unidos deve começar com os trabalhos de Frank, originalmente escritos em inglês. Como vimos acima, sua determinação para criticar sistematicamente a teoria da modernização pode apenas ser compreendida no contexto de um debate que era, em um primeiro momento, interno ao meio acadêmico dos Estados Unidos.[401]

O trabalho de Susanne Bodenheimer, "Dependency and Imperialism"[402] é um dos primeiros documentos dessa recepção. Nesse artigo, a autora se esforça para apresentar uma teoria abrangente

---

400 Entre os artigos de revisão da literatura, encontra-se um trabalho de Cardoso no qual discute o "consumo" de sua teoria nos Estados Unidos (CARDOSO, Fernando Henrique. "The Consumption of Dependency Theory in the United States". *Latin American Research Review*, vol. 12, nº 3, 1977). BODENHEIMER, Susanne. "Dependency and Imperialism: the Root of Latin American Underdevelopment". *Politics and Society*, vol. 1, nº 3, 1971; GILBERT, Guy J. "Socialism and Dependency". *Latin American Perspectives*, vol. 1, nº 1, mar. 1974; BATH, C. Richard; JAMES, Dilmus D. "Dependency Analysis of Latin America". *Latin American Research Review*, vol. 11, nº 3, 1976; CHILCOTE, Ronald H. "Dependency: A Critical Synthesis of the Literature". *Latin American Perspectives*, vol. 1, nº 1, 1974; CHILCOTE, Ronald H. "A Question of Dependency". *Latin American Research Review*, vol. 13, nº 2, 1978; HALPERIN-DONGHI, Tulio. "'Dependency theory' and Latin American historiography". *Latin American Research Review*, vol. 17, nº 1, 1982; HENFREY, Colin. "Dependency, Modes of Production and the Class Analysis of Latin America". *In*: CHILCOTE, Ronald H. (Coord.). *Dependency and Marxism*: Toward a Resolution of the Debate. Boulder: Westview Press, 1982).

401 FRANK, Andre Gunder. "Sociology of development and underdevelopment of sociology". *In*: COCKCROFT; James D.; FRANK, Andre Gunder; JOHNSON, Dale L. (Coord.). *Dependence and Underdevelopment*: Latin America's Political Economy. Garden City: Anchor Books, 1972.

402 BODENHEIMER, Susanne. "Dependency and Imperialism: the Root of Latin American Underdevelopment". *Politics and Society*, vol. 1, nº 3, 1971.

do imperialismo baseada na teoria da dependência. A maior parte do texto, entretanto, é dedicada a uma apresentação extensa e detalhada da teoria da dependência, de Prebisch a Theotonio dos Santos. Bondenheimer não tem Frank entre suas principais fontes, mas concorda que a revolução socialista é a única solução para o problema da dependência de *Latin American*. Contudo, é importante notar que, embora haja elementos de crítica de uma ideia de *América Latina* como um todo coerente nos trabalhos dos "*dependentistas* originais", esses não estão presentes no texto de Bodenheimer. Para a autora, a condição de dependência proporciona coerência à *Latin America* como um todo, a tal ponto que ela raramente se dá ao trabalho de comentar qualquer caso nacional em particular. Aqui, um movimento interessante acontece. Já vimos que os escritos "originais" sobre dependência têm um forte pendor para a economia estrutural e a sociologia, em detrimento de análises culturalistas. Também no texto de Bodenheimer, a cultura não é o tema principal. Ao mesmo tempo, porém, um vocabulário culturalmente carregado é empregado generosamente pela autora, particularmente o qualificador *Latin* para construir expressões tais como "burguesia industrial *Latin*", "sociedade *Latin*", "subdesenvolvimento" e "dependência *Latin*". Essa aplicação do raciocínio sinedóquico é indicativa de formas de oposição assimétrica cultural. Em um contexto em que o culturalismo da teoria da modernização ainda era hegemônico, poderíamos esperar um cuidado maior com o uso de vocabulário culturalmente impregnado – particularmente, da parte de uma autora alinhada com os estudos de dependência – mas não é o que acontece.

A inclinação escolástica da literatura da dependência produzida nos Estados Unidos pode ser identificada nas tentativas que alguns autores fizeram de aplicar o "conceito dependência" ao estudo do subdesenvolvimento em outras regiões do mundo,[403]

---

403 GIRVAN, Norman. "The development of dependency economics in the Caribbean and Latin America: review and comparison". *Social and Economic Studies*, vol. 22, nº 1, mar. 1973.

ou ainda no esforço de se elaborar uma "teoria da dependência" com validade explanatória universal,[404] um projeto que não está distante da empreitada de Bodenheimer.

Outros partidários da dependência, tais como Ivar Oxaal, Tony Barnett e David Booth, insistem em testar

> cientificamente as ideias de Frank, aplicando-as a novas situações empíricas, e seguir linhas alternativas ou complementares de investigação teórica sempre que essas pareçam proveitosas ou desafiadoras.[405]

O volume editado por Oxaal *et al.* começa com uma longa revisão bibliográfica da literatura sobre dependência escrita por Philip J. O'Brien: mais um documento de uma recepção consciente. Após examinar muitos dos mesmos *dependentistas*, O'Brien conclui com uma observação crítica, dizendo que, no conjunto, a "literatura" está cheia de inconsistências e carece de coerência. No entanto, admite que:

> O ponto básico apresentado – de que a interação entre as estruturas internas *Latin American* e as estruturas internacionais é o ponto de partida crítico para um entendimento do processo de desenvolvimento na *Latin America* – é de vital importância.[406]

---

404 LALL, Sanjaya. "Is 'Dependence' a useful concept in analysing underdevelopment?" *World Development*, vol. 3, nº 11/12, 1975.

405 OXAAL, Ivar; BARNETT, Tony; BOOTH, David (Coord.). *Beyond the sociology of development*: economy and society in Latin America and Asia. Londres: Routledge & Kegan Paul, 1975.

406 OXAAL, Ivar; BARNETT, Tony; BOOTH, David (Coord.). *Beyond the sociology of development*: economy and society in Latin America and Asia. Londres: Routledge & Kegan Paul, 1975.

A expectativa de coerência sugerida por O'Brien pressupõe a existência de algo como "uma" teoria *Latin American* da dependência. Na realidade, entretanto, a unidade de tal teoria é mais um produto da recepção de contribuições críticas à sociologia e à economia do desenvolvimento, feitas por autores de diferentes países durante décadas, do que um produto consistente de um meio acadêmico *Latin American*.[407] Afinal, embora houvesse uma circulação de publicações e de ideias entre países, tais como México, Brasil, Colômbia, Chile e Argentina, não existia algo que pudesse ser considerado "um" meio acadêmico *Latin American*. Além disso, como indica o trecho acima, O'Brien deixa de perceber que, para *dependentistas* como Cardoso e Faletto, cuja contribuição analisa detalhadamente, o "interno" é sempre nacional, e não *Latin American*.

Publicado em 1976, o terceiro número da *Latin American Research Review* traz uma longa revisão da literatura sobre dependência, de autoria de C. Richard Bath e Dilmus D. James.[408] Os autores classificam os *dependentistas* em dois grupos, radicais e moderados, e discutem também parte da recepção de suas ideias nos Estados Unidos. Após traçar o mapa da dependência e de sua recepção, Bath e James trazem um conjunto de sugestões para melhorar a qualidade do conhecimento. Primeiro, deve-se substituir o nome "teoria da dependência" por "política de articulação". "A política de articulação é uma abordagem que abrange os componentes básicos da teoria da dependência, mas sem as preferências ideológicas da última".[409]

A passagem acima nada mais é que uma reprimenda aos *dependentistas* radicais por seu viés ideológico, aconselhando-os

---

407 CARDOSO, Fernando Henrique. "The Consumption of Dependency Theory in the United States". *Latin American Research Review*, vol. 12, nº 3, 1977.

408 BATH, C. Richard; JAMES, Dilmus D. "Dependency Analysis of Latin America". *Latin American Research Review*, vol. 11, nº 3, 1976.

409 BATH, C. Richard; JAMES, Dilmus D. "Dependency Analysis of Latin America". *Latin American Research Review*, vol. 11, nº 3, 1976, p. 33.

a "considerar-se em primeiro lugar cientistas sociais e secundariamente engenheiros sociais". Dificilmente se pode encontrar um exemplo mais claro de afastamento do engajamento político em favor de um academicismo escolástico apolítico, pelo menos no plano mais superficial do discurso.

Rematando sua avaliação, Bath e James[410] sugerem que

> certas características singulares da *Latin America* deveriam ser consideradas, tais como o personalismo e o fato de que a identificação de classe dentro da *Latin America* pode ser baseada em critérios diferentes daqueles da Europa Ocidental ou dos Estados Unidos.

Em vez de adotar uma definição geral de classe para o estudo da sociedade *Latin American*, esses autores sugerem que tal categoria deveria ser redefinida, levando em conta a condição de alteridade cultural de *Latin America*. Se levado a sério, esse conselho tiraria a força da análise de classes, transformando-a em um estudo do exotismo cultural. Contudo, aos olhos de Bath and James, isso certamente iria contribuir para despolitizar os estudos de dependência. Como podemos ver, traços de antigas etnologias têm raízes profundas.

Alguns *dependentistas* tiveram a oportunidade de publicar suas reflexões sobre a recepção dos estudos de dependência nos Estados Unidos em uma revista estadunidense. O artigo de Cardoso, "The Consumption of Dependency Theory in the United States"[411] é provavelmente o mais revelador desses documentos. Ele critica os cientistas sociais estadunidenses por se empenharem em transformar a dependência em uma teoria formal empiricamente

410 BATH, C. Richard; JAMES, Dilmus D. "Dependency Analysis of Latin America". *Latin American Research Review*, vol. 11, nº 3, 1976, p. 37.

411 CARDOSO, Fernando Henrique. "The Consumption of Dependency Theory in the United States". *Latin American Research Review*, vol. 12, nº 3, 1977.

testável, algo que o autor considera um desvio do propósito original dos estudos de dependência, que era o de ajudar a transformar situações de "dominação".

> A divergência não é meramente metodológico-formal. Ela está, em verdade, no próprio cerne dos estudos [originais] da dependência. Se esses estudos possuem de fato qualquer valor, não é meramente porque propõem uma metodologia para substituir um paradigma previamente existente, ou porque exploram um novo conjunto de temas. É, principalmente, porque fazem isso a partir de um ponto de vista radicalmente crítico. (...) Nessas análises, não há um pressuposto de "neutralidade" científica. Elas devem ser consideradas mais "verdadeiras" porque assumem que, discernindo quais são os agentes históricos capazes de impelir um processo de transformação e suprindo esses agentes com ferramentas teóricas e metodológicas para suas lutas, compreendem assim o significado do movimento histórico e ajudam a negar uma determinada ordem de dominação. (...) São, portanto, explanatórias porque são críticas.[412]

Dificilmente se pode deixar de ouvir nessas linhas os ecos do apelo de Marx por interpretações do mundo que contribuam para transformá-lo.[413] A crítica de Cardoso ao academicismo estéril também pode ser interpretada como um chamamento ao engajamento político do texto com a transformação do mundo real. No entanto,

---

412 CARDOSO, Fernando Henrique. "The Consumption of Dependency Theory in the United States". *Latin American Research Review*, vol. 12, nº 3, 1977, p. 15.

413 Ironicamente, essa crítica não parte do mais revolucionário dos *dependentistas*. Cardoso tem sido repetidamente identificado como reformista (BATH, C. Richard; JAMES, Dilmus D. "Dependency Analysis of Latin America". *Latin American Research Review*, vol. 11, nº 3, 1976; CHILCOTE, Ronald H. *Theories of development and underdevelopment*. Boulder: Westview Press, 1984). Sua rejeição da solução revolucionária de Frank para o problema da dependência é bastante conhecida (CARDOSO, Fernando Henrique; FALETTO, Enzo. *Dependency and development in Latin America*. Berkeley: University of California Press, 1979).

considerando que a política é quase sempre implementada dentro de Estados nacionais, e que sua teoria aponta para a necessidade de autonomia nacional, é difícil visualizar um lugar adequado para os *Latin American Studies* dos Estados Unidos em seu esquema. Quer dizer, um ponto de vista *radicalmente crítico* que conjugue pensamento e ação transformadora teria que lidar seriamente com a questão nacional e, portanto, teria pouco uso para um conceito como o de *Latin America*.

Em sua crítica, Cardoso deixa de considerar o fato de que atividades acadêmicas também estão sujeitas a limitações estruturais financeiras, institucionais e políticas que dizem respeito ao contexto nacional em que são produzidas, mais especificamente, que a ausência de um ponto de vista crítico nos estudos da dependência produzidos pela academia dos Estados Unidos poderia estar relacionada à maneira pela qual os *Latin American Studies* foram instituídos naquele país. Que escolhas estavam disponíveis a uma pessoa que decidisse seguir uma carreira em *Latin American Studies* nos Estados Unidos naquele contexto histórico particular? A opção pelo academicismo parece ser uma solução que conjugava o conforto de uma carreira acadêmica bem-subvencionada com a rejeição formal da politização. É claro que essa opção não excluía a participação em associações civis e movimentos políticos em apoio a causas políticas em *Latin America*. Por outro lado, a combinação de convicções políticas pessoais e de oportunidades profissionais, em diferentes proporções, também fez com que alguns latino-americanistas daquela geração deixassem os Estados Unidos de vez e assumissem cargos acadêmicos em países da dita *Latin America*. A opção mais difícil certamente foi a de se manter abertamente crítico ao *establishment* e, ao mesmo tempo, conquistar amplo reconhecimento acadêmico.

Esta breve revisão não tem por objetivo acusar todos os latino-americanistas que "receberam" os estudos da dependência de serem vítimas de um escolasticismo estéril. Ao mesmo tempo, é preciso reconhecer que a tendência de se favorecer a excelência acadêmica tornou-se amplamente difundida, até mesmo entre autores que assumem abertamente suas inclinações esquerdistas, como é o caso daqueles ligados ao periódico *Latin American Perspectives*.[414] O trabalho de Ronald Chilcote – o editor responsável pela revista desde sua fundação – é um exemplo emblemático. Marxista declarado, Chilcote, uma vez, previu o advento das sociedades sem classes na *Latin America* e o colapso do império estadunidense que, segundo ele, poderia eventualmente conduzir ao fim do capitalismo naquele país.[415] Entretanto, grande parte de sua contribuição pode ser lida como uma tentativa de organizar o debate entre diferentes teorias do desenvolvimento: modernização, dependência e marxismo.[416] Nessa mesma linha de pesquisa,

---

414 Descrito por seu editor como uma "publicação acadêmica não sectária sobre *Latin America* com um ponto de vista marxista anti-imperialista" (LATIN AMERICAN STUDIES CENTER; CALIFORNIA STATE UNIVERSITY (Coord.). *Latin American perspectives index*: issues 1-35, 1974-1982. Los Angeles: Latin American Studies Center; California State University, 1983), *Latin American Perspectives* foi fundada em 1974 e, desde então, tem sido um veículo para latino-americanistas de esquerda, particularmente marxistas. Em seu manifesto de fundação, publicado no primeiro número, lê-se: "enquanto muitos periódicos e associações de estudos burgueses sobre *Latin America* preferem disfarçar seu apoio ao sistema capitalista na *Latin America* por trás de uma fachada de 'neutralidade acadêmica', *Latin American Perspectives* não tem tais pretensões abstratas. Declaramos explicitamente que nada que é acadêmico pode ser neutro e que toda erudição tem uma função política".

415 Esta opinião está declarada na introdução a *Latin America: The Struggle with Dependency and Beyond* – um livro editado por Chilcote e Joel C. Edelstein. Com capítulos de autoria de Susanne Jonas (Bodenheimer), James D. Cockcroft, Theotonio dos Santos e James Petras, o livro é uma prova da colaboração entre *dependentistas* e marxistas americanos – outro documento da recepção da dependência nos Estados Unidos. (CHILCOTE, Ronald H. *The brazilian communist party*: conflict and integration 1922-1972. Nova York: Oxford University Press, 1974).

416 CHILCOTE, Ronald H. *The brazilian communist party*: conflict and integration 1922-1972. Nova York: Oxford University Press, 1974; CHILCOTE, Ronald H. "Dependency: A Critical Synthesis of the Literature". *Latin American Perspectives*, vol. 1, nº 1, 1974; CHILCOTE, Ronald H. *Dependency and marxism*: towards a resolution of the debate. Boulder:

Chilcote produziu um livro sobre a metodologia da política comparada, que teve duas edições.[417]

James Petras foi outro colaborador regular de *Latin American Perspectives* que segue uma orientação marxista. Em sua contribuição a um livro importante que editou com Maurice Zeitlin no início de sua carreira, *Latin America: Reform or Revolution? A Reader*,[418] Petras analisa as chances de sucesso de revoluções e movimentos de guerrilha na *Latin America* com a evidente intenção de traçar estratégias revolucionárias bem-sucedidas. O livro documenta os primórdios da colaboração entre *dependentistas* e latino-americanistas.

Nesse contexto de recepção, a refutação da oposição assimétrica temporal tinha um lugar proeminente. No capítulo inicial, "Seven fallacies about Latin America",[419] o sociólogo mexicano Rodolfo Stavenhagen ataca a suposição de que as sociedades *Latin American* fossem dualistas, isto é, divididas em uma metade capitalista e outra feudal. Da mesma forma que outros *dependentistas*, Stavenhagen se empenha em demonstrar, pela análise de dados históricos econômicos e sociais, que a maioria dos setores das sociedades *Latin American* estava integrada direta ou indiretamente ao sistema capitalista mundial desde que os países eram colônias europeias. Seguindo a mesma linha dc raciocínio, o historiador argentino Luis Vitale dedica todo o segundo capítulo do livro a

---

Westview Press, 1982; CHILCOTE, Ronald H. *Theories of development and underdevelopment*. Boulder: Westview Press, 1984.

417 CHILCOTE, Ronald H. *Theories of comparative politics*: the search for a paradigm. Boulder: Westview Press, 1981; CHILCOTE, Ronald H. *Theories of comparative politics*: the search for a paradigm revisited. Boulder: Westview Press, 1995.

418 PETRAS, James F.; ZEITLIN, Maurice (Coord.). *Latin America*: Reform or Revolution? a reader. Nova York: Fawcett, 1968.

419 PETRAS, James F.; ZEITLIN, Maurice (Coord.). *Latin America*: Reform or Revolution? a reader. Nova York: Fawcett, 1968.

demonstrar que nem Espanha, nem *Latin America* eram verdadeiramente feudais no início da era moderna.[420]

Surpreendentemente, contudo, o livro contém também a reimpressão de um artigo antigo de Merle Kling, "Towards a Theory of Power and Political Instability in *Latin America*", publicado originalmente em 1956. Kling fez da defesa do cientificismo a principal bandeira de sua carreira acadêmica como latino-americanista. Durante a ascensão da teoria da modernização, no início dos anos 1960, foi um defensor decidido da introdução de abordagens quantitativas comparativas ao estudo da *Latin America*.[421]

---

420 Vitale trata a *Latin America* como se tivesse sido colonizada exclusivamente pela Espanha. Não há menção ao Brasil ou a Portugal em seu texto.

421 Essas opiniões são defendidas em um trabalho sobre o estado da pesquisa em ciência política sobre *Latin America*, apresentado por Kling em um encontro organizado pelo Joint Committee of *Latin American Studies* em 1963. O Joint Committee of *Latin American Studies* foi criado pelo American Council of the Learned Societies e o Social Science Research Council em 1959. Os objetivos principais do Joint Committee eram "melhorar as comunicações entre aqueles interessados pela pesquisa em *Latin America*, examinar maneiras de promover tal pesquisa e administrar um programa de bolsas para pesquisa de campo". O apoio financeiro vinha da Carnegie Corporation de Nova York, da Ford Foundation e do Council on Higher Education in the American Republics (WAGLEY, Charles. *Social Science Research on Latin America*. Nova York: Columbia University Press, 1964, p. 5). No grupo de ciência política com onze membros, que se reuniu para discutir o documento de Kling no encontro, havia dois acadêmicos trabalhando em horário integral para o Departamento de Estado, um funcionário do Foreign Service e um Tenente-Coronel da U. S. Army Special Warfare School em Fort Bragg (FAGEN, Richard R. "Studying Latin American Politics: Some Implications of a Dependencia Approach". *Latin American Research Review*, vol. 12, nº 2, 1977, p. 23). Comentando o encontro, Richard R. Fagen (FAGEN, Richard R. "Studying Latin American Politics: Some Implications of a Dependencia Approach". *Latin American Research Review*, vol. 12, nº 2, 1977) diz que "em nenhum outro grupo disciplinar, o governo dos Estados Unidos estava tão amplamente representado". O encontro sobre o estado da pesquisa de *Latin American Studies* foi precedido por outro encontro sobre o tema "continuidade e mudança na *Latin America*", patrocinado pelo Joint Committee e organizado por John J. Johnson. A partir daquele encontro, Johnson editou o livro do mesmo nome, que já discutimos no capítulo anterior (KLING, Merle.

O artigo que se tornou um capítulo no livro de Petras, "Towards a Theory of Power", é um dos primeiros trabalhos de sua cruzada cientificista. Iniciando o texto com uma comparação entre ciência política e ciências naturais, Kling sustenta que a primeira ainda precisa livrar-se de especulações e abstrações teóricas e metafísicas para conseguir tornar-se uma verdadeira ciência. A seguir, mostra como isso deve ser feito:

> Dentro de uma estrutura científica, consequentemente, uma teoria de poder e instabilidade na *Latin America* deve tentar satisfazer pelo menos quatro funções. Uma teoria adequada deve (1) servir "para reduzir o grau de empirismo"; isto é, colocar em um contexto amplo e significativo as aparentemente desconexas manifestações de instabilidade na *Latin America*. (2) propor generalizações relativas ao exercício de poder e à prevalência de instabilidade na Latin America que sejam compatíveis com a evidência disponível (...).[422]

O projeto proposto no artigo é calcado na premissa de que *Latin America* é um objeto coerente a respeito do qual caberia uma "Teoria do Poder e da Instabilidade" específica. Para entender como tal premissa funciona no argumento, deve-se prestar atenção à interação sinedóquica entre o locativo "na *Latin America*" e a locução adjetiva "da *Latin America*", que, muitas vezes, denota uma característica essencial. A primeira função declara que "manifestações de instabilidade na *Latin America*" devem ser apresentadas como manifestações de instabilidade "de" *Latin America*, quer dizer, uma vez colocados em um "contexto significativo" adequado, os casos específicos de instabilidade na *Latin America* podem ser

---

"The State of Research on Latin America: Political Science". *In*: WAGLEY, Charles (Coord.). *Social Science Research on Latin America*. Nova York: Columbia University Press, 1964).

422 KLING, Merle. "Towards a Theory of Power and Political Instability in Latin America". *In*: PETRAS, James F.; ZEITLIN, Maurice (Coord.). *Latin America*: reform or revolution? a reader. Nova York: Fawcett, [1956] 1968.

relacionados para revelar o caráter instável essencial da *Latin America*. A segunda função demanda que se estabeleçam generalizações sobre o exercício do poder e a prevalência de instabilidade na *Latin America* que sejam compatíveis com a evidência disponível. No entanto, considerando que Kling já havia feito um apelo pela redução do grau de empirismo, deve-se questionar qual seria a consequência de tal ação para a disponibilidade de evidência. A solução para esse enigma aparente – frequentemente encontrado na literatura de *Latin American Studies* – consiste em selecionar, a partir de uma amostra de casos específicos, uma subamostra de características tipicamente *Latin American*. É claro que esse procedimento requer o conhecimento prévio do que é típico da *Latin America*, o que vem a ser, ironicamente, o objetivo do trabalho sociocientífico. Em suma, no final, os autores sempre descobrem o que já sabiam, isto é, reafirmam seus preconceitos.

Kling não parece perceber que a premissa da coerência *Latin American* não está sujeita às restrições "científicas" dos testes empíricos. Os critérios para separar o que é "essencialmente" *Latin American* do que acidentalmente acontece na *Latin America* não são evidentes. Entretanto, os resultados de seu esforço teórico são prontamente explicados: "A instabilidade política na *Latin America* distingue-se por três características: (1) é crônica; (2) é frequentemente seguida de violência limitada; (3) não produz mudanças básicas nas diretrizes econômicas, sociais ou políticas.[423] O elemento dessa "teoria" que mais se salienta é a oposição assimétrica temporal. Ficamos sabendo que a instabilidade política na *Latin America* é crônica: *Latin America* está presa a um ciclo histórico de violência. Inconscientemente repetindo o tropo de Hegel sobre o caráter não histórico da história oriental, Kling afirma que a instabilidade *Latin*

423 KLING, Merle. "Towards a Theory of Power and Political Instability in Latin America". *In*: PETRAS, James F.; ZEITLIN, Maurice (Coord.). *Latin America*: reform or revolution? a reader. Nova York: Fawcett, [1956] 1968, p. 23.

American não produz mudança verdadeira. Ao descrever a segunda função de sua teoria da instabilidade política (ver a penúltima citação), o autor já havia feito referência aos "elementos relativamente estáticos no ambiente *Latin American*", uma sugestão que traz à lembrança a teoria do dualismo social (tão detestada pelos *dependentistas*) e outras alusões ao *handicap* histórico.

Armado de tais *insights* teóricos, Kling conclui peremptoriamente: "A instabilidade política em um país *Latin American* não pode ser avaliada como um desvio temporário de um padrão de rotação pacífica de cargos públicos.[424] A teoria deu a volta completa e agora é utilizada para interpretar evidência "empírica": se o país é *Latin American*, a norma não pode ser estabilidade política. As exceções são previsivelmente descartadas por não se conformarem à regra.

Dadas as características do artigo de Kling, sua inclusão no livro de Petras é deveras intrigante. Um dos poucos *insights* que unem os dependentistas é a rejeição de formas ostensivas de oposição assimétrica temporal, do tipo daquelas embutidas em noções tais como sociedade dual, feudalismo *Latin American* e subdesenvolvimento como carência de desenvolvimento. Assim, qual a razão para incluir tal texto em um *reader* composto, em sua maior parte, por textos que negam essas mesmas ideias? Seria isso um sinal de pluralismo acadêmico?

Esse poderia ser o caso, já que o livro contém igualmente um artigo de Frederick B. Pike, no qual o autor atribui a falta de progresso econômico do Chile às atitudes racistas das elites europeizadas do país contra os mestiços e a classe baixa indígena – argumento de tipo culturalista que é raramente encontrado em textos de marxistas e *dependentistas*. Entretanto, não podemos deixar de notar

424 KLING, Merle. "Towards a Theory of Power and Political Instability in Latin America". *In*: PETRAS, James F.; ZEITLIN, Maurice (Coord.). *Latin America*: reform or revolution? a reader. Nova York: Fawcett, [1956] 1968, p. 23.

que Petras não é imune ao raciocínio sinedóquico. Ao comentar a bem-sucedida revolução de Fidel Castro, o autor observa:

> A facilidade com que as forças de Castro tomaram o poder e a ausência de qualquer oposição efetiva por parte da classe média indicam o grau em que a classe média *Latin American* é dependente do exército tradicional.[425]

O que torna a classe média cubana tipicamente *Latin American*? Por que essa situação específica representa um comportamento de classe média tipicamente *Latin American*? Não podemos deixar de notar nessa passagem a mesma linha de raciocínio que Kling usa para advertir seus leitores a esperar o pior dos países *Latin American*: se esse não for o caso, então o país não está "sendo" *Latin American*. Afinal, as coisas consideradas tipicamente *Latin American* devem ser negativas, patológicas. Como já observamos, o raciocínio sinedóquico é muitas vezes um indicador da presença de oposições assimétricas. A sugestão de Petras de que existe "uma" classe média *Latin American* e que essa classe média é sempre dependente de um setor social denominado "exército tradicional" lamentavelmente confirma essa tese.

5.4 Conclusão

Neste capítulo, examinei algumas contribuições-chave para os estudos de dependência e sua recepção pelos latino-americanistas. Discuti também também alguns desenvolvimentos institucionais e políticos relativos à profissão de especialista em *Latin America*. Durante o período em que os estudos de dependência começaram a ser recebidos, muitos jovens latino-americanistas tornaram-se conscientes

---

425 KLING, Merle. "Towards a Theory of Power and Political Instability in Latin America". *In*: PETRAS, James F.; ZEITLIN, Maurice (Coord.). *Latin America*: reform or revolution? a reader. Nova York: Fawcett, [1956] 1968, p. 52.

das implicações políticas de seu trabalho, o que conduziu a uma crítica ativa tanto das políticas governamentais para a *Latin America* quanto da contribuição de alguns de seus colegas ao fazer e à justificação dessas políticas. Contudo, esse novo grupo de latino-americanistas apostou, mais do que a geração anterior, na excelência do discurso acadêmico, ao passo que continuou dependente das mesmas fontes de financiamento para suas atividades profissionais. Quer dizer, devido ao contexto conservador de sua profissão, a ênfase no academicismo proporcionou aceitação e estabilidade institucionais.

Por seu turno, a aceitação e estabilidade institucionais só podem ser conquistadas por meio de um maior envolvimento institucional, e isso traz consequências. A profissão sempre dependeu de recursos e fundos controlados por instituições governamentais e privadas com interesses concretos ou indiretos em *Latin America*. Nem todas as linhas de pesquisa são ditadas diretamente por tais interesses, pois o véu de liberdade acadêmica é um importante componente ideológico do discurso e da prática das ciências sociais. Entretanto, não se pode negar que os *Latin American Studies* foram estruturalmente limitados por esses interesses. Assim, nessa situação estrutural, uma teoria que desafiasse seriamente tais interesses (os quais apresentaram um impressionante grau de coesão durante o período da Guerra Fria) teria chances muito limitadas de tornar-se hegemônica.

Mas, se os *Latin American Studies* estão de fato sujeitos a essa situação de dependência, então a afirmação de Packenham sobre a hegemonia da teoria da dependência deve ser questionada. Se os dependentistas são de fato hegemônicos – e veremos mais adiante que, pelo menos no tocante à definição de *Latin America*, eles não o são – deve ser porque perderam sua força crítica, deixando de constituir uma ameaça aos grandes interesses constituídos. Se, pelo contrário, não o são, é porque os estudos de dependência foram somente uma abordagem entre as muitas dos *Latin American Studies*. O mundo real, contudo, não é assim tão preto no branco. Como apontado aqui, para conquistar estabilidade profissional, os latino-americanistas tiveram que se "adaptar" às agendas de pesquisa das instituições patrocinadoras. Essas limitações institucionais acabam por produzir um "campo" no qual autores radicais tendem a ser minoria, enquanto o centro é ocupado por aqueles que fazem mais concessões institucionais.[426] No fim, o academicismo pode ser visto como um sintoma tanto da perda de um viés político crítico por parte da recepção da dependência quanto do isolamento de seus autores mais radicais.

As contribuições de Frank, Cardoso e Faletto contêm elementos que poderiam ser usados para criticar radicalmente tanto o suporte institucional quanto a produção acadêmica substantiva dos *Latin American Studies* estabelecidos. Entretanto, os adeptos da dependência preferiram enfocar o escolasticismo, deixando a estrutura institucional florescer ao longo do mesmo padrão de relações estreitas entre financiamento e interesses constituídos. Limitações institucionais e as escolhas teóricas são, na verdade, profundamente interligadas. O projeto de se produzir uma ciência social da *Latin America* repousa sobre a percepção de radical oposição entre um Eu "americano" e um Outro na América. A preservação dos *Latin American Studies* como tal contribuiu para a manutenção e a reprodução de tal percepção. Não é coincidência que, embora em pequenas quantidades, traços de raciocínio sinedóquico e oposições assimétricas estejam presentes até mesmo

---

426 Ao comentar o papel da teoria em política comparativa, Peter Evans, um dos principais arautos da teoria da dependência nos Estados Unidos, afirma que a viabilidade do trabalho sociocientífico não depende de sua precisão teórica, mas de sua capacidade de atender às demandas práticas de seus "consumidores e patrocinadores". Consequentemente, acrescenta: "Agendas (de pesquisa) são fortemente moldadas pelas demandas e limitações de consumidores e patrocinadores" (KOHLI, Atul, EVANS, Peter; KATZENSTEIN, Peter J.; PRZEWORSKI, Adam; RUDOLPH, Susanne Hoeber; SCOTT, James C.; SKOCPOL, Theda. "The Role of Theory in Comparative Politics". *World Politics*, vol. 48, nº 1, out. 1996, p. 4). Essa avaliação vem de um autor que também contribuiu para a recepção dos estudos de dependência nos Estados Unidos (EVANS, Peter. *Dependent development*: the alliance of multinational, state and local capital in Brazil. Princeton: Princeton University Press, 1979).

nos argumentos de partidários da dependência – enfoque que, em grande medida, rejeita essas ideias. Considerando que formas de negação do reconhecimento e de raciocínio sinedóquico estavam disponíveis tanto no inglês cotidiano como nos escritos de outras abordagens ao estudo da *Latin America*, é previsível que adeptos da teoria da dependência, ao se engajarem na busca por uma teoria do verdadeiro objeto *Latin American*, tenham replicado esses vícios.

Independente do veredicto final sobre o *status* hegemônico da dependência, sua recepção nos Estados Unidos não conseguiu banir as oposições assimétricas dos textos produzidos pelos *Latin American Studies*. No próximo capítulo, veremos como as mesmas oposições são reapropriadas de maneira grandiloquente e dramática por outra vertente dos *Latin American Studies*, os estudos do corporativismo.

CAPÍTULO VI

ESTUDOS DO CORPORATIVISMO

Uma civilização protestante pode desenvolver suas energias eternamente num deserto, tal como fizeram os Estados Unidos. Uma civilização católica fica estagnada quando não está em contato vital com as diversas tribos e culturas da humanidade. Quando culturas feudais são constituídas a partir de europeus e africanos e índios, o aristocrata obviamente tem boas razões para recordar a "velha pátria".[427]

O que é necessário, portanto, é um volume para a Ibéria e a *Latin America* que seja a contrapartida, digamos, da obra de Hartz, *The Liberal Tradition in America*, um estudo que trace e análise essas variáveis político-culturais dominantes e nos forneça uma visão integrativa de toda a tradição ibérico-latina, coisa tão necessária.

– Howard Wiarda, "Toward a Framework for the Study of Political Change in the Iberic-Latin Tradition: The Corporative Model".

---

427 HARTZ, Louis. *The founding of new societies*: studies in the history of the United States, Latin America, South Africa, Canada and Australia. Nova York: Harcourt, Brace and World, 1964.

Embora os estudos sobre corporativismo na *Latin America*[428] sejam contemporâneos da recepção da teoria da dependência – ambos se deram a partir do início dos anos 1970 –, eles se baseiam em pressupostos radicalmente diferentes sobre seu objeto de estudo. Neste capítulo, examinarei algumas das contribuições mais relevantes a esse enfoque, prestando atenção especial à maneira pela qual o conceito de *Latin America* é constituído, ou melhor, é semanticamente construído por meio da atividade teórica. A análise do corporativismo irá ajudar a compreensão da história geral dos *Latin American Studies*, assim como proporcionar meios para avaliar o estado da "disciplina" no presente – algo que será feito no próximo capítulo.

Em termos gerais, o corporativismo é baseado na premissa de que o organismo biológico constitui uma metáfora heurística útil para a compreensão do funcionamento das sociedades humanas. Comparado a outras abordagens produzidas pelos *Latin American Studies*, o corporativismo apresenta considerável coesão conceitual e teórica. Minha análise tem início com um texto de Richard Morse, autor considerado por outros estudiosos do corporativismo como uma das fontes principais de suas ideias. A seguir, a atenção volta-se para dois textos fundamentais da literatura corporativista: "On 'Functional Groups', 'Fragmentation', and 'Pluralism' in Spanish American Political Society", de Ronald Newton, e "Toward a Framework for the Study of Political Change in the Iberic-Latin Tradition: The Corporative Model", de Howard Wiarda. Após avaliar os princípios doutrinários da literatura, examinarei uma série de artigos publicados na *Review of Politics*, nos quais a teoria é aplicada ao estudo de casos específicos. Finalmente, discutirei o destino do corporativismo, dentro e fora da academia estadunidense, e as contribuições que ele trouxe ao campo semântico de *Latin America* em inglês.

---

428 Também referido aqui simplesmente como "corporativismo".

6.1 Morse: o precursor

Como se verá neste capítulo, o corporativismo não é muito inovador em suas principais premissas e teses sobre *Latin America*. Um rápido exame da literatura mostra que seus autores se basearam no trabalho de um grupo bastante consistente de antecessores, que já utilizavam a maioria dos argumentos que os corporativistas posteriormente adotaram. Richard Morse é provavelmente o mais influente desses antecessores. Seu trabalho mais citado é "The Heritage of Latin America", um texto publicado originalmente como capítulo do livro *The Founding of New Societies*, de Louis Hartz,[429] e mais tarde incluído por Howard Wiarda em seu manual de "corporativismo em *Latin America*".[430]

Os argumentos apresentados por Morse em "The Heritage of Latin America" são tão semelhantes àqueles utilizados mais tarde por estudiosos do corporativismo, que uma análise detalhada do texto deve ser evitada para poupar o leitor do excesso de repetição. Entretanto, é importante expor alguns dos elementos básicos de sua contribuição e posição no livro de Hartz.

The Founding of New Societies é dividido em duas partes: a primeira, "A theory of the development of new societies", é de autoria exclusiva de Hartz, e a segunda, intitulada "Five National Histories", é composta de uma série de estudos de caso escritos por outros autores – entre eles "The Heritage of *Latin America*", de Morse. O texto de Hartz consiste principalmente de uma teoria

---

429 HARTZ, Louis. *The founding of new societies*: studies in the history of the United States, Latin America, South Africa, Canada and Australia. Nova York: Harcourt, Brace and World, 1964.

430 Glen Dealy, Claudio Véliz e Kalman Silvert também podem ser considerados precursosres do corporativismo, ainda que não cheguem a ser tão influentes quanto Morse. (WIARDA, Howard J. *Politics and social change in Latin America*: the distinct tradition. Amherst: University of Massachusetts Press, 1974; WIARDA, Howard J. (Coord.). *Politics and social change in Latin America*: the distinct tradition. Amherst: University of Massachusetts Press, 1982).

histórica da civilização mundial carregada de traços hegelianos e românticos.[431] O autor retrata a Europa como uma entidade que gerou três variantes culturais distintas: liberalismo, radicalismo e feudalismo. De acordo com Hartz, o conflito constante entre essas variantes foi responsável pelo dinamismo histórico da Europa. Entretanto, com a era dos descobrimentos e do colonialismo ultramarino, variantes culturais isoladas (fragmentos de Europa) foram transpostas a outras partes do mundo – um processo que Hartz chama de "a fundação de novas sociedades". Os Estados Unidos receberam o liberalismo; Austrália e África do Sul, o radicalismo; e *Latin America*, o feudalismo.[432] Incapazes de interagir com as demais nesses novos contextos, cada variante transposta permaneceu em um estado de paralisia. Contudo, deve-se notar que, ainda que Hartz afirme que os fragmentos eram impenetráveis à transformação histórica, os Estados Unidos herdaram a tradição "moderna" do liberalismo, enquanto *Latin America* recebeu o feudalismo medieval – um fragmento do passado que exerce influências das mais reacionárias sem produzir conflito. Hartz argumenta que os demais fragmentos da Europa são "governados pela experiência definitiva da tradição liberal americana"[433] – uma afirmação críptica que carece de fundamentação no texto.

---

431 Autor de *The Liberal Tradition in America* (HARTZ, Louis. *The liberal tradition in america*: an interpretation of american political thought since the revolution. Nova York: Harcourt, 1955), Louis Hartz foi um dos principais representantes da "escola do consenso" na historiografia americana (NOVICK, Peter. *That noble dream*: the "objectivity question" and the American historical profession. Cambridge: Cambridge University Press, 1988; SMITH, Rogers. *Civic ideals*: conflicting visions of citizenship in U.S. history. New Haven: Yale University Press, 1997).

432 Hartz identifica o espírito liberal da América com as ideias de John Locke, enquanto Francisco de Suárez representa a *Latin America* feudal.

433 HARTZ, Louis. *The founding of new societies*: studies in the history of the United States, Latin America, South Africa, Canada and Australia. Nova York: Harcourt, Brace & World, 1964, p. 4.

A segunda parte do livro, *Five National Histories*, traz ensaios sobre os Estados Unidos, Austrália, África do Sul, Canadá e *Latin America*. Trata-se de uma maneira peculiar de organizar essa parte da obra, já que todas as unidades, com exceção da *Latin America*, são Estados nacionais. O leitor poderia concluir que Hartz não está preocupado com tais detalhes "menores", mas essa organização segue um critério definido: a noção romântica de equiparar uma nação a um povo. Em outras palavras, exatamente porque esse autor considera os *Latin Americans* como um só povo é que a *Latin America* deve possuir "uma" história nacional. Isto é, o fato de os seres humanos na *Latin America* constituírem nações diferentes, comunidades políticas diversas e, portanto, terem histórias nacionais distintas, não tem qualquer relevância nesse esquema. Hartz trabalha com a premissa da homogeneidade cultural e racial do povo *Latin American*, algo muito similar a um *Volksgeist Latin American*.

Morse segue o roteiro de Hartz de perto. Sua etnologia da *Latin America* combina expressões extremas de oposições assimétricas temporal e cultural. A percepção do *Latin American* como católico e, portanto, essencialmente Outro em relação ao protestante estadunidense é fundamental para o autor.

> Exatamente como há pressupostos políticos e psicológicos que caracterizam as sociedades protestantes e transcendem, ou formam a base das circunstâncias de tempo e lugar, também podemos esperar que exista um etos comum dentro do qual as sociedades católicas encontrem seu desenvolvimento histórico.[434]

---

434 MORSE, Richard M. "The heritage of Latin America". *In*: HARTZ, Louis (Coord.). *The Founding of New Societies*: Studies in the History of the United States, Latin America, South Africa, Canada and Australia. Nova York: Harcourt, Brace & World, 1964, p. 151.

Mas a aparência de simetria no trecho acima é rapidamente desfeita pelo enunciado de uma profunda assimetria histórica enraizada na diferença cultural.

> Uma civilização protestante pode desenvolver suas energias eternamente num deserto, tal como fizeram os Estados Unidos. Uma civilização católica fica estagnada quando não está em contato vital com as tribos e culturas diversas da humanidade.[435]

Seguindo Hartz, Morse também conclui que o fragmento liberal é capaz de gerar internamente sua própria dinâmica histórica, ao passo que o feudal não é, e, portanto, precisa ter "contato" com outras "tribos e culturas da humanidade" para poder desenvolver-se. Tal contato, acrescenta Morse, é "impingido pela política mundial vinda de fora".[436]

A percepção da paralisia histórica fundamental da *Latin America* é repetida muitas e muitas vezes ao longo do texto.

> O *Hispanic American* continuou como se não tivesse havido mudança. E, na verdade, não houve. Nada de real ou conclusivo pareceu ter sido alcançado. A liberdade política que foi conquistada foi apenas uma formalidade. (...) Todo *Hispanic American* buscou apenas tomar o lugar deixado pelo conquistador. De homem dominado que foi, almejou tornar-se dominador do mais fraco. (...) Enquanto isso, o resto do mundo marcha adiante, progride e faz história. A

---

435 MORSE, Richard M. "The heritage of Latin America". *In*: HARTZ, Louis (Coord.). *The Founding of New Societies*: Studies in the History of the United States, Latin America, South Africa, Canada and Australia. Nova York: Harcourt, Brace & World, 1964, p. 176.

436 MORSE, Richard M. "The heritage of Latin America". *In*: HARTZ, Louis (Coord.). *The Founding of New Societies*: Studies in the History of the United States, Latin America, South Africa, Canada and Australia. Nova York: Harcourt, Brace & World, 1964, p. 176.

> *Hispanic America* continua sendo um continente sem história, sem passado, porque lá o passado é sempre presente.[437]

É no mínimo irônico assistir a um historiador latino-americanista, um profissional que vive do ofício de narrar a suposta história da *Latin America*, declarar que seu objeto não existe. Seria essa mesma história da *Latin America* um exercício de ficção, de fantasmagoria? Morse ensina o leitor a não apenas esperar mudança real na *Latin America*, mas também a rejeitar qualquer traço de mudança aparente como um falso produto de mera retórica.

> Se aceitarmos com seriedade a noção de que a *Spanish America* formou sua cultura e suas instituições muito antes dessa época, devemos identificar uma matriz profunda de pensamento e atitude, e não a retórica pela qual ela pode ter sido momentaneamente encoberta.[438]

Tais imprecações e sua repetição exaustiva no texto têm um efeito cognitivo nada desprezível. Nesse caso específico, o leitor é instruído sobre o que esperar do objeto *Latin America*: nada de história, apenas a constante repetição do mesmo passado.

O culturalismo de Morse toma emprestado elementos de Weber e Parsons. Do primeiro autor vem a tese de que o "patrimonialismo" é uma forma de "dominação tradicional". Morse afirma, então, que o Estado hispânico é patrimonial, algo que se ajusta bem à sua avaliação geral de que a cultura hispânica é tradicional. Com

---

437 MORSE, Richard M. "The heritage of Latin America". *In*: HARTZ, Louis (Coord.). *The Founding of New Societies*: Studies in the History of the United States, Latin America, South Africa, Canada and Australia. Nova York: Harcourt, Brace & World, 1964, p. 169.

438 MORSE, Richard M. "The heritage of Latin America". *In*: HARTZ, Louis (Coord.). *The Founding of New Societies*: Studies in the History of the United States, Latin America, South Africa, Canada and Australia. Nova York: Harcourt, Brace & World, 1964, p. 153.

Parsons, aprende que as sociedades *Spanish American* seguem um "padrão particularista-atributivo" – o que, como já foi mostrado aqui, é uma maneira de dizer que essas sociedades não são nem universalistas, nem voltadas para a realização de coisas práticas. Weber e Parsons fornecem a Morse os conceitos sociocientíficos para explicar a condição fundamental de alteridade cultural e temporal de *Latin America*.

Tradicionalismo e carência de universalismo e realização remetem à falta de racionalidade – ou pelo menos do tipo instrumental de racionalidade que Weber identificou com a modernidade. Morse confirma esse diagnóstico, observando que a sociedade hierárquica hispânica permite manifestações de muita "excentricidade e liberação afetiva". Para o autor, *Latin America* também é atormentada por outra forma de irracionalidade identificada por Weber: a dominação carismática. Quando as estruturas da sociedade hierárquica se rompem, a liderança personalista surge para ocupar uma posição de direção na arena política. O único movimento que ocorre na *Latin America* é a mudança de uma forma de irracionalidade à outra.

O texto de Morse tem início com uma seção bastante longa sobre o "povo" da *Latin America*, na qual o tema da raça é central. Os Estados Unidos, mais uma vez, são o padrão com o qual a região é comparada. O autor explica que a expressão *melting pot* não pode ser aplicada à *Latin America*, pois seu significado corresponde exclusivamente à mistura de imigrantes europeus brancos com os descendentes dos britânicos que já habitavam os Estados Unidos – nem negros, nem indígenas estavam incluídos nessa mistura.[439] Na *Latin America*, porém, o que teve lugar foi uma mistura de três raças diferentes: branca, negra e índia. Mesmo em lugares onde ocorreu algo semelhante ao *melting pot*

---

439 Ainda que devamos inquirir sobre o real significado de tal comparação, a etimologia que o autor propõe é historicamente correta.

estadunidense, diz o autor, como no cone sul da América do Sul, a mistura seguiu "padrões de aculturação *Latin American*" típicos.[440]

A referência a "padrões de aculturação *Latin American*" parece sugerir que a cultura foi um fator determinante na formação do *melting pot* alternativo da região. Entretanto, Morse[441] também afirma que

> a universalidade com a qual mulheres negras e índias serviram como esposas ou concubinas do homem branco induz à suspeita da transmissão de tonalidades psicológicas duradouras à sociedade do Novo Mundo.

Como sugere o trecho acima, Morse atribui características psicológicas à raça e, dessa forma, abre a possibilidade de se perceberem traços culturais coletivos como um produto de herança racial.

Em suma, a *Latin America* é contraposta aos Estados Unidos em todos os três aspectos: raça, cultura e capacidade histórica. Mais uma vez, quando ocorrem juntas, os três tipos de oposições assimétricas abrem-se para possibilidades de tradução. De fato, todos esses aspectos parecem estar entrelaçados na definição da diferença essencial da *Latin America*. Nas seções seguintes, examinarei como as ideias de Morse foram recebidas e desenvolvidas pela literatura do corporativismo.

---

440 MORSE, Richard M. "The heritage of Latin America". *In*: HARTZ, Louis (Coord.). *The Founding of New Societies*: Studies in the History of the United States, Latin America, South Africa, Canada and Australia. Nova York: Harcourt, Brace & World, 1964, p. 124.

441 MORSE, Richard M. "The heritage of Latin America". *In*: HARTZ, Louis (Coord.). *The Founding of New Societies*: Studies in the History of the United States, Latin America, South Africa, Canada and Australia. Nova York: Harcourt, Brace & World, 1964, p. 129.

6.2 Corporativismo em *Latin America*

6.2.1 Ronald Newton

"On 'Functional Groups', 'Fragmentation' e 'Pluralism' in Spanish American Political Society", de Ronald Newton,[442] são textos pioneiros da literatura do corporativismo produzida pelos *Latin American Studies*. No primeiro, Newton apresenta a "nova" posição epistemológica do corporativismo em relação ao resto da literatura dos *Latin American Studies*, expondo assim as bases teóricas e conceituais dessa "nova" teoria.

Newton começa o texto argumentando que o estudo dos "grupos funcionais", ao qual se dedica, desafia "os métodos mais tradicionais de conceituar e analisar a sociedade política *Spanish American*, (...) [rompendo] com muitas das categorias e premissas que dão forma ao pensamento norte-americano".[443] Sem especificar quais seriam esses métodos tradicionais, o autor acrescenta que "os ciclos repetidos de violência e paralisia cívica, incidências prolongadas de disfunção" na *Spanish America*, não podem ser entendidos "em termos de disposições constitucionais e comportamento eleitoral e parlamentar".[444] Portanto, Newton aponta para uma causa mais profunda que meros arranjos institucionais.

Seguindo uma tendência nos *Latin American Studies* que já havia sido observada na literatura da dependência, Newton

---

442 NEWTON, Ronald C. "On 'Functional Groups', 'Fragmentation', and 'Pluralism' in Spanish American Political Society". *Hispanic American Historical Review*, vol. 50, nº 1, fev. 1970.

443 NEWTON, Ronald C. "On 'Functional Groups', 'Fragmentation', and 'Pluralism' in Spanish American Political Society". *Hispanic American Historical Review*, vol. 50, nº 1, fev. 1970, p. 2.

444 NEWTON, Ronald C. "On 'Functional Groups', 'Fragmentation', and 'Pluralism' in Spanish American Political Society". *Hispanic American Historical Review*, vol. 50, nº 1, fev. 1970, p. 1.

preocupa-se em colocar sua contribuição dentro dem um debate acadêmico específico. Isto é, ao contrário dos latino-americanistas dos primórdios da teoria da modernização, que tinham um *corpus* pequeno de literatura para comentar e, portanto, baseavam-se mais em sistematizar informações factuais e tomar emprestadas teorias de outras disciplinas, esses estudiosos de segunda e terceira geração podiam situar suas teorias dentro dos debates internos da já prolífica literatura dos *Latin American Studies*. Em resumo, a tendência crescente de academicismo não era exclusiva dos estudos de dependência e de seus seguidores.

A teoria "nova" de Newton utiliza um vocabulário "novo", uma forma diferente de falar sobre *Latin America*. Embora suas ideias não sejam muito diversas das de Morse, sua linguagem o é. Ao contrário de Morse, que usa pouco o termo "corporativo", Newton o emprega trinta e cinco vezes no texto. O termo "funcional", no título do artigo, deve ser entendido como uma referência metafórica às funções "biológicas", isto é, à ideia de que os grupos sociais contribuem para a vida da sociedade da mesma forma que os órgãos contribuem para a vida do organismo: executando tarefas especializadas e hierarquicamente ordenadas.[445] Como indicam as palavras escolhidas por Newton para apresentar seu "problema de pesquisa", o estudo do corporativismo na *Latin America* trata de patologias. Termos como "paralisia" e "disfunção" parecem sair diretamente de um livro de medicina. A presença da palavra "violência" junto a esses termos lembra aos leitores que é permitido aplicar esse vocabulário nosológico ao entendimento de processos sociais. Ademais, segundo Newton, essas não são males passageiros, mas patologias crônicas: os ciclos de violência cívica são "repetidos", incidências de disfunção são "prolongadas" e a sociedade civil queda "paralisada".

---

445 Historicamente, os regimes políticos corporativistas são identificados com o fascismo – uma ideologia que empregava a analogia entre política nacional e funcionamento do organismo.

Como o início do artigo de Newton parece prenunciar, apesar da diferença de vocabulário, o corporativismo volta a um terreno familiar: o da oposição assimétrica temporal. Sabemos, entretanto, que oposições assimétricas geralmente se apresentam entremeadas. Por isso, traços de outras formas de oposição devem ser buscados no texto do autor, assim como em outros textos da teoria corporativista.

"On 'Functional Groups" contém outras ideias dignas de nota, como mostra a passagem a seguir:

> Os grupos funcionais de interesse não são de maneira alguma fora do comum; o essencial, porém, é que os instrumentos conceituais, disponíveis no momento ao investigador que procura entendê-los enquanto fenômeno extensivo a toda cultura,[446] continuam escassos e imprecisos. Uma definição adequada e útil do que seja o "grupo funcional de interesse" *Spanish American* (...) ainda se faz necessária – na verdade, mesmo a própria terminologia deve ser encarada como apenas provisória. Ademais, precisamos de uma estrutura conceitual – um "modelo", se quiserem – por meio do qual um sistema nacional Spanish American integral possa ser examinado em termos das inter-relações entre seus agrupamentos funcionais constituintes e seu envolvimento no processo político. Esse é o propósito: isolar e definir os problemas e desenvolver um vocabulário e um sistema de referência para seu estudo ulterior.[447]

O argumento de Newton é inequívoco: latino-americanistas deveriam esforçar-se para encontrar um sistema de referência conceitual que permitisse entender grupos funcionais de interesse

---

446 Itálico do autor.

447 NEWTON, Ronald C. "On 'Functional Groups', 'Fragmentation', and 'Pluralism' in Spanish American Political Society". *Hispanic American Historical Review*, vol. 50, nº 1, fev. 1970, pp. 1/2.

Spanish American enquanto fenômeno presente em toda a cultura. Há duas premissas embutidas nessa linha de raciocínio. A primeira, que os chamados grupos funcionais de interesse são de fato um fenômeno cultural. A segunda, que existe uma cultura *Spanish American* comum e coerente que determina o comportamento desses grupos em toda a *Spanish America*. As mesmas premissas dão base ao apelo subsequente por um "modelo" de "sistema nacional *Spanish American* integral", o que conduz à implicação ulterior de que as nações *Spanish American* não só possuem a mesma cultura, mas também produzem as mesmas instituições políticas. A busca de Merle Kling por uma teoria unificada da instabilidade política na *Latin America* vem imediatamente à mente do leitor atento. Coerentemente, Newton inclui esse autor no que chama de sua "guarda pessoal de norte-americanos",[448] com Blanksten, McAlister, Morse, Phelan, e Silvert.[449]

O trecho é também um bom exemplo de como a retórica escolástica é frequentemente articulada à definição de *Latin America* como um todo cultural coerente. De fato, considerando quc sua condição cultural de alteridade é dada como certa, a tarefa do cientista social torna-se uma busca pela "estrutura conceitual" correta para compreendê-la. Aqui, o significado de "compreender" aproxima-se das raízes etimológicas anteriores à sua metaforização: agarrar um objeto físico. Newton parece saber qual objeto a ser perseguido e o que deve ser feito com ele. Por outro lado, reconhece também que, até então, o esforço científico havia produzido apenas conceitos "escassos e imprecisos". Sua contribuição é apresentada, então, como um esforço de "isolar e definir os problemas e desenvolver um vocabulário e um sistema

---

448 Expressão que pode ser "traduzida" por "principais influências intelectuais", ainda que a imagem militar associada ao componente nacional seja um pouco inquietante e de gosto duvidoso.

449 NEWTON, Ronald C. "On 'Functional Groups', 'Fragmentation', and 'Pluralism' in Spanish American Political Society". *Hispanic American Historical Review*, vol. 50, nº 1, fev. 1970, p. 2.

de referência para estudo ulterior". Esse arremedo do discurso das ciências naturais é apresentado com a maior seriedade pelo autor, como se a acumulação de conhecimentos e o "refinamento" de conceitos sobre *Latin America* fossem, ao fim de um processo, revelar a verdade interior do objeto sociocientífico: algo do tipo de um "sistema nacional integral *Spanish American*".

Após apresentar seu ambicioso projeto, Newton começa a análise substantiva. Tomando emprestado de Whitaker o conceito de fragmentação, usado originalmente por aquele autor para estudar a Argentina, argumenta que ele pode ser usado para explicar também outras nações *Spanish American* de desenvolvimento sociopolítico semelhante.[450] Contudo, antes de expor sua teoria, Newton explica ao leitor como a fragmentação *Spanish American* difere do pluralismo "norte-americano".

> Em primeiro lugar, embora grupos secundários extensos sejam centrais em ambos os casos, o pluralismo norte-americano é de fato, como indica Whitaker de forma impressionista, muito diferente dos fenômenos Spanish American em questão. Ambos são culturalmente determinados, o que vale dizer historicamente determinados (...).[451]

Aqui encontram-se os primeiros traços evidentes de oposição assimétrica cultural. A definição da característica essencial do sistema político *Spanish American* (fragmentação) é estabelecida

---

450 Segundo Newton, a fragmentação corresponde a uma condição em que a sociedade política está profundamente dividida em "*intereses creados* (grupos de interesse baseados nos costumes) mutuamente isolados e irremediavelmente antagônicos" (NEWTON, Ronald C. "On 'Functional Groups', 'Fragmentation', and 'Pluralism' in Spanish American Political Society". *Hispanic American Historical Review*, vol. 50, nº 1, fev. 1970, p. 3).

451 NEWTON, Ronald C. "On 'Functional Groups', 'Fragmentation', and 'Pluralism' in Spanish American Political Society". *Hispanic American Historical Review*, vol. 50, nº 1, fev. 1970, p. 3.

em contraste com uma imagem estadunidense do pluralismo. Como se poderia esperar, a imagem de pluralismo estadunidense dificilmente poderia ser mais rósea. De acordo com Newton, tal pluralismo é baseado em dois princípios condutores: multiplicidade de grupos e multiplicidade de afiliações. O primeiro princípio é possível devido à "liberdade irrestrita para formar tais grupos", uma alegação que o autor prova citando Alexis de Tocqueville. Newton sustenta que várias causas contribuíram para a propagação do espírito de afiliação, entre elas, a fluidez social que permitiu às pessoas livrarem-se dos laços "atributivos" (*ascriptive*) de berço e de *status*. O segundo princípio, multiplicidade de afiliações, define uma condição segundo a qual o indivíduo estadunidense pode ter lealdade a uma variedade de coletividades e, portanto, não estar forçosamente vinculado aos imperativos de uma associação hegemônica.[452] À medida que a oposição cultural é explicitada, o autor relata como essas diferenças culturais podem ser entendidas em termos históricos.

> Em segundo lugar, porém, ambos não são diretamente opostos, porque a fragmentação não constitui, em qualquer sentido, um sistema. O termo só pode referir-se, mais propriamente, à disfunção de um sistema – que até relativamente pouco tempo atrás tinha uma eficiência razoável. É esse conjunto tradicional de arranjos – o qual carece de qualquer rótulo descritivo universalmente aceito – que constitui o contraponto *Spanish American* do pluralismo.[453]

O caráter assimétrico da oposição é acentuado no trecho acima, pois se supõe que, enquanto o pluralismo estadunidense é um sistema,

---

452 NEWTON, Ronald C. "On 'Functional Groups', 'Fragmentation', and 'Pluralism' in Spanish American Political Society". *Hispanic American Historical Review*, vol. 50, nº 1, fev. 1970, p. 5.

453 NEWTON, Ronald C. "On 'Functional Groups', 'Fragmentation', and 'Pluralism' in Spanish American Political Society". *Hispanic American Historical Review*, vol. 50, nº 1, fev. 1970, p. 3.

a fragmentação *Spanish American* é a "*disfunção* de um sistema". O autor sugere que, antes da fragmentação, a *Spanish America* tinha um sistema operante em posição, ao qual se refere como um "conjunto tradicional de arranjos". Em suma, a *Spanish America* mudou de um sistema tradicional para a simples disfunção: as metáforas patológicas continuam a permear o vocabulário de Newton.

> Em terceiro lugar, a síndrome de fragmentação deve ser correlacionada à emergência de modos transicionais de organização sociopolítica. Isso significa, nos termos mais simples, que, quando um determinado sistema nacional *Spanish American* adquire mais plenamente os atributos de sociedade transicional, sua estrutura política se expande para acomodar grupos urbanos recém-articulados e exigentes, a conjuntura de estruturas constitucionais e informais por meio das quais, na sociedade tradicional, demandas políticas eram recebidas, processadas e trabalhadas, torna-se cada vez mais incontrolável, e pode, como na Argentina, tornar-se diretamente obstrutiva.[454]

Agora, o vocabulário médico é enriquecido pela adição da palavra "síndrome". O quadro geral é bastante familiar. O sistema político *Spanish American* era assaz estável por ser baseado em arranjos culturais tradicionais. Então, a modernização forçou a sociedade a entrar em uma fase transicional. Mas as mudanças sociais e os novos interesses causados pela modernização entraram em conflito com os arranjos tradicionais, fazendo com que todo o sistema político se tornasse disfuncional. O quadro do sistema *Spanish American* disfuncional se parece com a sociedade *Latin American* transicional instável, descrita nas literaturas da instabilidade política e da teoria da modernização.

---

454 NEWTON, Ronald C. "On 'Functional Groups', 'Fragmentation', and 'Pluralism' in Spanish American Political Society". *Hispanic American Historical Review*, vol. 50, nº 1, fev. 1970.

Newton não para por aí, pois sua tese principal é a de que o tradicionalismo *Spanish American* vence a batalha da sociedade transicional.

> [A] extraordinária tenacidade com que os padrões tradicionais resistem à alteração e/ou à suplantação extrai suas forças não só das atitudes Bourbon dos atuais detentores do poder, mas também, em um grau ainda não devidamente estudado, das modalidades peculiares de estrutura urbana pré-industrial da *Spanish America*. Isso implica, entre outras coisas, que há pouca razão para acreditar que os períodos transicionais da *Spanish America* seriam tudo, menos prolongados e dolorosos, ou que as configurações mais complexas que finalmente se desenvolveriam seriam mais semelhantes à variedade norte-americana de pluralismo do que o são agora.[455]

Embora a alusão à transição possa inicialmente sugerir a possibilidade de movimento e mudança, Newton reafirma a paralisia histórica da *Spanish America* com convicção renovada. A modernização deveria ter trazido mudança, mas só acarretou níveis mais elevados de instabilidade sob o domínio prolongado do tradicionalismo. Ao denominar Bourbon as atitudes de líderes políticos, Newton insinua que estas mudaram pouco desde a época em que a região era subordinada ao poder monárquico espanhol. Finalmente, prediz que o período transicional disfuncional será "prolongado e doloroso", isto é, mesmo na transição, *Spanish American* não consegue ser plenamente histórica.

Segundo o autor, esse *handicap* histórico também se manifesta na organização dos grupos sociais.

---

455 NEWTON, Ronald C. "On 'Functional Groups', 'Fragmentation', and 'Pluralism' in Spanish American Political Society". *Hispanic American Historical Review*, vol. 50, nº 1, fev. 1970, p. 4.

> Muitas das ocupações exercidas no âmbito desses grupos têm sido "forçadas a existir" pelas exigências de uma era industrial complexa e são altamente modernas em sua especialização minuciosa e enorme perícia técnica que demandam. Isso é tão verdadeiro para o sacerdote treinado como sociólogo ou assistente social como para o militar de laboratório, o consultor administrativo ou o perito em automação. Todavia, como foi sugerido acima, os grupos contêm redes intricadas de relacionamentos personalistas e não instrumentais. Ademais, a matriz institucional – os princípios jurídicos envolvidos, a atribuição de *status* e funções individuais e corporativas, os estratagemas de autogestão corporativa, a legitimação da intervenção política no sistema mais amplo e, frequentemente, os mecanismos por meio dos quais tal intervenção é exercida – pertence ao passado urbano pré-industrial da *Spanish America*.

Suas ocupações podem ser modernas, mas sua forma de organização é personalista e não instrumental. O personalismo faz aqui mais uma aparição como elemento de definição do caráter *Latin American*. Sua associação ao "não instrumental" acrescenta nuanças de irracionalidade à descrição dos grupos *Spanish American*.[456] Confirmando essa descrição, Newton acrescenta que o conceito de "grupo de interesse" é inválido para a *Spanish America* porque "sua conotação de 'racionalidade' e 'instrumentalidade' não está nem um pouco de acordo com a totalidade do envolvimento não só afetivo, mas também cognitivo do *latino*". Não constitui surpresa o fato de o autor chamar os grupos funcionais *Spanish American* de particularistas. Os membros desses grupos estariam conectados primariamente pela afeição e são incapazes de raciocinar de acordo com princípios morais universalistas. As consequências políticas são nefastas. Devido a tais características, os grupos *Spanish American* não podem estabelecer relações de

456 A inspiração weberiana de análises culturalistas produzida pelos *Latin American Studies* é, na maior parte do tempo, explícita e raramente pode ser exagerada.

solidariedade horizontal entre si e, consequentemente, dependem de um Estado forte para mediar conflitos e alocar privilégios e recursos. É importante notar também que, de acordo com Newton, esse complexo de defeitos culturais corresponde à sobrevivência do "passado urbano pré-industrial da *Spanish America*: oposição assimétrica cultural traduzida em oposição assimétrica temporal".

Newton provavelmente não sabe que sua "teoria" reproduz a leitura de Hegel sobre o funcionamento dos impérios orientais.[457] Em ambos os autores, o Estado é considerado a única fonte de racionalidade capaz de manter a coesão de uma sociedade formada por grupos e indivíduos irracionais que, por sua vez, são dominados por emoções, impulsos e desejos inescapáveis e, portanto, são incapazes de raciocinar conforme princípios universais. Para uma sociedade que não reconhece a liberdade, só um Estado autoritário ou despótico é apropriado. Newton, coerentemente, termina o texto falando da possibilidade de ditadores militares manterem a estabilidade do sistema disfuncional da *Spanish America*.

O contraste entre a imagem glorificada do caráter estadunidense e a "explicação" sociocientífica do *latino* algumas vezes é feito explicitamente pelo autor.

> O observador norte-americano, culturalmente condicionado a ser "compreensivo" em relação à infinidade de possibilidades humanas, fica perturbado ao achar-se cercado, em um meio *Spanish American*, por tipos altamente diferentes, profundamente estereotipados e razoavelmente previsíveis. Uma sabedoria popular igualmente crua permite ao latino conduzir seus afazeres sociais – e regularmente inferir as posições políticas

457 HEGEL, Georg Wilhelm Friedrich. *The philosophy of history*. Rev. ed. Nova York: Willey, 1944.

> de cada pessoa a partir do grupo ao qual esta é afiliada, uma a uma, baseando-se em premissas atributivas.[458]

O trecho seria uma suposta crítica ao etnocentrismo dos Estados Unidos, mas, na verdade, ele apenas justifica o desprezo que o estadunidense, superior, deveria sentir em relação à condição de alteridade abjeta que caracteriza o estilo de vida *Latin American.*

Segundo Newton, a tese da teoria da modernização de que os setores intermediários *latinos* representaram uma força reformista na história *Latin American* é outro produto da miopia estadunidense, baseado em "premissas culturalistas acerca do comportamento 'natural' das classes médias maduras". Na verdade, argumenta o autor, esses setores intermediários têm estado presos às mesmas práticas corporativas particularistas e atributivas que dominam a sociedade *Spanish American* e, por esse motivo, são incapazes de produzir "solidariedades horizontais".

Newton conclui o texto, argumentando que os defeitos culturais da *Spanish America* devem ser reconhecidos em termos "históricos.

> Não se pode fugir à conclusão de que, em seu conjunto, os grupos funcionais institucionalizados, o isolamento e/ou hostilidade mútuos que caracterizam suas relações extramuros e as modalidades peculiares de sua articulação com o aparelho político do Estado ostentam mais que uma semelhança superficial com o sistema corporativo do *ancien régime.*[459]

---

458 NEWTON, Ronald C. "On 'Functional Groups', 'Fragmentation', and 'Pluralism' in Spanish American Political Society". *Hispanic American Historical Review*, vol. 50, nº 1, fev. 1970, p. 15.

459 NEWTON, Ronald C. "On 'Functional Groups', 'Fragmentation', and 'Pluralism' in Spanish American Political Society". *Hispanic American Historical Review*, vol. 50, nº 1, fev. 1970, pp. 21/22.

O termo *ancien régime* refere-se aqui não à França, mas à monarquia espanhola, que foi iniciada por Isabel e Fernando no final do século XV e perdurou durante todo o período colonial. Newton afirma que as tensões e as contradições que caracterizaram aquele *ancien régime* sobrevivem no cerne do sistema político *Spanish American* do século XX. Essas tensões e contradições tiveram origem, segundo o autor, na necessidade de harmonizar um corpo de direitos e privilégios medievais com as demandas centralizadoras da monarquia recém-estabelecida. A solução foi um sistema corporativo no qual diferentes grupos de interesse são mutuamente isolados e verticalmente dependentes do monarca, que, por sua vez, acumulou grande poder e pouca responsabilidade.

Newton atribui a autoria intelectual desse sistema ao jesuíta Francisco Suárez, que viveu no século XVI e, segundo o autor, adaptou uma combinação intricada de direito romano imperial, tomismo e direito consuetudinário espanhol. O autor reconhece que sua tese é inspirada em Richard Morse, particularmente em sua contribuição à obra de Louis Hartz.[460] Newton admite que seu entendimento de Suárez está em desacordo tanto com autores que consideram o tomista espanhol precursor das doutrinas modernas de "soberania popular", quanto com os que negam que Suárez tenha tido uma influência duradoura sobre o pensamento político espanhol. Entretanto, em lugar de apresentar argumentos convincentes para embasar sua posição, declara apenas que Suárez é importante porque produz "razões rigorosamente deduzidas e definitivas para (...) o arranjo harmonioso de governo da Espanha".[461] Suárez não

460 HARTZ, Louis. *The founding of new societies*: studies in the history of the United States, Latin America, South Africa, Canada and Australia. Nova York: Harcourt, Brace & World, 1964.

461 Para uma análise mais detalhada do pensamento de Suárez e de seu lugar no contexto intelectual europeu no início da era moderna, ver Quentin Skinner (SKINNER, Quentin. *Foundations of modern political thought*. vol. 1/2. Cambridge: Cambridge University Press, 1978). Richard Tuck afirma que Suárez foi um precursor importante do conceito de direito subjetivo,

é a única "vítima" das análises apressadas e das generalizações exageradas de Newton. Com a mesma atitude intelectual, o autor examina séculos de história espanhola e *Spanish American*.

Newton compensa a fragilidade de seus argumentos com um vocabulário carregado de implicações moralistas e depreciativas. A terminologia nosológica empregada pelo autor para descrever *Latin America* ainda inclui as palavras "febril", "debilidade" e "amorfo". Além das variáveis-modelo parsonianas (particularista, atributivo), Newton também emprega outros substantivos, como "extravagância" e "estridência" com os mesmos propósitos "científicos". Em nenhum dos textos examinados anteriormente, as formas de oposição assimétrica se aproximam tanto do insulto escancarado. No texto de Newton, as formas de oposição assimétrica revelam-se claramente como instrumentos de negação do reconhecimento: para reconhecer-se na *Spanish America* descrita pelo autor, as pessoas precisariam ter autoestima das mais baixas.

Mas Newton não deixa de tomar algumas precauções. Para proteger-se de acusações de generalização excessiva, lembra ao leitor o verdadeiro espírito sociocientífico de seu empreendimento: "Neste estágio da investigação, falta muito para ser testado e verificado" – bordão retórico do cientificismo.

6.2.2 Wiarda

Howard Wiarda foi, com certeza, o autor mais prolífico e influente da literatura do corporativismo em *Latin America*. Sua primeira contribuição a esse *corpus* é "Toward a Framework for

---

um elemento que Tuck considera crucial para a formulação das teorias de contrato social (TUCK, Richard. *Natural rights theories*: their origin and development. Cambridge: Cambridge University Press, 1979). NEWTON, Ronald C. "On 'Functional Groups', 'Fragmentation', and 'Pluralism' in Spanish American Political Society". *Hispanic American Historical Review*, vol. 50, nº 1, fev. 1970, p. 24.

the Study of Political Change in the Iberic-Latin Tradition".[462] Fiel à "virada escolástica", Wiarda inicia o texto com uma resenha crítica da produção dos *Latin American Studies* que o precedeu. De acordo com o autor, nos anos 1960, tanto fazedores de políticas governamentais quanto latino-americanistas estavam convencidos da iminência da ameaça revolucionária na região. Essa onda de "pânico", entretanto, incitou uma reação na forma de uma série de trabalhos que atribuem um caráter inerentemente conservador e antirrevolucionário à *Latin America*. O autor afirma que nenhum desses cenários explica satisfatoriamente "a natureza do processo de desenvolvimento *Latin American*" – que ele também chama de "processo de desenvolvimento *Iberic-Latin*".[463] Segundo Wiarda,[464] as análises antecedentes foram inválidas porque deixaram de observar que

> há alguns aspectos singulares ao processo de mudança sociopolítica na tradição *Iberic-Latin* que não correspondem aos modelos comumente usados para analisar o desenvolvimento nacional. A análise de "estágios de crescimento" de Rostow, a teoria dos sistemas e a literatura do desenvolvimento funcionalista de Easton e Almond, ou a análise de classes e o paradigma da "elite de poder" não são adequados ao estudo dessas nações.

---

462 WIARDA, Howard J. "Toward a Framework for the Study of Political Change in the lberic-Latin Tradition: The Corporative Model". *World Politics*, vol. 25, nº 1, 1973.

463 Embora Wiarda não forneça, no texto, uma definição para a expressão *Iberic-Latin*, pode-se supor com segurança que esta se refira a Espanha e Portugal e a todos os países no hemisfério ocidentalcolonizados por essas duas nações.

464 WIARDA, Howard J. "Toward a Framework for the Study of Political Change in the lberic-Latin Tradition: The Corporative Model". *World Politics*, vol. 25, nº 1, 1973, p. 208.

O autor critica também a teoria da modernização, por projetar sobre a *Latin America* um modelo de desenvolvimento europeu e estadunidense e, consequentemente, omitir o fato de as sociedades *Latin* serem bastante distintas: "a tradição *Iberic-Latin* representa um 'quarto mundo de desenvolvimento', uma maneira peculiar de lidar com grandes transformações dos tempos modernos". Não se pode deixar de notar aqui a mesma retórica utilizada por Newton: os estadunidenses desenvolvidos e democráticos enganam-se porque, ingenuamente, esperam que *Latin America* siga o mesmo curso de desenvolvimento virtuoso que os Estados Unidos haviam experimentado. Segundo Wiarda, essa é uma ilusão perigosa, já que *Latin America* é uma entidade totalmente diferente.

Após prevenir seus leitores contra falsas expectativas, Wiarda começa a expor o edifício de sua teoria corporativista:

> As nações *Iberic-Latin* foram basicamente ignoradas pelas grandes revoluções que criaram o mundo moderno. A Reforma Protestante, o surgimento do capitalismo, a revolução científica, o aparecimento das sociedades mais pluralistas e politicamente mais democráticas, a Revolução Industrial e suas ramificações multifacetadas, tudo isso teve pouco efeito sobre as nações da área de cultura *Iberic-Latin*. Estas permaneceram excluídas e isoladas dessas correntes modernizadoras, à margem das tendências ideológicas e movimentos sociopolíticos que aconteciam em outra parte da Europa, fragmentos e vestígios de uma tradição particularmente *Iberic-European*, datando aproximadamente de 1500, com uma cultura política e uma ordem sociopolítica que, no seu âmago, era essencialmente dualista (dividida em duas classes), autoritária, tradicional, elitista, patrimonial, católica, estratificada e corporativa.[465]

---

465 WIARDA, Howard J. "Toward a Framework for the Study of Political Change in the Iberic-Latin Tradition: The Corporative Model". *World Politics*, vol. 25, nº 1, 1973, p. 209.

Em um único parágrafo, Wiarda consegue tecer o campo semântico básico de oposições assimétricas culturais e temporais que define o corporativismo. Segundo o autor, a passagem do tempo não trouxe transformações históricas significativas às nações *Iberic-Latin* desde o século XVI. Mais especificamente, aquelas nações perderam todas as "grandes revoluções" que causaram a ocorrência do "mundo moderno", e assim permaneceram pré-modernas, medievais, pré-capitalistas ou, nos próprios termos de Wiarda: "autoritárias, tradicionais, elitistas, patrimoniais, católicas, estratificadas, hierárquicas e corporativas". Em outras palavras, as nações *Iberic-Latin* existem no presente como uma negação ossificada da modernidade; de uma modernidade que, podemos concluir por oposição simples, é democrática, dinâmica, pluralista, baseada na soberania popular, protestante, igualitária e universalista. Em outras palavras, tal concepção de modernidade dificilmente se distingue de uma imagem idealizada dos Estados Unidos como o farol da história humana – ecos da doutrina do Destino Manifesto são clamorosos demais para serem ignorados aqui. Na verdade, são tão ruidosos que Wiarda até fornece uma explicação lógica para o sentimento de hostilidade e desprezo que os estadunidenses sentem em relação aos *Latin Americans*:

> A nossa foi uma nação protestante e agora é pluralista, e nossas disciplinas acadêmicas seguem uma orientação cada vez mais secular e científica, e o resultado disso é sermos "insensíveis e vagamente hostis em relação aos fundamentos sociológicos e psicológicos de uma sociedade católica".[466]

Para Wiarda, a aversão cultural estadunidense aos valores e às tradições que constituem a *Latin America* levou os latino-americanistas a deixarem de estudá-los e a aplicarem erradamente à

---

466 A frase entre aspas foi tomada emprestada de Morse. (WIARDA, Howard J. "Toward a Framework for the Study of Political Change in the lberic-Latin Tradition: The Corporative Model". *World Politics*, vol. 25, nº 1, 1973, p. 210).

Latin America teorias de desenvolvimento originalmente criadas com base em experiências europeias e estadunidenses.

Wiarda conduz, então, sua própria exploração da estrutura tradicional das sociedades *Iberic-Latin*. Primeiro, "constata" que essas sociedades não produziram qualquer teoria política moderna, *vis-à-vis* "Locke e a experiência anglo-americana", Rousseau e a Revolução Francesa e a filosofia alemã. A modernidade, acrescenta o autor, tem sido anglo-americana e norte-europeia, em lugar de simplesmente europeia; porque os *Latin-Iberian* ficaram fora desse processo histórico, presos à sua própria tradição distinta. Em termos substantivos, enquanto os modernos produziram o pragmatismo político, o materialismo, a teoria do sucesso (sic) e uma concepção unilinear, estágio por estágio do desenvolvimento, baseada em sua própria experiência, o Outro vivia de acordo com o idealismo moral, a certeza filosófica, um sentimento de continuidade e uma "concepção orgânico-corporativa unificada do Estado e da sociedade". Wiarda afirma que esses princípios se originam no Direito Romano, sugerindo parenteticamente que o leitor leia Sêneca "para um entendimento da tradição *Iberic-Latin*". Em seguida, cita também alguns dos primeiros autores intelectuais modernos do sistema *Iberic-Latin*: Vitoria, De Soto, Suárez, Molina e Mariana, isto é, a tradição tomista-aristotélica – um termo que também toma emprestado de Morse.

Desempenhando o papel de historiador do pensamento político, Wiarda (assim como Newton, antes dele) analisa comparativamente essas tradições europeias distintivas:

> Sua visão da sociedade e do Estado é orgânica – o governo é natural, necessário e ordenado por Deus para alcançar a harmonia entre os homens. Essa concepção é quase que inerentemente conservadora. Diferentemente da teoria do contrato que, exceto em Hobbes, é individualista, democrática, liberal e progressiva, a teoria orgânica subordina a lei humana à lei natural e divina, é mais tolerante em

> relação à autoridade, despreza o indivíduo em favor dos "direitos" do grupo ou de uma "vontade geral" superior, aceita e justifica o *status* quo, reserva poderes extensos a interesses tradicionais adquiridos e conduz inerentemente a um sistema corporativo que subordina o homem a um fim e a uma unidade supostamente mais elevados.[467]

O autor declara que, embora tal sistema não tenha sido articulado na Península Ibérica do século XVI, "ainda se encontram ecos e manifestações poderosas da estrutura corporativo-orgânica inicial em praticamente todos os regimes e instituições na *Latin America* contemporânea, e em seus fundamentos político-culturais subjacentes". Segundo Wiarda, o latino-americanista Charles Anderson[468] estava certo ao chamar a *Latin America* de "museu vivo".

Wiarda apresenta, então, um breve relato histórico das nações *Iberic-Latin*, no qual tenta mostrar que o "sistema corporativo-patrimonial" persiste, apesar de desafios e influências modernizantes. Essa narrativa segue um padrão retórico peculiar. As inovações históricas são apresentadas para, em seguida, serem descartadas por uma cláusula adversativa que reafirma "o amplo alcance da cultura e do legado político dominantes".[469] Mesmo a "onda" mais recente de modernização não quebrou a hegemonia da estrutura corporativa *Latin-Iberian*. As sociedades *Latin* tornaram-se mais instáveis, argumenta Wiarda, mas suas crises cíclicas são sempre acomodadas pelo sistema corporativo duradouro:

---

467 WIARDA, Howard J. "Toward a Framework for the Study of Political Change in the Iberic-Latin Tradition: The Corporative Model". *World Politics*, vol. 25, nº 1, 1973, p. 212.

468 ANDERSON, Charles W. *Politics and Economic Change in Latin America*: the Governing of Restless Nations. Princeton: D. Van Nostrand, 1967.

469 WIARDA, Howard J. "Toward a Framework for the Study of Political Change in the Iberic-Latin Tradition: The Corporative Model". *World Politics*, vol. 25, nº 1, 1973, p. 220.

> As mesmas orientações e estruturas tradicionais, hierárquicas, corporativas, elitistas e autoritárias ainda estão presentes hoje, modificadas pelas mudanças do século XX, mas de forma alguma destruídas por elas (...) O pessoal do governo pode mudar, novos grupos e novas ideias podem ser assimilados, e as elites podem revezar-se no poder (dessa forma, dando a impressão de mudança); mas os princípios básicos da ordem sociopolítica e a base sobre a qual estão assentados deve permanecer firme.[470]

Assim como Newton, Wiarda arremeda a imagem hegeliana do movimento sem mudança para referir-se à "história da *Latin America*" como sendo não histórica. A oposição assimétrica temporal é repetidamente afirmada em todo o texto. Mais uma vez citando Anderson, o autor argumenta que a política *Latin American* é agitada e litigiosa porque os "competidores pelo poder" têm interesses e estilos de vida que pertencem "a épocas históricas muito diferentes" e que, portanto, são incompatíveis. A imagem de conflito constante sem movimento histórico real continua a permear toda a passagem. Newton é, então, citado para reafirmar mais uma vez a patologia temporal de *Latin America*:

> Chega-se a pensar em termos de correntes múltiplas de evolução cultural movendo-se em velocidades diferentes e ritmos desiguais, regredindo e avançando, submergindo e predominando, cruzando-se e interagindo fortuitamente dentro da estrutura de uma determinada metrópole, de uma determinada instituição ou mesmo de uma determinada estrutura de personalidade.[471]

---

470 WIARDA, Howard J. "Toward a Framework for the Study of Political Change in the lberic-Latin Tradition: The Corporative Model". *World Politics*, vol. 25, nº 1, 1973, p. 223.

471 WIARDA, Howard J. "Toward a Framework for the Study of Political Change in the lberic-Latin Tradition: The Corporative Model". *World Politics*, vol. 25, nº 1, 1973, p. 227.

Deve-se observar que essas imagens de ritmos irregulares, de interesses e valores incompatíveis, vindos de diferentes "correntes de evolução cultural", também sugerem que a vida *Latin*, seja ela política, social ou individual, é em última análise irracional. Para Wiarda, o fato de algum desenvolvimento escasso ter sido alcançado nesses "sistemas políticos desorganizados" só pode ser atribuído ao "gênio" de alguns políticos.[472] A identificação de irracionalidade é feita também de outra forma, usando o argumento de que o Estado é o único agente racional capaz de manter juntas as partes beligerantes da sociedade *Latin*. Usando de licença poética, o autor cunha uma frase que resume o *handicap* histórico da *Latin America*: "O fardo da história e do passado é ainda muito grande em praticamente todas as nações *Iberic-Latin*".[473] No entanto, como o presente estudo já demonstrou, essa forma metafórica de sintetizar a oposição assimétrica temporal é um produto tardio de uma prática que já estava profundamente enraizada no discurso da ciência social sobre *Latin America*. A caracterização da cultura *Latin* como estática e conservadora permite a Wiarda concluir que a mudança só pode ocorrer enquanto produto de influência externa, particularmente, daquelas vindas dos Estados Unidos. Em sua opinião, os *Latin Americans* não agem; apenas reagem às tendências modernizadoras que vêm de fora e sua reação visa inexoravelmente à preservação do corporativismo. Em suas próprias palavras, "a ordem sociopolítica e a base sobre a qual repousa *devem* permanecer constantes".[474]

472 WIARDA, Howard J. "Toward a Framework for the Study of Political Change in the lberic-Latin Tradition: The Corporative Model". *World Politics*, vol. 25, nº 1, 1973, p. 226.

473 No próximo capítulo, veremos como essa fórmula se repete nos livros didáticos de introdução ao estudo de *Latin America*.

474 WIARDA, Howard J. "Toward a Framework for the Study of Political Change in the lberic-Latin Tradition: The Corporative Model". *World Politics*, vol. 25, nº 1, 1973, p. 223.

Neste ponto, é preciso mencionar alguns aspectos retóricos do trabalho de Wiarda. O texto é dividido em três partes: introdução, exame do tópico e conclusão. A introdução e a conclusão são praticamente idênticas, e a seção do meio é uma versão ampliada das outras duas. O produto final chama a atenção pela redundância. Wiarda repete inúmeras vezes que a *Latin America* é vítima de *handicap* histórico. Uma breve análise lexicográfica de seu texto revela que o verbo "permanecer" (*remain*) é usado 30 vezes, e "preservar" (*preserve*), seis vezes. Ainda mais abundante é o emprego da palavra "tradição" (*tradition*) e de seus derivados, usados 98 vezes no texto. Porém, deve-se observar que, quanto mais forte é o argumento relativo à oposição assimétrica temporal, mais pronunciada se torna a oposição assimétrica cultural. Em termos práticos, Wiarda esforça-se para demonstrar que o *handicap* histórico *Latin* é um produto de sua cultura específica, a qual é sistematicamente comparada à do norte da Europa e à da América anglo-saxônica. Essa oposição cultural é caracterizada lexicalmente no texto pelo usa do termo "cultura" (*culture*) e derivados (24 vezes) e pelo emprego abundante das expressões *Iberic-Latin* (61 vezes) e *Latin* (163 vezes).

Esse autor demonstra ter consciência das implicações cognitivas das expectativas geradas por sua teoria da cultura *Latin*.

> Para compreender os sistemas *Iberic-Latin*, é preciso pensar em termos de uma estrutura hierárquica e verticalmente segmentada de estratificações de classe e casta, de ordens de posição social, de corporações funcionais, de estamentos, de grupos jurídicos e de interesses – todos bastante bem-definidos na legislação e em termos de suas respectivas situações de vida (...) [um] bom ponto de partida para a discussão é representar as nações *Iberic-Latin* estruturadas horizontalmente em camadas distintas e bastante rígidas e verticalmente em várias elites e interesses corporativos,

> com a Coroa ou o aparelho central do Estado controlando e dirigindo seus vários componentes.[475]

Curiosamente, o autor afirma que essas expectativas deveriam pré-informar o conhecimento sociocientífico de *Latin America*. Isto é, os latino-americanistas já deveriam ter em mente essa etnologia da sociedade *Latin* antes de começar suas próprias investigações empíricas.

As expectativas geradas pelos escritos de Wiarda não se aplicam apenas a futuras pesquisas sociocientíficas. O autor ensina a seus leitores que os chamados *Iberic-Latins* são seres completamente diferentes. Vivem de acordo com princípios exatamente opostos aos que animam a vida estadunidense. Ademais, os estadunidenses não devem esperar qualquer comportamento racional por parte deles. Para "nós", declara, a política *Latin* "desafia não só toda 'razão', mas também nossas concepções de consistência ideológica".[476]

O autor também considera justificado (mas não judicioso) o sentimento de escândalo e repulsa que os anglo-saxões sentem em relação aos *Latins*. Isto é, dada a diferença acentuada, a falta de empatia é autorizada. Ironicamente, Wiarda apresenta-se como crítico do etnocentrismo de teorias sobre a *Latin America* que têm o Ocidente como ponto de partida. Seu argumento, como mostrei aqui, é que os estudiosos ocidentais distorceram o conhecimento da verdadeira *Latin America* ao transpor as categorias geradas na análise de suas próprias sociedades para o contexto *Latin American*. Wiarda quer retificar esse equívoco, apresentando a *Latin America* de acordo com sua verdadeira lógica corporativista interna. O quadro que pinta é extremamente aterrador: os *Latin Americans*

---

475 WIARDA, Howard J. "Toward a Framework for the Study of Political Change in the lberic-Latin Tradition: The Corporative Model". *World Politics*, vol. 25, nº 1, 1973, p. 210.

476 WIARDA, Howard J. "Toward a Framework for the Study of Political Change in the lberic-Latin Tradition: The Corporative Model". *World Politics*, vol. 25, nº 1, 1973, p. 228.

estão irremediavelmente condenados à repetição perpétua de uma sociedade profundamente injusta, opressiva, violenta e irracional.

6.2.3 *The Review of Politics*: desafio e continuação

A consolidação da teoria corporativista dentro dos *Latin American Studies* foi marcada pela publicação de um número de *The Review of Politics* inteiramente dedicado ao tema, em janeiro de 1974.[477] Esse documento contém informações importantes sobre a literatura corporativista e sua recepção interna. Para o número especial do *Review*, colaboraram figuras-chave do corporativismo: Howard Wiarda, Ronald Newton, James Malloy, Philippe Schmitter e Frederick Pike.

Wiarda é, com certeza, o colaborador mais proeminente da literatura sobre "corporativismo na *Latin America*", tanto como editor de livros quanto como autor.[478] Newton foi um pioneiro muito influente da teoria do corporativismo. Mesmo depois de mudar de objeto de estudo, nunca abandonou os argumentos culturalistas

---

477 Esse número de *The Review of Politics* foi também publicado em forma de livro: PIKE, Fredrick B.; STRITCH, Thomas (Coord.). *The New Corporatism*: Social-Political Structures in the Iberian World. Notre Dame: University of Notre Dame Press, 1974.

478 WIARDA, Howard J. "Corporatism and Development in the lberic-Latin World: Persistent Strains and New Variations". *Review of Politics*, vol. 36 nº 1, 1974; WIARDA, Howard J. *Corporatism and development*: the portuguese experience. Amherst: University of Massachusetts Press, 1977; WIARDA, Howard J. *Corporatism and National Development in Latin America*. Boulder: Westview Press, 1981; WIARDA, Howard J. *Does Europe still stop at the Pyrenees? Or does Latin America begin there?*: Iberia, Latin America, and the second enlargement of the European Community. Washington: American Enterprise Institute for Public Policy Research Center for Hemispheric Studies, 1981; WIARDA, Howard J. *From corporatism to neo-syndicalism*: the state, organized labor and the changing industrial relations systems of southern europe. Cambridge: Harvard University Press, 1981.

de seus textos corporativistas anteriores.[479] Malloy escreveu sobre corporativismo na *Latin America* durante mais de duas décadas. Além de contribuir para a teoria geral do corporativismo *Latin American*,[480] debruçou-se também sobre os casos do Peru e Brasil.[481] Pike, por sua vez, aplicou a teoria corporativa ao estudo histórico das relações internacionais entre Estados Unidos e *Latin America*.[482]

As fontes acadêmicas citadas pelos autores desse volume têm alto grau de consistência. Em suas contribuições ao *Review*, Wiarda, Newton, Malloy e Pike citam-se mutuamente – um sinal de coesão interna da literatura corporativista. Além disso, identificam os

479 A partir de meados da década de 1980, Newton passou a estudar o fascismo e o nazismo na *Latin America* (NEWTON, Ronald C. *German Buenos Aires, 1900-1933*: social change and cultural crisis. Austin: University of Texas Press, 1977; NEWTON, Ronald C. *The "Nazi menace" in Argentina, 1931-1947*. Stanford: Stanford University Press, 1992).

480 MALLOY, James M. *Authoritarianism and corporatism in Latin America*. Coleção Pitt Latin American series. Pittsburgh: University of Pittsburgh Press, 1977; MALLOY, James M.; SELIGSON, Mitchell A. *Authoritarians and democrats*: regime transition in Latin America. Coleção Pitt Latin American series. Pitsburgo: University of Pittsburgh Press, 1987; MALLOY, James M. "Authoritarianism and corporatism in Latin America; the modal pattern". *In*: CAMP, Roderic Ai (Coord.). *Democracy in Latin America*: Patterns and Cycles. Wilmington: Scholarly Resources Inc, 1996.

481 MALLOY, James M. "Authoritarianism, corporatism and mobilization in Peru". *The Review of Politics*, vol. 36, nº 1, jan. 1974; MALLOY, James M. *The politics of social security in Brazil*. Coleção Pitt Latin American series. Pittsburgh: University of Pittsburgh Press, 1979; MALLOY, James M. *Politics, fiscal crisis and social security reform in Brazil*. Coleção Latin American issues. nº 1. Meadville: Allegheny College, 1985.

482 PIKE, Fredrick B. *Spanish America 1900-1970*: tradition and social innovation. Nova York: W. W. Norton, 1973; PIKE, Fredrick B. "Corporatism and Latin American-United States Relations". *In*: PIKE, Fredrick B.; STRITCH, Thomas (Coord.). *The New Corporatism*: Social-Political Structures in the Iberian World. Notre Dame: University of Notre Dame Press, 1974; PIKE, Fredrick B. *The United States and the Andean Republics*: Peru, Bolivia, and Ecuador. Harvard: Harvard University Press, 1977; PIKE, Frederick B. *The United States and Latin America*: myths and stereotypes of civilization and nature. Austin: University of Texas Press, 1992.

mesmos autores como precursores da abordagem corporativista, entre eles, Richard Morse, o sociólogo Claudio Véliz e os cientistas políticos Kalman H. Silvert e Charles W. Anderson.

Com exceção do artigo de Schmitter, no *Review*, os demais reproduzem os topos da literatura corporativista previamente analisados. No entanto, de forma diferente dos dois textos analisados anteriormente, essas não são obras de fundação, preocupadas em apresentar os argumentos teóricos básicos da teoria corporativista, mas tentativas de "aplicá-la" a estudos de caso ou a outros problemas e disciplinas.

Por exemplo, apesar de seu título enganosamente holístico, o texto de Wiarda, "Corporatism and Development in the Iberic-Latin World", é uma tentativa de identificar a sobrevivência do corporativismo em Portugal e no Brasil. Mas Wiarda disfarça a falácia sinedóquica escrevendo algumas notas breves (menos de duas páginas de um total de 30) sobre o caso peruano – procedimento que, segundo seus critérios, seria suficiente para apresentar o trabalho como um estudo sobre a *Latin America*. O problema que motiva o autor nesse texto é também diferente daquele em "Toward a Framework". Wiarda não está preocupado aqui apenas em explicar um padrão genérico de desenvolvimento *Latin American*, mas em provar que as ditaduras militares peruana e brasileira são produtos de mais um ressurgimento histórico do eterno corporativismo *Latin*. Após uma introdução na qual a teoria do corporativismo na *Latin America* é reapresentada e a história do corporativismo *Latin* é mais uma vez narrada, Wiarda examina rapidamente os casos de Portugal, Brasil e Peru para concluir que:

> Existe uma continuidade direta e persistente, não obstante a forma constitucional e os rótulos usados, entre a tradição mais antiga e histórica de corporativismo na qual os

sistemas *Iberic-Latin* foram originalmente construídos, e suas manifestações mais contemporâneas.[483]

Para Wiarda, o corporativismo corresponde ao estilo de desenvolvimento *Iberic-Latin*; um estilo mais adequado às "realidades nativas e tradições históricas, (...) à sua própria cultura política e estrutura social (...) do que a imitação anterior dos modelos estadunidense e europeu".[484] O autor diz que "muitos vão achar isso um desenvolvimento bem-vindo e saudável",[485] e ele parece de fato estar entre os que partilham dessa opinião, pois recomenda que os responsáveis pela política externa dos Estados Unidos desistam de seus modelos de desenvolvimento etnocêntricos e preconceituosos e reconheçam que os arranjos corporativistas são a solução própria da *Latin America* para o desenvolvimento. Deve-se notar que, naquele contexto histórico particular, aquilo que Wiarda chamou eufemisticamente de "estilo" corporativo *Iberic-Latin* estava sendo adotado por ditaduras militares altamente repressivas. Portanto, na realidade, o autor recomenda a seus leitores que aceitem esse arranjo político como algo inerente à *Latin America*. Wiarda intercala a citação de um coronel peruano com uma observação sua (entre colchetes, na passagem a seguir) para enfatizar seu argumento: "Nós militares [junto com os mecanismos do sistema corporativo, pode-se acrescentar] somos os únicos capazes de conduzi-los – conduzir-nos – para um lugar seguro".[486]

---

483 WIARDA, Howard J. "Corporatism and Development in the lberic-Latin World: Persistent Strains and New Variations". *Review of Politics*, vol. 36, nº 1, 1974, p. 32.

484 WIARDA, Howard J. "Corporatism and Development in the lberic-Latin World: Persistent Strains and New Variations". *Review of Politics*, vol. 36, nº 1, 1974, p. 31.

485 WIARDA, Howard J. "Corporatism and Development in the lberic-Latin World: Persistent Strains and New Variations". *Review of Politics*, vol. 36, nº 1, 1974, p. 32.

486 WIARDA, Howard J. "Corporatism and Development in the lberic-Latin World: Persistent Strains and New Variations". *Review of Politics*, vol. 36,

"Natural" é a palavra que Newton escolhe para o título de sua colaboração à *Review*: "Natural Corporatism and the Passing of Populism in Spanish America".[487] Newton começa o texto comentando o caso específico do Chile sob Pinochet. O problema proposto no artigo é: por que o governo autoritário do Chile é corporativo? Sua resposta é articulada por meio de um tipo de retórica sinedóquica que é a inversão do que vimos até aqui. O caso chileno só é examinado nos três primeiros parágrafos da introdução e no último parágrafo do artigo (conclusão), enquanto a parte principal do texto trata do corporativismo na *Latin America* em geral. Consequentemente, ao contrário de Wiarda, que usou o Brasil para explicar o corporativismo na *Latin America*, Newton usa a *Latin America* para explicar o corporativismo no Chile. Ciente dos estudos recentes que identificaram a existência do corporativismo em regimes europeus "não latinos" do século XX, Newton afirma que se deve distinguir o corporativismo europeu do *Latin American*. Enquanto o primeiro é um produto extraordinário do ativismo sectário radical, que é frequentemente acompanhado por conflito e violência, a variedade *Latin* é uma estrutura essencial que organiza o conjunto dos organismos sociais e políticos *Latin*, e, portanto, é "natural". Newton conclui que as elites funcionais e políticas não foram competentes o bastante para desenvolver suas nações; consequentemente, o corporativismo militar autoritário assumiu a tarefa. Mais uma vez, o corporativismo oferece uma justificativa excelente para ditaduras militares na *Latin America*: trata-se de uma consequência natural.

O artigo de James M. Malloy, "Authoritarianism, Corporatism, and Mobilization in Peru",[488] é menos ambicioso que os demais. O autor esforça-se para demonstrar que a ditadura militar

---

nº 1, 1974, p. 31.

487 NEWTON, Ronald C. "Natural Corporatism and the Passing of Populism in Spanish America". *Review of Politics*, vol. 36, nº 1, jan. 1974.

488 MALLOY, James M. "Authoritarianism, corporatism and mobilization in Peru". *The Review of Politics*, vol. 36, nº 1, jan. 1974.

no Peru segue um modelo corporativista. Malloy evita alguns dos topos do corporativismo, tais como as longas introduções sobre a não história e a etnologia do corporativismo *Latin* presentes em todos os textos previamente examinados, e parte direto para a análise do caso peruano. Primeiramente, explora a "mentalidade" (sic) das elites do Peru, depois empenha-se em mostrar que algumas das políticas adotadas pelos ditadores militares do país são de fato corporativistas e termina o texto afirmando que o corporativismo peruano deve ser considerado um sub-tipo de autoritarismo voltado para o desenvolvimento. Apesar de estar mais preocupado com seu esquema conceitual tipológico do que em explorar as generalidades da natureza corporativista *Latin American*, o autor não é imune a falácias sinedóquicas, tais como:

> A turbulenta história da Bolívia, desde sua revolução populista de 1952, ilustra vários fatos inescapáveis, que são bastante relevantes para entender as políticas de desenvolvimento no Peru e em outras partes da *Latin America*.[489]

Aos olhos do autor, a questão de como o caso boliviano serviria para entender o resto de *Latin America* carece de necessidade de explicação.

Como o título indica, em "Corporatism and *Latin American*-United States Relations", Frederick B. Pike usa o corporativismo para analisar a história das relações internacionais entre Estados Unidos e *Latin America*, de Taft a Nixon. Na verdade, a adoção da teoria corporativista serve a Pike como um artifício para simplificar a narrativa histórica. Ao pressupor que a *Latin America* é imutável e inerentemente corporativista, o autor consegue "explicar" sua história das relações internacionais em termos muito gerais, como se todas as nações *Latin American* fossem basicamente idênticas. O

489 MALLOY, James M. "Authoritarianism, corporatism and mobilization in Peru". *The Review of Politics*, vol. 36, nº 1, jan. 1974, p. 54.

argumento é muito simples. A nação *Latin American* é caracterizada por uma sociedade com duas culturas (elite dominante e massas), em oposição aos Estados Unidos, uma sociedade democrática e pluralista. Segundo Pike, os Estados Unidos tentaram historicamente incutir os valores de individualismo, autoconfiança, liberdade, livre empresa e competitividade na *Latin America*, mas as elites dominantes locais resistiram a essa influência por temer que as massas, uma vez seduzidas por tais valores "novos", se revoltassem e pusessem fim a séculos de dominação. De Taft e Wilson a Roosevelt e Kennedy, os Presidentes e políticos dos Estados Unidos são apresentados como reformistas bem-intencionados (embora ingênuos), que desejavam estender à *Latin America* os benefícios do capitalismo democrático. Com o único propósito de preservar seus privilégios, as elites *Latin American* responderam à benevolência estadunidense adotando e adaptando o corporativismo às exigências de cada situação histórica particular. Isso permitiu à sociedade *Latin American* permanecer tradicional ao longo de sua história.

Às vezes, porém, Pike sugere que a benevolência estadunidense foi também acompanhada por sentimentos de desprezo, senão ódio, pelo que os *Latin Americans* representavam. De acordo com o autor, o "sentimento [estadunidense] de missão apoiava-se na rejeição da sociedade dicotomizada, de duas culturas, corporativista, e no desejo de banir aquele tipo de sociedade do hemisfério americano e, talvez, do mundo inteiro". Pike fala também de um "confronto inevitável" entre os dois conceitos "profundamente diferentes" de desenvolvimento – um choque de civilizações que lembra os argumentos de Martin, comentados no começo do livro, a predição de Hegel sobre o futuro do Novo Mundo,[490] as teorias racistas de Michel Chevalier[491] e a geopolítica do Destino Manifesto.

---

490 HEGEL, Georg Wilhelm Friedrich. *The philosophy of history*. Trad. John Sibree. 2ª rev. ed. Nova York: Willey, 1900.

491 CHEVALIER, Michel. *Society, manners and politics in the United States*. Nova York: Augustus M. Kelley Publishers, [1836] 1966.

Pike também é fiel a outros topos corporativistas. O vocabulário patológico está presente: diz que os líderes *Latin American* desenvolveram uma "mania" de progresso econômico,[492] ou que estão "obcecados pelo desenvolvimento".[493] Na descrição de Pike, toda a história da *Latin America* é na verdade patológica, uma história de desenvolvimento interrompido, de valores contraprodutivos e de domínio aristocrático parasítico. São frequentes no seu texto as alusões à irracionalidade *Latin American*, principalmente quando o autor faz referência aos valores anticapitalistas e anti-materialistas *Latin American*. Por exemplo, ao referir-se a *Latin America* como "aquele mundo", Pike diz que seus líderes "poderiam perfeitamente continuar a se apegar aos valores, atitudes, preconceitos, mitos e fantasias próprias do corporativismo".[494] A etnologia de Pike às vezes beira o insulto flagrante, por exemplo, quando afirma que o "mundo *Iberian* (...) nunca desenvolveu um compromisso profundo com a noção pragmática de que verdade é algo que acontece a uma ideia".[495] A retórica do relativismo cultural, presente em quase todos os autores dessa literatura, encobre um profundo desprezo por aquilo que identificam como cultura *Latin American*.

---

492 PIKE, Fredrick B. "Corporatism and Latin American-United States Relations". *In*: PIKE, Fredrick B.; STRITCH, Thomas (Coord.). *The New Corporatism*: Social-Political Structures in the Iberian World. Notre Dame: University of Notre Dame Press, 1974, p. 131.

493 PIKE, Fredrick B. "Corporatism and Latin American-United States Relations". *In*: PIKE, Fredrick B.; STRITCH, Thomas (Coord.). *The New Corporatism*: Social-Political Structures in the Iberian World. Notre Dame: University of Notre Dame Press, 1974, p. 136.

494 PIKE, Fredrick B. "Corporatism and Latin American-United States Relations". *In*: PIKE, Fredrick B.; STRITCH, Thomas (Coord.). *The New Corporatism*: Social-Political Structures in the Iberian World. Notre Dame: University of Notre Dame Press, 1974, p. 169.

495 PIKE, Fredrick B. "Corporatism and Latin American-United States Relations". *In*: PIKE, Fredrick B.; STRITCH, Thomas (Coord.). *The New Corporatism*: Social-Political Structures in the Iberian World. Notre Dame: University of Notre Dame Press, 1974, p. 169.

Assim como Wiarda e outros estudiosos do corporativismo, Pike declara que o etnocentrismo tornou os estadunidenses incapazes de enxergar a real natureza corporativista de *Latin America*. No entanto, o principal alvo de sua crítica não são os trabalhos acadêmicos, mas as políticas de governo. Pike declara que, durante a presidência de Nixon, a política estadunidense em relação à *Latin America* superou pela primeira vez o liberalismo ingênuo.[496] Agora, Washington é capaz de reconhecer os ditadores militares *Latin American* como um produto verdadeiro do corporativismo *Latin American* – difícil imaginar alusão mais elogiosa ao realismo criminoso de Kissinger.[497]

Por fim, há o longo artigo de Schmitter, "Still the Century of Corporatism?"[498] Esse texto difere dos demais na publicação em aspectos cruciais. Trata-se de uma compilação teórica, em lugar de uma tentativa de aplicar a teoria do corporativismo a casos específicos. Seu tema não é corporativismo *Latin American*, mas o corporativismo em geral, enquanto fenômeno mundial. E o que é mais importante, o texto é extremamente crítico à abordagem culturalista adotada pelas principais figuras do corporativismo nos *Latin American Studies*. Schmitter inicia o texto declarando sua intenção de despir o conceito de corporativismo de "seu tom e implicações pejorativos". O autor acusa aquilo que chama de "'explicações' político-culturais" de serem baseadas em "evidências impressionistas e em raciocínio circular". Seu intuito é, como o de muitos cientistas sociais antes e depois dele, o de operacionalizar

---

496 As palavras *liberal* e *liberalism*, em inglês, são muitas vezes usadas com sentido pejorativo, para denotar excesso de humanitarismo e solidariedade para com os menos favorecidos ou mesmo uma posição social-democrata demasiadamente à esquerda.

497 PIKE, Fredrick B. "Corporatism and Latin American-United States Relations". *In*: PIKE, Fredrick B.; STRITCH, Thomas (Coord.). *The New Corporatism*: Social-Political Structures in the Iberian World. Notre Dame: University of Notre Dame Press, 1974, p. 166.

498 SCHMITTER, Philippe C. "Still the Century of Corporatism?" *The Review of Politics*, vol. 36, nº 1, 1974.

um conceito, nesse caso, o de corporativismo, despindo-o de seu conteúdo normativo. Em lugar de excessiva "variedade normativa e hipocrisia behavioral" (sic), o autor quer que o conceito se refira apenas a "um conjunto concreto e específico de práticas ou estruturas institucionais que envolvam a representação (ou falta de representação) de interesses de grupos empiricamente observáveis".[499]

Sem negar a existência do corporativismo na *Latin America*, Schmitter afirma que esse não é um produto característico da cultura política *Iberian*. Na verdade, argumenta, os arranjos políticos corporativos surgiram e persistiram em vários contextos culturais, "no norte da Europa, no Mediterrâneo e até em lugares exóticos, como Turquia, Irã, Tailândia, Indonésia e Taiwan, para citar apenas alguns".[500] O autor também identifica elementos corporativistas acentuados no *New Deal* de Franklin Delano Roosevelt, sugerindo que nem mesmo a cultura estadunidense (considerada por outros autores como a antítese do corporativismo) está imune a tais arranjos. Avançando mais em sua crítica à literatura, Schmitter rejeita o tropo das origens intelectuais *Iberian-Latin* do corporativismo, apresentando evidências de que tais origens são de fato "predominantemente alemãs, belgas, francesas e austríacas e, secundária e tardiamente, inglesas, italianas e romenas".

Schmitter distingue duas variantes de corporativismo, o de sociedade e o de Estado. De acordo com o autor,

> o corporativismo de sociedade encontra-se em sistemas políticos com unidades territoriais relativamente autônomas

---

499 SCHMITTER, Philippe C. "Still the Century of Corporatism?" *The Review of Politics*, vol. 36, nº 1, 1974, p. 87.

500 Leo Panitch identifica uma cultura política corporativista forte na Inglaterra após a Segunda Guerra Mundial, tanto entre conservadores quanto entre trabalhistas – uma evidência que enfraquece o argumento de que a oposição entre corporativismo e pluralismo pode ser explicada pela oposição entre os valores das culturas *Iberic-Latin* e anglo-saxônica (PANITCH, Leo. *Working class politics in crisis*: essays on labour and the state. Londres: Verso, 1986).

> e com diversas camadas; processos eleitorais e sistemas partidários abertos e competitivos,

enquanto o corporativismo de Estado

> (...) tende a ser associado com sistemas políticos nos quais subunidades territoriais são estreitamente subordinadas ao poder burocrático central; eleições são inexistentes ou plebiscitárias; sistemas partidários são dominados ou monopolizados por um único partido fraco; autoridades executivas são ideologicamente homogêneas e mais estritamente recrutadas, de tal maneira que subculturas políticas baseadas em classe, etnicidade, língua ou regionalismo são reprimidas.[501]

O autor identifica o primeiro tipo com os casos empíricos da Suécia, Suíça, Holanda, Noruega, Dinamarca, Grã-Bretanha, Alemanha Ocidental, França, Canadá e Estados Unidos, enquanto o segundo tipo é representado por Portugal, Espanha, Brasil, Chile, Peru, México, Grécia e os casos históricos da Itália fascista, da França de Pétain, da Alemanha nacional-socialista e da Áustria sob Dollfuss. No entanto, Schmitter evita explicar as duas variantes de corporativismo em termos culturais e mesmo atribuir as diferenças entre elas a algum tipo de *handicap* histórico inerente.

Sem discutir diretamente a conceituação de *Latin America* articulada por outros autores corporativistas, Schmitter oferece argumentos para decompor as oposições assimétricas temporal e cultural que caracterizam o conceito. O autor esforça-se em demonstrar que o corporativismo não é um produto de *handicap* histórico, nem uma consequência política necessária de uma cultura que é, em todos os seus aspectos, o oposto do protestantismo anglo-saxão.

---

501 SCHMITTER, Philippe C. "Still the Century of Corporatism?" *The Review of Politics*, vol. 36, nº 1, 1974, p. 105.

Apesar do tom acentuadamente crítico de sua contribuição ao Review, Schmitter havia sido, em um passado recente, um especialista em corporativismo *Latin American*, com um interesse especial pelos casos de Brasil e Portugal.[502] Suas obras desse período são citadas recorrentemente por autores tais como Wiarda e Newton para apoiar seus argumentos. De fato, sua rejeição do *mainstream* corporativista não é inteiramente consistente. Embora deplore "Toward a Framework for the Study of Political Change", de Wiarda, acusando-o de ser baseado em "um argumento de *weltanschauunglich* católico mal-definido", considera "On 'Functional Groups'", de Newton, um trabalho "sutil e institucionalmente sensível". Ora, acabamos de ver que, pelo menos no tocante ao "tom e implicações pejorativos" e às "'explicações' político-culturais" baseadas em "evidências impressionistas", coisas que Schmitter diz deplorar tanto, os dois artigos são praticamente idênticos.

6.2.4 Corporativismo: a maldição dos mortos-vivos

Em 1982, a segunda edição de *Politics and Social Change in Latin America: The Distinct Tradition*[503] *é publicada, um reader* organizado por Wiarda que reúne textos-chave dos estudos do corporativismo na *Latin America*.[504] Esse volume difere muito pouco de sua primeira edição, publicada em 1974. Entre outras coisas, essa segunda edição comemora uma década de corporativismo nos

---

502 SCHMITTER, Philippe. "The Portugalization of Brazil?" *In*: STEPAN, Alfred (Coord.). *Authoritarian Brazil*: Origins, Policies, and Future. New Haven: Yale University Press, 1973; SCHMITTER, Philippe C. *Interest conflict and political change in Brazil*. Stanford: Stanford University Press, 1971; SCHMITTER, Philippe C. *Corporatism and public policy in authoritarian Portugal*. Londres; Beverly Hills: Sage Publications, 1975.

503 WIARDA, Howard J. (Coord.). *Politics and social change in Latin America*: the distinct tradition. Amherst: University of Massachusetts Press, 1982.

504 Estou aludindo, aqui, somente a textos cujo objetivo principal é aplicar a teoria corporativista à *Latin America* como um todo. Por essa razão, os estudos de caso sobre países em separado ficam fora dessa categoria.

Latin American Studies. Alguns dos textos, porém, demonstram que as premissas da teoria corporativista vinham circulando entre latino-americanistas desde o início dos anos 1960. Esse é o caso dos influentes "The Heritage of Latin America"[505] e "Toward a Theory of Spanish American Government",[506] da autoria de Richard Morse, de "Toward a Theory of *Latin American* Politics",[507] de Charles W. Anderson – que Wiarda denomina "uma das tentativas mais sofisticadas e influentes feitas até agora para criar uma estrutura bem-desenvolvida e um modelo teórico para análise dos sistemas políticos Latin American e seus processos de mudança" –, de "Centralism and Nationalism in Latin America",[508] de Claudio Véliz,[509] e de "Prolegomena on the Spanish American Political Tradition",[510] de Glen Dealy – praticamente todos da década de 1960.

---

505 MORSE, Richard M. "The heritage of Latin America". *In*: HARTZ, Louis (Coord.). *The Founding of New Societies*: Studies in the History of the United States, Latin America, South Africa, Canada and Australia. Nova York: Harcourt, Brace & World, 1964.

506 MORSE, Richard M. "Toward a Theory of Spanish American Government". *Journal of the History of Ideas*, vol. 15, nº 1, jan. 1954.

507 ANDERSON, Charles W. "Toward a Theory of Latin American Politics". *In*: WIARDA, Howard J. *Politics and Social Change in Latin America*: Still a Distinct Tradition? Boulder: Westview Press, [1964] 1992.

508 VÉLIZ, Claudio. "Centralism and Nationalism in Latin America". *In*: WIARDA, Howard J. (Coord.). *Politics and Social Change in Latin America*: Still a Distinct Tradition? Boulder: Westview Press, [1968] 1992.

509 Véliz desempenhou um papel de fonte nativa confiável de crítica intelectual sobre a *Latin America*. Consequentemente, seu trabalho foi amplamente citado por corporativistas e outros estudiosos culturalistas. Sociólogo chileno que, posteriormente, trabalhou em universidades americanas, o entusiasmo de Véliz pela cultura anglo-saxônica dificilmente poderia ser exagerado. Em um de seus trabalhos, escreve que "as formas culturais geradas pelos povos de língua inglesa foram consolidadas sem esforço como os principais fios no tecido comum dos conhecimentos, dos hábitos, das afetações e das crenças sobre os quais repousa a qualidade e a sobrevivência da civilização" (VÉLIZ, Claudio. "A world made in England". *Quadrant*, vol. XXVII, nº 3, 1983).

510 DEALY, Glen. "Prolegomena on the Spanish American Political Tradition". *The Hispanic American Historical Review*, vol. 48, nº 1, 1968.

Além dos precursores da literatura, o livro contém "clássicos" como os trabalhos de Wiarda, "Toward a Framework", e de Newton, "On 'Functional Groups'", mais alguns outros artigos de Wiarda, Dealy e Pike – todos escritos durante os anos 1970. O conteúdo substantivo do livro não merece comentários adicionais, uma vez que seus textos são, na maior parte, recomposições redundantes dos mesmos tópicos e argumentos corporativistas já expostos aqui.

Como se poderia prever, o livro não traz qualquer contribuição de Schmitter, que, em meados dos anos 1980, já estava estudando "transições para a democracia".[511] O fato de os países *Latin American*, em sua maioria, terem retornado ao regime democrático, durante os anos 1980, foi um duro golpe para a teoria corporativista, que inclusive refutou os prognósticos mais sombrios de seus autores para a região. O enfoque da pesquisa latino-americanista mudou da explicação da ditadura para o estudo da democratização. A literatura corporativista, como vimos, estava mal-equipada para explicar como os países *Latin* tornaram-se democráticos. No máximo poderiam dizer, como alguns o fizeram, que a nova democracia é somente uma fachada que encobre a repetição da mesma estrutura corporativa imutável, mas essa leitura não é capaz de constituir um plano positivo de estudo da democratização em *Latin America*.[512]

---

511 Em 1989, Philippe Schmitter publicou um artigo em que discutiu a possível morte dos estudos do corporativismo (O'DONNELL, Guillermo; SCHMITTER, Philippe C. *Transitions from authoritarian rule*: tentative conclusions and uncertain democracies. Baltimore: Johns Hopkins University Press, 1986).

512 Os *Latin American Studies* foram pegos de surpresa pela redemocratização. Entre outras coisas, não possuíam uma teoria que a explicasse. Essa situação de despreparo, de falta de paradigma, é patente no trabalho pioneiro *Transitions from Authoritarian Rule*, organizado por Schmitter e Guillermo O'Donnell (O'DONNELL, Guillermo; SCHMITTER, Philippe C. *Transitions from authoritarian rule*: tentative conclusions and uncertain democracies. Baltimore: Johns Hopkins University Press, 1986). Após uma longa série de estudos de caso, O'Donnell, com o auxílio de categorias do republicanismo renascentista, conclui o livro argumentando que, já que a política depende da *fortuna* futura e da *virtu* dos políticos, duas variáveis insondáveis, não

Contudo, apesar do fim dos estudos do corporativismo, seus argumentos não desapareceram da literatura produzida pelos *Latin American Studies.*[513] Ademais, vários autores corporativistas entraram para o cânon dos *Latin American Studies*. Por exemplo, tanto Dealy quanto Malloy colaboraram com um artigo para o influente *Democracy in Latin America: Patterns and Cycles* – um livro sobre democratização na *Latin America* editado por Roderic Ai Camp.[514] O artigo de Dealy tem um título muito alusivo: "Two cultures and political behavior in Latin America". Nessee trabalho, o autor repisa os mesmos topos do corporativismo. Seus leitores são presenteados com pérolas, tais como:

> As virtudes cívicas apreciadas pelos *Latin Americans* são essencialmente as perfeições estimadas pela civilização romana clássica (...) muitas virtudes e valores mudaram pouco no correr dos séculos.[515]

A sua repetição incessante não é só a "descoberta" substantiva central dos estudiosos do corporativismo em *Latin America*, ela é também sua prática retórica predileta, que estrutura não somente os argumentos de cada contribuição, mas também a série histórica de textos que esses autores produziram, sobrevivendo até ao

---

era possível fazer qualquer prognóstico sobre o futuro da democratização em países em desenvolvimento.

513 Wiarda continuou publicando trabalhos que raramente se afastavam de suas formulações originais. No próximo capítulo, teremos a oportunidade de analisar um livro didático de sua autoria que é usado atualmente nos cursos de *Latin American Studies* nos Estados Unidos. O que é mais importante, os topos corporativistas (p. ex., a grande influência da história) são reproduzidos em muitos livros didáticos, inclusive, no mais vendido da literatura: *Modern Latin America* (SKIDMORE, Thomas E.; SMITH, Peter Hopkinson. *Modern Latin America*. 5ª ed. Nova York: Oxford University Press, 2001).

514 CAMP, Roderic Ai (Coord.). *Democracy in Latin America*: patterns and cycles. Wilmington: Scholarly Resources Inc, 1996.

515 CAMP, Roderic Ai (Coord.). *Democracy in Latin America*: patterns and cycles. Wilmington: Scholarly Resources Inc, 1996, p. 7.

fenecimento do corporativismo como enfoque. De várias maneiras, metafóricas ou não, a maldição dos mortos-vivos continua.

6.3 Conclusão

A percepção da condição de alteridade de *Latin America*, produzida pelos estudos de corporativismo, é reforçada retoricamente por meio do uso abundante de raciocínio sinedóquico. Tal percepção é tão fundamental que a coerência final do objeto *Latin American* nunca é colocada em dúvida. Isso é verdadeiro tanto nos textos fundamentais da literatura como também nos estudos de casos – como vimos nas colaborações de Wiarda, Newton e Malloy à *Review of Politics*. Ademais, *pars pro toto* não é a única falácia praticada pelos corporativistas. Schmitter acusa seus pares de usarem um falso silogismo:

> *Latin Americans* comportam-se diferentemente de norte-americanos; a *Latin America* foi colonizada por Espanha e Portugal; a América do Norte, pela Grã-Bretanha; *Latin Americans* são católicos, norte-americanos são predominantemente protestantes; ergo, *Latin Americans* comportam-se diferentemente de norte-americanos devido à sua herança católica![516]

Como bem identifica Schmitter, o emprego de argumentos circulares também é abundante na literatura. Ironicamente, os autores corporativistas que estudamos neste capítulo são os mesmos identificados por Robert Packenham com a verdadeira abordagem científica liberal estadunidense ao estudo da *Latin America*. Packenham contrapõe esse grupo aos dependentistas e sua recepção nos Estados Unidos, que acusa de criar teorias tautológicas que não eram abertas a testes e à falsificação. Esse autor louva a tradição

516 CAMP, Roderic Ai (Coord.). *Democracy in Latin America*: patterns and cycles. Wilmington: Scholarly Resources Inc, 1996, p. 7.

supostamente liberal por produzir ciências sociais livres de valores. Entretanto, como já demonstramos, os textos produzidos pelos estudiosos do corporativismo na *Latin America* são intensamente interpretativos e altamente carregados de julgamentos de valor.

Os estudos de corporativismo na *Latin America* proporcionam ao leitor crítico um exemplo pedagógico da operação de oposições assimétricas. O próprio Wiarda reconhece que a literatura do corporativismo definiu *Latin America* pela falta de características estadunidenses. Tal passagem desconcertante está no texto introdutório à quarta e última parte de seu *reader*. Falando na condição de organizador do volume, Wiarda declara que, nas três primeiras partes do livro, ou seja, nos onze capítulos anteriores, os autores compararam *Latin America* e Estados Unidos e exploraram "bastante o que o processo de desenvolvimento na *Latin America* não é".[517] Para corrigir essa "deficiência", Wiarda inicia a quarta parte do livro com "Towards a Framework" – um texto que, como já vimos, repete o mesmo procedimento que ele diz tentar evitar.

A combinação de oposições assimétricas que estruturaram a semântica de *Latin America* aqui é similar à da teoria da modernização: o mesmo conjunto de oposições assimétricas culturais entremeadas ao argumento do *handicap* histórico. Em ambos os casos, as duas formas de oposição assimétrica, cultural e temporal, são praticamente equipotentes. Contudo, a oposição cultural, denotada pela alteridade cultural radical de *Latin America*, parece, às vezes, preponderar. Mas a diferença mais relevante diz respeito às expectativas projetadas por cada teoria. Enquanto a modernização prognostica a superação do tradicionalismo *Latin American* por meio da aculturação, os estudos do corporativismo esforçaram-se por demonstrar que a *Latin America* seria incapaz de superar suas

517 WIARDA, Howard J. (Coord.). *Politics and social change in Latin America*: the distinct tradition. Amherst: University of Massachusetts Press, 1982, p. 257.

patologias culturais e sua paralisia histórica. A etnologia é similar, mas os imperativos políticos foram redefinidos.

Ademais, se a teoria da modernização sugeria uma colaboração entre elites locais "ocidentalizadas" e políticas estadunidenses de incentivo ao desenvolvimento, as expectativas pessimistas produzidas pelos textos corporativistas justificam o autoritarismo *Latin American* endógeno.[518] Já que o corporativismo é a expressão social e política da cultura *Latin American*, a existência efetiva de regime autoritário é vista como algo "normal" ou "natural". Wiarda, por exemplo, elogia os militares brasileiros por sua política de não tolerância ao "jeito" brasileiro.[519] James Malloy usa o argumento corporativista para justificar a ditadura militar desenvolvimentista do Peru. O autor acrescenta que, de uma maneira corporativista semelhante, o México também uniu autoritarismo a políticas de desenvolvimento econômico. E Newton considera o governo autoritário de Pinochet, no Chile, um produto do corporativismo natural da *Latin America*, sem qualquer menção às atrocidades e às violações de direitos básicos praticadas por esse regime.

Assim como os latino-americanistas partidários da teoria da dependência, os estudiosos do corporativismo são inclinados ao escolasticismo – consequência provável do amadurecimento e do crescimento dos *Latin American Studies*, assim como de seu distanciamento da participação direta em *policy making*. Na verdade, seus textos, em sua maioria, não são orientados para o aconselhamento de políticas governamentais. Da perspectiva do *policy making* dos Estados Unidos, os estudos de corporativismo

---

518 Para uma interpretação semelhante das expectativas e das recomendações políticas práticas geradas por estudos de corporativismo na *Latin America*, ver HAYNES, Keith A. "Authoritarianism, Democracy and Development: The Corporative Theory of Howard J. Wiarda". *Latin American Perspectives*, vol. 15, nº 3, 1988.

519 WIARDA, Howard J. "Toward a Framework for the Study of Political Change in the lberic-Latin Tradition: The Corporative Model". *World Politics*, vol. 25, nº 1, 1973, p. 230.

parecem recomendar isolacionismo, ao invés de intervenção paternalista. Pode-se pensar que, devido a suas interpretações generalistas e pessimistas, esses estudos teriam sido de pouco uso prático para decisões sobre políticas específicas. Mas houve exceções. Por exemplo, Howard Wiarda, o maior luminar da literatura, envolveu-se ativamente em policymaking. De 1981 a 1987, foi diretor do Center of Hemispheric Affairs do American Enterprise Institute, um *think tank* conservador, dedicado à pesquisa interdisciplinar, que teve um papel influente na definição da política externa dos Estados Unidos durante os anos 1980.

Wiarda também serviu como consultor na National Bipartisan Commission on Central America, conhecida também como Kissinger Commission. Criada por Henry Kissinger em 1983, a Comissão tinha o propósito formal de fornecer *insights* e orientação à política externa governamental em relação à América Central.[520] Segundo William M. LeoGrande, entretanto, a meta verdadeira da Comissão era acabar com o impasse no Congresso acerca da ajuda militar estadunidense aos regimes repressivos da América Central. A Comissão Kissinger produziu um relatório em janeiro de 1984, o qual foi posteriormente publicado sob forma de livro.[521] Na verdade, apesar da abundância de argumentos "li-

---

520 William M. LeoGrande afirma que, embora a Comissão fosse bipartidária, seus membros eram selecionados de forma a evitar a inclusão de democratas "liberais", que, na época, estavam preocupados com abusos dos direitos humanos por parte de governos anticomunistas e grupos paramilitares centro-americanos financiados pelos Estados Unidos. Na realidade, o único democrata liberal intencionalmente incluído entre os treze membros da Comissão (vinte e quatro, se forem contados os Conselheiros Seniores) era o prefeito de San Antonio, Henry Cisneros. O professor de Yale Carlos Diaz-Alejandro foi incluído por engano, porque a administração supôs que fosse conservador devido à sua ascendência cubana (LEOGRANDE, William M. "Through the Looking Glass: The Kissinger Report on Central America". *World Policy Journal*, vol. 1, nº 2, 1984, p. 253).

521 US NATIONAL BIPARTISAN COMMISSION ON CENTRAL AMERICA; CHAIR, Henry Kissinger. *The Report of the President's National Bipartisan Commission on Central America*. Nova York: Macmillan, 1984.

berais" em favor da promoção da paz e dos direitos humanos na América Central, o relatório conclui que a promoção dos interesses dos Estados Unidos na região, de fato, "requer um programa de assistência militar significativamente maior (...)".[522]

A Comissão Kissinger também publicou um volume maior com uma seleção de trabalhos individuais de seus principais consultores.[523] O texto de quarenta e cinco páginas de Howard Wiarda tem início com um dos argumentos mais malhados produzidos pelos estudos de corporativismo: os estadunidenses não conseguem entender a América Central "em seus próprios termos", porque tendem a projetar nela seus próprios valores e expectativas (nesse caso, *Central America* substitui *Latin America*, para o mesmo

---

522 LeoGrande também acusa o relatório de "reescrever a história", ao descrever os movimentos populares revoltosos da América Central como um produto de infiltração comunista. Segundo o autor, aqueles movimentos surgiram do descontentamento popular legítimo diante de injustiças sociais durante um período de ausência real de infiltração comunista estrangeira na região, seja ela da União Soviética ou de Cuba. LeoGrande descreve o Relatório como uma "viagem através do espelho, onde palavras e história significam o que quer que Kissinger deseja que signifiquem, nada mais, nada menos" (LEOGRANDE, William M. "Through the Looking Glass: The Kissinger Report on Central America". *World Policy Journal*, vol. 1, nº 2, 1984, p. 255). US NATIONAL BIPARTISAN COMMISSION ON CENTRAL AMERICA; CHAIR, Henry Kissinger. *The Report of the President's National Bipartisan Commission on Central America*. Nova York: Macmillan, 1984, p. 125).

523 É interessante observar que a versão publicada do relatório da Comissão Kissinger apenas relaciona os membros da Comissão e os conselheiros senio res. Os nomes e colaborações dos principais consultores, tais como Wiarda, só aparecem no *Appendix to the Report of the National Bipartisan Commission on Central America*. Para a opinião de Wiarda sobre a Comissão Kissinger, na qualidade de participante, ver WIARDA, Howard J. "The Kissinger Commission Report: Background and Political Dimensions". *American Enterprise Institute Foreign Policy and Defense Review*, vol. 5, nº 1, 1984 e WIARDA, Howard J. "The National Bipartisan (Kissinger) Commission on Central America, 1983-1984". *In*: ABSHIRE, David (Coord.). *Triumphs and tragedies of the modern presidency*: sixty-six case studies in presidential leardership. Westport: Praeger, 2001; WIARDA, Howard J. "The Kissinger Commission Report: Background and Political Dimensions". *American Enterprise Institute Foreign Policy and Defense Review*, vol. 5, nº 1, 1984.

efeito). Wiarda, então, expõe rapidamente as verdadeiras expectativas que os estadunidenses deveriam ter em relação à América Central.

> A América Central de hoje permanece firmemente presa a seu passado histórico (...) duvida-se que, a curto ou mesmo longo prazo, a América Central seja modificada fundamentalmente pelo que quer que decidamos fazer ali. A mão pesada da história está por demais presente na região para que tais períodos de tempo sirvam para algo mais que propósitos analíticos, ou para que muito seja modificado rapidamente apesar de todos os nossos esforços.[524]

Contudo, essa declaração desanimadora, prenhe de referências à paralisia temporal, não o leva a aconselhar um abandono completo da América Central, pois a ameaça de infiltração comunista, argumento básico da agenda Reagan-Kissinger para a região, exige que algo seja feito. Wiarda[525] acrescenta:

> Podemos afetar marginalmente a mudança naquela área, mas não podemos reverter o curso da história. Contudo, como o ex-Chefe da Comissão de Relações Internacionais do Senado Pat Holt observou, "mesmo uma mudança de direção de 3 a 4% teria sido suficiente para salvar o Titanic".

Após considerar os cursos possíveis que a política dos Estados Unidos para a região poderia adotar, Wiarda[526] conclui que:

---

524 WIARDA, Howard J. "The Kissinger Commission Report: Background and Political Dimensions". *American Enterprise Institute Foreign Policy and Defense Review*, vol. 5, nº 1, 1984, p. 208.

525 WIARDA, Howard J. "The Kissinger Commission Report: Background and Political Dimensions". *American Enterprise Institute Foreign Policy and Defense Review*, vol. 5, nº 1, 1984, p. 208.

526 WIARDA, Howard J. "The Kissinger Commission Report: Background and Political Dimensions". *American Enterprise Institute Foreign Policy and Defense Review*, vol. 5, nº 1, 1984, p. 240.

> A assistência militar dos EUA deveria continuar, poderia mesmo ser aumentada em alguns países; mas não devemos ter ilusões de poder criar lá um exército moderno e profissionalizado (pelos nossos critérios) que se abstivesse do envolvimento em política civil.

Sua avaliação apoia a linha mestra do Relatório, que consiste em aconselhar a continuação ou mesmo o aumento da ajuda militar à América Central. É interessante observar que, nessa passagem, Wiarda descarta o argumento, previamente defendido pelos autores da literatura de estabilização política, de que a ajuda militar estadunidense iria fomentar o desenvolvimento de uma ética militar profissional e democrática na *Latin America* que evitasse o envolvimento em política civil. Em termos práticos, o autor defende que a ajuda militar não deveria ser condicionada à promoção da democracia na América Central, argumento que ele e seus colegas do corporativismo vinham repetindo desde a década de 1970. Isto é, a política internacional estadunidense não deveria "fugir" da colaboração com ditadores militares.

Em 1987, após o escândalo Irã-Contra ter chegado às manchetes, Wiarda publicou *Finding Our Way? Toward Maturity in US-Latin American Relations* – um livro sobre política externa. Nessa coletânea de ensaios, elogia o Presidente Ronald Reagan por sua "extraordinária habilidade política" em superar a tendência à imobilidade que, segundo ele, caracterizou a política externa dos Estados Unidos em relação à *Latin America* como um todo. Wiarda[527] sustenta que, sob Reagan,

> A política internacional estadunidense em relação à *Latin America* [tornou-se] mais sofisticada e mais judiciosa do que

527 WIARDA, Howard J. (Coord.). *Finding our way? Toward maturity in US-Latin American relations*. Washington: Washington Enterprise Institute, 1987, p. 14.

> no passado, e estamos mais certos agora para onde vamos e quais são nossos objetivos, e que nossa compreensão dos instrumentos de política internacional é mais segura hoje.

Entre as "principais realizações" da política da administração Reagan em relação à *Latin America*, Wiarda cita a transformação de El Salvador em "um modelo de estabilidade e democracia", a reversão da "revolução ópera-não-tão-bufa de Granada" e as recomendações da Comissão Kissinger em favor de uma política de múltiplo alcance na América Central.[528] Deve-se notar que o relativismo cultural de fachada de Wiarda (cada cultura conforme sua própria medida) foi bastante adequado à agenda política de manter ou mesmo aumentar a influência estadunidense na região, ao mesmo tempo que fornecia uma saída para questões morais espinhosas, tais como colaborar com forças políticas antidemocráticas *Latin American* ou financiar e armar responsáveis por crimes contra os direitos humanos. Afinal, de acordo com seu modo de ver, os estadunidenses não são responsáveis pelo fato de os *Latin Americans* estarem presos à sua própria cultura, em uma condição de paralisia histórica. Parafraseando o criador do termo "Destino Manifesto", John O'Sullivan, "todas as censuras resultantes dos malefícios, da perfídia e da loucura recaem" sobre os *Latin Americans*. No fim das contas, a leitura corporativista de *Latin America* mostrou que também poderia ter uma utilidade política bem prática.

528 WIARDA, Howard J. (Coord.). *Finding our way? Toward maturity in US-Latin American relations*. Washington: Washington Enterprise Institute, 1987, p. 229.

CAPÍTULO VII

A LITERATURA DE LIVROS-TEXTO

> Em toda sua história moderna, *Latin Americans* buscaram, com maior ou menor ardor, conquistar sua independência política e econômica dos poderes coloniais, imperiais e neo imperiais. Portanto, trata-se de ironia amarga o fato da expressão *Latin America* ter sido cunhada por franceses em meados do século XIX, os quais pensavam que já que sua cultura, como a da América espanhola e portuguesa, era "latina" (isto é, falante de língua românica), a França estava destinada a assumir a liderança de todo o continente.[529]

Dos estudos do corporativismo nos anos 1980, a narrativa salta direto para o presente, para a análise da literatura de livros-texto de introdução ao estudo de *Latin America*. Consequentemente, algumas abordagens ao estudo sociocientífico de *Latin America* que se desenvolveram durante os anos 1980 e 1990 serão deixadas de fora. Os exemplos mais óbvios são os estudos da transição para a democracia e da consolidação democrática. Outras subliteraturas dignas de nota,

529 SKIDMORE, Thomas E.; SMITH, Peter Hopkinson. *Modern Latin America*. 5ª ed. Nova York: Oxford University Press, 2001.

tais como sociologia da religião na *Latin America*, movimentos sociais, relações de gênero, e assim por diante, terão o mesmo destino. Muitas dessas subliteraturas e abordagens merecem uma análise em separado. Contudo, se isso fosse feito, o trabalho assumiria proporções inaceitáveis. Ademais, no tocante ao campo semântico de *Latin America*, particularmente no que diz respeito a suas estruturas mais profundas, essas abordagens mais recentes acrescentam quase nada.

Como pretendo mostrar neste capítulo, o estudo dos livros-texto encerra a história do conceito de forma duplamente significativa: ela nos traz de volta ao presente e, também, nos permite examinar a interface entre a linguagem acadêmica especializada e a língua comum, no que tange ao campo semântico de *Latin America*. Ademais, essa análise servirá para testarmos a adequação do salto temporal feito, que incluir deixarmos de lado a análise de de subliteraturas dos *Latin American Studies* mais recentes. Afinal, se essas subliteraturas tiverem alterado significativamente a semântica do conceito de *Latin America*, essas alterações necessariamente apareceriam nos livros-texto. Como veremos a seguir, não é o caso.

É ao longo do processo de aquisição de educação superior que os estadunidenses entram em contato com os *Latin American Studies*. Assim como em qualquer outra matéria, a tarefa de iniciar alguém no estudo de um objeto que é também conceitualizado pela linguagem comum deve necessariamente ocorrer por meio de uma negociação entre conhecimento científico e noções do senso comum – ou, traduzindo, entre linguagem sociocientífica e linguagem do dia a dia. É exatamente por isso que a literatura de livros-texto oferece uma oportunidade única para observar como os preconceitos e os estereótipos correntes acerca dos *Latin Americans* interagem com o conhecimento científico que se produz deles.

A universidade é uma instituição importante na circulação do conceito de *Latin America* na sociedade estadunidense. Grande parte dos profissionais responsáveis por produzirem esses discursos, cientistas sociais, escritores, jornalistas, burocratas, homens de negócio etc., são educados a respeito de *Latin America* nos bancos das universidades, muitas vezes, por meio de um curso de introdução aos *Latin American Studies*. Apesar de também fazerem parte das listas de leitura de cursos de pós-graduação, os livros-texto são, em geral, escritos para os alunos de cursos introdutórios de graduação. Portanto, saber o que é ensinado a esses alunos é um passo importante para entender a percepção corrente e as expectativas projetadas sobre a *Latin America* pelo estadunidense comum do presente. Ademais, os profissionais estadunidenses que, em seu labor, lidam com *Latin America* e *Latin Americans*, seja no setor público ou privado, também passam pelo mesmo sistema educacional. Dado que os Estados Unidos têm grande poder e influência sobre seus vizinhos do sul, entender a maneira como seus cidadãos, sejam eles de elite ou não, "experienciam" *Latin America* e projetam expectativas a partir dessa experiência contribui para entendermos suas ações em relação às coisas e às pessoas percebidas como *Latin American*.

7.1 *Modern Latin America*

Modern Latin America é o *best-seller* isolado da literatura de livros-texto de introdução aos *Latin American Studies*. Em pesquisa realizada para este livro, a frequência do uso do referido livro em cursos da área foi quatro vezes maior do que a do segundo colocado.[530] Hoje, em sua quinta edição,[531] esse livro é um produto da colaboração de dois historiadores latino-americanistas, o afamado brasilianista Thomas Skidmore e Peter H. Smith.

O texto do livro começa com um prólogo intitulado "Porque *Latin America*?", cuja finalidade é explicar ao aluno as razões pelas quais a *Latin America* deve ser estudada. Os autores de pronto citam o jornalista do *The New York Times*, James Reston, que um

---

530 Ver apêndice 2.

531 A quinta edição foi publicada em 2001, e as anteriores apareceram em 1984, 1989, 1992 e 1997.

dia escreveu que "os Estados Unidos fariam qualquer coisa pela *Latin America*, menos se informar a respeito dela", para declararem que sua intenção no livro é refutar o diagnóstico de Reston. Mas por que ele deveria ser refutado?

> Primeiro, os interesses econômicos de nossa nação são profundamente enraizados na região. *Latin America* é um de nossos parceiros comerciais mais importantes. Ela é o destino de uma grande porção de investimentos estadunidenses e fonte de petróleo e outras matérias-primas de importância crucial.[532]

Segundo,

> (...) também temos liames políticos. Movimentos revolucionários e ações repressivas na *Latin America* põem em xeque a política externa dos EUA, diretamente. Esses eventos trazem à tona a questão de como defender e promover os interesses nacionais dos EUA.[533]

E, por fim,

> (...) há ainda uma razão importante e muito mais próxima. Regiões extensas do nosso país tornaram-se latinizadas sob a influência de imigrantes advindos do México, Porto Rico, América Central, Caribe e mesmo Brasil. Isso somado aos hispano-descendentes da população falante de espanhol do sudeste dos EUA, que no passado pertenceu ao México. A imigração, histórica e recente, trouxe povos e costumes da *Latin America* ao sudeste dos Estados Unidos (do Texas à Califórnia), Florida e Nova Iorque. Em muitas metrópoles

---

532 SKIDMORE, Thomas E.; SMITH, Peter Hopkinson. *Modern Latin America*. 5ª ed. Nova York: Oxford University Press, 2001, p. 1.

533 SKIDMORE, Thomas E.; SMITH, Peter Hopkinson. *Modern Latin America*. 5ª ed. Nova York: Oxford University Press, 2001, p. 1.

> estadunidenses, hoje em dia, o número de crianças em famílias de fala espanhola supera o de todos os outros grupos.[534]

A retórica empregada nos trechos acima é digna de nota. A oposição "nós" contra "eles" estrutura os três argumentos. Há "os interesses econômicos da nossa nação", "nós também compartilhamos ligações políticas" e "regiões extensas do nosso país tornaram-se latinizadas". Ou seja, os autores aqui identificam-se com a posição "nós" e assumem que os leitores devam fazer o mesmo. Esse estratagema adotado pelo texto tem por fim despertar um sentimento de comunidade entre autor e leitor, expresso pela filiação nacional aos Estados Unidos da América – nação à qual os três trechos fazem referências explícitas. Em suma, a situação comunicativa produzida pelo texto é a de um especialista estadunidense no estudo da *Latin America* falando para uma audiência de estudantes estadunidenses. Até aqui, nada de muito surpreendente.

É interessante notar, contudo, que aquilo que é oposto à comunidade nacional estadunidense, a *Latin America*, não possui a mesma natureza, isto é, há uma assimetria na maneira pela qual as duas posições (a do Eu nacional e a do Outro *Latin American*) são enunciadas. Enquanto os Estados Unidos são apresentados como um ente político ativo, com interesses econômicos, políticos e estratégicos, a *Latin America* é "descrita" como (1) uma fonte de lucro, petróleo e matérias-primas, (2) uma incubadora de movimentos revolucionários e ações repressivas, que são tanto uma ameaça aos interesses dos Estados Unidos quanto um problema para sua política externa, e (3) uma fonte de imigrantes que "latinizaram" "porções extensas do nosso país". Em suma, a *Latin America* é, segundo essa perspectiva, um objeto a ser apropriado ou usado, ou um perigo a ser gerenciado, ou evitado.

---

534 SKIDMORE, Thomas E.; SMITH, Peter Hopkinson. *Modern Latin America*. 5ª ed. Nova York: Oxford University Press, 2001, p. 1.

O argumento de que "movimentos revolucionários e ações repressivas" na *Latin America* afetam diretamente a política externa dos Estados Unidos é uma generalização perigosa que, infelizmente, reproduz a imagem de que os latinos são irracionais, violentos e incapazes de produzir regimes políticos estáveis – estereótipo que, como vimos, é proeminente no campo semântico da oposição assimétrica cultural que define *Latin America* em inglês. Essa interpretação baseia-se também na maneira pela qual a frase é construída. O verbo utilizado em inglês é *challenge* (desafiar), no presente do indicativo. Ou seja, os autores não estão sugerindo somente que a instabilidade social e política da *Latin America* foi um problema para a política externa dos Estados Unidos, mas que são e vão continuar a ser. Por meio dessas sutilezas no uso da linguagem, o leitor é levado a concluir que a instabilidade social e política é um caráter essencial da *Latin America*, uma característica imune à passagem do tempo – oposição assimétrica temporal. Mas uma vez, nota-se a operação da falácia sinedóquica por meio da qual países como a Costa Rica e o Chile, cuja tradição democrática é mais longa do que a de muitos países europeus, viram exceções,[535] enquanto países que sofreram repetidos golpes de Estado, como a Bolívia e a Argentina, são considerados expressões verdadeiras do "ser" *Latin American*. Ou seja, o raciocínio sinedóquico funciona como um filtro através do qual passa somente aquilo que é inteiramente Outro, e, portanto, detestável.

Por fim, o argumento de que a instabilidade social e política da *Latin America* "desafia" a política externa estadunidense e traz à tona a questão de como defender e promover os interesses

535 Desde sua independência até o golpe de Estado de 1973, o Chile sustentou um governo republicano democrático. Podemos argumentar com uma certa razoabilidade que, não fosse a campanha intensa movida pelos Estados Unidos contra o governo de Salvador Allende (SCHOULTZ, Lars. *Beneath the United States*: a history of US policy toward Latin America. Londres: Harvard University Press, 1998), o país talvez nunca tivesse abandonado tal regime.

nacionais dos Estados Unidos" foi usado repetidamente pelo governo americano e seus aliados como justificativa para o apoio ou promoção de regimes autoritários por toda a região, inclusive, em situações nas quais os governantes depostos foram democraticamente eleitos, como é o caso da Guatemala em 1954, Brasil em 1964, República Dominicana em 1965 e Chile em 1973, só para citar os exemplos mais óbvios nos quais foi comprovada a participação dos Estados Unidos, seja por meio de ações secretas ou intervenção militar direta.[536]

Essa percepção, reproduzida pelos autores, ecoa a Doutrina Monroe nos Estados Unidos, segunda a qual os países do sul são vistos como o quintal estadunidense, ou mesmo a Doutrina do Destino Manifesto, que explicitamente declara o continente inteiro como um *Lebensraum* dos anglo-americanos. Uma vez aceita tal percepção, toda transformação social ou política que ocorra em *Latin America* estará aberta ao escrutínio e possível intervenção corretiva dos Estados Unidos. Assim, o livro de Skidmore e Smith contribui para a perpetuação de uma atitude de intervencionismo imperialista diante da *Latin America* e, portanto, para sua heteronomia.

Por fim, há traços de uma percepção racializada da *Latin America* na terceira razão aduzida por Skidmore e Smith para justificar o interesse dos Estados Unidos na "região". O tom geral da passagem sugere que a "latinização" constitui um problema. O "fato social" da imigração é descrito em termos de "povos e costumes", ou seja, o leitor é instado a lembrar que não somente a cultura *Latin American* penetrou nos Estados Unidos, "o nosso país", mas a gente daquela região também o fez: gente diferente,

536 SMITH, Peter Hopkinson. *Talons of the eagle*: dynamics of U.S.-Latin American relations. first ed. Nova York: Oxford University Press, 1996; SCHOULTZ, Lars. *Beneath the United States*: a history of US policy toward Latin America. Londres: Harvard University Press, 1998; HUGGINS, Martha Knisely. *Political policing*: The United States and Latin America. Londres: Duke University Press, 1998.

Outra. Esse aspecto da interpretação é reforçado pelo texto que se segue, em que informações demográficas sobre a natalidade da população imigrante são apresentadas, num tipo de advertência ao fato de que essa "gente Outra" está se tornando majoritária em regiões importantes do país. Ou seja, o problema não é estritamente cultural, mas também de ordem física, racial.

Na verdade, apesar de sua declaração inicial, Skidmore e Smith, de fato, concordam com o jornalista Reston acerca da falta de interesse pelo conhecimento das coisas *Latin American* por parte dos estadunidenses. Eles querem provar, contudo, que essa é uma atitude equivocada, pois a ignorância acaba sendo prejudicial à promoção dos interesses nacionais, que são, segundo eles, a razão precípua de se conhecer o Outro *Latin American*.

Seguindo a mesma linha argumentativa, os autores acrescentam que a falta de informação proporciona a proliferação de estereótipos. Segundo Skidmore e Smith, muitos estadunidenses e europeus ainda identificam os *Latin Americans* com as caricaturas do "Amante Latino", do "Frito Bandito", do guerrilheiro revolucionário "Che Guevara" e das rainhas mulatas do carnaval brasileiro. Para provar esse ponto, apresentam os resultados da pesquisa de opinião pública feita pelo Office of Public Opinion Research em 1940, que já examinamos no Capítulo II, na qual os respondentes foram instados a escolher de uma lista de 19 adjetivos aqueles que melhor representassem os habitantes da América Central e do Sul.[537]

---

537 Skidmore e Smith citam como fonte dessa informação o livro *Latin America in Caricature* (SKIDMORE, Thomas E.; SMITH, Peter Hopkinson. *Modern Latin America*. Nova York: Oxford University Press, 1984, p. 18), de John J. Johnson's. A fonte original, porém, é *Public Opinion, 1935-1946* (CANTRIL, Hadley (Coord.). *Public opinion, 1935-1946*. Princeton: Princeton University Press, 1951, p. 502). Essa é a mesma tabela analisada no Capítulo III deste livro.

Atributo	%	Atributo	%
Pele escura	80%	Imaginativo	23%
Irascível	49%	Habilidoso	16%
Emotivo	47%	Inteligente	15%
Religioso	45%	Honesto	13%
Atrasado	44%	Bravo	12%
Preguiçoso	41%	Generoso	12%
Ignorante	34%	Progressista	11%
Suspeito	32%	Eficiente	5 %
Amigável	30%	Não respondeu	4 %
Sujo	28%	Sem opinião	0%
Orgulhoso	26%[538]		

Na opinião de Skidmore e Smith, mesmo que estereótipos "tenham algo de verdadeiro", eles são uma forma muito limitada de informação que deve ser suplantada pelas luzes do conhecimento científico. Portanto, o objetivo principal de *Modern Latin America*, conforme seus autores, é o esclarecimento de sua audiência. Uma vez que o leitor fica ciente do propósito do livro, ele está pronto para que a *Latin America* "real" lhe seja apresentada pelos especialistas.

538 Em inglês, dark-skinned, imaginative, quick-tempered, shrewd, emotional, intelligent, religious, honest, backward, brave, lazy, generous, ignorant, progressive, suspicious e efficient.

7.1.1 Apresentando *Latin America*

Skidmore e Smith optam, contudo, por não apresentar *Latin America* de uma vez, preferindo uma abordagem indireta e difusa. Elementos retóricos, como asserções negativas e proposições genéricas e evasivas, abundam nessa seção do texto. Exemplo:

> *Latin America* [é uma] região complexa (...)
>
> *Latin America* não é um lugar fácil de se entender (...)
>
> A expressão *Latin America* cobre uma grande variedade de povos e lugares. (...) As características físicas são radicalmente díspares (...)
>
> Como sugerido nessas observações, *Latin America* resiste à fácil categorização (...).[539]

Por meio desse tratamento evasivo dado à questão "o que é *Latin America*?", os autores se previnem contra possíveis acusações de simplificação e de excessiva generalização. Entretanto, em meio às evasivas, uma definição positiva de *Latin America* começa a se formar, ainda que em fragmentos. Após declararem que "*Latin America* não é um lugar fácil de se entender", eles acrescentam: "a mesma língua é falada em [quase] todos os lugares". Seguindo a afirmação de que "[a] expressão *Latin America* cobre uma grande variedade de povos e lugares", eles apresentam uma definição geográfica que pretende dar conta de todo o "espaço" *Latin American*:

> Em termos geográficos, *Latin America* inclui a massa territorial que se estende da fronteira do Rio Grande, entre Texas e México, ao ponto mais extremo do sul da América do Sul, mais algumas ilhas do Caribe.[540]

---

539 SKIDMORE, Thomas E.; SMITH, Peter Hopkinson. *Modern Latin America.* 5ª ed. Nova York: Oxford University Press, 2001, p 3.

540 SKIDMORE, Thomas E.; SMITH, Peter Hopkinson. *Modern Latin America.* 5ª ed. Nova York: Oxford University Press, 2001, p. 3.

O leitor desavisado talvez não perceba, mas a definição desse "espaço" geográfico também está condicionada por percepções assimétricas. Os limites definidores de *Latin America*, segundo os autores, a fronteira do Rio Grande, ao norte, e o ponto mais extremo ao sul da América do Sul, são de naturezas distintas. Enquanto o primeiro é uma fronteira política, estabelecida ao fim de um longo período de disputas que envolveu, inclusive, uma guerra de conquista, o segundo é a extremidade natural ao sul de uma massa continental, onde a terra encontra o mar. Em outras palavras, *Latin America* é um espaço definido por um limite político ao norte e um natural ao sul. O ponto mais importante a ser notado aqui é que o espaço *Latin American* definido dessa maneira não leva em consideração qualquer divisão política, a não ser a fronteira nacional dos Estados Unidos; nenhuma linha de separação feita pelo homem conta nessa definição, a não ser aquela estabelecida pelos estadunidenses.

Após divagarem brevemente a respeito de montanhas e florestas da *Latin America*, Skidmore e Smith apresentam a primeira informação de cunho antropológico: "O povo da *Latin America* apresenta elementos e misturas de três grupos raciais – indígenas nativos, europeus brancos e africanos negros".[541]

Essa primeira informação não diz respeito à etnicidade ou à cultura do povo, mas à sua raça. Ao dar prioridade à raça, os autores estão chamando a atenção de sua audiência para um elemento fundamental da representação dos *Latin* e *Spanish Americans* na linguagem comum, nos Estados Unidos, que, como vimos, esteve presente desde a independência daquele país, mas que, por outro lado, manteve-se à margem do discurso sociocientífico. O leitor brasileiro precisa estar atento ao fato de que, mesmo hoje em dia, nos Estados Unidos, "raça" é uma categoria muito usada, ou seja, algo a que a audiência de *Modern Latin America* pode atribuir

---

541 SKIDMORE, Thomas E.; SMITH, Peter Hopkinson. *Modern Latin America*. 5ª ed. Nova York: Oxford University Press, 2001, p. 3.

imediatamente significado social, político e cultural. Será que essa passagem é capaz de suscitar um sentimento de alteridade, estranhamento, ou mesmo oposição racial em relação à *Latin America* por parte de uma audiência que já foi anteriormente definida pelos autores como estadunidense? É difícil responder a tal pergunta, pois a passagem é muito curta e genérica para proporcionar uma interpretação mais substanciada.

Depois de discutirem brevemente as características "naturais" de *Latin America*, isto é, recursos naturais, raça e geografia, os autores passam para o conhecimento sociocientífico de seu objeto. A estratégia retórica de apresentar *Latin America* de maneira indireta e complicada é mantida. Agora, Skidmore e Smith definem *Latin America* como "uma região rica em paradoxos", onde princípios opostos podem coexistir sem contradição. Dos quatro paradoxos básicos apresentados, três merecem nota.

O primeiro paradoxo é enunciado da seguinte maneira: "*Latin America* é jovem e velha".

> Comparada com as civilizações antigas da África e da Ásia, essas sociedades *Latin American* são relativamente jovens. Por outro lado, a maioria das nações da *Latin America* obtiveram independência política de Espanha e Portugal no início do século XIX, isto é, mais de cem anos antes dos movimentos de independência de outros países do Terceiro Mundo. Portanto, seguindo o critério da independência nacional, *Latin America* é relativamente velha.[542]

Os elementos usados nessa comparação são surpreendentemente heterogêneos. *Latin America* é dita jovem como sociedade ou civilização, mas velha como um grupo de nações. Se, como civilização, ela é comparada às "civilizações antigas da África e

542 SKIDMORE, Thomas E.; SMITH, Peter Hopkinson. *Modern Latin America*. 5ª ed. Nova York: Oxford University Press, 2001, p. 4.

da Ásia", como um conjunto de nações, ela é comparada a outras nações do Terceiro Mundo. Para uma pessoa que não comunga dos mesmos pressupostos dos autores, contudo, fica difícil imaginar como esse paradoxo é especificamente *Latin American*, pois podemos dizer que ele também se aplica aos Estados Unidos, com uma sociedade que também é muito mais jovem que as "civilizações antigas" e sua independência nacional mais antiga que a das ex-colonias europeias da Ásia e da África. A única coisa que os Estados Unidos não são é país de Terceiro Mundo. Entretanto, esse é, um elemento crucial para se entender a passagem, pois ela é estruturada por uma autopercepção de excepcionalismo estadunidense que não é explícita à primeira vista. Podemos perceber isso ao atentarmos para a escolha dos elementos de comparação. *Latin America* deve ser comparada a "outros" países do Terceiro Mundo – o que suscita imediatamente uma associação com imagens de retardo e subdesenvolvimento – e, como tal, não está aberta às mesmas questões e experiências próprias do Primeiro Mundo. Portanto, os leitores, primeiramente identificados como estadunidenses, agora aprendem que o estudo das coisas *Latin American* não requer um exame de sua própria sociedade: os Estados Unidos. Afinal de contas, as duas sociedades pertencem a "mundos" ou categorias diferentes e, portanto, vedadas à comparação. *Latin America* é assim apresentada como um espaço inteiramente Outro e que, portanto, não se abre ao conhecimento que opera por meio da empatia e da analogia: procedimentos cognitivos que contribuem para a reflexão acerca do Eu, seja ele coletivo ou individual.

O segundo paradoxo apresentado por Skidmore e Smith é o seguinte:

> A *Latin America* tem sido, através de toda a sua história, tumultuosa e estável. A Conquista iniciou uma tradição de violência política que se expressou por meio de golpes, assassinatos, movimentos armados, intervenções militares e revoluções sociais. Os encontros ideológicos entre liberalismo, positivismo, corporativismo, anarquismo, socialismo,

> comunismo, fascismo e doutrinas religiosas de todas as cores e matizes só tornaram a intensidade do conflito mais aguda. Apesar das diversas formas de conflito político, velhas estruturas sociais e econômicas persistem. Mesmo onde revoluções modernas ocorreram, México (1910) e Bolívia (1952), muitos aspectos da sociedade tradicional ainda existem. A Revolução Cubana pode parecer à primeira vista uma exceção, contudo, mesmo em Cuba o peso (pull) da história continua forte.[543]

Para entender corretamente o argumento, é preciso primeiramente decifrar os significados que "tumultuoso" e "estável" adquirem no trecho acima. O primeiro corresponde à "tradição de violência política que se expressou por meio de golpes, assassinatos, (...)". Essa violência tradicional foi exacerbada pelo conflito ideológico, pois os autores sugerem que a abundância *excessiva* de tendências ideológicas tem sido prejudicial à *Latin America*. Por outro lado, a estabilidade é associada com a persistência de "velhas estruturas sociais e econômicas". *Latin America* é estável porque o "peso de sua história" a mantém imersa em tradição. Mas, se essa interpretação é correta, e ela parece ser ao pé da letra, não há paradoxo algum aqui, pois o que temos é uma apresentação da *Latin America* como um povo/lugar inexoravelmente preso à tradição, e isso é acometido de paralisia histórica (oposição

---

543 Esse trecho parece ter sido copiado de um texto de Howard Wiarda da década de 1970: "O positivismo, com sua ênfase na ordem e no progresso, foi assimilado e acomodado à tradição dominante. Mais tarde, as ideologias do socialismo, comunismo, nacionalismo, democracia social, democracia cristã, populismo, desenvolvimentismo, terceiro-mundismo e outras fizeram-se presentes. Exceto em circunstâncias raras, ou mesmo única, como em Cuba e, possivelmente agora, no Chile, a tradição antiga foi capaz de manter seu forte domínio mesmo diante dessas ameaças" (WIARDA, Howard J. "Toward a Framework for the Study of Political Change in the lberic-Latin Tradition: The Corporative Model". *World Politics*, vol. 25, nº 1, 1973, p. 214). SKIDMORE, Thomas E.; SMITH, Peter Hopkinson. *Modern Latin America*. 5ª ed. Nova York: Oxford University Press, 2001, p. 5.

assimétrica temporal). Como os impérios orientais de Hegel, *Latin America* move-se no espaço, mas não no tempo histórico. Por fim, o diagnóstico de que os *Latin Americans* foram incapazes de lidar com a diversidade ideológica pode ser interpretado como uma alusão à falta de racionalidade, uma característica que pode, como já vimos anteriormente, ser facilmente associada a fatores culturais, temporais e raciais. Afinal de contas, diversidade é bom só para aqueles que sabem lidar com ela!

Esse segundo paradoxo é expresso de uma forma duplamente generalizadora. Primeiro, há uma generalização no espaço: "tumultuoso" é uma qualidade atribuída a toda *Latin America*, e, portanto, "golpes, assassinatos, movimentos armados e intervenções militares" parecem fazer parte da história de todos os países. Além disso, há também uma generalização no tempo, segundo a qual *Latin America* tem sido "estavelmente" tumultuosa por toda a sua história. Os autores dizem que essa tradição de violência tem uma gênese, a Conquista, mas deixam de explicar quais as causas responsáveis pela perpetuação dessa tradição. O leitor, por seu lado, é levado a concluir que violência, irracionalidade e incapacidade de mudar são características inerentes ao caráter *Latin American*. Infelizmente, essa descrição conduz ao mesmo tipo de estereótipo dos *Latins* aos quais os autores se dizem contrários.

O quarto paradoxo é enunciado da seguinte maneira:

> *Latin America* é, ao mesmo tempo, próspera e pobre. Desde a Conquista, a região tem sido descrita como um tesouro fabuloso de riquezas naturais. Primeiro, veio a cobiça europeia pelo ouro e pela prata. Hoje, a procura é por petróleo, gás, cobre, minério de ferro, café, açúcar ou soja, mas a imagem da riqueza infinita persiste. Contrastando fortemente com essa imagem, há também a pobreza: agricultores sem ferramentas, trabalhadores sem trabalho, crianças sem comida, mães sem esperança. Um aforismo continuamente repetido

> em *Latin America* resume a cena: "A *Latin America* é um mendigo sentado sobre uma montanha de ouro".[544]

Skidmore e Smith podiam ter dito que, em *Latin America*, pobreza e prosperidade variam muito de país para país, ou mesmo de região para região em um mesmo país. Contudo, dado que seu objetivo é apresentar *Latin America* como um todo paradoxal, eles apelam para a fórmula sinedóquica "*Latin America* é, ao mesmo tempo, próspera e pobre". Essa assertiva é seguida da informação de que os europeus primeiro vieram à *Latin America* à procura de ouro e prata. Notadamente, "europeus", aqui, refere-se não a todos os europeus que vieram ao Novo Mundo, mas às potências coloniais que conquistaram *Latin America*: portugueses e espanhóis. Por fim, somos informados de que, hoje em dia, a procura é por petróleo, gás, cobre, minério de ferro, café, açúcar ou soja.

O enunciado desse quarto paradoxo é assaz interessante. Se, no primeiro episódio da história da *Latin America*, a Conquista, os europeus foram identificados como agentes, no segundo, atualmente, o sujeito que está à procura das *commodities* não aparece. O leitor menos atento pode até pensar que os autores estão aí se referindo aos próprios habitantes de *Latin America*, contudo, não podemos esquecer que os autores já haviam enumerado o interesse nacional dos Estados Unidos por matérias-primas provenientes da *Latin America* como a primeira razão para justificar o estudo desta. Se adicionarmos a isso o fato de eles também terem citado anteriormente a forte penetração dos Estados Unidos na região, podemos ver, na passagem, uma alusão velada à força dos interesses estadunidenses na região. Mas essa alusão só pode ser velada, pois, caso fosse explicitada, o paradoxo se dissolveria. Teríamos uma *Latin America* incapaz de usufruir de sua própria riqueza por estar submetida a uma exploração continuada, em um primeiro

---

544 SKIDMORE, Thomas E.; SMITH, Peter Hopkinson. *Modern Latin America*. 5ª ed. Nova York: Oxford University Press, 2001, p. 5.

momento, ao colonialismo europeu, e, nos dias de hoje, ao imperialismo estadunidense. Isso faria a presença de "agricultores sem ferramentas, trabalhadores sem trabalho, crianças sem comida e mães sem esperança" não tão paradoxal assim.

Ademais, é preciso notar que, uma vez que os interesses nacionais estadunidenses são enunciados nas primeiras páginas do livro e o estudo do objeto *Latin American* é justificado, esses interesses desaparecem da narrativa etnológica. Ou seja, a partir do momento em que a *Latin America* começa a ser apresentada aos leitores, nenhuma conexão entre os interesses políticos e econômicos dos Estados Unidos na região e a reprodução da pobreza e da miséria é feita.

7.1.2 *Latin America*: texto e imagem

A análise textual de *Modern Latin America* revela, mais uma vez, a presença abundante de oposição assimétrica e de possibilidades de sua tradução mútua. O prefácio tem duas seções distintas: uma na qual se justifica o estudo da *Latin America*, e outra em que a região é apresentada ao leitor. A primeira seção identifica o leitor e o autor à nação estadunidense e justifica o estudo da *Latin America* em termos de interesse nacional. Nessa seção, a oposição assimétrica pode ser percebida pelo contraste fundamental entre uma nação estadunidense ativa e interessada e um objeto *Latin American* passivo, apresentado como fonte de lucro, matérias-primas e como uma ameaça potencialmente perigosa.

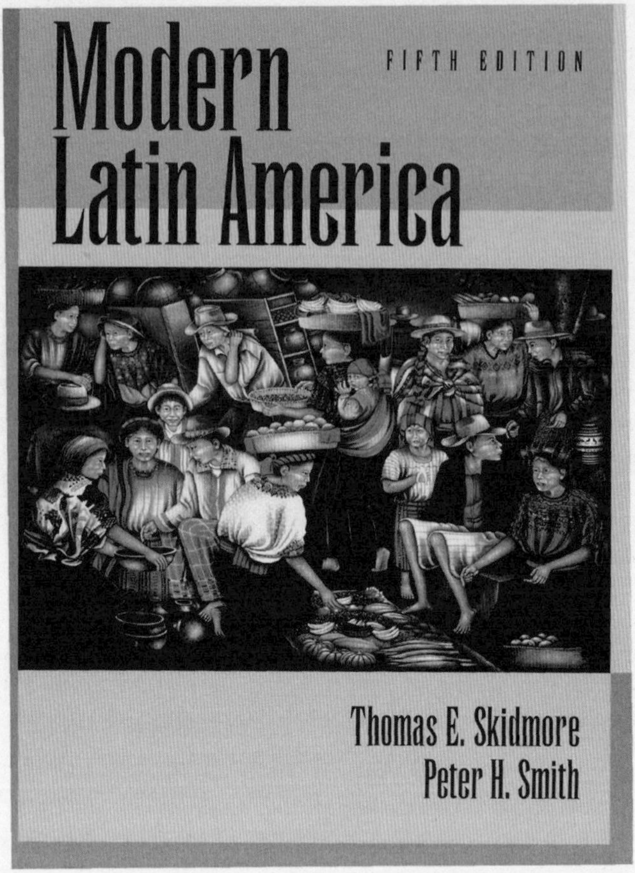

A segunda seção do Prefácio apresenta a *Latin America* ao leitor. Referências explícitas aos Estados Unidos e seus interesses nacionais desaparecem do texto. A seção começa com descrições geográfica e racial breves da região, seguidas por uma investigação da sua condição sócio-histórica "paradoxal". Uma análise cuidadosa mostra que oposições assimétricas cultural e temporal estruturam a apresentação de Skidmore e Smith. Além disso, a identificação constante dos *handicaps* culturais *Latin* com o tradicionalismo atesta a traduzibilidade dessas formas de oposição assimétrica. Em todo o texto, a *Latin America* é construída cognitivamente em oposição a uma autopercepção positiva dos Estados Unidos

– uma percepção que, por estar escondida ou protegida contra comparação, nunca está realmente aberta à crítica. Mas e quanto à oposição assimétrica racial?

Como a maioria dos textos produzidos pelos *Latin American Studies*, o texto de *Modern Latin America* não é prenhe de teorias raciais. A passagem na qual esse assunto é brevemente discutido alude, como vimos, a "elementos e misturas de três grupos raciais: nativos, europeus brancos e africanos negros". Mesmo que a palavra mistura possa sugerir uma comparação implícita com uma *America* racialmente pura, esse curto excerto dificilmente se presta a uma interpretação significativa. Isso não se pode dizer, entretanto, da capa do livro.

A quinta edição de *Modern Latin America* traz em sua capa uma reprodução de um óleo sobre tela do guatemalteco Mariano González Chavajay, denominado *Mercado de Noche*. A pintura retrata um grupo de dezesseis pessoas, a maioria, ocupada em atividades comerciais, em um local que parece um mercado de rua. Todos possuem rostos muito semelhantes e a mesma cor de pele de um moreno dourado. Provavelmente, as pessoas no quadro pertencem a algum *pueblo* indígena centro-americano. Sem sombra de dúvida, o quadro está lá para representar *Latin America*. Toda vez que os alunos pegam seus livros, são lembrados de como é o *Latin American*: não branco, indígena, de pele escura.

A raça não é o único elemento nesse quadro com um diálogo direto com o texto. A situação representada é tipicamente atrasada, tradicional, subdesenvolvida, semirrural, agrícola e pré-capitalista (oposição assimétrica temporal).

Todos os personagens no quadro estão usando roupas não ocidentais. Todos aqueles cujos pés são mostrados estão descalços. Uma mulher carrega seu bebê de forma não ocidental. Como seria de se esperar, estão negociando produtos agrícolas e cerâmica (oposição assimétrica cultural). Não se pode deixar de notar que essas formas culturais e temporais podem ser mutuamente traduzidas.

De pele escura, tradicional e atrasada, esse é o quadro escolhido para representar a *Latin America* na capa do livro. A grande ironia, contudo, é o contraste entre essa imagem e o título do livro, impresso em letras grandes e alongadas, bem acima da ilustração: *Modern Latin America*.

A análise empreendida aqui coloca em xeque o objetivo declarado pelos autores de esclarecer seu público por meio de *Modern Latin America*. Em lugar de oferecer esclarecimento, o livro funciona como um instrumento por meio do qual os mesmos antigos estereótipos estadunidenses sobre a *Latin America* são reafirm[illegible]endo ainda o verniz legitimador do discurso socioc[illegible]lizado. Para confirmar essa triste descoberta, basta [illegible] a caracterização feita por Skidmore e Smith com o[illegible]dos pelo público dos Estados Unidos na pesqu[illegible]0. A *Latin America* que *Modern Latin Amer*[illegible] de hoje é violenta e volátil (irascível, emoti[illegible]tas intelectuais para lidar com o con[illegible]giosa), incapaz de produzir rique[illegible]s minerais e produtos agríc[illegible]ente não branca (pele escu[illegible]do em conjunto, texto mais capa, o livro termina por reafirmar os mesmos atributos estereotípicos encontrados na pesquisa de opinião de forma ainda mais poderosa, pois fundamentada em razões doutas.

Deve-se reconhecer que os autores nem sempre escolhem as capas de seus livros. Os editores geralmente têm uma grande influência sobre os aspectos que dizem respeito à comercialização de publicações, inclusive o desenho de suas capas e sua apresentação geral. Isso é especialmente verdadeiro para o setor de livros didáticos da indústria editorial, que é particularmente sensível a exigências de mercado. Posto isso, determinar se Skidmore e Smith opinaram na escolha de *Mercado de Noche* para a capa de *Modern Latin America* é irrelevante para meu argumento. O fato de o quadro ter sido escolhido para representar a *Latin America* moderna é o dado importante aqui. Como a análise de outros livros-texto líderes de mercado irá demonstrar, a prática de usar imagens carregadas de oposições assimétricas para representar a *Latin America* é comum nesse filão literário dos *Latin American Studies*. Em suma, trata-se aqui não só do que os autores desejaram realmente comunicar, mas também dos significados de fato, dos conteúdos semânticos, reproduzidos pelo livro enquanto produto educacional.

Seriam os mesmos elementos encontrados em outros *best-sellers* da literatura didática? As seções seguintes responderão a essa pergunta.

7.2 *A History of Latin America*

A History of Latin America, de Benjamin Keen e Mark Wasserman, é o segundo livro didático mais popular adotado em cursos de introdução à *Latin American Studies* nas universidades estadunidenses.[545] Na seção anterior, começamos por analisar o texto do livro de Skidmore e Smith para, depois, chegar à imagem da capa. Agora procederemos de forma inversa.

545 Ver a análise quantitativa da bibliografia de livros-texto no apêndice 1.

Como *Modern Latin America*, a terceira edição da obra de Keen e Wasserman[546] traz uma pintura em sua capa. Neste caso é a reprodução de um óleo sobre tela do muralista mexicano José Clemente Orozco, intitulado *Revolucionarios*.[547] O quadro mostra um grupo de nove pessoas caminhando juntas: sete são adultos, duas mulheres e cinco homens, e dois bebês, carregados nas costas pelas mulheres. A imagem é desoladora e sombria. Todos

546 KEEN, Benjamin; WASSERMAN, Mark. *A history of Latin America*. 3ª ed. Boston: Houghton Mifflin, 1988.

547 José Clemente Orozco, intitulado *Revolucionarios* (1930).

os sete adultos caminham encurvados, uma posição que denota claramente cansaço e desesperança. O fundo é escuro e deserto. Todos os homens usam *sombreros* mexicanos e carregam rifles. Um deles exibe dois cintos de munição cruzados sobre o peito. A característica mais impressionante dessa pintura, e que acrescenta um aspecto de frieza ao conjunto todo, é o fato de os personagens não terem rostos. Não que sejam desfigurados, mas Orozco os pinta de maneira que o espectador só veja o lado de seus corpos ou suas costas, mas não seus rostos.

Entretanto, o que nos interessa não é a intenção original de Orozco, mas a análise da mensagem transmitida pelo quadro como ilustração da capa de *A History of Latin America*. Há aqui indícios sutis, mas decisivos, de percepções raciais. Roupas de mangas compridas e chapéus cobrem a maior parte da pele dos personagens. No entanto, o personagem mais proeminente, uma mulher, carregando uma enorme trouxa e uma criança nas costas, tem um dos braços quase que inteiramente exposto. A mão esquerda do personagem masculino mais detalhado também pode ser vista. A pele de ambos é de um tom moreno escuro, um detalhe que não significaria muito se não estivesse lá para representar *Latin America*, e se a representação de *Latin Americans* de pele escura não fosse um elemento principal do campo semântico do conceito (oposição assimétrica racial) na linguagem comum.

A divisão de atividades por sexo também é clara no quadro. As mulheres são responsáveis pela criação das crianças, enquanto os homens se encarregam de atividades masculinas, tais como guerrear e proteger. Há, portanto, uma forte alusão ao tradicionalismo nessa cena, em que os papéis sexuais estão de tal maneira definidos. Todos esses elementos atuam para transmitir um sentido de diferença cultural. Com base em seus trajes e postura, pode-se facilmente concluir que se trata de um povo rural vivendo em condições de pobreza e "atraso". A presença evidente de rifles e munição reforça a associação de *Latin Americans* com violência, instabilidade política, agitação civil, militarismo etc. A postura curvada ao caminhar olhando para o chão, a falta de rostos humanos e as cores escuras da pintura transmitem uma mensagem de cansaço, penúria e tristeza. Em suma, a oposição assimétrica temporal reforça a oposição assimétrica cultural, prestando-se mais uma vez a traduções mútuas: a diferença cultural é percebida como atraso e vice-versa.

As capas de *Modern Latin America* e *A History of Latin America* representam a *Latin America* de maneira semelhante: de pele escura, tradicional e atrasada. A essa tríade de imagens, *A History of Latin America* acrescenta a associação de *Latin America* com violência e tristeza. Os indígenas representados na capa do livro de Skidmore e Smith pareciam pobres, atrasados, mas felizes e animados, enquanto o quadro dos revolucionários que enfeita o livro de Keen e Wasserman não possui esses atributos positivos.

Keen e Wasserman usam muito menos texto para apresentar seu objeto de estudo que seus colegas. A retórica de seu texto introdutório é, contudo, muito similar à de Skidmore e Smith. Logo no primeiro parágrafo, os autores explicam:

> Para a maioria dos norte-americanos, talvez, o passado colonial seja uma época remota, pitoresca, que tem pouca relevância para a forma como vivemos agora. A situação é muito diferente na *Latin America*. "Mesmo o visitante casual à *Latin America*", diz o historiador Woodrow Borah, "fica surpreso pela sobrevivência de instituições e aspectos que são claramente coloniais (...)".[548]

Oposição assimétrica temporal, expressa sob forma de não concomitância, é a primeira coisa que Keen e Wasserman ensinam aos estudantes sobre a *Latin America*: enquanto os estadunidenses vivem apenas no presente, os *Latin Americans* vivem o passado no

548 KEEN, Benjamin; WASSERMAN, Mark. *A history of Latin America*. 3ª ed. Boston: Houghton Mifflin, 1988, p. 8.

presente. A diferença entre a América do Norte e a *Latin America* é claramente estabelecida em termos de relações diversas com o tempo histórico. Enquanto, na América do Norte, o passado foi abandonado, na *Latin America*, sua forte influência ainda é sentida. Ao empregar a oposição assimétrica temporal para descrever a *Latin America*, o autor reduz todas as experiências na região a um denominador comum, definido externamente como a negação da autoimagem estadunidense de progresso e inovação contínuos. No trecho acima, Keen e Wasserman empregam o artifício retórico de apelar para uma fonte de autoridade, Woodrow Borah – um dos fundadores dos *Latin American Studies* na disciplina de história –, a fim de supostamente conceder mais credibilidade à sua alegação.

Essa percepção assimétrica temporal de *Latin America* é, em seguida, reafirmada pelos autores: "Na *Latin America*, o passado colonial não é uma lembrança nostálgica, mas uma realidade cruel.[549] Keen e Wasserman juntam essa "declaração de fato" à alegação de que a sobrevivência do passado na *Latin America* "significa atraso econômico; arbitrariedade, corrupção e nepotismo políticos; uma ordem social hierárquica e atitudes de condescendência e desprezo por parte das elites em relação às massas".[550] Em outras palavras, os autores sugerem que todos esses atributos terríveis da sociedade *Latin American* deveriam ser lidos como remanescências do passado. Mantendo coerentemente sua sequência de ideias, concluem que, já que o passado colonial é tão presente na *Latin America*, estudá-lo é tarefa introdutória crucial ao conhecimento da *Latin America* como um todo.

Keen e Wasserman começam sua exposição histórica identificando a primeira e mais proeminente característica da colonização espanhola: a violência. Segundo eles, a violência era muito

---

549 KEEN, Benjamin; WASSERMAN, Mark. *A history of Latin America*. 3ª ed. Boston: Houghton Mifflin, 1988, p. 8.

550 KEEN, Benjamin; WASSERMAN, Mark. *A history of Latin America*. 3ª ed. Boston: Houghton Mifflin, 1988, p. 8.

difundida na Espanha do início da era moderna. Consequentemente, os *conquistadores* espanhóis importaram a violência para o Novo Mundo, onde ela se tornou a principal ferramenta na administração de suas possessões coloniais. Em suma, tal como Skidmore e Smith, esses latino-americanistas alegam que a violência é uma característica essencial das sociedades *Latin American*, que está firmemente enraizada no seu passado, sempre presente.

Após censurar a natureza violenta da colonização espanhola, Keen e Wasserman afirmam que os "defensores da reputação colonial da Espanha", autores que se eximem de nomear, estão errados em taxar tal opinião severa da colonização espanhola, a qual denominam "Lenda Negra", de preconceituosa e exagerada, pois todos os poderes coloniais têm sua Lenda Negra. Em seguida, argumentam que as atrocidades cometidas pelos estadunidenses contra os indígenas são comparáveis às da *conquista* espanhola. Contudo, o bom leitor, que seguiu atentamente seus ensinamentos, será levado a concluir que, apesar de a violência cometida por Espanha e Inglaterra em suas respectivas empresas coloniais ser semelhante, suas consequências no presente são bem distintas. Enquanto em *Latin America* essa violência continua muito presente, nos Estados Unidos, trata-se de algo deixado para trás. Afinal, Keen e Wasserman já prepararam seus leitores com o pressuposto fundamental de que, para os estadunidenses, o passado é uma "época remota [e] pitoresca, que possui pouca relevância para a forma como vivemos agora". Esse exemplo revela mais uma vez a face de Jano da definição de *Latin America* por meio de oposições assimétricas: o aprendizado das coisas *Latin American* se dá paralelamente ao aprendizado destituído de crítica e menos explícito das coisas propriamente estadunidenses.

Os autores argumentam que a Espanha fundou a ordem social colonial, que era marcada pelo "caráter predominantemente feudal de sua estrutura econômica, organização social e ideologia". Os méritos dessa concepção histórica são, contudo, duvidosos. Afinal, a Espanha aboliu a servidão no século XV, isto é, antes de conquistar o Novo Mundo. Ademais, o comércio era uma atividade econômica proeminente na Espanha do início da era moderna. Em suma, independente do seja o termo usado para descrever o sistema econômico da Espanha do século XVI, "tipicamente feudal" não parece ser adequado.

Keen e Wasserman parecem saber que estão pisando em terreno conceitual incerto, pois tentam emendar sua alegação anterior com a fórmula seguinte.

> Essas características feudais, mescladas com alguns elementos capitalistas, constituíram parte do legado da Espanha (e de Portugal) à *Latin America* independente e ajudam a explicar a persistente influência de certas instituições anacrônicas na região, hoje em dia.[551]

Meu objetivo principal aqui não é discutir em detalhes a adequação de aplicar a categoria de "feudal" para descrever a Espanha do início da era moderna, mas avaliar como essa categoria é usada para explicar o *handicap* histórico da *Latin America*. No trecho acima, Keen e Wasserman afirmam, em primeiro lugar, que "características feudais" constituíram parte do legado colonial da *Latin America* independente. Em segundo lugar, acrescentam que esse legado "ajuda a explicar a influência persistente de certas instituições anacrônicas na região, hoje em dia". Mesmo se aceitarmos como verdadeira a alegação de que "características feudais constituíram parte do legado da Espanha (e de Portugal) à *Latin America* independente", isso não explica a "influência persistente de certas instituições anacrônicas na região, hoje em dia". Isto é, o fato de serem "feudais" não explica sua "influência persistente", uma vez que o feudalismo desapareceu nas demais áreas do continente europeu. Deve haver algo em relação ao legado

551 KEEN, Benjamin; WASSERMAN, Mark. *A history of Latin America*. 3ª ed. Boston: Houghton Mifflin, 1988, p. 8.

feudal ibérico que explique essa capacidade especial de resistir à passagem do tempo. Contudo, esse "algo" não é explicitado. De fato, parece que os autores são capazes de "enxergar" algumas instituições como um anacronismo feudal persistente apenas porque aceitam previamente a premissa implícita de que a *Latin America* é prisioneira do passado.

Ironicamente, Keen e Wasserman afirmam que seu livro adota a estrutura interpretativa da teoria da dependência, que, segundo eles, é "o modelo teórico mais influente entre os cientistas sociais preocupados em entender a *Latin America*".[552] No entanto, como já vimos, a maioria dos *dependentistas* rejeitaram vigorosamente as oposições assimétricas temporal e cultural. Um dos *insights* cruciais da teoria da dependência é o de que a produção e a reprodução de subdesenvolvimento na *Latin America* deveriam ser percebidas em sua conexão com o presente, e não como sobrevivência do passado.

O uso de raciocínio sinedóquico é ainda mais acentuado no texto desses autores do que no de Skidmore e Smith. A abundância de expressões tais como civilização *Latin American*, história *Latin American*, cultura *Latin American*, e assim por diante, revela uma intenção óbvia de apresentar *Latin America* não só como uma coleção de povos que vivem em uma dada região geográfica, mas também como um *Volk*. Os termos "cultura" e "civilização" transmitem o sentido da unidade de um *ethos* comum. Para Keen e Wasserman, a expressão "história *Latin American*" não é apenas a soma de diferentes narrativas históricas nacionais, mas também uma narrativa em si, com uma coerência interna que frequentemente desconsidera as fronteiras nacionais.

---

552 KEEN, Benjamin; WASSERMAN, Mark. *A history of Latin America*. 3ª ed. Boston: Houghton Mifflin, 1988, p. 9.

7.3 *Latin America: a Concise Interpretative History*

A obra de E. Bradford Burns e Julie A. Charlip, *Latin America: a Concise Interpretative History*,[553] é outro livro didático comumente usado em cursos de introdução ao estudo da *Latin America*.

A capa do livro traz a reprodução de um óleo sobre tela do argentino Pedro Figari, que retrata onze personagens em um ambiente rural. Dois deles tocam guitarra, enquanto dois casais dançam no centro do quadro, e outras cinco figuras observam a cena. Os homens, provavelmente gaúchos, estão vestidos de vaqueiros, com chapéus, calças de couro, lenços no pescoço e botas de vaqueiro. Os dois homens dançando também usam algo que parece um cinto de munição na cintura. Um tem um facão enfiado no cinto. No fundo, há uma massa verde indistinta, que pode representar uma montanha ou uma floresta, e uma cabana. A pele de todos os personagens é cor de chocolate. Mais uma vez, vemos a reprodução de oposições assimétricas cultural, temporal e racial na mesma ilustração.

---

553 BURNS, E. Bradford; CHARLIP, Julie A. *Latin America*: a concise interpretative history. 7ª ed. Englewood Cliffs: Prentice Hall, 2001.

Tal como Keen e Wasserman, Burns e Charlip também optam por um prefácio curto. Seu primeiro argumento importante é sobre o caráter relativo do subdesenvolvimento *Latin American*: "Certamente, pelos padrões dos Estados Unidos e da Europa Ocidental, a *Latin America* é economicamente subdesenvolvida".[554]

554 BURNS, E. Bradford; CHARLIP, Julie A. *Latin America*: a concise interpretative history. 7ª ed. Englewood Cliffs: Prentice Hall, 2001, p. 9.

Não é surpresa que o subdesenvolvimento venha acompanhado de oposição assimétrica temporal. Burns e Charlip apresentam o seguinte argumento para justificar o subdesenvolvimento *Latin American*:

> Aparentemente, uma das maiores obstruções em sua busca de aperfeiçoamento é o complexo de instituições, padrões e atitudes fixadas na *Latin America* durante as décadas no século XVI, em que os ibéricos estiveram descobrindo, conquistando e colonizando a vasta área. Muitas dessas instituições, padrões e atitudes continham vestígios da Idade Média, um período já bastante em declínio na Península Ibérica. Mas, no Novo Mundo, essas sementes oriundas do passado se enraizaram e floresceram.[555]

Seus argumentos parecem ainda mais torcidos que os de Keen e Wasserman, mas a conclusão é a mesma. Para Burns e Charlip, a introdução de algumas instituições medievais, "durante as décadas no século XVI, em que os ibéricos estiveram descobrindo, conquistando e colonizando a vasta área", é a causa do subdesenvolvimento no presente. Isso só é possível se houver a pressuposição de que a história na *Latin America* está reduzida à repetição incessante de si mesma: não se trata de uma história de movimento e mudança, mas de permanência. Ao contrário de Keen e Wasserman, e de uma maneira que lembra Hartz, Burns e Charlip afirmam que, na época dos encontros do Novo Mundo, a Espanha já não era medieval. No entanto, acrescenta que, na *Latin America*, as "instituições, padrões e atitudes [que] continham vestígios da Idade Média" floresceram novamente. Isto é, no fim, sua discordância em relação ao *status* real da Espanha no século XVI não altera sua fidelidade básica à ideia de que a *Latin America* está historicamente paralisada. Burns e Charlip continuam:

---

555 BURNS, E. Bradford; CHARLIP, Julie A. *Latin America*: a concise interpretative history. 7ª ed. Englewood Cliffs: Prentice Hall, 2001, p. 9.

> Para desenvolver integralmente, para trazer as nações *Latin American* para o século XXI, para construir uma sociedade nova, na qual os *Latin Americans* sejam senhores de seu próprio destino, é necessário substituir por novas instituições as heranças desacreditadas do passado colonial.[556]

Esse tipo de raciocínio ignora o fato de que, para transformar a pobreza e a exploração atuais na *Latin America*, é preciso identificar suas raízes e ligações no presente, e não no passado. A maioria dos pobres no Brasil, por exemplo, vive em grandes centros urbanos, não no campo. Sua condição é produto do capitalismo, e não uma sobrevivência de formas econômicas medievais. No entanto, o argumento da sobrevivência se encaixa bem na imagem de uma *Latin America* atrasada e subdesenvolvida, produtora de mercadorias agrícolas e matérias-primas.

À diferença de outros autores, Burns e Charlip não identificam a violência na *Latin America* com a preservação da herança medieval espanhola, mas com a luta contra ela.

> [O] desejo de mudança gera tensão, estresse, fermentação e violência na *Latin America* contemporânea. A agitação promete persistir até que a mudança de instituições arcaicas para outras mais racionais seja feita, até que a maioria controle o governo e goze dos benefícios de sua sociedade.[557]

Entretanto, o paradigma ainda é o mesmo. Como o trecho acima mostra, as instituições *Latin American* são não apenas tradicionais e arcaicas, mas também carentes de racionalidade. Tem-se aqui um quadro falso e distorcido da luta real por democratização

---

556 BURNS, E. Bradford; CHARLIP, Julie A. *Latin America*: a concise interpretative history. 7ª ed. Englewood Cliffs: Prentice Hall, 2001, p. 10.

557 BURNS, E. Bradford; CHARLIP, Julie A. *Latin America*: a concise interpretative history. 7ª ed. Englewood Cliffs: Prentice Hall, 2001, p. 10.

pela qual passaram alguns países *Latin American*. Por exemplo, o apoio político de capitalistas nacionais e estrangeiros foi crucial para promover e manter os regimes militares repressivos no Brasil e na Argentina – e tais forças sociais dificilmente podem ser consideradas irracionais.[558] A fixação de Burns e Charlip ao paradigma conceitual da teoria da modernização os leva a ignorar até mesmo alguns latino-americanistas importantes, como Guillermo O'Donnell,[559] que argumenta que a solução autoritária foi de fato planejada pelas elites mais racionais: militares e empresários.

Burns e Charlip parecem ser, na realidade, genuinamente simpáticos ao que identificam como a luta dos *Latin Americans* por desenvolvimento e democratização. Ao contrário de Skidmore e Smith, que se limitam a descrever *Latin America* como objeto passivo dos interesses dos Estados Unidos, esses autores criticam a forma pela qual alguns desses interesses atuaram na história recente das relações internacionais dos Estados Unidos.

> A preocupação com os problemas e os objetivos dos Estados Unidos obscureceram nossa visão do esforço da *Latin America* por justiça e desenvolvimento. Tendendo a interpretar as lutas e problemas da *Latin America* a partir das nossas experiências e perspectivas muito diferentes, interpretamos mal o significado de eventos na *Latin America*, a tal ponto que tornamos quase impossível entender completamente seja o que está ocorrendo lá, seja sua importância a longo prazo para nós, nosso país e nosso futuro. Isso tornou-se tão verdadeiro que, injustamente, relegamos ao contexto de nossos próprios conflitos com a URSS a luta da *Latin America* por mudança e pelo desenvolvimento. (...) Confundindo

558 HUGGINS, Martha Knisely. *Political policing*: The United States and Latin America. Londres: Duke University Press, 1998.

559 O'DONNELL, Guillermo. *Modernization and Bureaucratic-Authoritarianism*: studies in south American politics. Berkeley: Institute of International Studies University of California, 1973.

> uma luta por mudança com um conflito entre comunismo e capitalismo – uma leitura errônea e perigosa dos eventos – o governo dos EUA cometeu erros internacionais infelizes, que alienaram muitos *Latin Americans*. Com frequência demasiada, nesse hemisfério, os Estados Unidos apoiaram ditaduras repressivas, governos que tendiam a preservar, e até mesmo fortalecer, as instituições injustas do passado que impedem o desenvolvimento da *Latin America*. Para frustração de muitos, os Estados Unidos não se tornaram os defensores da mudança e da reforma que a maioria dos *Latin Americans* desejam.[560]

Apesar das boas intenções de Burns e Charlip em apresentar aos alunos uma avaliação crítica da política internacional estadunidense, sua interpretação é um tanto enganosa. Os autores atribuem o tratamento injusto dispensado pelos Estados Unidos à *Latin America* à incapacidade dos estadunidenses para entender *Latin America* em seus próprios termos – um argumento usado repetidas vezes pelos estudiosos do corporativismo. O uso de termos como "confundindo" e "interpretando mal" dá a impressão de que a crônica da política internacional dos Estados Unidos em relação à *Latin America* é um produto da ingenuidade estadunidense, e não de interesses econômicos e políticos concretos.

Tal como Skidmore e Smith, Burns e Charlip escrevem em termos de eles e nós – eles *Latin Americans* e nós estadunidenses. Essa forma de expressão serve como ferramenta pedagógica para instruir os alunos daquele país acerca daquilo que eles não são: o Outro. No entanto, o tipo de raciocínio sinedóquico que empregam não se presta propriamente a esclarecer os estudantes acerca das lutas reais das pessoas que vivem ao sul da fronteira. Pois *Latin Americans* não agem como *Latin Americans*. As pessoas na *Latin America* vivem, na realidade, em estados nacionais. Suas ações

560 BURNS, E. Bradford; CHARLIP, Julie A. *Latin America*: a concise interpretative history. 7ª ed. Englewood Cliffs: Prentice Hall, 2001, p. 10.

são condicionadas e limitadas pelas instituições das sociedades nas quais vivem. A frase "a maioria dos venezuelanos quer algo" tem significado político, porque aquelas pessoas constituem a comunidade política da Venezuela. Mas a frase "a maioria dos *Latins Americans* quer algo" não pode ter qualquer significado político, já que não há instituições *Latin American* por meio das quais essa vontade coletiva possa se expressar.

As referências à raça na sétima edição do livro de Burns e Charlip não estão restritas à capa. O capítulo introdutório do livro é intitulado *The origins of a multiracial society.* O texto começa com a seguinte passagem:

> O Novo Mundo forneceu um palco vasto e variado sobre o qual se encontraram pessoas de três continentes diversos e distantes: Ásia, Europa e África. Representantes das três raças chegaram em momentos diferentes, e por diferentes razões. Mesclaram-se, combinaram-se e casaram-se. De sua contribuição emergiu a singular civilização *Latin American.*[561]

O trecho começa com o Novo Mundo e termina com a *Latin America.* Em outras palavras, os Estados Unidos, ou a parte do Novo Mundo que não é *Latin America*, foi descartada em algum lugar durante o percurso do argumento. Burns e Charlip declaram que as três raças (asiática, europeia e africana) encontraram-se no Novo Mundo. Já que se pode supor corretamente que os Estados Unidos são parte do "Novo Mundo", parece que a primeira frase do texto se refere ao continente americano como um todo. A seguir, o leitor é informado de que "representantes das três raças" "mesclaram-se, combinaram-se e casaram-se". Baseando-se estritamente no trecho, fica difícil determinar exatamente onde tal mescla, combinação e casamento ocorreram verdadeiramente, pois a frase seguinte, "de

561 BURNS, E. Bradford; CHARLIP, Julie A. *Latin America*: a concise interpretative history. 7ª ed. Englewood Cliffs: Prentice Hall, 2001.

sua contribuição emergiu a singular civilização *Latin American*", sugere que a singularidade da civilização *Latin American* resulta da mistura racial. Afinal, se essa mesma mistura tivesse ocorrido nos Estados Unidos, a civilização de *Latin America* não seria tão singular. Essa conclusão está de acordo com a oposição assimétrica racial entre os Estados Unidos, como um povo europeu branco, e os mulatos, mestiços e híbridos de *Latin America*. A ideia geral é certamente informar ao leitor estadunidense que a *Latin America* é racialmente diferente dos Estados Unidos. O fato de *Latin America* incluir nações cujas populações são predominantemente brancas, de origem europeia, assim como nações predominantemente negras ou predominantemente índias, não impede Burns e Charlip de sugerirem essa generalização racial.

7.4 *Latin American politics and development*

Além de sua volumosa contribuição aos estudos do corporativismo, Howard Wiarda também escreveu, em conjunto com Harvey Kline, um livro-texto bastante popular de introdução aos *Latin American Studies* intitulado *Latin American politics and development*.[562] Wiarda e Kline gastam grande parte da introdução do livro para apresentar *Latin America* a seus leitores. O artifício retórico de repetir os mesmos argumentos muitas vezes certamente contribuíram para a extensão desse capítulo introdutório. Wiarda e Kline escrevem:

> James Reston, do *The New York Times*, observou uma vez que as pessoas nos Estados Unidos parecem dispostas a fazer qualquer coisa pela *Latin America*, exceto ler sobre ela ou procurar compreendê-la. Nossa esperança é que, neste livro, você não apenas leia sobre a *Latin America*, mas também tente entendê-la. Considerando os interesses políticos e estratégicos dos Estados Unidos na região, a maciça imigração hispânica para os Estados Unidos, e a

562 Ver apêndice 1.

> vulnerabilidade do país a deficiências de matérias-primas e de mercadorias, a *Latin America* é mais importante agora para os Estados Unidos do que nunca antes.[563]

A referência a Reston é a mesma usada por Skidmore e Smith, a estratégia retórica de declarar a falta de interesse para defender a necessidade de mais conhecimento é muito semelhante, e as três razões citadas para justificar o interesse dos Estados Unidos pela *Latin America* são exatamente as mesmas.

As semelhanças não param aí. Wiarda e Kline também condenam explicitamente como falsos e errôneos os estereótipos por meio dos quais os estadunidenses historicamente representaram os *Latin Americans*. Assim como Skidmore e Smith, Wiarda e Kline usam o artifício de declarar, primeiramente, que a *Latin America* é complexa e diversa, para depois concluir que, na verdade, forma um conjunto coerente.[564] Sua retórica opera por meio de fórmulas adversativas, tais como:

> De fato, a região é caracterizada por imensa diversidade. (...) Porém (...) há também características comuns importantes, como língua, cultura, instituições e antecedentes sociais e históricos. Não só *Latin America* é diversa, mas enfrenta – e sempre enfrentou – uma profunda crise de identidade (...) porém representa uma variante luso-espanhola da tradição ocidental, e seus alicerces sociais e culturais são

---

563 WIARDA, Howard J.; KLINE, Harvey F. *Latin American politics and development*. 5ª ed. Boulder: Westview Press, 2000, p. 5.

564 A primeira edição de *Latin American Politics and Development* (WIARDA, Howard J.; KLINE, Harvey F. *Latin American politics and development*. 1ª ed. Boulder: Westview Press, 1979) foi publicada cinco anos antes da primeira edição de *Modern Latin America*, de Skidmore e Smith (SKIDMORE, Thomas E.; SMITH, Peter Hopkinson. *Modern Latin America*. Nova York: Oxford University Press, 1984), atualmente, o grande campeão de vendas do mercado de livros-texto.

> muito diferentes da variante estabelecida pelos britânicos na América do Norte.
>
> Embora as economias *Latin American* tenham-se modernizado rapidamente desde a Segunda Guerra Mundial, conexões importantes com o passado ainda permanecem.
>
> Cada vez mais atraídos para um sistema capitalista mundial, os sistemas *Latin American* retiveram, no entanto, alguns aspectos históricos distintos.[565]

Pode-se afirmar, sem sombra de dúvida que, *embora* o livro apresente um verniz contemporâneo, seu conteúdo substantivo é uma repetição das teses corporativistas. As oposições assimétricas cultural e temporal estão profundamente entremeadas em seus argumentos. Como indicam os trechos acima, a *Latin America* é percebida como um bloco cultural, em oposição à América do Norte britânica. Ao mesmo tempo, a coerência cultural da *Latin America* é garantida finalmente pela força da tradição. "Tradição" é um termo tão importante para seus ensinamentos sobre a região que os autores o utilizam trinta e duas vezes nas quinze páginas do capítulo introdutório. De forma previsível, a maioria dos trechos em que o termo é empregado transmite a ideia de uma *Latin America* fixada no passado (oposição assimétrica temporal). Os termos "tradição" e "tradicional" aparecem no texto em contextos semanticamente ricos:

> (...) o isolamento tradicional da *patria chica* (...).[566]
>
> (...) tradições históricas de controle central da *Latin America* (...).[567]

---

565 WIARDA, Howard J.; KLINE, Harvey F. *Latin American politics and development*. 5ª ed. Boulder: Westview Press, 2000, p. 4.

566 WIARDA, Howard J.; KLINE, Harvey F. *Latin American politics and development*. 5ª ed. Boulder: Westview Press, 2000, p. 4.

567 WIARDA, Howard J.; KLINE, Harvey F. *Latin American politics and development*. 5ª ed. Boulder: Westview Press, 2000, p. 12.

> (...) o poder dos *hacendados* tradicionais (...).[568]
>
> (...) O elitismo da sociedade *Latin American* é proveniente da tradição ibérica de nobreza, uma tradição medieval (...).[569]
>
> (...) Elitismo, hierarquia e autoritarismo têm todos uma base poderosa no catolicismo tradicional espanhol (...).[570]
>
> (...) De várias maneiras, essas tradições de hierarquia, autoritarismo, elitismo, corporativismo e patrimonialismo ainda estão fortemente presentes na sociedade política *Latin American* (...).[571]

A linguagem adotada por Wiarda e Kline segue um princípio estrutural: oposição assimétrica. Cada característica atribuída à *Latin America* corresponde à negação de uma característica estadunidense idealizada. A tradição *Latin American* é o oposto da modernidade estadunidense; em comparação à *Patria chica*, tem-se a nação estadunidense expansionista e cosmopolita; para a tradição *Latin American* de controle central, há o federalismo estadunidense; *hacendados* tradicionais *Latin American*, capitalismo moderno estadunidense; elitismo, aristocracia, medievalismo *Latin American*, democracia popular e modernismo estadunidenses; elitismo, hierarquia e autoritarismo, mais democracia, pluralismo e liberalismo; catolicismo espanhol, protestantismo anglo-saxão; *et cetera*. Deve-se observar que, apesar do aparente aspecto cultural puro de algumas dessas oposições, a dependência geral de toda a apresentação da *Latin America* na noção de tradição deixa sempre

---

568 WIARDA, Howard J.; KLINE, Harvey F. *Latin American politics and development*. 5ª ed. Boulder: Westview Press, 2000, p. 13.

569 WIARDA, Howard J.; KLINE, Harvey F. *Latin American politics and development*. 5ª ed. Boulder: Westview Press, 2000, p. 15.

570 WIARDA, Howard J.; KLINE, Harvey F. *Latin American politics and development*. 5ª ed. Boulder: Westview Press, 2000, p. 15.

571 WIARDA, Howard J.; KLINE, Harvey F. *Latin American politics and development*. 5ª ed. Boulder: Westview Press, 2000, p. 17.

aberta a possibilidade de traduzir oposição assimétrica cultural em oposição assimétrica temporal.

O adjetivo "forte" também é generosamente usado pelos autores: treze vezes no primeiro capítulo. Sua função é dramatizar e enfatizar o aspecto tradicional da *Latin America*.

> (...) instituições espanholas tradicionais eram fortes (...).[572]
>
> (...) Alguns países que careciam de instituições hispânicas fortes empenharam-se mais tarde em criá-las (...).[573]
>
> (...) [uma] tradição greco-romano-hispânica, integrada em um padrão mundial de mudança e interação, mas com um estilo e instituições próprios e com instituições e dinâmica política fortes (...).[574]
>
> (...) instituições tradicionais e detentores do poder (tais como a oligarquia) permanecem fortes (...).[575]

O tropo enunciado pelo próprio Wiarda, "o fardo pesado da história", repetido por Skidmore e Smith e por tantos outros, vem imediatamente à lembrança.

Deve-se ter em mente que o livro de Wiarda e Kline objetiva explicar desenvolvimento na *Latin America*, isto é, a mudança, o movimento, palavras que não combinam com a ideia de tradição indelével. Os autores informam ao leitor que *Latin America* está passando por um processo de modernização. No entanto, a mudança na região é sempre algo que vem de fora, do Ocidente, dos Estados

---

572 WIARDA, Howard J.; KLINE, Harvey F. *An introduction to Latin American politics and development*. Boulder: Westview Press, 2001, p. 17.

573 WIARDA, Howard J.; KLINE, Harvey F. *An introduction to Latin American politics and development*. Boulder: Westview Press, 2001, p. 17.

574 WIARDA, Howard J.; KLINE, Harvey F. *An introduction to Latin American politics and development*. Boulder: Westview Press, 2001, p. 5.

575 WIARDA, Howard J.; KLINE, Harvey F. *An introduction to Latin American politics and development*. Boulder: Westview Press, 2001, p. 5.

Unidos. Tradicionalismo é de fato *o* caráter *Latin American* por excelência. A condição *Latin American* é caracterizada, desse modo, como tensão entre uma tendência natural de se manterem tradições endógenas e o apelo irrefreável da modernização estrangeira.

> *Latin America* hoje em dia é uma área de imensa vibração e, algumas vezes, mudança vertiginosa, de choque e conflito, de esforços complexos para lidar com questões muito importantes de desenvolvimento, de tentativas de reter o que é valioso em suas próprias tradições e seu passado (laços de família e relações interpessoais fortes, um forte sentimento de comunidade, individualismo intenso, uma visão ética das pessoas e da sociedade) e, ao mesmo tempo, ajustar-se ao mundo moderno.[576]

Em outras palavras, os *Latin Americans* não agem, apenas reagem, e sua reação tem por finalidade manter suas tradições, que são basicamente as mesmas repetidamente censuradas pela teoria da modernização e pelo corporativismo.

Outro argumento importante apresentado pelos autores é que o encontro entre ideologias modernizantes e valores tradicionais resultou em conflito, confusão e instabilidade. Semelhantemente a Burns e Charlip, esses autores identificam o processo modernizador como causa de violência e da agitação em *Latin America*.

A pressuposição de tradicionalismo inerente é a ferramenta analítica chave por meio da qual Wiarda e seu colega elaboram interpretações holísticas de *Latin America*, que abrangem aspectos não só culturais e históricos, mas também políticos e econômicos.

> A *Latin America* é de fato parte do mundo capitalista, mas frequentemente pratica sua própria forma especial de capitalismo. De acordo com tradições históricas de controle central,

576 WIARDA, Howard J.; KLINE, Harvey F. *An introduction to Latin American politics and development*. Boulder: Westview Press, 2001, p. 5.

> o capitalismo da *Latin America* geralmente não tem sido aquele do laissez-faire e iniciativa individual, mas um sistema de capitalismo de estado, com um setor público comparativamente grande e considerável direcionamento central.[577]

Aqui, o leitor é levado a acreditar que o Estado possui um papel histórico importante na promoção do desenvolvimento capitalista na *Latin America devido* à "forte influência" exercida pela tradição *Latin* de autoridade central. De fato, seria justo dizer que o Estado desempenhou um papel crucial em todos os países *Latin American* que conseguiram desenvolver um capitalismo industrial. Isso não significa, porém, que a intervenção econômica do Estado tivesse sido induzida pela tradição. Exatamente ao contrário, no caso do Brasil, por exemplo, a "tradição", desde a fundação da República brasileira (1889) até os anos trinta, foi a de um Estado pequeno e política econômica liberal. A política de substituição de importações e incentivos à industrialização promovida por Getúlio Vargas representou, na verdade, inovação, e não um tipo de continuidade tradicional.[578] Durante o mesmo período, o governo dos Estados Unidos também intervinha na economia a fim de corrigir os efeitos desastrosos da Grande Depressão. Dessa forma, embora o fenômeno seja bastante semelhante, apenas na *Latin America* ele é atribuído a uma tradição de controle central. Dificilmente se poderia imaginar Wiarda e Kline usando o mesmo argumento causal para explicar o *New Deal* estadunidense. Ademais, a sugestão de que o intervencionismo econômico do Estado constitui

---

577 WIARDA, Howard J.; KLINE, Harvey F. *An introduction to Latin American politics and development*. Boulder: Westview Press, 2001, p. 12.

578 Até mesmo James M. Malloy, que, como Wiarda, "explica" *Latin America* em termos de valores corporativistas, afirma que, antes dos anos 1930, "conceitos liberais de economia política haviam sido previamente predominantes" na região (MALLOY, James M. "Authoritarianism and corporatism in Latin America; the modal pattern". *In*: CAMP, Roderic Ai (Coord.). *Democracy in Latin America*: Patterns and Cycles. Wilmington: Scholarly Resources Inc, 1996).

uma forma *Latin American* de capitalismo é uma completa falácia. Praticamente todos os países economicamente desenvolvidos do presente adotaram uma ampla variedade de políticas intervencionistas e protecionistas enquanto estavam se desenvolvendo, e só passaram para políticas de *laissez-faire* após adquirirem liderança tecnológica. Isso também é verdadeiro para países "anglo-saxões", como os Estados Unidos e a Inglaterra.[579]

Embora o tema do texto citado seja *Latin America*, o aluno aprende algo sobre os Estados Unidos: que seu sucesso econômico é fundado nos valores do "*laissez-faire* e da iniciativa individual". Essa imagem idealizada, ou melhor, ideologizada, do Eu nacional estadunidense está por trás dos comentários sobre *Latin America*, funcionando como um padrão de medida implícito. Logo que aprendemos a ler por trás da retórica de adversativos de Wiarda e Kline, sua mensagem torna-se clara: a *Latin America* está tão firmemente amarrada ao passado que até mesmo seu desenvolvimento capitalista nada mais é que um simulacro. "Em muitos aspectos, as economias modernas *Latin American* representam uma extensão atualizada, modernizada do sistema semifeudal, de exploração e mercantilista do período colonial".[580] Em suma, a oposição assimétrica temporal é o elemento mais importante do ensinamento de Wiarda e Kline. Toda a sua apresentação é baseada em inculcar no leitor a percepção de que a *Latin America* tem uma relação com o tempo diferente da dos Estados Unidos. Enquanto os Estados Unidos continuamente abandonam seu passado e avançam ao futuro, *Latin America* está irremediavelmente encalhada em seu próprio passado. Os autores alegam que essa

579 Para uma análise detalhada e rica em dados da história das políticas protecionistas dos países hoje desenvolvidos, ver CHANG, Ha-Joon. *Kicking away the ladder*: development strategy in historical perspective. Londres: Anthem Press, 2002.

580 WIARDA, Howard J.; KLINE, Harvey F. *An introduction to Latin American politics and development*. Boulder: Westview Press, 2001, p. 13.

percepção básica também deveria informar a atitude epistêmica do leitor em relação à região.

> *Latin America* é um produto de seu passado de várias maneiras que os Estados Unidos não o são. Em muitos aspectos, a *Latin America* continua dominada por instituições e práticas estabelecidas no período colonial; de muitas maneiras, ainda é uma área semifeudal. Como o peso da história é muito grande, é preciso conhecer o passado de *Latin America* para poder entender seu presente.[581]

O trecho acima é apresentado como um resumo de todo o capítulo introdutório.

A capa da quinta edição de *Latin American Politics and Development* reforça de muitas maneiras o tom geral do texto. Ela traz um desenho geométrico simples de origem asteca. Ao deparar-se com o livro pela primeira vez, a maioria dos leitores pode não ser capaz de identificar precisamente a fonte da ilustração. Algumas impressões, porém, são produzidas de imediato. O desenho é facilmente associado ao primitivismo. Seu padrão é repetitivo, mas as repetições são imperfeitas e irregulares – uma característica típica do trabalho artesanal. Trabalho artesanal, por sua vez, é associado à baixa capacidade tecnológica, exotismo, culturas estrangeiras, em resumo, à condição de alteridade. Ademais, a maneira mais óbvia pela qual aspectos "primitivos" sobrevivem no presente é por meio de tradicionalismo, atraso e arcaísmo perenes. Sim, presente, pois o livro é sobre a *Latin America* dos dias de hoje. Em outras palavras, a *Latin America* no presente é representada por um desenho que simboliza o passado. Em suma, a imagem da capa comunica claramente os elementos principais da descrição de *Latin America* feita por Wiarda e Kline: alteridade cultural radical e oposição assimétrica temporal.

---

581 WIARDA, Howard J.; KLINE, Harvey F. *An introduction to Latin American politics and development*. Boulder: Westview Press, 2001, p. 20.

A maioria dos leitores de *Latin American: politics and development* certamente consegue reconhecer o desenho na capa do livro como um produto de artesanato "indígena". Deve-se notar que a combinação dessa imagem com o nome *Latin America* no título cria um paradoxo aparente: *Latin America* é representada por um símbolo explicitamente pré-colonial, isto é, anterior à chegada dos *Latin* ao Novo Mundo e, portanto, anterior à constituição de uma América *Latin*.

A associação entre *Latin America* e indígenas carrega traços raciais óbvios. Assim, voltemos ao texto em busca da opinião dos autores sobre raça. Wiarda e Kline evitam apresentar um perfil racial único de *Latin America*. No entanto, sua explicação comparativa das relações raciais no continente americano deve ser examinada com mais atenção.

> Estimou-se que, ao passo que a população indígena da América do Norte incluía apenas 3 milhões na época da colonização europeia e consistia geralmente de tribos pequenas e dispersas, o número de indígenas na *Latin America* era de cerca de 30 milhões, e muitos deles estavam agrupados em civilizações estabelecidas e grandes. Essas diferenças em número e complexidade determinaram de maneira fundamental as histórias subsequentes das duas áreas e ajudaram a explicar as diferenças na sociedade e nas relações de raça que persistem nas duas partes das Américas.
>
> Os norte-americanos "resolveram" fundamentalmente seu problema indígena matando os indígenas ou, mais tarde, confinando-os em reservas. Na *Latin America* havia, em muitas áreas, indígenas demais para serem mortos; embora a conquista espanhola tenha sido cruel em relação aos indígenas em escala pelo menos igual à dos colonizadores ingleses, o número absoluto de indígenas na *Latin America* determinou uma política de assimilação, ao invés de aniquilação. Os indígenas foram geralmente subjugados em vez de massacrados, líderes indígenas muitas vezes cooptados para trabalhar com ou para os espanhóis, e os espanhóis frequentemente substituíram a aristocracia indígena no topo da pirâmide social, sem destruí-la inteiramente.[582]

Wiarda e Kline abandonam os argumentos culturalistas quando tratam de raça. O pressuposto que orienta seu texto é o de que as experiências estadunidenses e *Latin American* foram claramente separadas ao longo das linhas de tradições diferentes e opostas. No entanto, as relações raciais parecem constituir um

582 WIARDA, Howard J.; KLINE, Harvey F. *An introduction to Latin American politics and development*. Boulder: Westview Press, 2001, p. 21.

caso excepcional. Os autores explicam a diferença entre o quase completo extermínio dos povos indígenas nos Estados Unidos e a sobrevivência de grandes populações indígenas na *Latin America* em termos dos diferentes níveis de civilização e população dos povos nativos em cada região. Isto é, a atitude do colonizador, "sua tradição", em termos de lidar com diferenças raciais percebidas, não conta aqui. Parece que a tradição só é importante quando descreve alguma característica *Latin American* comparativamente inferior a uma estadunidense.

> A América do Norte foi colonizada principalmente por famílias, mas a *Latin America* foi subjugada por conquistadores, que não trouxeram suas famílias por considerarem a conquista uma campanha militar. As imensas diferenças na quantidade de indígenas e no nível de sua civilização entre as duas partes das Américas também implicaram uma maior mistura inter-racial e menor preconceito racial manifesto na *Latin America* do que na América do Norte.[583]

Aqui, o argumento anterior é traduzido para o presente. Os autores reconhecem que o "preconceito racial manifesto" é maior na América do Norte do que na *Latin America*. Entretanto, tradições culturais são deixadas mais uma vez fora do argumento. Novamente, as causas são o nível de civilização dos indígenas, seu número e os imperativos dos diferentes estilos de colonização. O leitor é levado a concluir que o racismo estadunidense nada tem a ver com uma possível tradição racista teutônica ou "anglo-saxã". O argumento de que a quantidade promoveu "maior mistura inter-racial e menor preconceito racial manifesto" é refutado pelo exemplo da África do Sul, já que, naquele país, a população nativa excedia muito o número de colonizadores europeus. Outros exemplos contrários, mais perto de "casa", também podem ser citados. O caso do Brasil

---

583 WIARDA, Howard J.; KLINE, Harvey F. *An introduction to Latin American politics and development*. Boulder: Westview Press, 2001, p. 20.

não pode ser explicado pela variável "nível de civilização dos indígenas". Os povos originários brasileiros possuíam a cultura material "mais simples" de todo o continente. Sua população era comparativamente pequena e dispersa, em aldeias, por todo o imenso território brasileiro. No entanto, o elemento indígena na população contemporânea do Brasil é muito mais forte do que na dos Estados Unidos. Isto é, parece que "nível de civilização" e número, sozinhos, não conseguem explicar "a maior mistura inter-racial e o menor preconceito racial manifesto". Resumindo, Wiarda e Kline usam argumentos culturalmente carregados de maneira muito seletiva: são empregados para compor uma imagem negativa da *Latin America* e postos de lado para evitar expor características negativas dos Estados Unidos.

A introdução à *Latin America* ensinada por Wiarda e Kline deseduca os alunos de duas maneiras: caracteriza de forma estereotipada e negativa aqueles percebidos como *Latin American*, ao mesmo tempo que desestimula o desenvolvimento de uma postura crítica em relação história, sociedade e cultura estadunidenses.

7.5 Outros livros-texto

Embora não sejam *bestsellers*, os livros-texto brevemente comentados a seguir são adotados em todo o sistema universitário dos Estados Unidos.[584] Entre eles, encontra-se *Born in blood and fire*, de John Charles Chasteen. Em seguida examinaremos alguns de seus detalhes, com o fito de mostrar que as práticas de representação da *Latin America* por meio de oposições assimétricas não são uma exclusividade dos *bestsellers* dessa literatura.

A obra começa com as seguintes reflexões:

584 Ver apêndice 1.

> A *Latin America* nasceu do sangue e do fogo, de conquista e escravidão. Assim, é por aí que se deve começar uma breve introdução à história *Latin American*, entrando direto no âmago da questão, identificando conflitos centrais e não medindo palavras. Foi exatamente a conquista e sua sequência, a colonização, que criaram o conflito central da história *Latin American*. Conquista e colonização formam o ponto de partida unificado de uma única história, contada aqui com exemplos ilustrativos de vários países. Precisamos de uma única história. Panoramas rápidos de vinte histórias nacionais produziriam apenas vertigem.[585]

Os topos da oposição assimétrica temporal e falácia sinedóquica são apresentados aqui de maneira quase caricatural. Para Chasteen, assim como para muitos outros, a coerência final da história *Latin American* brota da contínua presença do passado – expressa por meio do argumento de que conquista e colonização criaram o conflito central da história *Latin American*. Segundo o autor, elas "constituem o ponto de partida unificado de uma única história" – apesar do fato de que existiram ao menos dois processos coloniais na *Latin America*, conduzidos por duas monarquias europeias independentes. É claro que, assim como muitos latino-americanistas que escrevem hoje em dia, Chasteen é parcialmente consciente de alguns dos problemas acarretados por uma alegação tão confiante. Mas, também como seus colegas, lança mão de clichês usuais, como o da complexidade e da diversidade de *Latin America*, para contornar esse problema. Tão logo o exercício retórico é feito, tais clichês são rapidamente descartados em nome do imperativo sinedóquico que, afinal de contas, é o pão da profissão de latino-americanista: "panoramas rápidos de vinte histórias nacionais produziriam apenas vertigem. (...) Precisamos de uma história única".

585 CHASTEEN, John Charles. *Born in blood and fire*: a concise history of Latin America. Nova York: W.W. Norton, 2001, p. 15.

O título do livro de Chasteen é, na verdade, uma dramatização da ideia de unidade *Latin American* por meio da ligação ao passado. O autor explica que a "*Latin America* nasceu em sangue e fogo, em conquista e escravidão": esse é o âmago da questão *Latin American*. Se nascer em sangue e fogo é específico da *Latin America*, deve ser porque outros lugares não nasceram da mesma forma. Isto é, essa maneira de "colocar as coisas" sugere uma comparação oculta com outros lugares. A comparação mais óbvia, naturalmente, é com os Estados Unidos. Isto é, o leitor é levado a inferir que os Estados Unidos não nasceram nas mesmas condições. Entretanto, dado o fato de que o "nascimento" dos Estados Unidos envolveu uma longa guerra de libertação, a guerra fratricida mais sangrenta na história do continente, genocídio indígena em grande escala, e a continuada dependência da economia nacional no trabalho escravo, dificilmente se poderia alegar que esse país não nasceu em sangue e fogo, em conquista e escravidão. Por que a experiência *Latin American* é apresentada em termos tão dramáticos, e a estadunidense, simplesmente esquecida? Afinal, as atrocidades que contribuíram para o aparecimento de novas nações no Novo Mundo são bastante semelhantes, sejam ao norte ou ao sul do rio Grande. Mais uma vez, a construção da *Latin America* em oposição assimétrica aos Estados Unidos serve não apenas para degradar os supostos *Latin Americans*, mas também para deseducar os leitores estadunidenses sobre seu próprio país.

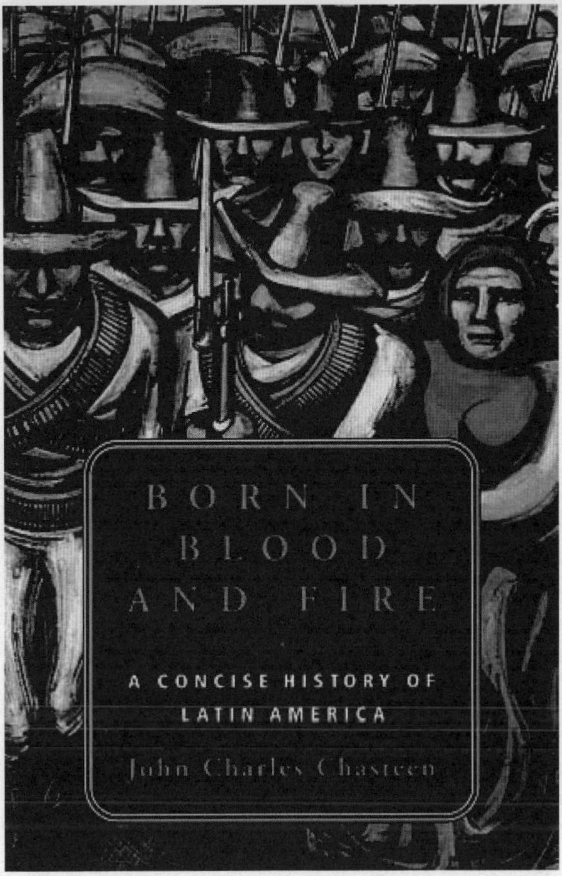

A capa do livro não poderia ser mais previsível.[586] Muito semelhante à ilustração do livro de Keen e Wasserman, essa capa mostra os personagens que simbolizam *Latin America* como indivíduos de pele escura, com cintos de munição cruzadas sobre o peito, grandes sombreiros na cabeça e rifles com longas baionetas. A imagem repete tantos dos clichês pictóricos já observados que sua análise se faz desnecessária.

586 O livro não informa o nome do artista.

Finalmente, chegamos àquele que é o livro-texto mais carregado de elementos pejorativos: a quinta edição de *Global Studies: Latin America*, de Paul B. Goodwin.[587] Seguindo a prática do *métier* dos autores de livros-texto, Goodwin começa o seu prevenindo os leitores contra o uso de estereótipos por meio dos quais *Latin America* tem sido representada na maior parte do "mundo". São eles: "o bandido bigodudo com um grande sombreiro e adornado de cartucheiras", guerrilha, indolência e machismo. O autor acrescenta que tais imagens nascem do preconceito e da ignorância quanto à diversidade *Latin American*. Goodwin equipara estereótipos à mitologia, algo que ele contrapõe à realidade. Consequentemente, intitula o primeiro capítulo do seu livro "Latin America: Myth and Reality". Entretanto, nosso autor dá um tratamento muito desigual a essa díade, gastando apenas um parágrafo do capítulo com a crítica de estereótipos e todo o texto restante com a descrição da "realidade de *Latin America*".

Goodwin começa a descrever a realidade da *Latin America*, chamando atenção para sua multiplicidade cultural. Cita, a seguir, dois estudiosos que defendem interpretações conflitantes daquela realidade: um diz que a herança ibérica é parte essencial da vida e costumes dos *Latin Americans*, e outro "que generalizações sobre unidade cultural *Latin American* não são mais defensáveis". A posição de Goodwin[588] nesse debate é a seguinte:

> É verdade que existem diferenças profundas que separam cada uma das nações da região. Mas existe um embasamento cultural que liga a *Latin America* a Espanha e Portugal, e até mesmo mais longe – ao Império Romano e às grandes culturas do mundo mediterrâneo.

---

587 GOODWIN, Paul B. *Global studies*: Latin America. 5ª ed. Guilford: Dushkin Publishing Group, 1992.

588 GOODWIN, Paul B. *Global studies*: Latin America. 5ª ed. Guilford: Dushkin Publishing Group, 1992, p. 3.

Confirmando a difusão dos mesmos clichês retóricos pela literatura de livros-texto, Goodwin afirma primeiramente a complexidade da *Latin America* para depois inserir uma frase adversativa, reafirmando sua unidade final. Em termos substantivos, seu relato é dominado pela oposição assimétrica temporal: a chave para entender *Latin America* está no seu passado. Ao mesmo tempo, esse passado é também apresentado como um conjunto de tradições ibéricas e romanas. Isto é, oposição assimétrica temporal entremeada com oposição assimétrica cultural.

Após introduzir o tropo do *handicap* histórico da *Latin America*, Goodwin comenta suas características culturais mais relevantes. Primeiro, vem a "família *Latin American*": "A unidade familiar sobreviveu até mesmo ao desenvolvimento econômico da *Latin America* e às pressões da modernização. Laços de família são fortes e dominantes".[589] A partir de sua avaliação da família, o autor acrescenta: "Em uma região onde a interação de redes de famílias é a regra e onde o contato humano frequente é buscado, não é surpresa descobrir que os *Latin Americans* são, acima de tudo, um povo urbano".[590] Goodwin explica, então, que o amor pela vida urbana em *Latin America* não é um produto da modernização, mas um valor hispânico herdado e ligado à rejeição do estilo de vida rude e bárbaro do campo. Consequentemente, a maioria dos *Latin Americans* vive em cidades. A vida urbana, por sua vez, traz consequências,

> (...) porque em seu ambiente urbano os *Latin Americans* estão em contato estreito com muitas pessoas, aparências são importantes para eles. Existe uma constante busca de prestígio, dignidade, status e honra. As pessoas estão sempre

---

589 GOODWIN, Paul B. *Global studies*: Latin America. 5ª ed. Guilford: Dushkin Publishing Group, 1992.

590 GOODWIN, Paul B. *Global studies*: Latin America. 5ª ed. Guilford: Dushkin Publishing Group, 1992.

> tentando impressionar umas às outras com seu "valor público". Portanto, não é inusitado ver um operário ir para o trabalho vestido num terno, com a pasta na mão. Não é incomum ver selvas de antenas de televisão em favelas, embora muitas não estejam conectadas a coisa alguma.[591]

Goodwin então acrescenta:

> Estreitamente relacionado a aparências é o machismo (...) O comportamento macho, em muitos aspectos, é adotado devido à convenção social: é esperado dos homens. O machismo é também um desses traços culturais que atravessam divisões de classe, porque o macho é admirado a despeito de sua posição social.[592]

Um processo semelhante afeta mulheres *Latin American*: "A cientista política estadunidense Evelyn Stevens constatou que o *marianismo*, a contrapartida feminina do *machismo*, permeia todos os estratos da sociedade *Latin American*.[593] Das questões de gênero, o autor pula para o trabalho: "Trabalho, lazer e conceitos de tempo na *Latin America* correspondem a uma disposição cultural inteiramente diferente da do norte da Europa ou dos Estados Unidos".[594] Por que isso? Devido aos *Latin Americans* ainda estarem presos à noção antiga de que o tempo de lazer é necessário para uma vida boa. "Seu conceito de dignidade está estreitamente ligado a essa concepção elevada do lazer. O trabalho, em comparação,

---

591 GOODWIN, Paul B. *Global studies*: Latin America. 5ª ed. Guilford: Dushkin Publishing Group, 1992.

592 GOODWIN, Paul B. *Global studies*: Latin America. 5ª ed. Guilford: Dushkin Publishing Group, 1992.

593 GOODWIN, Paul B. *Global studies*: Latin America. 5ª ed. Guilford: Dushkin Publishing Group, 1992.

594 GOODWIN, Paul B. *Global studies*: Latin America. 5ª ed. Guilford: Dushkin Publishing Group, 1992.

frequentemente é considerado como um mal necessário".[595] Conforme o autor, os conceitos de trabalho e lazer se originam de um conceito *Latin American* mais profundo de tempo.

> Atitudes *Latin American* em relação ao tempo revelam também o funcionamento interno da cultura (...) Quando um *Latin American* gasta horas no almoço ou para tomar um café, não está perdendo tempo. Visto que, lá, com seus amigos, ele está com a fonte de seu poder. É importante lembrar que redes de amigos e famílias são o liame da sociedade *Latin American*.[596]

Mas essa natureza diferente do tempo *Latin American* precisa ser explicada ao público dos Estados Unidos:

> Percepções de tempo em *Latin America* também possuem um significado mais amplo. Estudantes norte-americanos que foram expostos à literatura *Latin American* quase sempre se sentem confusos com a ausência de um desenvolvimento cronológico "lógico" da estória. O tempo, para os *Latin Americans*, tende a ser circular, em vez de linear. Isto é, o passado e o presente são considerados igualmente relevantes – ambos são pontos num círculo. O passado é tão importante quanto o presente.

Tal percepção de tempo obviamente influencia seu conceito de história.

> A memória histórica, na perspectiva de um norte-americano ou europeu do Norte, é imperfeita. Na perspectiva *Latin*

595 GOODWIN, Paul B. *Global studies*: Latin America. 5ª ed. Guilford: Dushkin Publishing Group, 1992.

596 GOODWIN, Paul B. *Global studies*: Latin America. 5ª ed. Guilford: Dushkin Publishing Group, 1992.

> *American*, porém, é a percepção do passado que é importante, não obstante sua exatidão factual. Mito e realidade, aparências e substância, fundem-se.[597]

Como se poderia prever, após a enunciação da oposição assimétrica temporal, oposições assimétricas culturais se seguem rapidamente: ligação a valores familiares, *machismo* e *marianismo* difundidos, e amor às aparências, que pode ser relacionado a orgulho, vaidade e irracionalidade. Goodwin declara que o amor do *Latin American* pelas aparências é tão extremo que as pessoas colocam antenas de televisão em seus casebres na favela, mesmo quando não possuem um aparelho de televisão: sinal claro de irracionalidade.

A traduzibilidade está sempre presente sob a forma de associação entre *handicap* histórico e falta de racionalidade moderna. O autor explica que, devido à sobrevivência de valores romanos antigos, *Latin Americans* têm aversão ao trabalho e amam o lazer. Diz também que a concepção *Latin American* de tempo é relacionada à estrutura social tradicional, dominada por valores familiares. Finalmente, a alegação de que *Latin Americans* confundem mito e realidade, passado e presente, e são não inclinados à exatidão factual chega às raias da ofensa – infelizmente, um tipo de ofensa que também está presente nas teorias da modernização e do corporativismo, além, é claro, da linguagem comum.

Goodwin atribui a falta de narrativas cronológicas lineares ("lógicas"), em algumas obras literárias *Latin American*, à noção arraigada de tempo circular. No entanto, o fato de algumas figuras literárias *Latin American* haverem experimentado narrativas cronológicas não lineares desde o final do século XIX parece mais um produto de prática artística deliberada, em meios literários ligados à *avant-garde* europeia, do que uma expressão de determinação

597 GOODWIN, Paul B. *Global studies*: Latin America. 5ª ed. Guilford: Dushkin Publishing Group, 1992.

cultural. Afinal, o autor deveria saber que narrativas cronológicas lineares abundam na literatura *Latin American*, da mesma forma que na literatura estadunidense de *paperbacks* e nas narrativas dos filmes de Hollywood. O problema, pois, não é a irracionalidade *Latin American*, mas a ignorância de Goodwin.

Após ler tantos trechos, é difícil acreditar na seriedade do propósito declarado de Goodwin de rejeitar estereótipos grosseiros. Pelo contrário, o autor parece engajado em provar que tais estereótipos são reais. No entanto, Goodwin insiste no clichê corporativista ao defender que os *Latin Americans* devem ser entendidos conforme seus próprios padrões; que a tendência de julgar a *Latin America* segundo a medida dos estadunidenses gera distorções graves. Como já vimos, a etnologia de Goodwin consiste exatamente em comparar *Latin Americans*, exóticos e irracionais, a estadunidenses e europeus, ocidentais e racionais. A prova mais ostensiva de que os termos para entender *Latin America* são a comparação com uma medida estadunidense é apresentada nas duas páginas de abertura do livro, que fornecem ao estudante informações sobre os Estados Unidos. O texto começa com a seguinte passagem:

> Os Estados Unidos não têm paralelo. Possuem algumas das terras mais férteis no mundo, que, conjugadas a um alto nível de tecnologia, permitem a produção de uma grande abundância de alimentos – uma abundância que torna possível a exportação de grandes quantidades de gêneros alimentícios básicos para muitas partes do mundo. O uso dessa tecnologia permite também uma produção de bens e serviços maior que na maior parte do resto do mundo. Nos Estados Unidos encontram-se alguns dos mais importantes centros urbanos do mundo voltados para o comércio, investimentos e negócios, assim como artes plásticas, música e teatro.[598]

---

598 GOODWIN, Paul B. *Global studies*: Latin America. 5ª ed. Guilford: Dushkin Publishing Group, 1992.

Há três fotografias impressas acima desse texto: uma apresenta um trator em um longo campo arado – uma referência clara à agricultura mecanizada –, outra mostra uma montadora de automóveis de alta tecnologia, operada por robôs, e a terceira foto traz a silhueta de Manhattan, na qual se veem o Empire State Building e o World Trade Center. Somente após ler e observar essa descrição rósea da excepcionalidade estadunidense, que retrata apenas progresso e riqueza, o aluno é apresentado a *Latin America* pelo texto logo acima. Essa apresentação também é acompanhada de três fotografias com legendas explicativas. A primeira diz, "na *Latin America*, a família é um elemento importante no contexto cultural. Essas crianças, que vivem numa favela em Santiago, Chile, pertencem a famílias que se importam com elas.[599] A segunda: "O papel da mulher nativa na *Latin America* foi definido por séculos de tradição. Essa mulher está fiando lã, em Chimburaso, Equador, exatamente como suas antepassadas.[600] E a terceira: "A agricultura é o suporte principal de muitas culturas e economias da *Latin America*. Esses trabalhadores estão colhendo cana-de-açúcar em uma lavoura no estado de Pernambuco, Brasil".[601] As fotografias não só confirmam os estereótipos que Goodwin apresenta em seu trabalho, mas também retratam uma *Latin America* rural (algo que ele nega no texto), atrasada, e de pele escura. A interação entre texto e ilustrações, que vimos até agora, também se dá aqui. Enquanto a carga de oposições assimétricas cultural e temporal é veiculada pelo texto e ilustrações, a oposição assimétrica racial é transmitida principalmente pelo material ilustrativo. Igual a muitos outros livros didáticos, as imagens em *Global Studies* mostram o que as legendas não precisam dizer: *Latin Americans* são pessoas de pele escura, não brancos.

---

599 GOODWIN, Paul B. *Global studies*: Latin America. 5ª ed. Guilford: Dushkin Publishing Group, 1992.

600 GOODWIN, Paul B. *Global studies*: Latin America. 5ª ed. Guilford: Dushkin Publishing Group, 1992.

601 GOODWIN, Paul B. *Global studies*: Latin America. 5ª ed. Guilford: Dushkin Publishing Group, 1992.

A premissa de que a *Latin America* constitui um Outro absoluto também tem consequências retóricas e estilísticas. A mais relevante delas é o uso difundido do raciocínio sinedóquico. Goodwin fala da "cultura", da "sociedade", da "história", da "cultura política *Latin American*", e assim por diante, como se a *Latin America* fosse não só completamente diferente, mas também um todo coeso e homogêneo. Quando se trata de generalizar, Goodwin dificilmente pode ser igualado. Seu texto é um bom exemplo de como a linguagem sociocientífica, que se apresenta como meramente descritiva e destituída de valores, pode assumir um caráter normativo impregnado de valores.

7.6 Conclusão

Global Studies, de Goodwin, é um caso digno de nota. De um lado, é quase uma caricatura de livro didático, em que as três formas de oposição assimétrica são usadas abundantemente, revelando-se claramente como ofensas, e o raciocínio sinedóquico é empregado sem constrangimento. Por outro lado, mostrei que os argumentos, ilustrações e maneirismos retóricos utilizados por Goodwin podem ser encontrados, às vezes de maneira mais sutil, em quase todos os demais livros-texto. Ironicamente, a fórmula de Skidmore e Smith se encaixa muito bem: a caricatura revela algumas verdades profundas sobre a literatura de livros-texto produzida pelos *Latin American Studies*.

A análise das imagens nas capas e capítulos introdutórios dessas obras também lança uma luz reveladora sobre os mecanismos e a transmissão do conhecimento acerca de *Latin America*. A questão espinhosa da raça, que, em geral, é evitada ou encoberta no texto, encontra expressão plena nas imagens que ilustram as capas dos livros. Oposição assimétrica racial é comum nesse material, onde *Latin Americans* são consistentemente representados como não brancos. Devemos recordar que o significado das ilustrações muda com sua transposição para a capa de uma publicação. Isto é, um quadro elaborado por um artista que pretendia originalmente pintar, por exemplo, revolucionários mexicanos, assume um significado inteiramente diferente quando exibido na capa de um livro de introdução aos *Latin American Studies*. Nessa situação nova, o quadro passa a representar *Latin America* como um todo para um público de estadunidenses jovens que conhece pouco ou nada sobre a revolução mexicana e, portanto, não possui meios para recuperar a intenção original do autor. Isso também se aplica às figuras onipresentes de indígenas, astecas, maias e outros tipos "exóticos" escolhidos para representar a *Latin America*. Por fim, o fato de que os autores nem sempre são responsáveis pela escolha das ilustrações para a capa de seus livros pode ser importante do ponto de vista da intenção autoral, mas torna-se irrelevante quando o objetivo é avaliar a circulação social do conceito de *Latin America* e o papel dos *Latin American Studies* enquanto instituição nessa circulação.

CONCLUSÃO

A história do conceito de *Latin America* no inglês estadunidense revela a presença persistente de oposições assimétricas estruturando seu campo semântico. *Latin America* tem sido definida, implícita ou explicitamente, sempre contraposta a uma imagem idealizada da *America* (Estados Unidos). Em vários momentos do texto, identifiquei a possibilidade de tradução entre diferentes formas de oposição assimétrica. Esse fenômeno se faz possível devido ao caráter polissêmico das palavras que compõe uma dada configuração do campo semântico de *Latin America*, exemplo: católico, que é uma categoria cultural, adquire significados temporais, tais como atrasado, subdesenvolvido, historicamente incapaz etc. Também chamei atenção para o uso repetido do raciocínio sinedóquico, uma ferramenta retórica que estende o alcance das oposições assimétricas ao generalizar sua aplicação, como, por exemplo: um golpe de Estado militar em El Salvador é interpretado como uma manifestação do temperamento militarista, violento e instável *Latin American*.

A tipologia das formas de desrespeito, a propriedade da traduzibilidade e o raciocínio sinedóquico produziram ótimos resultados quando empregados como ferramentas na análise dos discursos acerca de *Latin America*. Entretanto, ainda que tenham sido desenvolvidos ao longo do processo da pesquisa em questão, esse aparato analítico pode ser aplicado ao estudo de outros conceitos assimétricos, assim como à identificação da negação do reconhecimento por meio da linguagem, ou seja, como uma modalidade de análise do discurso. Ademais, como foi mostrado aqui pela análise das charges e das imagens nos livros-texto, sua aplicação não se restringe à análise textual, estendendo-se a tudo o que carrega significado, imagens, símbolos e signos em geral.

Com o estudo da literatura de livros-texto, no capítulo anterior, a narrativa finalmente chegou ao presente, de onde a história do conceito de *Latin America* pode ser vista como sucessivas configurações de oposições assimétricas que estruturaram seu campo semântico. Essa mirada deve começar com um plano geral da história do conceito na linguagem comum. Ainda que o foco central do livro tenha sido o discurso sociocientífico, o campo semântico do conceito na linguagem comum foi estabelecido, entre outras finalidades, para servir-lhe de parâmetro de comparação. Os verbetes do *OED*, os discursos e escritos dos políticos, jornalistas e intelectuais estadunidenses do século XIX, as charges coletadas por John Johnson – que cobrem o fim do século XIX e as sete primeiras décadas do XX – e os resultados da pesquisa de opinião pública são todos evidências sólidas da semântica do conceito de *Latin America* no inglês estadunidense do dia a dia. Por fim, a literatura de livros-texto de introdução ao estudo de *Latin America*, ainda que escrita por especialistas acadêmicos, é dada em um "espaço" híbrido, onde a linguagem sociocientífica dos latino-americanistas é forçada a conversar com as noções de senso comum trazidas pelos alunos para as salas de aula – daí as repetidas alusões aos estereótipos acerca de *Latin America*.

O quadro geral que se desenha a partir do estudo dessas fontes da linguagem comum é, no mínimo, desalentador para aqueles que acreditam que os estadunidenses conseguiram superar seus preconceitos históricos em relação a seus vizinhos do sul. As três formas de oposição assimétrica estão presentes em quase todas as fontes e momentos históricos, do Destino Manifesto aos livros-textos. Portanto, no plano da linguagem comum, verifica-se que o campo semântico do conceito de *Latin America* tem experimentado muita continuidade histórica. Os *Latin Americans* são, no presente, ainda tratados com os mesmos preconceitos de cento e cinquenta anos atrás: não brancos (isto é, racialmente inferiores), culturalmente corrompidos e historicamente incapazes. Vide, por exemplo, como *Latin Americans* são representados em filmes estadunidenses recentes, como a comédia *A Mexicana*,[602] com Brad Pitt e Julia Roberts, ou o drama *Prova de Vida*,[603] com Meg Ryan e Russell Crowe.

No plano do discurso sociocientífico, contudo, o conceito sofreu alterações semânticas. Primeiramente, devemos considerar aquelas introduzidas ao longo de sua apropriação por essa nova modalidade discursiva. Ao passo que as oposições assimétricas temporal e cultural foram mantidas ou até mesmo amplificadas, a oposição assimétrica racial foi, no mais das vezes, silenciada. Ademais, o tipo de oposição temporal do discurso sociocientífico, principalmente o da teoria da modernização, difere daquele articulado pela doutrina do Destino Manifesto. Nessa ideologia nacionalista, a agência histórica dos Estados Unidos é entendida como uma consequência direta da vontade divina, a história é determinada por forças que são, em si, extra-históricas. O progresso material e moral dos Estados Unidos é, nessa concepção, somente um sinal da realização da vontade divina. No discurso das ciências sociais, Deus sai de cena, ou melhor, é substituído pela cultura, que passa, quase como uma primeira natureza, a ser a razão última da superioridade estadunidense. O progresso continua a ser índice, mas agora racionalmente explicado por teses teóricas, mormente de inspiração weberiana, que ligam valores culturais a padrões de ação e mesmo a disposições psicológicas.

A virada sociocientifica realizada pela teoria da modernização, adotando uma concepção de progresso que remete ao Iluminismo,

602 A MEXICANA (*The Mexican*). Direção: Gore Verbinski. EUA, 2000.

603 PROVA de vida (*Proof of Life*). Direção: Taylor Hackford. EUA, 2000.

é elemento importante do discurso em defesa do uso de categorias isentas de valores para o estudo das coisas humanas. Enquanto o Destino Manifesto precisa apelar a Deus para produzir sentido, a teoria da modernização faz uso de evidências, tais como níveis de industrialização, analfabetismo, educação, urbanização, democracia etc. – coisas que são produtos da atividade humana. Contudo, a teoria da modernização busca não somente identificar superioridade material, mas também "mensurar" a cultura por meio da análise de seus valores constitutivos. Como foi mostrado no Capítulo III, os valores atribuídos à *Latin America* pelos autores da modernização são inversões perfeitas daqueles valores tidos, pelos mesmos autores, como fundamentais na cultura dos Estados Unidos. Em outras palavras, na teoria da modernização, a oposição assimétrica cultural funciona como medida para a oposição assimétrica temporal. É por meio da análise comparativa de supostos valores culturais que os cientistas sociais da modernização estabelecem a localização temporal de seu objeto: ou no campo moderno, ou no tradicional. Contudo, essa análise cultural, por sua vez, não é completamente destituída de pressupostos temporais, pois se assume que o modelo ideal estadunidense já é moderno. Consequentemente, os valores culturais atribuídos a *Latin America* são então classificados como "tradicionais".

Por um lado, a oposição temporal definida pela teoria da modernização não pode ser compreendida sem os marcadores culturais. Mas o oposto também é verdadeiro, pois a assimetria cultural também não pode ter seus elementos temporais facilmente extirpados. Essa riqueza semântica, que, na prática, é expressa pela polissemia dos conceitos que habitam o campo semântico de *Latin America*, é que possibilita traduções entre as formas. O mesmo não se dá com a doutrina do Destino Manifesto, devido ao seu forte componente racial. Ainda que traduções entre as três formas de oposição sejam possíveis, há limitações claras. A convicção religiosa na vontade de Deus justifica a superioridade estadunidense, mas, na prática, é a percepção racial que separa aqueles que pertencem ao povo escolhido daqueles que a ele não pertencem. E os textos e discursos do Destino Manifesto transbordam em argumentos racistas. Isto é, no exemplo histórico do século XIX, a inferioridade racial percebida era tomada como causa suficiente da corrupção moral, mas, por outro lado, nem toda corrupção moral derivava de causas raciais, pois, afinal de contas, a sociedade estadunidense anglo-saxã também tinha seus católicos, foras-da-lei e outros marginais. Ou seja, a oposição assimétrica racial tem um núcleo duro que resiste a qualquer tradução.

Isso fica mais claro quando compreendemos as alterações impostas pela presença da oposição assimétrica racial no rol de expectativas geradas pelo campo semântico de *Latin America*. Por exemplo, a ausência de oposição racial explícita permitiu a justificação do projeto da modernização no contexto histórico em que ele apareceu. Pois a ideia de se reformar *Latin America*, e promover por meio dessa reforma o desenvolvimento econômico, só pode ser articulada porque a teoria assume a premissa de que, quaisquer que sejam suas características raciais, os *Latin Americans* são, pelo menos no plano hipotético, capazes de alcançar a modernização. A teoria da modernização não só diagnostica as patologias culturais de *Latin America*, mas também prescreve aculturação e ocidentalização como remédios. A adição hipotética da oposição assimétrica racial à teoria da modernização forçaria a conclusão de que o sucesso do projeto de modernização dependeria não somente da aculturação, mas também do embranquecimento da população. No caso do Destino Manifesto, a raça, por ser percebida como marca indelével, serviu como justificação para a submissão, colonização ou mesmo eliminação do Outro, seja ele indígena ou negro.

A literatura da estabilização política adotou basicamente o mesmo conceito de *Latin America* que a teoria da modernização. Contudo, os autores dessa nova abordagem deram maior ênfase a alguns aspectos semânticos do conceito, o que os levou a produzir um conjunto distinto de expectativas por meio de seu esforço intelectual. Os problemas de instabilidade gerados pelo processo de modernização tornaram-se centrais. O período de transição, que os teóricos da modernização viam com certo otimismo reservado, passou a ser fonte de muitos perigos e a "revolução das expectativas crescentes" seu pior sintoma. A solução proposta, de maneira explícita, foi o apoio dos Estados Unidos a militares e elites anticomunistas em *Latin America*.

Com os trabalhos dos dependentistas e sua recepção nos Estados Unidos, aspectos cruciais do campo semântico de *Latin America* em inglês foram postos em xeque, marcadamente as oposições assimétricas cultural e temporal. Contudo, como vimos, isso não foi o bastante para que a estrutura semântica do conceito todo se alterasse, seja no discurso acadêmico ou na sociedade – ainda que alguns críticos da teoria da dependência nos Estados Unidos apontassem, erroneamente, a meu ver, para uma suposta hegemonia dos seguidores da dependência no interior dos *Latin American Studies*.

Evidência forte da ausência dessa hegemonia é o aparecimento da literatura de estudos do corporativismo em *Latin America*. Seu diagnóstico sobre o caso *Latin American* é mais terrível e fatalista do que os produzidos pelos enfoques que a precederam. Novamente, as oposições assimétricas temporal e cultural estruturam o campo semântico do conceito, mas a percepção de alteridade é tão radical que bloqueia qualquer tipo de expectativa em relação ao futuro de *Latin America*, a não ser, é claro, a atitude de se esperar que os *Latin Americans* continuem mantendo suas instituições corporativas, regimes autoritários e comportamento irracional. A retórica empregada por esses autores, com repetições incessantes dos argumentos de paralisia temporal e alteridade cultural radical, é tão grandiloquente e vituperante que produz consequências muito similares àquelas da oposição assimétrica racial, ou seja, um prognóstico completamente pessimista. Para a literatura do corporativismo, os males culturais e temporais de *Latin America* são tão indeléveis como se estivessem cravados na carne dos *Latin Americans*.

Por fim, a análise da literatura de livros-texto mostra que, apesar de alguns autores se declararem influenciados pela teoria da dependência, os topos do corporativismo são dominantes em seus textos – mais uma evidência de que a teoria da Dependência não foi tão influente assim. Expressões como "o fardo pesado da história", são repetidas por quase todos os autores dos livros mais vendidos. Novamente, identificamos as duas oposições assimétricas, temporal e cultural, estruturando o campo semântico do conceito definido pelo texto dos vários autores. Há, porém, algo novo nessa literatura, alusões claras à oposição assimétrica racial nas imagens que adornam as capas dos livros-texto. Como no restante da produção dos *Latin American Studies*, essa forma de oposição não aparece no texto. Diferentemente das publicações acadêmicas mais especializadas, os livros-texto têm capas mais atrativas, voltadas para o mercado jovem dos alunos de graduação. Nessas capas, a sua maioria adornadas com pinturas de artistas *Latin American*, os *Latin Americans* aparecem, quase sem exceção, como pessoas não brancas, atrasadas, primitivas e não ocidentais. Não raro, indígenas ou seus artefatos são escolhidos para simbolizar *Latin America*, um tipo de imagem que é capaz de expressar de modo compacto os três tipos de oposição assimétrica.

Não seria possível contar a história do conceito de *Latin America* sem entremeá-la à história dos *Latin American Studies* como instituição e à história das relações internacionais entre Estados Unidos e aqueles que os estadunidenses percebem como *Latin American*. Aspectos da história política e social da nação estadunidense também foram comentados aqui e ali. Ou seja, como defende Koselleck,[604] a história conceitual não pode estar apartada da história social, mas, ao mesmo tempo, também não deve ser reduzida a ela. Pelo contrário, quando a questão que orienta o trabalho é a das possibilidades de ação geradas por conceitos sociais e políticos, a história social assume um papel acessório, ainda que indispensável.

604 KOSELLECK, Reinhart. *Futures past*: on the semantics of historical time. Londres: The MIT Press, 1985.

Vimos que os estudos de área cresceram enormemente a partir das novas demandas do pós-guerra, e que os *Latin American Studies* só vieram a florescer em resposta à percepção de ameaça comunista iminente, causada pelo advento da revolução cubana. A dinâmica desse processo de amadurecimento institucional é digna de nota. No começo, com a consolidação da teoria da modernização nas décadas de 1950 e início de 1960, devido ao número ainda pequeno de especialistas, os latino-americanistas, assim como os outros especialistas da área, tendiam a participar diretamente no fazer da política governamental. O *policy scientist* era o arquétipo do teórico da modernização. Com o crescimento vertiginoso dos *Latin American Studies* e a multiplicação de cursos, programas e oportunidades de trabalho, os acadêmicos foram se distanciando da participação direta em *policymaking*. Ou melhor, já a partir da segunda metade da década de 1960, o sistema universitário dos Estados Unidos passou a produzir doutores suficientes para manter o crescimento da instituição acadêmica e fornecer profissionais para as carreiras de Estado.

Esse processo de distanciamento relativo propiciou um efeito ideológico poderoso, pois a academia tornou-se o lócus de formação do pensamento sociocientífico sobre *Latin America*, enquanto o governo continuou a ser o lócus de aglutinação dos interesses que determinam a agenda para a política externa para a região. Entretanto, por meio dos mecanismos de financiamento acadêmico, esses interesses acabaram por conformar a agenda de pesquisa dos *Latin American Studies*, isto é, se, por um lado, a academia alimenta o Estado com profissionais, por outro, por meio de procedimentos menos públicos, o Estado e os interesses aglutinados em torno dele limitam e direcionam a produção acadêmica. Agora, porém, como a participação direta de acadêmicos estabelecidos no *policy making* é mais rara, cria-se uma aparência de liberdade acadêmica que, antes, era mais difícil produzir. Em suma, a produção acadêmica parece mais livre de interesses, sem de fato sê-lo.

É importante notar que, durante grande parte da história dos *Latin American Studies*, seu *mainstream* esteve a serviço da agenda de interesses do governo dos Estados Unidos. Como vimos aqui, com exceção da teoria da dependência, todas as principais abordagens que surgiram até a década de 1980 serviram para justificar, de uma forma ou de outra, políticas em andamento ou mesmo passadas. Muitos latino-americanistas protestaram veementemente contra a política externa do governo Reagan, inclusive, aqueles na direção da LASA.[605] Contudo, àquela altura da evolução dos *Latin American Studies*, a instituição já era extensa e complexa o suficiente para suportar essa sublevação sem deixar de produzir os discursos necessários para a própria política Reagan, como atesta a participação de Wiarda na Comissão Kissinger. Logo em seguida, com o fim da URSS e o começo da era da globalização, a instituição pacificada se voltou novamente para os temas de interesse do momento: democratização, neoliberalismo, fluxos migratórios, tráfico de drogas etc. Mesmo hoje, após o fim da Guerra Fria, os imperativos dessa agenda são muito fortes, como prova o depoimento recente do latino-americanista Carlos Alberto Torres, em reunião da cúpula dos *Latin American Studies*.[606]

Por fim, temos a longa história das relações políticas dos Estados Unidos com seus vizinhos do sul. História marcada por todo tipo de violência, invasões, intervenções, assassinatos, golpes, espionagem, tortura, colaboração com forças políticas antidemocráticas, abuso de direitos humanos e outras ações dessa natureza. Os textos dos latino-americanistas nunca chegaram a referendar explicitamente as ações mais atrozes dessa lista, ainda que o enfoque da estabilização política e a literatura do corporativismo tenham

605 SCHOULTZ, Lars. *Human rights and United States policy toward Latin America*. Princeton: Princeton University Press, 1981.

606 LATIN AMERICAN STUDIES CENTER; CALIFORNIA STATE UNIVERSITY (Coord.). *Latin American perspectives index*: issues 1-35, 1974-1982. Los Angeles: Latin American Studies Center; California State University, 1983.

oferecido razões abundantes para a colaboração com regimes repressivos. O problema mais sério e profundo do discurso dos *Latin American Studies* está na própria semântica do conceito, estruturada pelas oposições assimétricas que definem *Latin Americans* como seres destituídos de agência e de razão, como coisas, ou, em linguagem kantiana, como meios, e não como fins em si mesmos. Assim, percebemos que a negação do reconhecimento denotada pela semântica do conceito vai muito além do mero uso de uma linguagem insultuosa. Ela se traduz em ações das mais concretas de negação da autonomia desse Outro da *America* na América. Essa negação do reconhecimento só é amplificada pelo raciocínio sinedóquico que consistentemente ignora a maneira como as pessoas experimentam suas vidas como membros de uma comunidade política, de uma sociedade concreta, e não de uma comunidade imaginada por aqueles que nela não vivem, a partir de um sentimento próprio de superioridade moral e, frequentemente, racial.

POST SCRIPTUM: REPRESENTANDO A AMÉRICA LATINA POR MEIO DA ARTE PRÉ-COLOMBIANA[607]

Introdução

De 1966 a 2002, ou seja, por 36 anos, o *Latin American Research Review* (LARR), periódico de referência dos *Latin American Studies* no mundo de língua inglesa e publicação oficial da *Latin American Studies Association* (LASA), adotou um *design* de capa muito interessante. Nela, o título da publicação vinha entre duas figuras com traços pré-colombianos explícitos, mesmo para olhares menos experientes. Obviamente, essas figuras estavam ali investidas com a função comunicativa de representar a América Latina. Curioso para saber as razões pelas quais haviam sido escolhidas para a capa do periódico, enviei uma mensagem para um dos editores da LARR

607 Esse texto foi primeiramente publicado como artigo na revista *Theory, Culture and Society* (Feres Júnior, 2009).

perguntando sobre seu significado. Após alguns dias, uma resposta gentil chegou à minha caixa de e-mail, explicando que a figura do topo, sobre uma esteira de palha, era uma mulher Asteca, e a figura de baixo era um mensageiro real Inca, conhecido em quíchua como *chasqui*. Minha intuição foi confirmada: eram, de fato, imagens de arte pré-colombiana.

A parte mais interessante da resposta do editor, entretanto, não foi a identificação das imagens, mas a forma pela qual ele se referiu a elas como "duas das grandes civilizações pré-colombianas do hemisfério ocidental: os Impérios Inca e Asteca". Isso me intrigou. Senti que havia algum significado oculto naquela resposta, que eu ainda não conseguia entender completamente. À época, início de 2001, eu estava conduzindo uma pesquisa sobre o conceito de *Latin America* nos Estados Unidos, com foco nos discursos sociocientíficos produzidos pela literatura dos *Latin American Studies*. Com o progresso desse trabalho e o aprofundamento de meu conhecimento teórico sobre o tema, a resposta do editor começou a fazer mais sentido, e eu comecei a perceber como aquele tipo de representação – a arte pré-colombiana – poderia funcionar como modo de demonstrar, de maneira poderosa e sintética, uma percepção de *Latin America* difundida na sociedade estadunidense, incluindo nos *Latin American Studies*.

Neste texto, pretendo desvendar as conexões entre a representação pré-colombiana e alguns discursos importantes sobre a *Latin America*, articulados tanto no inglês cotidiano quanto nas linguagens sociocientíficas. Começarei apresentando evidências de que a representação pré-colombiana da *Latin America* se tornou bastante disseminada nos atuais *Latin American Studies*. Posteriormente, investigarei a semântica do conceito de *Latin America* tanto no inglês cotidiano quanto no discurso sociocientífico por meio da análise de materiais textuais e pictográficos, afinal, para entender como o ato de representação que constitui o tema deste estudo é realizado, precisamos primeiramente compreender a semântica do conceito de *Latin America* em uma perspectiva histórica, isto é, desvendar os significados que estiveram comumente associados a ele através do tempo. Com essa informação em mãos, a hipótese principal deste capítulo – de que a representação da arte pré-colombiana pode funcionar como um significador poderoso e sintético de *Latin America* – pode ser, então, profundamente examinada e justificada. Finalmente, concluirei, estabelecendo conexões entre o presente trabalho e a teoria pós-colonial, estudos de cultura visual e de teoria da imagem.

Representação pré-colombiana de *Latin America*

A hipótese de que a representação pré-colombiana de *Latin America* se tornou difundida entre os *Latin American Studies* deve ser sustentada por evidências empíricas. Entretanto, não é fácil produzir esse tipo de evidência em um campo institucionalizado de pesquisa tão amplo, formado por associações acadêmicas, periódicos, coleções de livros, cátedras, programas e departamentos universitários, financiamento público e privado de pesquisa e ensino etc., cada um deles produzindo seus próprios textos e, por vezes, representações pictográficas de *Latin America*. É claro que algumas evidências indicativas podem ser mencionadas de imediato, como o uso da representação pré-colombiana na capa de trabalhos de grande circulação, como *Latin American Civilization: History and Society, 1492 to The Present*,[608] de Benjamin Keen, ou *Latin American Politics and Development*,[609] de Howard Wiarda e Harvey Kline, ou ainda alguns menos conhecidos como *The Latin Americans: Understanding Their Legacy*,[610] de Randall Hansis.

608 KEEN, Benjamin. "Latin American civilization: History and society", 1492 to the present, seventh edition. *Westview Press*, 2000.

609 WIARDA, Howard J.; KLINE, Harvey F. *Latin American politics and development*. 1ª ed. Boulder: Westview Press, 1979.

610 HANSIS, Randall. *The Latin Americans*: understanding their legacy. Nova York: McGraw-Hill Co., 1997.

Evidências mais sistemáticas também podem ser apresentadas. Enquanto participava do XXIII Congresso Internacional da *Latin American Studies Association* (LASA), em Washington, 2001, recolhi uma série de catálogos de publicações de editoras acadêmicas na feira de livros da conferência, que ocupou um grande salão no hotel onde ocorreu o evento. Lá, cada editora possuía um estande com seus livros sobre *Latin American Studies* e diversos materiais promocionais à mostra, como folhetos, catálogos, *flyers* etc. Ainda que as capas dos livros possuíssem estilos variados, os catálogos representavam *Latin America* de maneira muito similar. Estas são as imagens encontradas nas capas dos catálogos de coleções de *Latin America Studies*:

- Cornell University Press: arte pré-colombiana;
- University of California Press: arte pré-colombiana;
- Routledge: relevo em pedra asteca;
- Rowman & Littlefield Publishers: arte asteca;
- University Press of Florida: estátua pré-colombiana;
- University of Alabama Press: arte asteca;
- Smithsonian Institution Press: fotografia de um indígena sul-americano;
- University of Indiana Press: fotografia de uma indígena com produtos agrícolas;
- Stanford University Press: fotografia de uma menina indígena;
- North-South Center Press/University of Miami: fotografia de crianças indígenas com vestes tradicionais;
- Rutgers University Press: menina negra em um local parcialmente rural;
- Smithsonian Institution Press: mulher negra, provavelmente escravizada.

A representação pré-colombiana também foi usada em materiais produzidos por outras instituições acadêmicas que trabalham com *Latin America*, e que também podem ser consideradas parte do *establishment* dos *Latin American Studies*, como os seguintes folhetos:

- The Woodrow Wilson International Center for Scholars: arte pré-colombiana;
- The Congress of Latino Psychology: arte pré-colombiana.

É importante destacar que, além de essas editoras acadêmicas estarem entre as que possuem mais prestígio e atividade na área dos *Latin American Studies*, os catálogos listados acima constituiam 90% dos catálogos disponíveis na feira de livros. Por que a representação pré-colombiana é tão difundida? De que maneira ela expressa o conceito da *Latin America*? Ou melhor, que conteúdos ela comunica na sua função de símbolo da *Latin America*? Outras questões relacionadas também podem ser levantadas. As outras figuras presentes na amostra (crianças indígenas, mulher indígena e mulher e menina negras) estão, de alguma forma, relacionadas ao tipo de representação realizada pela arte pré-colombiana? Para tentar responder essas perguntas, precisamos avaliar a semântica de *Latin America* na sociedade estadunidense como um todo e, mais especificamente, nos discursos sociocientíficos.

Latin America na linguagem cotidiana

O duplo viés proposto aqui – analisar tanto a linguagem sociocientífica como a linguagem cotidiana – merece uma melhor justificativa. Sobre a primeira parte, a justificativa é mais óbvia: o foco deste capítulo é a representação pré-colombiana de *Latin America* exibida em catálogos de coleções de livros sobre *Latin American Studies*. Assim sendo, estabelecer uma relação com o que está escrito nos livros ou, de maneira mais geral, com os discursos sociocientíficos sobre *Latin America* produzidos pelos *Latin American Studies* parece ser uma medida analítica evidente e necessária. Mas por que relacionar a representação também com a semântica de *Latin America* na linguagem comum? Porque catálogos e capas de livros que contêm imagens geralmente chamam a atenção de um público mais abrangente do que aquele composto apenas de especialistas. Leitores especialistas estão frequentemente mais interessados no conteúdo do que em capas coloridas com imagens apelativas. Mas esse pode não ser o caso dos leitores não especialistas.

Além disso, os discursos dos *Latin American Studies* não ocorrem isolados. Eles possuem um ambiente sociopolítico com o qual geralmente se comunicam, por meio de artigos de jornais, palestras, aulas para alunos de graduação, linhas de auxílio financeiro para pesquisas, textos para leitores em geral, e esse ambiente se utiliza da linguagem comum. Os conceitos apropriados pelas ciências sociais, como cidadão, democracia, sociedade, política, e, também, *Latin America*, já existiam na linguagem cotidiana antes de serem absorvidos pelo vocabulário "técnico" da academia. Sendo assim, compreender a tensão (caso ela exista) entre a semântica de um conceito na linguagem especializada e na comum pode ser uma forma produtiva de verificar a contribuição específica do discurso sociocientífico na formação de visões de mundo, instituições e políticas. Além disso, essa tensão é, em parte, gerada pelos diferentes parâmetros morais e políticos que governam cada domínio linguístico. Enquanto a linguagem comum, na sua existência prática, cotidiana, é explicitamente carregada de preconceitos e estereótipos, a retórica sociocientífica, particularmente a estadunidense, apresenta-se como um conhecimento objetivo e livre de valores – posição da qual, inclusive, pretende derivar sua legitimidade social.[611]

---

611 Uma perspectiva histórica geral do cientificismo e do positivismo nas ciências sociais americanas encontra-se em Ross (ROSS, Dorothy. *The origins of American social science*. Nova York: Cambridge University Press, 1991). Gunnel (GUNNELL, John G. *Between Philosophy and Politics*: the Alienation of Political theory. Amherst: University of Massachusetts Press,

A análise da semântica de *Latin America* no inglês cotidiano falado nos Estados Unidos em uma perspectiva histórica mostra que o conceito vem sendo usado frequentemente como um contraconceito assimétrico de *America* (esta entendida como Estados Unidos). Reinhart Koselleck[612] define contraconceitos assimétricos como díades conceituais dicotômicas, utilizadas para denotar identidades coletivas nas quais um elemento da díade é adotado por um grupo como sua identidade, e construído na forma de um conjunto de atributos positivos, enquanto o outro elemento é utilizado para se referir àqueles que não pertencem ao grupo nomeador, dotando-os de características diametralmente opostas àquelas autoatribuídas pelos nomeadores. O adjetivo "assimétrico" denota que a ação de nomear parte apenas de um dos lados, o do grupo nomeador, enquanto os que recebem a nomeação estão ou na margem da política e da sociedade da comunidade nomeadora ou até mesmo excluídos dela. Koselleck examina três exemplos históricos dessa formação conceitual: gregos/bárbaros, cristãos/pagãos e arianos/não arianos. Revendo essa contribuição sob a luz da teoria do reconhecimento, eu mostrei em outro trabalho que os contraconceitos assimétricos possuem uma estrutura semântica profunda que escapou à análise de Koselleck dos três casos

---

1986; GUNNELL, John G. *The descent of political theory*: the genealogy of an american vocation. Chicago: University of Chicago Press, 1993) e Ball (BALL, Terence. "American political science in its postwar political context". *In*: FARR, James; SEIDELMAN, Raymond (Coord.). *Discipline and history*: political science in the United States. Ann Arbor: University of Michigan Press, 1993) tratam de maneira muito crítica a questão da neutralidade valorativa na ciência política, enquanto Packenham (PACKENHAM, Robert A. *The dependency movement*: scholarship and politics in development studies. Cambridge: Harvard University Press, 1992) defende abertamente sua escolha pelo campo dos *Latin American Studies*, visto que tal neutralidade é, segundo ele, um emblema do jeito americano de fazer ciências sociais.

612 KOSELLECK, Reinhart. *Futures past*: on the semantics of historical time. Londres: The MIT Press, 1985.

históricos.[613] Reconstruindo a narrativa histórica dos pares cristãos/pagãos e arianos/não arianos, identifiquei três núcleos temáticos que concentram oposições semânticas assimétricas. São eles:

– oposição assimétrica cultural: o outro é definido como possuidor de hábitos, valores e instituições que são o oposto (negação) daqueles do eu coletivo;

– oposição assimétrica temporal: o outro é definido como pertencente a um tempo diferente daquele do eu coletivo nomeador, ou como não sendo sincrônico ao seu próprio presente – uma operação que Johannes Fabian[614] denominou *lack of coevalness*;

– oposição assimétrica racial: o outro é definido como sendo inferior ou deficiente, em aspectos físicos e/ou psicológicos, em relação ao eu coletivo nomeador. O importante é notar que o elemento racial é tomado como marca indelével que determina o outro.

Casos históricos de contraconceitualização assimétrica não necessariamente contêm todos os três tipos de oposição, mas

---

613 O desenvolvimento teórico completo de minha teoria da contraconceituação assimétrica encontra-se em Feres Jr (FERES JÚNIOR, João. "Building a typology of forms of misrecognition: beyond the republican-Hegelian paradigm". *Contemporary Political Theory*, vol. 5, nº 3, 2006), e sua aplicação mais detalhada à história do conceito de América Latina pode ser encontrada em Feres Jr (FERES JÚNIOR, João. *A história do conceito de Latin America nos Estados Unidos*. Bauru: EDUSC, 2005) ou em Feres Jr (FERES JÚNIOR, João. *La historia del concepto Latin America en los Estados Unidos de América*. Santander: Universidad de Cantabria, 2008. (Traducciones/Universidad de Cantabria, vol. 2), as edições brasileira e espanhola de meu livro sobre a história do conceito de *Latin America* nos Estados Unidos, respectivamente. Uma versão curta e preliminar deste estudo foi apresentada em Feres Jr (FERES JÚNIOR, João. "The semantics of asymmetric counterconcepts: the case of 'Latin America' in the US". *Anales of the Iberoamerikanska Institutet*, nº 7/8, 2005). Nenhum desses materiais trata diretamente da questão da representação pré-colombiana de *Latin America*.

614 FABIAN, Johannes. *Time and the other*: how anthropology makes its subject. Nova York: Columbia University Press, 1983.

sempre que essas díades conceituais ocorrem, seu campo semântico é composto por um ou por uma combinação de dois ou três deles.[615] Há evidências suficientes para demonstrar que, no inglês cotidiano, *America/Latin America* formam um par de contraconceitos assimétricos ou, em outras palavras, que *Latin America* é quase sempre percebida como possuindo atributos opostos aos que definem a autoimagem coletiva da *America* (Estados Unidos). Além disso, o campo semântico de *Latin America* no inglês cotidiano contém todas as três formas de oposição assimétrica: cultural, temporal e racial. Infelizmente, este capítulo não tem espaço para uma análise histórica completa da evolução semântica do conceito de *Latin America* nos Estados Unidos.[616] Portanto, irei me limitar a apresentar a evidência indicativa.

Latin America é uma expressão que começou a ser usada em inglês apenas na virada do século XX[617] e foi adotada como sinônimo de *Spanish America*, um termo que estivera em uso por pelo menos cem anos. O estudo da história do conceito requer certa dose de onomasiologia – a análise de palavras relacionadas ao conceito, particularmente de sinônimos, antônimos e termos com campos semânticos similares. Dessa maneira, *Spanish America* é uma escolha óbvia para iniciar a análise, uma vez que, segundo

615 Por exemplo, no caso do par grego/bárbaro, a oposição assimétrica cultural é claramente dominante, já que os bárbaros eram de fato percebidos como destituídos da "boa" língua, de hábitos e de instituições que os gregos atribuíam a si mesmos, enquanto percepções de diferença racial e deslocamento temporal, embora não completamente ausentes, não tinham um papel importante na sua definição (FERES JÚNIOR, João. "Building a typology of forms of misrecognition: beyond the republican-Hegelian paradigm". *Contemporary Political Theory*, vol. 5, nº 3, 2006).

616 Tal análise pode ser encontrada em Feres Jr (FERES JÚNIOR, João. *The concept of Latin America in the United States*: misrecognition and social scientific discourse. Nova York: Nova Science Publishers, 2010. (Latin American political, economic and security issues series).

617 SIMPSON, John; PROFITT, Michael (Coord.). *Oxford English Dictionary*. Coleção Additions Series. Oxford: Clarendon Press, 1997.

o *Oxford English Dictionary*, foi o termo mais utilizado para se referir aos vizinhos hemisféricos dos Estados Unidos até o início do século XX. Evidência da semântica de *Spanish America* no início do século XIX pode ser encontrada, por exemplo, em uma carta datada de 1821, escrita por John Adams:

> (...) um governo livre e a religião católica romana não poderão jamais coexistir, em qualquer país ou nação. Consequentemente, qualquer projeto de conciliar essas duas coisas na velha ou na nova Espanha é utópico, platônico e quimérico. Presenciei tamanha prostração e prostituição da natureza humana em favor dos clérigos na velha Espanha que formei minha opinião sobre o assunto, há muito tempo. E é de meu entendimento que na nova Espanha as coisas são ainda piores, se isso é possível.[618]

Aqui há um claro exemplo de oposição assimétrica cultural, com *Spanish America* (nova Espanha) sendo implicitamente colocada em oposição a *America*, e sendo culpada por possuir os valores culturais deturpados derivados da religião católica. Nesta passagem de John Calhoun, de 1848, outro elemento é adicionado à imagem:

> Nunca sonhamos incorporar à nossa União qualquer raça senão a caucasiana – a raça branca livre. Incorporar o México seria algo como incorporar uma raça de índios, pois metade dos mexicanos são índios e o resto é composto principalmente de tribos mestiças [*mixed tribes*]. Eu veementemente protesto contra essa união! O nosso, meus senhores, é o governo da

618 De Adams para Jefferson, 3 de fevereiro de 1821 (CAPPON, Lester J. (Coord.). *The Adams-Jefferson letters*: the complete correspondence between Thomas Jefferson and Abigail and John Quincy Adams. Chapel Hill: University of North Carolina, 1988, p. 571). FERES JÚNIOR, João. *A história do conceito de Latin America nos Estados Unidos*. Bauru: EDUSC, 2005, p. 57.

raça branca. As maiores desgraças de *Spanish America* advêm do erro fatal de terem colocado essas raças escuras [*colored races*] em pé de igualdade com a raça branca.[619]

A oposição assimétrica racial aparece aqui em uma comparação explícita com os Estados Unidos. Deve-se ressaltar que, enquanto o elemento positivo da comparação é claramente definido como "a raça branca livre", o elemento negativo é apenas o oposto do branco, isto é, o não branco, seja ele indígena ou mestiço. Um elemento temporal foi incluído na conceitualização de *Spanish America* com o advento da ideologia do Destino Manifesto, que surgiu por volta da metade do século XIX e se tornou uma base do discurso nacionalista estadunidense, como pode ser percebido na passagem abaixo, na qual o senador Albert Beveridge comenta sobre o destino das antigas colônias espanholas depois da Guerra Hispano-Americana de 1898:

> Deus não preparou os povos anglófonos e teutônicos por mil anos para nada além da autocontemplação e da autoadmiração vãs e inúteis. Não! Ele nos fez mestres organizadores do mundo para estabelecer um sistema onde reina o caos. Ele nos deu o espírito do progresso para sobrepujarmos as forças da reação por toda a terra. Ele nos fez adeptos do bom governo para que possamos administrá-lo aos povos selvagens e senis. Não fosse por tal força, esse mundo se afundaria no barbarismo e nas trevas. E, de toda nossa raça, ele marcou o povo americano como Sua nação escolhida para finalmente liderar a regeneração do mundo. Essa é a missão divina da América, e ela reserva a todos nós todos os proventos, toda a glória e toda a felicidade possível ao ser humano. Nós somos os depositários do progresso mundial, os guardiões da paz virtuosa.[620]

---

619 Congressional Globe, 4 January 1848, p. 9699, Schoultz (SCHOULTZ, Lars. *Beneath the United States*: a history of US policy toward Latin America. Cambridge: Harvard University Press, 1998).

620 Congressional Record, 9 January 1900, p. 711, Schoultz (SCHOULTZ, Lars. *Beneath the United States*: a history of US policy toward Latin America.

Nessa passagem, o tom temporal é dado pela combinação de elementos seculares, como progresso e bom governo, com elementos teológicos, como desejo de Deus, missão e regeneração do mundo. As três formas de oposições assimétricas também são encontradas em representações pictográficas de *Spanish* e *Latin America*, desde a virada do século XX até os anos 1970, como John J. Johnson documentou extensivamente em seu trabalho *Latin America in Caricature*.[621] O desenho da imagem 1 é apenas um exemplo.

Imagem 1 – "*Room for all, if they're careful*"

Caricatura de William Allen Rogers, publicada no *New York Herald*, 1904.[622]

Cambridge: Harvard University Press, 1998).

621 JOHNSON, John J. *Latin America in Caricature*. Austin: University of Texas Press, 1980.

622 JOHNSON, John J. *Latin America in Caricature*. Austin: University of Texas Press, 1980.

Nela, os Estados Unidos são representados por um adulto, Theodore Roosevelt, que exerce comando sobre crianças, que representam as repúblicas da *Latin America*. A imagem da criança nesse contexto é um marco temporal claro que denota imaturidade e, consequentemente, irracionalidade, falta de responsabilidade, e isso justifica o fato de o personagem maduro, o Presidente dos Estados Unidos, estar disciplinando os outros personagens na imagem. O componente racial na figura é bastante óbvio – as crianças são ou negras, ou indígenas, ou mestiças, enquanto o Presidente dos Estados Unidos é branco. O elemento cultural é dado pela maneira como estão vestidos: enquanto Roosevelt traja roupas esportivas (da época), as crianças usam vestes tradicionais, chapéus "exóticos" e outros acessórios que denotam sua origem não ocidental.

Outra evidência que contribui para a reconstrução da semântica de *Latin America* na linguagem cotidiana é fornecida por uma pesquisa sobre nações, feita pelo Office of Public Opinion Research Survey, em 1940, na qual se solicitou aos interrogados que escolhessem quais adjetivos, segundo eles, melhor poderiam descrever os *Latin Americans*. Os resultados estão expostos na tabela 1.[623] Com exceção de "amigável", todos os atributos da coluna da esquerda são negativos. O adjetivo mais comum escolhido pelos interrogados foi "pele escura", atributo que, interessantemente, denota nem negro, nem indígena, mas uma característica genérica de ser não branco. Tal dado se encaixa perfeitamente na definição de oposição assimétrica racial. A oposição temporal é claramente indicada em "retrógrado". "sensível", "religioso", "preguiçoso", "ignorante" e "orgulhoso" também podem ser associados a maneiras de existência e valores pré-industriais e pré-modernos que,

---

623 Na pesquisa, foi solicitado aos entrevistados que descrevessem os habitantes da América Central e do Sul, escolhendo a partir de uma lista fixa de 19 palavras. Como as pessoas podiam escolher mais de uma característica, o somatório das porcentagens de cada item ultrapassa bastante 100. Para mais informações sobre a pesquisa, ver CANTRIL, Hadley (Coord.). *Public opinion, 1935-1946*. Princeton: Princeton University Press, 1951.

assim sendo, carregam uma conotação temporal. Por outro lado, "sensível", "retrógrado", "religioso", "preguiçoso", "ignorante" e "sujo" podem ser percebidos como características derivadas da cultura, uma cultura oposta à imagem de autocontrole, racionalidade e industrialização protestantes.

Claramente, todos esses elementos negativos podem ser alternativamente derivados da percepção básica de inferioridade racial, mas não seria prudente tentar interpretá-los de maneira mais taxativa, uma vez que os resultados da pesquisa não oferecem elementos contextuais. É importante notar, entretanto, que os mesmos elementos semânticos que apareceram em outros locais – em discursos de políticos e de figuras públicas, assim como em imagens – também estão presentes aqui: oposição semântica temporal, cultural e racial.

Tabela 1: Quais os adjetivos que melhor definem *Latin Americans*?

Pele escura	80%	Criativos	23%
Irritadiços	49%	Sagazes	16%
Sensíveis	47%	Inteligentes	15%
Religiosos	45%	Honestos	13%
Retrógrados	44%	Corajosos	12%
Preguiçosos	41%	Generosos	12%
Ignorantes	34%	Progressistas	11%
Suspeitos	32%	Eficientes	5%
Amigáveis	30%	Sem resposta	4%
Sujos	28%	Não opinou	0%
Orgulhosos	26%		

Latin America no discurso sociocientífico

Alguns comentadores sugerem que *Latin American Studies* existem como atividade acadêmica desde o final do século XIX ou início do XX.[624] Essa reivindicação é um tanto imprecisa. O número de textos acadêmicos sobre temas relacionados aos países ao sul da fronteira dos Estados Unidos publicados em inglês antes da virada do século XX é escasso, e eles não possuem, especificamente, referência à *Latin America*.[625] Ademais, esses extratos não eram nem escritos por especialistas, nem direcionados para um público de acadêmicos profissionais. Em resumo, essa literatura incipiente não pode ser considerada *Latin American Studies* da maneira como os compreendemos hoje: uma atividade profissional amparada por uma extensa rede profissional formada por especialistas, programas universitários, centros de pesquisa, periódicos,

624 BERGER, Mark T. *Under Northern eyes*: Latin American studies and U.S. hegemony in the Americas, 1898-1990. Caribbean and Latin American studies. Bloomington: Indiana University Press, 1995; JOHNSON, John J. "One hundred years of historical writing on modern Latin American by United States historians". *Hispanic American Historical Review*, vol. 65, nº 4, 1985; MARTZ, John D. "Political science and Latin American studies: a discipline in search of a region". *Latin American Research Review*, vol. 6, nº 1, 1971.

625 Buscas pelo termo *Latin America* em títulos de livros publicados antes de 1900 nos catálogos da *Library of Congress* e da *New York Public Library* não produziram resultados, o que confirma a cronologia do termo segundo o *OED*. Segundo o dicionário, a expressão *Latin America* começou a ser usada no inglês somente na virada do século XX (SIMPSON, John; PROFITT, Michael (Coord.). *Oxford English Dictionary*. Coleção Additions Series. Oxford: Clarendon Press, 1997). O catálogo da *New York Public Library* tem somente seis entradas para livros cujos títulos contêm a expressão *Spanish America* antes de 1900, enquanto a *Library of Congress* tem apenas dez livros desse tipo. No período entre 1900 e 1950, esses números aumentaram para dez, na *NYPL*, e vinte e quatro, na *Library of Congress*. Isso parece evidenciar que, apesar de *Spanish America* ter sido o termo preferencial para fazer referência aos vizinhos ao Sul dos Estados Unidos, como o *OED* nos informa, ele nunca se tornou o "tema" de uma literatura extensa, seja ela científica ou não.

editoras, associações, conferências, instituições de financiamento de pesquisas, e assim por diante.

Um fato ainda mais importante é que essa literatura não produziu teorias ou abordagens científicas sobre *Latin American Studies*. Portanto, chamá-la dessa forma é um duplo anacronismo: um conceito e uma prática institucional do presente são projetados em um contexto passado, no qual eles não existiam. Apenas em 1965, Kalman H. Silvert reclamou da dominação da História nos *Latin American Studies*, acrescentando que, apesar de cientistas políticos estarem se interessando cada vez mais pela "área", a maioria dos acadêmicos que trabalhavam com temas políticos na *Latin America* ainda eram historiadores.[626] De acordo com John Martz, antes da Segunda Guerra Mundial, "estudos de área em geral permaneceram em uma condição deplorável" –[627] uma afirmação com a qual Mark Berger concorda inteiramente.[628]

Em sua revisão de literatura, Rosendo Gomes revela que cientistas políticos produziram em média apenas um artigo por ano sobre o tema *Latin America*, de 1920 a 1945.[629] Essa tendência à negligência foi rapidamente revertida após a Revolução Cubana. Em 1959, o *American Council of Learned Societies* e o *Social Science Research Council* estabeleceram o *Committee on Latin American Studies*, que explicitamente objetivava melhorar a comunicação entre os interessados em pesquisar sobre *Latin America*, planejando futuros desenvolvimentos acadêmicos e

---

626 MARTZ, John D. (Coord.). *The Dynamics of Change in Latin American Politics*. Englewood Cliffs: Prentice-Hall, 1965, p. 1.

627 MARTZ, John D. "Political science and Latin American studies: a discipline in search of a region". *Latin American Research Review*, vol. 6, nº 1, 1971, p. 75.

628 BERGER, Mark T. *Under Northern eyes*: Latin American studies and U.S. hegemony in the Americas, 1898-1990. Caribbean and Latin American studies. Bloomington: Indiana University Press, 1995, p. 31.

629 GOMEZ, Rosendo A. *The study of latin american politics in university programs in the United States*. Tucson: University of Arizona Press, 1967.

administrando doações para pesquisas. O comitê recebeu aporte financeiro adicional da *Carnegie Corporation*, da *Ford Foundation* e do *Council on Higher Education in the American Republics*.[630] Enquanto o número de cursos oferecidos em universidades sobre *Latin American Studies* manteve-se praticamente o mesmo entre 1949 e 1958, esse número já havia dobrado antes de 1969. Essa tendência foi praticamente a mesma em todo o espectro disciplinar – com exceção das cadeiras de sociologia, nas quais os cursos aumentaram quatro vezes.[631] Para completar a consolidação dos *Latin American Studies*, em 1966, foi criada a *Latin America Research Review*, seguida da fundação da *Latin America Studies Association* (LASA) no mesmo ano.

O discurso sociocientífico sobre *Latin America* se diferencia da linguagem cotidiana em diversos aspectos importantes, entre eles, a confiança em uma retórica de neutralidade de valores e sua obsessão em apresentar *Latin America* como um objeto coerente e estável. Uma diferença é particularmente significativa para os propósitos do presente artigo: oposições assimétricas raciais estão quase ausentes dos textos produzidos por especialistas dos *Latin American Studies*, enquanto, como vimos, estão difundidas nas fontes linguísticas cotidianas. Por outro lado, oposições assimétricas culturais e temporais são abundantes em todas as abordagens-chave dos *Latin American Studies*: teoria da modernização, estabilização política, estudos do corporativismo – até mesmo em textos publicados hoje em dia. A única verdadeira exceção a essa tendência parecem ser os estudos da dependência. Em textos

630 Para considerações detalhadas sobre o crescimento dos *Latin American Studies* na década de 1960, ver BERGER, Mark T. *Under Northern eyes*: Latin American studies and U.S. hegemony in the Americas, 1898-1990. Caribbean and Latin American studies. Bloomington: Indiana University Press, 1995; Johnson, 1964.

631 NEEDLER, Martin C.; WALKER, Thomas W. "The Current Status of Latin American Studies Programs". *Latin American Research Review*, vol. 6, nº 1, 1971.

sociocientíficos, a conexão entre oposições assimétricas culturais e temporais é visível, mas, na maior parte dos casos, a cultura aparece como fator determinante.

A primeira abordagem a apresentar *Latin America* como um objeto de pesquisa estável foi a teoria da modernização. Mesmo antes da Revolução Cubana, alguns autores já estavam engajados em estimar e capacidade latino-americana de se modernizar. Suas descobertas foram, entretanto, inflexíveis. Por exemplo, John Gillin,[632] um dos primeiros sociólogos a estudar esse problema, concluiu que "o conceito da alma comanda (...) e é logica e emocionalmente conectado ao estilo de personalismo na *Latin America*". Devido a esses interstícios de sua espiritualidade, o *Latin American* é incapaz de desenvolver um interesse pelo estudo de coisas concretas: "a investigação pragmática e empírica de premissas e dados não é de sua natureza nem é motivadora para os *Latin Americans*". Gillin[633] argumenta que, ao contrário dos *Americans*, com seu ponto de vista prático, *Latin America* está "interessada primeiramente em valores espirituais". A mesma espiritualidade que é um empecilho ao pragmatismo no espírito de *Latin America* produz uma afeição por visões de mundo idealistas e transcendentais.[634]

De forma similar, Thomas C. Cochran argumenta, em *Cultural Factors in Economic Growth*,[635] que empreendedores *Latin American* não se comportam de acordo com seus pares estadunidenses. Isso ocorreria porque sua cultura seria desfavorável

---

632 GILLIN, John. "Ethos components in modern Latin America Culture". *American Anthropologist*, vol. 57, nº 1, jun. 1955, p. 125.

633 GILLIN, John. "Ethos components in modern Latin America Culture". *American Anthropologist*, vol. 57, nº 1, jun. 1955, p. 492.

634 Gillin não se preocupa em conduzir trabalho de campo original ou estudos de caso para embasar suas generalizações sobre a *Latin America*.

635 *Cultural Factors in Economic Growth* (COCHRAN, Thomas C. "Cultural Factors in Economic Growth". *Journal of Economic History*, vol. 20, nº 4, 1960) é um bom exemplo de um dos primeiros textos sobre modernização na *Latin America*.

ao desenvolvimento econômico. O "empreendedor latino" gosta de falar e especular de forma abstrata, mas não gosta de agir. Ele almeja obter um *status* social que não é baseado no sucesso de seus negócios, uma prática que o impede de dedicar todos os seus esforços ao progresso econômico. Baseado nas "descobertas" de John Fayerweather, Cochran conclui que os indivíduos de *Latin America* "colocam mais ênfase nas formas de polidez e obediência do que em questões de comportamento".[636] Esse diagnóstico apareceu também em outros textos escritos por autores engajados em objetivos similares, incluindo *Elites in Latin America*,[637] de Seymour Martin Lipset, considerado por muitos comentadores o trabalho mais influente da teoria da modernização na *Latin America*.[638] Nesse trabalho, é encontrada a seguinte linha argumentativa:

> A falha relativa dos países da *Latin America* em se desenvolverem em uma escala comparável àqueles da América do Norte ou das regiões da Austrália e da Ásia vem sendo entendida como consequência das variações dos sistemas de valores dominantes nessas duas áreas. A descendência de além-mar da Grã-Bretanha aparentemente conferiu a vantagem dos valores derivantes da Ética Protestante (...). Uma vez que *Latin America* é católica, ela vem sendo dominada durante séculos por uma elite que recria uma estrutura social congruente com valores feudais.[639]

---

636 FAYERWEATHER, John. *The executive overseas*. Syracuse: Syracuse University Press, 1959, p. 86.

637 LIPSET, Seymour Martin; SOLARI, Aldo E. *Elites in Latin America*. Nova York: Oxford University Press, 1967.

638 Para uma avaliação geral sobre a teoria da modernização na *Latin America* e o lugar da contribuição de Lipset a essa teoria, ver Mattiace e Camp (MATTIACE, Shannan; CAMP, Roderic Ai. "Democracy and Development: An Overview". *In*: CAMP, Roderic Ai (Coord.). *Democracy in Latin America*: Patterns and Cycles. Wilmington: Scholarly Resources Inc, 1996).

639 LIPSET, Seymour Martin; SOLARI, Aldo E. *Elites in Latin America*. Nova York: Oxford University Press, 1967, p. 3.

Nesse clássico de 50 páginas, Lipset utiliza 63 vezes o termo "tradicional" para se referir à *Latin America* e suas "qualidades". De acordo com o autor, a principal causa por trás da incapacidade latino-americana para o progresso e para a modernização é cultural, mais especificamente, o fato de ser católica. Em outras palavras, a oposição assimétrica temporal – *Latin America* não pertencendo ao mesmo estágio histórico de desenvolvimento que o dos Estados Unidos – é explicada por uma oposição assimétrica cultural, o fato de valores católicos serem opostos aos valores da ética protestante dos *Americans*.

O historiador Richard Morse iniciou a tarefa de escrever sobre *Latin America* muitos anos antes do surgimento dos estudos do corporativismo, uma linha de pensamento que adquiriu proeminência na metade da década de 1970. Como as passagens abaixo demonstram, suas ideias não eram muito diferentes daquelas da teoria da modernização:

> Uma civilização protestante pode desenvolver suas energias em uma selva sem necessidade de parar, como fizeram os Estados Unidos. Uma civilização católica fica estagnada quando não está em contato vital com outras tribos e culturas da humanidade.[640]
>
> *Spanish America* continuou a existir como se nenhuma mudança houvesse ocorrido. E, na verdade, nenhuma ocorreu. Nada real ou conclusivo parece ter sido adquirido. Ao mesmo tempo, o resto do mundo marchou para frente, progrediu e fez história. *Spanish America* continuou a ser um continente sem história, sem passado, porque seu passado é sempre presente.[641]

---

640 MORSE, Richard M. "The heritage of Latin America". *In*: HARTZ, Louis (Coord.). *The Founding of New Societies*: Studies in the History of the United States, Latin America, South Africa, Canada and Australia. Nova York: Harcourt, Brace & World, 1964, p. 176.

641 MORSE, Richard M. "The heritage of Latin America". *In*: HARTZ, Louis (Coord.). *The Founding of New Societies*: Studies in the History of the

Em outras palavras, de acordo com Morse, há uma conexão próxima entre oposições assimétricas temporais e culturais. Uma gama inteira de especialistas em *Latin American Studies*, os estudantes do corporativismo, difundiram, a partir dos anos 1970, o diagnóstico de que a paralisia histórica de *Latin America* era causada por sua patologia cultural. Na verdade, na linguagem do corporativismo, valores culturais são geralmente traduzidos por expressões como "instituições" ou "estruturas", para obter o mesmo efeito: justificar a alteridade radical da cultura de *Latin America* e o seu *lack of coevalness* em relação aos Estados Unidos.

A passagem a seguir, de Howard Wiarda, o autor mais proeminente dos estudos do corporativismo, escrita quase dez anos após a publicação do trabalho de Morse, retoma as ideias do autor:

> A mesma orientação e estrutura tradicional hierárquica, corporativa, elitista e autoritária ainda estão presentes atualmente, modificadas pelas mudanças do século XX, mas de forma alguma destruídas por elas (...). A pessoa do governante pode mudar, novos grupos e novas ideias podem vir a ser assimilados e as elites podem se revezar no poder (apesar de isso dar uma aparência de mudança, mais do que uma mudança de substância); mas as essências da ordem social e política e a base na qual ela se ampara se manterão estáveis.[642]

Apesar de sua conceitualização similar de *Latin America*, os autores que endossaram os estudos do corporativismo foram frequentemente muito críticos da teoria da modernização. De acordo com eles, tal teoria compreende *Latin America* em termos

---

United States, Latin America, South Africa, Canada and Australia. Nova York: Harcourt, Brace & World, 1964, p. 169.

642 WIARDA, Howard J. "Toward a Framework for the Study of Political Change in the lberic-Latin Tradition: The Corporative Model". *World Politics*, vol. 25, nº 1, 1973, p. 223.

errôneos, ou melhor, em termos "*American*", projetando sobre esse "outro cultural" expectativas de desenvolvimento material e institucional que são completamente estranhas às propensões de *Latin America*. Wiarda,[643] por exemplo, critica a teoria da modernização por projetar em *Latin America* um modelo de desenvolvimento europeu e *American*, consequentemente, negligenciando o fato de que as sociedades latinas são distintas. Outro autor de mesmo viés, Ronald Newton, rejeita a defesa da teoria da modernização de que os setores médios latinos foram uma força reformista na história de *Latin America*. De acordo com ele, este é outro produto da miopia de *Americans*, baseada em "premissas derivadas da cultura em relação ao comportamento 'natural' de classes médias maduras". Ele argumenta que, na verdade, esses setores médios estiveram atados às mesmas práticas corporativistas particulares que dominaram a sociedade de *Spanish America* e, por isso, seriam incapazes de produzir uma "solidariedade horizontal".[644]

Em resumo, duas abordagens, o mesmo diagnóstico, mas duas conclusões diferentes. Enquanto a modernização prega que o desenvolvimento econômico se daria por meio de um processo de aculturação no qual a sociedade *Latin American* tradicional se desprenderia de seus valores católicos e absorveria valores modernos, ocidentais e, por vezes, explicitamente *American*, os estudos do corporativismo, na maior parte das vezes, alertaram os leitores de que *Latin America* não poderia ser transformada, que era sempre fiel à sua natureza corporativa (que também significava "paralisia histórica"), chegando a concluir que o autoritarismo seria natural nessas sociedades.[645]

---

643 WIARDA, Howard J. "Toward a Framework for the Study of Political Change in the lberic-Latin Tradition: The Corporative Model". *World Politics*, vol. 25, nº 1, 1973, p. 208.

644 NEWTON, Ronald C. "On 'Functional Groups', 'Fragmentation', and 'Pluralism' in Spanish American Political Society". *Hispanic American Historical Review*, vol. 50, nº 1, fev. 1970, pp. 1/2.

645 SKIDMORE, Thomas E.; SMITH, Peter Hopkinson. *Modern Latin America*. 5ª ed. Nova York: Oxford University Press, 2001, p. 5.

Os estudos do corporativismo desapareceram como abordagem sociocientífica por volta da metade da década de 1980, quando os tais países de *Latin America* começaram a adotar regimes liberal-democráticos. Seu determinismo cultural rígido parecia incapaz de explicar por que esses países estavam atravessando uma transformação tão "antinatural". Os *Latin American Studies* se expandiram exponencialmente desde sua "fundação", nos anos 1960, e, desde o fim dos estudos do corporativismo, não houve mais uma única abordagem dominando o campo. Contudo, no discurso sociocientífico, *Latin America* manteve a maioria dos significados que a teoria da modernização e os estudos do corporativismo ajudaram a propagar. Apesar de a análise da semântica do conceito nos vários sub-ramos dos *Latin American Studies* não ser viável aqui, a continuação desse desenvolvimento semântico é prontamente identificada na literatura de livros-texto de introdução aos *Latin American Studies*.

É durante a faculdade que a maioria dos estadunidenses é apresentada ao estudo acadêmico de *Latin America*. A tarefa de introduzir alguém no estudo sistemático de um objeto que também é conceitualizado pela linguagem cotidiana deve ocorrer por meio de um intercâmbio de ideias entre o "conhecimento científico" e as noções mais comuns, isto é, entre a linguagem sociocientífica e a linguagem cotidiana. O exame da literatura de livros-texto de introdução aos *Latin American Studies* revela como preconceitos cotidianos em relação à *Latin America* se relacionam com as concepções sociocientíficas. A educação universitária é uma força importante na difusão do conceito de *Latin America*. Cientistas sociais, escritores, jornalistas, burocratas, pessoas de negócio e outros profissionais que lidam com questões relativas à *Latin America*, na sociedade estadunidense, são educados sobre o seu objeto nas salas de aula das universidades, frequentemente, por meio de cursos de introdução aos *Latin American Studies*, nos quais esses textos são utilizados. Portanto, saber o que é ensinado a estas pessoas é crucial para compreender as percepções e representações sobre *Latin America* presentes nos Estados Unidos. Os elementos semânticos encontrados nas abordagens anteriores ao estudo de *Latin America* também estão presentes no *bestseller Modern Latin America*,[646] de Thomas Skidmore e Peter Smith. Após apresentarem claramente as diferenças culturais entre *Latin America* e Estados Unidos, os autores apontam que:

> Apesar das diferentes formas de conflito político, antigas estruturas sociais e econômicas persistem. Mesmo onde revoluções modernas aconteceram, como no México (1910) e na Bolívia (1952), muitos aspectos da sociedade tradicional sobrevivem. A Revolução Cubana (1959) aparece primeiramente como uma exceção, mas, mesmo em Cuba, o fluxo da história continua a ser impactante, como veremos.[647]

A expressão "fluxo da história" é o marco temporal responsável por informar os leitores de que, ao contrário dos Estados Unidos, *Latin America* foi presa por seu próprio passado – uma oposição assimétrica temporal. Uma imagem bem similar aparece em outro *bestseller*, *A history of Latin America*, de Keen e Wasserman:

> Talvez, para a maioria dos norte-americanos, o passado colonial seja remoto, um tempo pitoresco que possui pouca relevância para a maneira como vivemos hoje. A situação é muito diferente em *Latin America* (...). Em *Latin America*, o passado colonial não é uma memória nostálgica, mas uma

---

646 Uma busca por ementas de cursos universitários sobre *Latin America* no Google produziu 202 resultados, contendo *Modern Latin America*, de Skidmore e Smith. Em segundo lugar, ficou *History of Latin America*, de Keen e Benjamin, com 54. *Latin America: A Concise Interpretive History* apareceu em terceiro, com 28 entradas. *The Changing Face of Latin America*, de Winn e Peter, foi o quarto, com 26, e *Latin American Politics and Development*, de Wiarda e Kline, foi o quinto, com 18.

647 SKIDMORE, Thomas E.; SMITH, Peter Hopkinson. *Modern Latin America*. 5ª ed. Nova York: Oxford University Press, 2001, p. 5.

> dura realidade (...). Essas características feudais, misturadas a alguns elementos capitalistas, formaram parte do legado espanhol (e português) para *Latin America* independente e ajudam a explicar a persistência tenaz de algumas instituições anacrônicas atualmente na região.[648]

Nesse caso, a expressão "fluxo da história" é substituída por "persistência tenaz de algumas instituições anacrônicas", mas o efeito é o mesmo e a oposição à *America* é ainda mais explícita.

A quinta edição de *Global Studies: Latin America*,[649] de Paul B. Goodwin, ultrapassa os competidores quando se trata de estereótipos. Referências à irracionalidade, comuns na linguagem cotidiana e nos escritos dos teóricos da modernização, reaparecem em seu texto:

> (...) como em seu ambiente urbano os *Latin Americans* estão em contato próximo com muitas pessoas, a aparência é importante para eles. Há uma busca constante por prestígio, dignidade, status e honra. As pessoas estão sempre tentando impressionar os outros com seu "valor público". Por isso, não é incomum ver um trabalhador indo trabalhar vestido de terno, pasta de executivo na mão. Não é incomum ver selvas de antenas sobre os barracos das favelas, apesar de muitas não estarem conectadas a nada.[650]

A alteridade desse cenário cultural dominado pela aparência e pela irracionalidade também se expressa por meio de concepções de tempo:

---

648 KEEN, Benjamin; WASSERMAN, Mark. *A history of Latin America*. 3ª ed. Boston: Houghton Mifflin, 1988, p. 8.

649 GOODWIN, Paul B. *Global studies*: Latin America. 5ª ed. Guilford: Dushkin Publishing Group, 1992.

650 GOODWIN, Paul B. *Global studies*: Latin America. 5ª ed. Guilford: Dushkin Publishing Group, 1992, p. 4.

> A memória histórica, de uma perspectiva estadunidense ou norte-europeia, é imperfeita. A partir de uma perspectiva *Latin American*, entretanto, é a percepção do passado que é importante, não importando sua precisão factual. Mito e realidade, aparência e substância, se fundem.[651]

A comparação entre a semântica de *Latin America* na linguagem cotidiana e no discurso sociocientífico revela descobertas interessantes: em ambas, oposições assimétricas temporais e culturais estão em abundância. Entretanto, é igualmente importante notar que oposições assimétricas raciais estão praticamente ausentes da segunda forma, isto é, nos escritos de especialistas em *Latin America*, as patologias cultural e temporal não são explicadas por uma suposta inferioridade racial, um argumento comumente encontrado em representações da linguagem cotidiana.

Contudo, as coisas começam a se diferenciar quando se considera a representação pictográfica na capa de livros atuais de introdução aos *Latin American Studies*. Podemos começar com o *bestseller Modern Latin America*. A capa da quinta edição contém a reprodução de um óleo sobre tela do guatemalteco Mariano González Chavajay chamado *Mercado de noche* (imagem 2). A pintura representa um grupo de 16 pessoas, a maioria delas se dedicando a atividades mercantis em um local que parece ser um mercado de rua. Todos possuem rostos parecidos, de uma coloração marrom cobreado. Muito provavelmente, as pessoas na figura pertencem a um povo indígena guatemalteco. Entretanto, a figura não está representando esse povo na capa do livro – não há referência à Guatemala ou ao seu povo –, mas *à Latin America* como um todo.

---

651 GOODWIN, Paul B. *Global studies*: Latin America. 5ª ed. Guilford: Dushkin Publishing Group, 1992, p. 6.

Imagem 2 – Capa de *Modern Latin America*, quinta edição[652]

Sempre que os leitores batem os olhos nos livros, são lembrados da aparência de *Latin America*: não branca, indígena, de pele escura. A figura também está repleta de oposições assimétricas temporais, pois os personagens parecem retrógrados, subdesenvolvidos, semirrurais, agrícolas, pré-capitalistas aos olhos "modernos". Oposições assimétricas culturais estão presentes por meio de

---

652 SKIDMORE, Thomas E.; SMITH, Peter Hopkinson. *Modern Latin America*. 5ª ed. Nova York: Oxford University Press, 2001.

elementos como roupas não ocidentais, atividades pré-capitalistas e o fato de os personagens serem facilmente identificados como indígenas. Acrescentando nuances irônicas ao todo, a alusão à paralisia histórica é reforçada pelo contraste entre o título do livro, *Modern Latin America*, e a cena, que parece perfeitamente não moderna – o leitor médio irá facilmente assumir que aquelas pessoas estiveram realizando essas atividades desde um tempo imemorável, uma vez que é quase impossível localizar essa situação em um tempo histórico, e, mesmo assim, essa é a representação de *Latin America* "moderna".

Apesar de *Modern Latin America* ser um *bestseller*, o tipo de representação de *Latin America* em sua capa seria apenas uma evidência anedótica se não fosse corroborada por quase todos os seus competidores no mercado. A capa de *A history of Latin America*, de Keen e Wasserman, contém uma reprodução de um óleo sobre tela intitulado Revolucionarios, do muralista mexicano José Clemente Orozco.[653] Essa figura é similar em muitos aspectos à capa de *Modern Latin America*. Entretanto, dessa vez, as pessoas de pele escura trajam roupas rústicas e portam armas, prováveis alusões à violência, guerra civil e irracionalidade que não são incomuns na literatura dos *Latin American Studies*. A pintura da capa de *Born in Blood and Fire*,[654] de John Charles Chasteen, também mostra camponeses mexicanos armados, dessa vez, com um olhar raivoso – uma ilustração perfeita do título e uma síntese poderosa da introdução do livro, que define *Latin America* como uma região dominada pela violência.

Latin America: a Concise Interpretive History, de Burns e Charlip,[655] *A History of Latin America e A History of Latin Ame-*

---

653 José Clemente Orozco (1930).

654 CHASTEEN, John Charles. *Born in blood and fire*: a concise history of Latin America. Nova York: W.W. Norton, 2001.

655 BURNS, E. Bradford; CHARLIP, Julie A. *Latin America*: a concise interpretative history. 7ª ed. Englewood Cliffs: Prentice Hall, 2001.

rica, volume 2: *Independence to the Present*, de Keen e Haynes,[656] também possuem capas com *Latin Americans* de pele escura vestindo roupas "tradicionais" em locais rurais ou coloniais. Entretanto, nesses casos, eles não estão em conflito, mas tocando instrumentos musicais e dançando. Apesar de essa situação parecer melhor, se comparada à das outras capas, estar entregue aos prazeres da música e da dança também alude à irracionalidade, à incapacidade de controlar suas próprias inclinações, impulsos e desejos e à falta de disposição para o trabalho duro – um eco da oposição cultural que permeia a semântica de *Latin America*, em inglês.

Ainda há outro tipo de representação de *Latin America* que pode ser encontrado na capa de livros, como, por exemplo, a quinta edição de *Latin American Politics and Development*,[657] de Howard Wiarda e Harvey F. Kline. Sua capa não representa figuras humanas – de pele negra, parda ou branca – nem cenas, nenhuma peça de roupa nem acessórios, nada do tipo. Há apenas um esquema geométrico monocromático que se assemelha a uma estampa (imagem 3). Apesar da falta dos elementos presentes em outras capas, essa figura é capaz de transmitir sinteticamente as três oposições assimétricas. Em termos culturais, essa ilustração é claramente não moderna, decorativa, e a maioria dos leitores irá atribui-la imediatamente a uma origem indígena. Os marcadores temporais estão intrinsecamente relacionados às percepções culturais, pois a ilustração parece defeituosa, feita a mão, produto de uma cultura agrícola e rural – subdesenvolvida, em qualquer que seja o nível. Um observador mais experiente poderia até mesmo relacioná-la diretamente a civilizações pré-colombianas. Por último, o elemento racial transmitido pela figura também está relacionado à sua identificação com a origem indígena. O Ocidente branco não

656 KEEN, Benjamin; HAYNES, Keith. *A history of Latin America*. 7ª ed. Boston: Houghton Mifflin, 2004.

657 WIARDA, Howard J.; KLINE, Harvey F. *Latin American politics and development*. 5ª ed. Boulder: Westview Press, 2000.

produz coisas desse tipo, atualmente. Portanto, essa ilustração poderia ser tanto de culturas primitivas do passado como de culturas não ocidentais (não brancos) do presente.

Imagem 3 – Capa de *Latin American Politics and Development*, quinta edição[658]

A capa do livro de Wiarda e Kline nos remete à moda de representar *Latin America* por meio de artefatos pré-colombianos,

658 WIARDA, Howard J.; KLINE, Harvey F. *Latin American politics and development*. 5ª ed. Boulder: Westview Press, 2000.

ponto de partida deste capítulo. Agora nós estamos preparados para responder à pergunta: o que esta prática transmite? Por que ela é tão presente? Minha hipótese é a de que esse tipo de representação se tornou tão comum porque transmite perfeita e sinteticamente os elementos semânticos que estruturaram o discurso sociocientífico sobre *Latin America*, acrescidos do elemento racial que esteve ausente deste nível textual, mas que continuou presente na linguagem cotidiana e nas representações pictográficas utilizadas por toda uma gama importante da literatura sociocientífica: os livros introdutórios.

Mas isso não é tudo. A resposta do editor da LARR me levou a refletir sobre outro elemento, outra mensagem. A *Latin American Studies Association* (LASA) esteve tradicionalmente "à esquerda" do espectro político estadunidense, desde pelo menos o início dos anos 1970.[659] A resposta do editor de fato revela um tom de esquerda, se prestarmos atenção à referência a "duas das grandes civilizações pré-colombianas: os impérios Inca e Asteca". Isso não é apenas uma afirmação descritiva. Pareceu-me que sua intenção era destacar a grandeza do passado dos *Latin Americans*: o fato de que *Latin America* produzira pelo menos duas grandes civilizações. Mas ele não parece perceber a grande ironia embutida em sua afirmação. Tal ironia está presente não apenas na afirmação, que traduz perfeitamente o conceito por trás da capa da LARR, mas também em todos os livros, catálogos e outros materiais que representam a *Latin America* por meio de arte e artefatos pré-colombianos: *Latin America* é representada como algo que é explicitamente pré-latino, algo que foi produzido antes do início da colonização do Novo Mundo por Portugal e Espanha.

Na verdade, isso é uma dupla ironia, cultural e temporal: o latino é representado pelo pré-colombiano, e a *Latin America*

659 Sobre o assunto, ver PACKENHAM, Robert A. *The dependency movement*: scholarship and politics in development studies. Cambridge: Harvard University Press, 1992, p. 271.

atual é representada por um passado imemorial – asteca, inca, ou genericamente indígena (como na capa de *Modern Latin America*). Assim, por meio desse tipo de representação, o nome *Latin America* em si é transformado em um oximoro, um paradoxo, um termo ambíguo no mínimo. Mas a ironia por trás da representação não é infundada nem isenta de significado. Pelo contrário, a representação pré-colombiana sintetiza o diagnóstico de *Latin America* formulado pelos *Latin American Studies*, desde a teoria da modernização até o presente: a experiência histórica *Latin American*, desde a chegada das naus dos ibéricos, tem sido um retumbante fracasso; nada de valor, nenhum progresso, nenhuma liberdade foram produzidos.

A independência não teria modificado em nada a opressão do povo indígena ou a decadência e a estagnação das instituições coloniais. Segundo Skidmore e Smith,

> A Conquista iniciou uma tradição de violência política que emergiu em golpes súbitos, assassinatos, movimentos armados, intervenções militares e (mais raramente) revoluções sociais. Encontros ideológicos entre liberalismo, positivismo, corporativismo, anarquismo, socialismo, comunismo, fascismo e ensino religioso de todas as nuances doutrinárias moldaram a intensidade do embate. Apesar das diferentes formas de conflito político, antigas estruturas econômicas e sociais persistiram.[660]

Em sua condenação da experiência histórica latina, especialistas em *Latin America* tanto à esquerda quanto à direita uniram forças. Mas aqueles à esquerda, a facção dominante, acrescentaram algo: uma identificação politicamente correta com os oprimidos, subalternos, na forma da exaltação do indígena, das grandes civilizações pré-colombianas, que estão, na verdade, mortas: elas

---

660 SKIDMORE, Thomas E.; SMITH, Peter Hopkinson. *Modern Latin America*. 5ª ed. Nova York: Oxford University Press, 2001, p. 5.

foram destruídas pelos malvados espanhóis e portugueses. Um dos principais problemas aqui é que essa identificação politicamente correta com os oprimidos tem a função de ignorar a política atual: como movimentos e grupos sociais, nesses países que estão cobertos pelo rótulo de *Latin America*, conquistaram direitos e voz dentro de suas próprias comunidades nacionais, como lutaram, e conseguiram, reconhecimento de sociedades em constante mudança, e como eles contribuíram para a democratização de seus países.

Tal representação apaga o fato de que a maioria dos subalternos e *dos oprim*idos na América Latina não são indígenas que vivem em áreas remotas, que falam línguas não ocidentais, que possuem culturas e religiões imemoriais e não ocidentais, mas habitantes urbanos que são, em sua maioria, cristãos e que falam somente espanhol ou português. Vemos aqui um esforço de se produzir representações culturais politicamente corretas, o que é em si meritório e necessário, que acaba por reproduzir os mesmos vícios de negação do reconhecimento produzidos pela lógica imperialista estadunidense: um discurso que reduz *Latin America* e os *Latin Americans* ao fracasso total, incapazes de possuírem autonomia moral e política e de serem agentes de sua própria história. Os *Latin American Studies* parecem estar eivados da mesma deficiência histórica que os latinoamericanistas identificam em seu próprio objeto. Será que vão algum dia mudar?

Conclusão

O estudo dos contraconceitos assimétricos proposto aqui tem pontos comuns com algumas teorias pós-coloniais. O complexo cultural do Orientalismo, como Edward Said o definiu,[661] ao menos no nível da formação de discurso, pode ser redefinido em termos de um conjunto de contraconceitualizações assimétricas.

---

661 SAID, Edward W. *Orientalism*. 1ª ed. Nova York: Pantheon Books, 1978.

As representações de *Latin America* que estive examinando são apenas uma pequena parte de uma máquina representativa maior, formada por disciplinas, instituições e sistemas de autoridade que estabelecem *loci* de enunciação privilegiados (universidades, *think tanks*, especialistas políticos etc.). Isto é, a máquina representativa do "*Latin Americanism*" é similar à do Orientalismo. Então, por que não escrever este trabalho nos mesmos termos foucaultianos do Orientalismo de Said? Porque há diversas formas de se pelar um gato, como dizem em inglês, e explorar alternativas metodológicas pode ser intelectualmente mais gratificante do que replicar fórmulas já testadas. Além disso, o estudo de contraconceitos assimétricos proposto aqui é diferente da formulação original de Koselleck, ou seja, ele serviu também para o desenvolvimento teórico de uma tipologia da linguagem de produção do Outro.

Alguns estudos acerca do Orientalismo e de outros contextos coloniais têm paralelos interessantes com o presente esforço. Isso é particularmente verdadeiro se tomarmos os trabalhos de Timothy Mitchell[662] e de Terry Smith,[663] ambos com enfoque na análise da representação visual do processo colonial. Ao estudar as Exposições Mundiais do século XIX, Mitchell identificou o aparente realismo das representações orientais, isto é, sua correspondência "estrita" com o mundo externo.[664] No caso das representações de *Latin America* examinadas aqui, essa prática também pode ser verificada no uso de ilustrações que seriam "genuinamente *Latin*

---

662 MITCHELL, Timothy. "Orientalism and the exhibitionary order". *In*: MIRZOEFF, Nicholas (Coord.). *The visual culture reader*. Londres: Routledge, 1998.

663 SMITH, Terry. "Visual regimes of colonization: aboriginal seeing and European vision in Australia". *In*: MIRZOEFF, Nicholas (Coord.). *The visual culture reader*. Londres: Routledge, 1998.

664 MITCHELL, Timothy. "Orientalism and the exhibitionary order". *In*: MIRZOEFF, Nicholas (Coord.). *The visual culture reader*. Londres: Routledge, 1998, p. 501.

American" – a capa, desse modo, pretende representar *Latin Americans* da forma como eles próprios se representariam.

Enquanto investigava os "regimes visuais" usados para representar povos aborígenes em mapas europeus e imagens de paisagens da Austrália, Terry Smith identificou três práticas: calibragem, obliteração e simbolização (*aestheticization*).[665] Os dois últimos podem ser também aplicados à representação de *Latin America* por meio das ilustrações pré-colombianas, uma vez que essa representação funciona como um símbolo de todo o continente, ao mesmo tempo que se esconde do registro visual a vasta maioria do povo cognominado "*Latin American*".

Os trabalhos de Luz Elena Ramirez[666] e Ricardo D. Salvatore[667] lidam com matérias que são, de muitas maneiras, complementares à história do conceito de *Latin America* esboçada aqui. Enquanto trabalhei com a história daquele conceito nos Estados Unidos, com foco nos textos sociocientíficos e na linguagem cotidiana do século XX, Ramirez examinou as representações de *Latin America* na literatura britânica do século XVI ao início do século XX. A autora identifica um processo de oposição binária, similar aos descritos aqui, na forma como escritos britânicos "americanistas" depreciam o colonialismo espanhol e português, de modo a representar o colonialismo britânico como o mais humano e civilizado.[668] Ramirez adota a noção de "imperialismo informal" para descrever as incursões britânicas na América Latina no início do século XIX,

665 SMITH, Terry. "Visual regimes of colonization: aboriginal seeing and European vision in Australia". *In*: MIRZOEFF, Nicholas (Coord.). *The visual culture reader*. Londres: Routledge, 1998.

666 RAMIREZ, Luz Elena. *British representations of Latin America*. Gainesville: University Press of Florida, 2007.

667 SALVATORE, Ricardo Donato. *Imágenes de un imperio*: Estados Unidos y las formas de representación de América Latina. Buenos Aires: Editorial Sudamericana, 2006.

668 RAMIREZ, Luz Elena. *British representations of Latin America*. Gainesville: University Press of Florida, 2007, pp. 23/24.

que, de acordo com ela, eram não intervencionistas e motivadas por interesses econômicos em vez de militares.[669]

A mesma noção de "imperialismo informal" é usada por Ricardo D. Salvatore para investigar o conhecimento a respeito e as representações da América do Sul produzidos nos Estados Unidos durante o apogeu do panamericanismo, 1890-1945 –[670] um período que a análise presente cobre apenas brevemente, pois o conceito de *Latin America* ainda não era muito disseminado na língua inglesa. O autor coletou uma variedade de fontes, como imagens das exposições, mapas, fotografias, textos de viajantes etc., cuja análise iria certamente enriquecer e expandir a história do conceito de *Latin America* nos Estados Unidos. Contudo, há de se anotar que Salvatore se mostra mais interessado em explorar a tese do "imperialismo informal" do que em se dedicar à interpretação de textos e imagens.[671]

Outras variedades de teorias pós-coloniais podem ser usadas para iluminar o presente estudo, ainda que não sem ressalvas. Por exemplo, a análise aqui presente dialoga fortemente com o argumento de Homi Bhabha[672] de que culturas só podem ser colocadas como objetos fixos de conhecimento por meio de um processo violento de homogeneização, que, por seu turno, operaria por meio funcional da escolha de símbolos e ícones representativos – um argumento que funde as práticas de obliteração e simbolização, como foram definidas por Smith. De fato, *Latin America* se torna um objeto conhecido por

---

669 RAMIREZ, Luz Elena. *British representations of Latin America*. Gainesville: University Press of Florida, 2007, pp. 23/24.

670 SALVATORE, Ricardo Donato. *Imágenes de un imperio*: Estados Unidos y las formas de representación de América Latina. Buenos Aires: Editorial Sudamericana, 2006.

671 FERES JÚNIOR, João. *The concept of Latin America in the United States*: misrecognition and social scientific discourse. Nova York: Nova Science Publishers, 2010 (Latin American political, economic and security issues series).

672 BHABHA, Homi K. *The location of culture*. Londres: Routledge, 1994, p. 20.

meio dessa operação de nivelamento de experiências vividas por povos diferentes em contextos amplamente diversos. Entretanto, Bhabha também está interessado em mostrar como o discurso colonial falha parcialmente no processo de apropriação pelo colonizado, que sempre o recebe com uma mistura de mimese e escárnio.[673]

Esse tipo de argumentação faz surgirem questões teóricas do terceiro espaço e do pensamento de fronteira, temas discutidos por diversos autores, incluindo algumas reflexões sobre latinos nos Estados Unidos e identidades subalternas na América Espanhola.[674] O presente trabalho não trata, entretanto, da questão da resistência. Se o tema fosse a resposta dos chamados *latinos* estadunidenses às representações estereotipadas da *Latin America*, então provavelmente identificaríamos formas de hibridização cultural e até mesmo de essencialização estratégica – do modo definido por Gayatri Chakravorty Spivak –,[675] fenômenos encontrados, por exemplo, no trabalho de Coco Fusco.[676]

Há pelo menos uma razão importante para não dar proeminência à resistência: a maior parte do desenvolvimento histórico da semântica de *Latin America* ocorreu durante um período no qual os latinos ainda eram uma comunidade relativamente pequena, com pouca influência política nos Estados Unidos. Ao mesmo tempo, os chamados "*Latin Americans*" viviam em contextos nos quais os discursos estadunidenses sobre *Latin America* eram percebidos (quando o eram), em sua maior parte, como um produto estrangeiro que

---

673 BHABHA, Homi K. *The location of culture*. Londres: Routledge, 1994, p. 115.

674 ANZALDÚA, Gloria. *Borderlands*: the New Mestiza – La Frontera. 1ª ed. São Francisco: Spinsters/Aunt Lute, 1987; MIGNOLO, Walter. *Local histories/global designs*: coloniality, subaltern knowledges, and border thinking. Princeton: Princeton University Press, 2000.

675 SPIVAK, Gayatri Chakravorty. "Criticism, Feminism and the Institution: interview with Elizabeth Gross". *Thesis Eleven*, nº 10/11, 1984-1985.

676 FUSCO, Cocoe; WALLIS, Brian. *Only skin deep*: changing visions of the American self. Nova York: International Center of Photography in association with Harry N. Abrams, Inc., Publishers, 2003.

não necessariamente interferia em suas identidades como peruanos, guatemaltecos, argentinos, brasileiros. Entretanto, isso não significa que eles não sofreram as consequências desses discursos, que foram usados para justificar a intervenção política e militar estadunidense,[677] a cooperação com ditadores,[678] forças políticas repressivas[679] e organizações de guerrilha militares antidemocráticas e de direita.[680]

Uma comparação com o trabalho de Arnd Schneider, *Appropriation as Practice: Art and Identity in Argentina*,[681] ajuda a esclarecer outros aspectos do presente capítulo. A originalidade de Schneider reside não apenas no objeto escolhido – a construção de novas identidades por artistas argentinos por meio da apropriação da arte indígena e pré-colombiana –, mas também em sua abordagem disciplinar, que é uma mistura de teorias antropológicas e pós-coloniais, hermenêutica e estudos de globalização.[682] O autor investiga como a arte indígena (incluindo a pré-colombiana) começou a ser utilizada pela maioria dos artistas não indígenas da Argentina visando desestabilizar a identidade nacional (que é predominantemente branca e europeia) e as representações pejorativas de povos indígenas

---

677 SCHOULTZ, Lars. *Beneath the United States*: a history of US policy toward Latin America. Londres: Harvard University Press, 1998; SMITH, Peter Hopkinson. *Talons of the eagle*: dynamics of U.S.-Latin American relations. first ed. Nova York: Oxford University Press, 1996.

678 SCHOULTZ, Lars. *Human rights and United States policy toward Latin America*. Princeton: Princeton University Press, 1981.

679 HUGGINS, Martha Knisely. *Political policing*: The United States and Latin America. Londres: Duke University Press, 1998.

680 BERGER, Mark T. *Under Northern eyes*: Latin American studies and U.S. hegemony in the Americas, 1898-1990. Caribbean and Latin American studies. Bloomington: Indiana University Press, 1995.

681 SCHNEIDER, Arnd. *Appropriation as practice*: art and identity in Argentina. 1ª ed. Nova York: Palgrave Macmillan, 2006.

682 Schneider coloca isso de maneira um pouco diferente: "antropologia da arte, antropologia urbana e estudos de etnia/identidade e globalização" (SCHNEIDER, Arnd. *Appropriation as practice*: art and identity in Argentina. 1ª ed. Nova York: Palgrave Macmillan, 2006, p. 4).

e construir o que ele, por vezes, chama de "novas identidades latino-americanas". Utilizando o conceito de hibridização dos escritos de Néstor García Canclini, ele conclui que essas novas identidades não são essenciais, mas uma mistura de diversos elementos, "uma fonte de fragmentos a partir da qual o artista trabalha".[683]

Schneider fornece evidências inegáveis de que esses artistas eram capazes de empregar representações da arte pré-colombiana e latino-americana com um sentido positivo, uma prática que contrasta com os modos pelos quais essas representações geralmente operam nos Estados Unidos, como mostrei acima. Isso significa que só podemos estudar os significados transmitidos por meio de representações simbólicas e textuais ao colocá-las no seu contexto próprio e examinarmos as maneiras com que são empregadas – algo que Alfred Gell já havia argumentado a respeito do uso social de objetos de arte.[684] No caso de Schneider, o contexto é o ambiente artístico na Argentina e os discursos sobre identidade nacional de artistas e outros setores da sociedade. No meu caso, o contexto é a produção textual e imagética dos *Latin American Studies* e, de forma mais geral, dos discursos sobre *Latin America* presentes na linguagem cotidiana do inglês estadunidense. Dessa forma, presumo aqui que as imagens pré-colombianas em capas de livros e catálogos possuam uma função conceitual, funcionando como símbolos que representam *Latin America* como um todo – essa relação pode ser imediatamente percebida por meio de uma análise combinada de figuras e títulos dos livros e catálogos, como aquela apresentada neste livro.

Como postula Jacques Rancière,[685] "o título de filmes e livros frequentemente cria conexões que conferem significado às

683 SCHNEIDER, Arnd. *Appropriation as practice*: art and identity in Argentina. 1ª ed. Nova York: Palgrave Macmillan, 2006, p. 32.

684 GELL, Alfred. *Art and agency*: an anthropological theory. Oxford: Clarendon Press, 1998.

685 RANCIÈRE, Jacques. *The future of the image*. Pbk. ed. Londres: Verso, 2009, p. 33.

imagens". Em parte, há uma relação de ilustração na qual a figura duplica o que está linguisticamente representado no texto, como nos casos de oposições assimétricas culturais e temporais.[686] Mas há também uma relação na qual as figuras suplementam a informação dada pelo texto, um processo que Roland Barthes chamou de *relais*[687] Esse é o caso da oposição assimétrica racial, que está onipresente nas imagens, mas, na maior parte dos casos, ausente dos textos. É importante deixar claro que não estou tentando negar a argumentação de Foucault de que há uma relação infinita entre imagem e texto.[688] Não pretendo ter exaurido as possibilidades interpretativas abertas pela análise combinada de textos e imagens dos *Latin American Studies* nem tampouco o potencial representativo da arte pré-colombiana. O presente trabalho explora somente algumas dessas possibilidades ainda não profundamente estudadas pela literatura acadêmica.

Teorias da imagem e estudos de cultura visual procuram encontrar ligações entre duas posições epistemológicas extremas: uma que presume a separação entre texto e imagem como "condição *a priori* sob a qual todas as ideias são formuladas",[689] e outra que postula que essa separação falha em compreender "a dialética instável e constantemente mutante das práticas de representação, as quais rompem com padrões pictográficos e discursivos".[690] Não adoto qualquer dessas posições, mas uma abordagem pragmática de assumir alguma estabilidade na relação entre texto e imagem. Isso é justificado, em parte, pelo tipo de material examinado neste

686 KRESS, Gunthere; VAN LEEUWEN, Theo. *Reading images*. Deakin University, 1990, p. 89.

687 BARTHES, Rolande; HEATH, Stephen. *Image, music, text*. Nova York: Hill and Wang, 1977.

688 FOUCAULT, Michel. *The order of things*: an archaeology of the human sciences. Nova York: Pantheon Books, 1971.

689 DELEUZE, Gilles. *Foucault*. Paris: Editions de Minuit, 1986, p. 60.

690 MITCHELL, W. J. T. *Picture theory*: essays on verbal and visual representation. Chicago: University of Chicago Press, 1994, p. 83.

estudo. Por exemplo, diferentemente da arte conceitual e de trabalhos de arte que contêm textos e imagens, como o material analisado por W. J. T. Mitchell, as imagens usadas pelos *Latin American Studies* não foram compostas com ou para os textos, isto é, elas foram produzidas independentemente e, depois, reproduzidas nas capas.[691] Desse modo, sem excluir a possibilidade de instabilidades e mudanças semânticas, é razoável assumir que essas imagens têm uma função representativa que não é inteiramente banida por um processo análogo à *différance* de Jacques Derrida, e que essa função pode ser apreendida, mesmo que imperfeitamente.

Alguns podem argumentar que as figuras nas capas de livros e catálogos não são escolhidas pelos próprios autores, mas pelos editores das editoras acadêmicas. Isso é certamente verdadeiro e só ajuda a reforçar a estratégia analítica de não tomar a representação derrogatória de *Latin America* como produto da perspectiva de um autor ou grupo de autores, mas de estudá-la como discurso produzido por uma atividade institucionalizada conhecida como *Latin American Studies*. Desse modo, encontrar relações de atributos comuns e complementares entre textos e imagens, linguagem cotidiana e linguagem acadêmica, são operações válidas, análogas à intertextualidade de Foucault, que ajudam a revelar o discurso de *Latin America* como algo que vai além da fronteira do que é comumente entendido como acadêmico.

691 Os Astecas, Maias e Incas que produziram aqueles desenhos e objetos não poderiam, de modo algum, ter a *Latin America* em mente, tendo em vista que o próprio conceito era impensável naquele tempo. Muito provavelmente, nem Mariano González Chavajay, nem os muralistas mexicanos, cujas obras foram usadas nas capas dos livros, estavam engajados em representar a *Latin America*, mas tipos específicos de revolucionários guatemaltecos e mexicanos, respectivamente.

REFERÊNCIAS BIBLIOGRÁFICAS

A MEXICANA (*The Mexican*). Direção: Gore Verbinski. EUA, 2000.

ADAMS, John Quincy; ADAMS, Charles Francis. *Memoirs of John Quincy Adams*: comprising portions of his diary from 1795 to 1848. 1ª AMS ed. Nova York: AMS Press, 1970.

AGASSIZ, Louis; AGASSIS, Elizabeth Cabot Cary. *A Journey in Brazil*. Boston: [s.n.], 1895.

ALEXANDER, Robert J. *Communism in Latin America*. New Brunswick: Rutgers University Press, 1957.

ALLEN, Gay Wilson. *Waldo Emerson*: a biography. Nova York: Viking Press, 1981.

ALLMAN, Timothy D. *Unmanifest destiny*: mayhem and illusion in american foreign policy – from the monroe doctrine to reagan's war in el salvador. Garden City: Doubleday, 1984.

ALMOND, Gabriel; COLEMAN, James Scote (Coord.). *The Politics of Developing Areas*. Princeton: Princeton University, 1960.

ANDERSON, Charles W. *Politics and Economic Change in Latin America*: the Governing of Restless Nations. Princeton: D. Van Nostrand, 1967.

______. "Toward a Theory of Latin American Politics". *In*: WIARDA, Howard J. (Coord.). *Politics and Social Change in Latin America*: Still a Distinct Tradition? Boulder: Westview Press, [1964] 1992.

ANZALDÚA, Gloria. *Borderlands*: the New Mestiza – La Frontera. 1ª ed. São Francisco: Spinsters/Aunt Lute, 1987.

ARDAO, Arturo. *Genesis de la idea y el nombre de America Latina*. Caracas: Centro de Estudios Latinoamericanos Romulo Gallegos, 1980.

ARISTOTLE. *The Politics of Aristotle*. Trad. Ernest Barker. Nova York: Oxford University Press, 1958.

ARNOVE, Robert F. *Philanthropy and cultural imperialism*: the foundations at home and abroad. Bloomington: Indiana University Press, 1982.

BALL, Terence. "American political science in its postwar political context". *In*: FARR, James; SEIDELMAN, Raymond (Coord.). *Discipline and history*: political science in the United States. Ann Arbor: University of Michigan Press, 1993.

______. "An Ambivalent Alliance: Political Science and American Democracy". *In*: FARR, James; DRYZEK, John S.; LEONARD, Stephen T. (Coord.). *Political science in history*: research programs and political traditions. Cambridge: Cambridge University Press, 1995.

______. "The Politics of Social Science in Postwar America". *In*: MAY, Lary (Coord.). *Recasting America*: Culture and Politics in the Age of Cold War. Chicago: University of Chicago Press, 1989.

BARBER, Willard F.; RONNING, C. Neale. *Internal Security and Military Power*: Counterinsurgency and Civic Action in Latin America. Columbus: Ohio State University Press, 1966.

BARTHES, Rolande; HEATH, Stephen. *Image, music, text*. Nova York: Hill and Wang, 1977.

BATH, C. Richard; JAMES, Dilmus D. "Dependency Analysis of Latin America". *Latin American Research Review*, vol. 11, nº 3, 1976.

BENDER, Steven. *Greasers and gringos*: Latinos, law, and the American imagination, Critical America. Nova York: New York University Press, 2003.

BENHABIB, Seyla. *The claims of culture*: equality and diversity in the global era. Princeton: Princeton University Press, 2002.

BENTLEY, Arthur F. *The process of government*: a study of social pressures. Chicago: The University of Chicago Press, 1908.

BERGER, Mark T. *Under Northern eyes*: Latin American studies and U.S. hegemony in the Americas, 1898-1990. Caribbean and Latin American studies. Bloomington: Indiana University Press, 1995.

BERMAN, Edward H. *The influence of the carnegie, ford and rockefeller foundations on american foreign policy*: the ideology of philanthropy. Albany: State University of Nova York Press, 1983.

BERMAN, Marshall. *The politics of authenticity*: radical individualism and the emergence of modern society. Nova York: Atheneum, 1970.

BETHELL, Leslie. *Latin America since 1930, The Cambridge history of Latin America*. vol. 8. Cambridge: Cambridge University Press, 1991.

BHABHA, Homi K. *The location of culture*. Londres: Routledge, 1994.

BLACK, Cyril Edwin. "Change as a condition of modern life". *In*: WEINER, Myron (Coord.). *Modernization*: the dynamics of growth. Nova York: Basic Books, 1966.

BLACK, Shirley Jean. *Napoleon III and Mexican silver*. Silverton: Ferrell Publications, 2000.

BLANKSTEN, George. "The Politics of Latin America". *In*: ALMOND, Gabriel; COLEMAN, James S. (Coord.). *The Politics of Developing Areas*. Princeton: Princeton University, 1960.

BLASIER, Cole. *The hovering giant*: U.S. responses to revolutionary change in Latin America 1910-1985. Rev. ed. Pitsburgo: University of Pittsburgh Press, 1985.

BODENHEIMER, Susanne. "Dependency and Imperialism: the Root of Latin American Underdevelopment". *Politics and Society*, vol. 1, nº 3, 1971.

BOURGEOIS, Roy. "Bearing witness". *The Progressive*, vol. 56, abr. 1992.

_____. *School of the Assassins*. Maryknoll World Productions. Videotape, 1994. Duração 18 min.

BURDICK, John. *Looking for God in Brazil*: the progressive Catholic Church in urban Brazil's religious arena. Berkeley: University of California Press, 1993.

BURNS, E. Bradford; CHARLIP, Julie A. *Latin America*: a concise interpretative history. 7ª ed. Englewood Cliffs: Prentice Hall, 2001.

CAMMACK, Paul. *Capitalism and democracy in the third world*: the doctrine for political development. Leicester: Leicester University Press, 1997.

CAMP, Roderic Ai (Coord.). *Democracy in Latin America*: patterns and cycles. Wilmington: Scholarly Resources Inc, 1996.

CANTRIL, Hadley (Coord.). *Public opinion, 1935-1946*. Princeton: Princeton University Press, 1951.

CAPPON, Lester J. (Coord.). *The Adams-Jefferson letters*: the complete correspondence between Thomas Jefferson and Abigail and John Quincy Adams. Chapel Hill: University of North Carolina, 1988.

CARDOSO, Fernando Henrique. "The Consumption of Dependency Theory in the United States". *Latin American Research Review*, vol. 12, nº 3, 1977.

CARDOSO, Fernando Henrique; FALETTO, Enzo. *Dependencia y desarrollo en América Latina*: ensayo de interpretación sociológica. 1ª ed; 2ª ed; 3ª ed. México: Siglo Veintiuno Editores, 1969.

______. *Dependency and development in Latin America*. Berkeley: University of California Press, 1979.

CHANG, Ha-Joon. *Kicking away the ladder*: development strategy in historical perspective. Londres: Anthem Press, 2002.

CHAPMAN, Charles E. "The founding of the Review". *Hispanic American Historical Review*, vol. 1, nº 1, 1918.

CHASTEEN, John Charles. *Born in blood and fire*: a concise history of Latin America. Nova York: W.W. Norton, 2001.

CHEVALIER, Michel. *Society, manners and politics in the United States*. Nova York: Augustus M. Kelley Publishers, [1836] 1966.

CHILCOTE, Ronald H. "A Question of Dependency". *Latin American Research Review*, vol. 13, nº 2, 1978.

______. "Dependency: a Critical Synthesis of the Literature". *Latin American Perspectives*, vol. 1, nº 1, 1974.

______. *Dependency and marxism*: towards a resolution of the debate. Boulder: Westview Press, 1982.

______. *The brazilian communist party*: conflict and integration 1922-1972. Nova York: Oxford University Press, 1974.

______. *Theories of comparative politics*: the search for a paradigm. Boulder: Westview Press, 1981.

______. *Theories of comparative politics*: the search for a paradigm revisited. Boulder: Westview Press, 1995.

______. *Theories of development and underdevelopment*. Boulder: Westview Press, 1984.

CHIROT, Daniel. *Social Change in the Modern Era*. Nova York: Harcourt, Brace and Jovanovich, 1986.

CHOMSKY, Noam (Coord.). *The Cold War and the university*. Nova York: The New Press 1997.

CHOMSKY, Noam. *American Power and the New Mandarins*. Nova York: Pantheon, 1968.

CLEVEN, N. Andrew N. "Some social aspects of the Mexican Constitution of 1817". *Hispanic American Historical Review*, vol. 4, nº 3, 1921.

COCHRAN, Thomas C. "Cultural Factors in Economic Growth". *Journal of Economic History*, vol. 20, nº 4, 1960.

COCKCROFT, James D.; FRANK, Andre Gunder; JOHNSON, Dale L. *Dependence and underdevelopment*: Latin America's political economy. Garden City: Anchor Books, 1972.

CODMAN, John. *Ten months in Brazil, with incidents of voyages and travels, descriptions of scenery and characters, notices of commerce and productions, etc.* [S.l.]: Boston, 1867.

CONDORCET, Marie-Jean-Antoine-Nicolas de Caritat marquis de. *Esquisse d'un tableau historique des progrès de l'esprit humain/ Fragment sur l'Atlantide*. Paris: Flammarion, [1795] 1988.

COOKE, Maeve. "Authenticity and Autonomy: Taylor, Habermas, and the Politics of Recognition". *Political Theory*, vol. 25, nº 2, abr. 1997.

CRAWFORD, W. Rex. "Pathology of democracy in Latin-America: a symposium. IV. A sociologist's point of view". *American Political Science Association*, vol. 44, nº 1, 1950.

CUNNINGHAM, Michele. *Mexico and the foreign policy of Napoleon III*. Nova York: Palgrave Macmillan, 2001.

DAALDER, Hans. *The role of the military in the emerging countries*. Haia: Moulton, 1962.

DAHL, Robert. "The Behavioral approach in political science: epitaph for a monument to a successful protest". *In*: FARR, James; SEIDELMAN, Raymond (Coord.). *Discipline and history*: political science in the United States. Ann Arbor: University of Michigan Press, 1972.

DARÍO, Rubén. *Obras completas*. Madrid: A. Aguado, 1950.

DE LEON, Arnoldo. *They called them greasers*: Anglo attitudes toward Mexicans in Texas, 1821-1900. 1ª ed. Austin: University of Texas Press, 1983.

DEALY, Glen. "Prolegomena on the Spanish American Political Tradition". *The Hispanic American Historical Review*, vol. 48, nº 1, 1968.

DELEUZE, Gilles. *Foucault*. Paris: Editions de Minuit, 1986.

DEUTSCH, Karl. "Social Mobilization and Political Development". *American Political Science Review*, vol. 55, nº 3, 1961.

DIXON, David E. "The new Protestantism in Latin America: remembering what we already know, testing what we have learned". *Comparative Politics*, vol. 27, nº 4, jul. 1995.

DROOGERS, André; HUITZER, Gerrit; SIEBERS, Hans (Coord.). *Popular Power in Latin American Religions*. Saarbrücken; Fort Lauderdale: Verlag Breitenbach Saarbrücken, 1991.

EASTON, David. *The political system*: an inquiry into the state of political science. 2ª ed. Nova York: Knopf, 1953.

EILERMAN, Marge. "Dancing the dance to freedom". *The Humanist*, vol. 59, nº 4, 1999.

ESCOBAR, Arturo. *Encountering development*: the making and unmaking of the third world. Princeton: Princeton University Press, 1995.

EVANS, Peter. *Dependent development*: the alliance of multinational, state and local capital in Brazil. Princeton: Princeton University Press, 1979.

FABIAN, Johannes. *Time and the other*: how anthropology makes its subject. Nova York: Columbia University Press, 1983.

FAGEN, Richard R. "Studying Latin American Politics: Some Implications of a Dependencia Approach". *Latin American Research Review*, vol. 12, nº 2, 1977.

FAYERWEATHER, John. *The executive overseas*. Syracuse: Syracuse University Press, 1959.

FERES JÚNIOR, João. "A Consolidação do Estudo Sociocientífico da América Latina: uma breve história cum estudo bibliográfico". *BIB – Revista de Informação Bibliográfica em Ciências Sociais*, nº 55, 2003.

______. "Aprendendo com os erros do outros: o que a história da ciência política americana tem para nos ensinar". *Revista de Sociologia e Política*, vol. 15, nov. 2000.

______. "Building a typology of forms of misrecognition: beyond the republican-Hegelian paradigm". *Contemporary Political Theory*, vol. 5, nº 3, 2006.

______. "Building a typology of forms of misrecognition: beyond the republican-Hegelian paradigm". *Contemporary Political Theory*, vol. 5, nº 3, 2006.

______. "Esquerda, direita e o politicamente correto: breve estudo comparado". *Revista USP*, vol. 115, 2017.

______. "Political philosophy, ethnology, and time: a study of the notion of historical handicap". *Kriterion*, vol. 43, nº 105, jun. 2002.

______. "The semantics of asymmetric counterconcepts: the case of 'Latin America' in the US". *Anales of the Iberoamerikanska Institutet*, nº 7/8, 2005.

______. *A história do conceito de Latin America nos Estados Unidos*. Bauru: EDUSC, 2005.

______. *La historia del concepto Latin America en los Estados Unidos de América*. Santander: Universidad de Cantabria, 2008. (Traducciones/ Universidad de Cantabria, vol. 2).

______. *The concept of Latin America in the United States*: misrecognition and social scientific discourse. Nova York: Nova Science Publishers, 2010. (Latin American political, economic and security issues series).

______. *The concept of Latin America in the United States*: misrecognition and social scientific discourse. Nova York: Nova Science Publishers, 2010 (Latin American political, economic and security issues series).

FERES JÚNIOR, João; NASCIMENTO, Leonardo Fernandes; EISENBERG, Zena Winona. "Monteiro Lobato e o politicamente correto". *Dados*, vol. 56, nº 1, mar. 2013.

FITZGIBBON, Russell Humke. "Pathology of democracy in Latin-America: a symposium. II. A political scientist's point of view". *American Political Science Association*, vol. 44, nº 1, mar. 1950.

_____. *The constitutions of the Americas, as of January 1, 1948*. Chicago: Univ. of Chicago Press, 1948.

FONT, Mauricio A. "Introduction: to craft a new era: the intellectual trajectory of Fernando Henrique Cardoso". *In*: CARDOSO, Fernando Henrique (Coord.). *Charting a new course*: the politics of globalization and social transformation. Lanham: Rowman & Littlefield Publishers, 2001.

FOSTER-CARTER, Aidan. "From Rostow to Gunder Frank: Conflicting Paradigms in the Analysis of Underdevelopment". *World Development*, vol. 4, nº 3, 1976.

FOUCAULT, Michel. *The order of things*: an archaeology of the human sciences. Nova York: Pantheon Books, 1971.

FRANK, Andre Gunder; BONILLA, Arturo. "Declaration of Latin American economists". *In*: COCKCROFT; James D.; FRANK, Andre Gunder; JOHNSON, Dale L. (Coord.). *Dependence and Underdevelopment*: Latin America's Political Economy. Garden City: Anchor Books, 1972.

FRANK, Andre Gunder. "Sociology of development and underdevelopment of sociology". *In*: COCKCROFT; James D.; FRANK, Andre Gunder; JOHNSON, Dale L. (Coord.). *Dependence and Underdevelopment*: Latin America's Political Economy. Garden City: Anchor Books, 1972.

_____. "The development of underdevelopment". *In*: COCKCROFT, James D.; FRANK, Andre Gunder; JOHNSON, Dale L. (Coord.). *Dependence and underdevelopment*: Latin America's political economy. Garden City: Anchor Books, 1972.

_____. "Who is the enemy?" *In*: COCKCROFT, James D.; FRANK, Andre Gunder; JOHNSON, Dale L. (Coord.). *Dependence and Underdevelopment*: Latin America's Political Economy. Garden City: Anchor Books, 1972.

_____. *Latin America*: underdevelopment or revolution – essays on the development of underdevelopment and the immediate enemy. Nova York: Monthly Review Press, 1969.

FRASER, Nancy. "Social justice in the age of identity politics: redistribution, recognition, and participation". *In*: FRASER, Nancy; HONNETH, Axel (Coord.). *Redistribution or recognition? a philosophical exchange*. Londres: Verso, 2001.

______. *Justice interruptus*: critical reflections on the "postsocialist" condition. Nova York: Routledge, 1997.

FREDRICKSON, George M. *The arrogance of race*: historical perspectives on slavery, racism, and social inequality. 1ª ed. Connecticut: Wesleyan University Press, 1988.

FUSCO, Cocoe; WALLIS, Brian. *Only skin deep*: changing visions of the American self. Nova York: International Center of Photography in association with Harry N. Abrams, Inc., Publishers, 2003.

GADAMER, Hans Georg. *Truth and method*. 2ª rev. ed. Nova York: Continuum, 1995.

______. *Truth and method*. Trad. Garrett Barden; John Cumming. Nova York: Seabury Press, 1975.

GARRARD-BURNETT, Virginia; STOLL, David. *Rethinking Protestantism in Latin America*. Filadélfia: Temple University Press, 1993.

GELL, Alfred. *Art and agency*: an anthropological theory. Oxford: Clarendon Press, 1998.

GENDZIER, Irene L. *Managing political change*: social scientists and the Third World. Boulder: Westview Press, 1985.

GIBSON, Charles. *The black legend*: anti-Spanish attitudes in the Old World and the New. Nova York: Knopf, 1971.

GIL, Federico. "Latin American studies and political science: a historical sketch". *LASA Forum*, vol. 16, nº 2, 1985.

GILBERT, Guy J. "Socialism and Dependency". *Latin American Perspectives*, vol. 1, nº 1, mar. 1974.

GILLIN, John. "Ethos components in modern Latin America Culture". *American Anthropologist*, vol. 57, nº 1, jun. 1955.

GIRVAN, Norman. "The development of dependency economics in the Caribbean and Latin America: review and comparison". *Social and Economic Studies*, vol. 22, nº 1, mar. 1973.

GLEIJESES, Piero. *Shattered hope*: the Guatemalan revolution and the United States, 1944-1954. Princeton: Princeton University Press, 1991.

______. *The Dominican Crisis*: the 1965 Constitutionalist Revolt and American Intervention. Baltimore: Johns Hopkins University Press, 1978.

GOMEZ, Rosendo A. *The study of latin american politics in university programs in the United States*. Tucson: University of Arizona Press, 1967.

GOODWIN, Paul B. *Global studies*: Latin America. 5ª ed. Guilford: Dushkin Publishing Group, 1992.

GUNNELL, John G. "American Political Science, Liberalism and the Invention of Political Theory". *American Political Science Review*, vol. 82, nº 1, mar. 1988.

______. *Between Philosophy and Politics*: the Alienation of Political theory. Amherst: University of Massachusetts Press, 1986.

______. *The descent of political theory*: the genealogy of an american vocation. Chicago: University of Chicago Press, 1993.

HAGEN, Everett Einar. *On the theory of social change*: how economic growth begins. Homewood, Ill.: Dorsey Press, 1962 (Dorsey series in anthropology and sociology).

HALPERIN-DONGHI, Tulio. "'Dependency theory' and Latin American historiography". *Latin American Research Review*, vol. 17, nº 1, 1982.

HANNAFORD, Ivan. *Race*: the history of an idea in the West. Baltimore: The John Hopkins University Press, 1996.

HANSIS, Randall. *The Latin Americans*: understanding their legacy. Nova York: McGraw-Hill Co., 1997.

HARDT, Michael; NEGRI, Antonio. *Empire*. Cambridge: Harvard University Press, 2000.

HARTZ, Louis. *The founding of new societies*: studies in the history of the United States, Latin America, South Africa, Canada and Australia. Nova York: Harcourt, Brace and World, 1964.

______. *The liberal tradition in america*: an interpretation of american political thought since the revolution. Nova York: Harcourt, 1955.

HAYNES, Keith A. "Authoritarianism, Democracy and Development: The Corporative Theory of Howard J. Wiarda". *Latin American Perspectives*, vol. 15, nº 3, 1988.

HEGEL, Georg Wilhelm Friedrich. *Lectures on the history of philosophy*. Nova York: Humanities Press, 1955.

______. *Phenomenology of Spirit*. Trad. A.V. Miller J. N. Findlay. Oxford: Oxford University Press, 1979.

______. *The philosophy of history*. Nova York: Dover Publications, 1956.

______. *The philosophy of history*. Rev. ed. Nova York: Willey, 1944.

_____. *The philosophy of history*. Trad. J. Sibree. NeovaYork: The Colonial Press, 1899.

_____. *The philosophy of history*. Trad. John Sibree. 2ª rev. ed. Nova York: Willey, 1900.

HEIZER, Robert Fleming; ALMQUIST, Alan F. *The other californians*: prejudice and discrimination under Spain, Mexico, and the United States to 1920. Berkeley: University of California Press, 1971.

HENFREY, Colin. "Dependency, Modes of Production and the Class Analysis of Latin America". *In*: CHILCOTE, Ronald H. (Coord.). *Dependency and Marxism*: Toward a Resolution of the Debate. Boulder: Westview Press, 1982.

HIRSCHMAN, Albert O. *The strategy of economic development*. Coleção Yale studies in economics: 10. New Haven: Yale University Press, 1958.

HOLUB, Robert C. *Reception theory*: a critical introduction. Londres: Methuen, 1984.

HONNETH, Axel. "Integrity and disrespect: principles of a conception of morality based on the theory of recognition". *Political Theory*, vol. 20, nº 2, mai. 1992.

_____. "Redistribution as Recognition: a Response to Nancy Fraser". *In*: FRASER, Nancy; HONNETH, Axel (Coord.). *Redistribution or recognition?* a political-philosophical exchange. Londres: Verso, 2003.

_____. *The struggle for recognition*: the moral grammar of social conflicts. Cambridge; Oxford: Polity Press – Blackwell, 1995.

HOROWITZ, David. *The free world colossus*: a critique of american foreign policy in the Cold War. Nova York: Hill and Wang, 1971.

HOROWITZ, Irving Louis. *Beyond empire and revolution*: militarization and consolidation in the third world. Nova York: Oxford University Press, 1982.

_____. *The rise and fall of project camelot*: studies in the relationship between social science and practical politics. Cambridge: Massachusetts Institute of Technology Press, 1967.

_____. *Three worlds of development*: the theory and practice of international stratification. Nova York: Oxford University Press, 1972.

HORSMAN, Reginald. *Race and manifest destiny*: the origins of american racial anglo-saxonism. Cambridge: Cambridge University Press, 1981.

HOSELITZ, Berthod Frank. *Sociological aspects of economic growth*. Nova York: Free Press, 1965.

______. *The progress of underdeveloped areas*. Chicago: University of Chicago Press, 1952.

HOSELITZ, Berthold Frank; COLLEGE, Dartmouth. *Theories of economic growth*. Glencoe: Free Press, 1960.

HUGGINS, Martha Knisely. *Political policing*: The United States and Latin America. Durham: Duke University Press, 1998.

HUNTINGTON, Samuel P. "Conservatism as an Ideology". *American Political Science Review*, vol. 51, nº 2, jun. 1957.

______. "Political Development and Political Decay". *In*: WELCH, Calude E. (Coord.). *Political Modernization*: a reader in comparative political change. Belmont: Wadsworth Publishing Company, 1967.

______. *Political Order in Changing Societies*. New Haven: Yale University Press, 1968.

INGLEHART, Ronald. *Culture shift in advanced industrial society*. Princeton: Princeton University Press, 1990.

INKELES, Alex. "The modernization of man". *In*: WEINER, Myron (Coord.). *Modernization*: the dynamics of growth. Nova York: Basic Books, 1966.

IRELAND, Rowan. *Kingdoms come*: religion and politics in Brazil. Pittsburgh: University of Pittsburgh Press, 1991.

JAMES PETRAS, H. Michael Erisman; MILLS, Charles. "The Monroe Doctrine and US Hegemony in Latin America". *In*: PETRAS, James (Coord.). *Latin America*: From Dependence to Revolution. Nova York: Wiley, 1973.

JANOWITZ, Morris. *The military in the political development of new nations*: an essay in comparative analysis. Chicago: University of Chicago Press, 1964.

JEFFERSON, Thomas; WASHINGTON, H. A. *The writings of Thomas Jefferson*: being his autobiography, correspondence, reports, messages, addresses, and other writings, official and private. Pub. by the order of the Joint Committee of Congress on the Library, from the original manuscripts, deposited in the Department of State. Philadelphia: J. B. Lippincott & Co, 1869.

JOHNSON, John J. (Coord.). *Continuity and change in Latin America*. Stanford: Stanford University Press, 1964.

______. *The role of the military in underdeveloped countries*. Princeton: Princeton University Press, 1962.

JOHNSON, John J. "One hundred years of historical writing on modern Latin American by United States historians". *Hispanic American Historical Review*, vol. 65, nº 4, 1985.

______. "Remarks by John Johnson". *LASA Forum*, vol. 15, nº 2, 1984.

______. *Latin America in Caricature*. Austin: University of Texas Press, 1980.

______. *Political change in Latin America*: the emergence of the middle sectors. Stanford: Stanford University Press, 1958.

______. *The military and society in Latin America*. Stanford: Stanford University Press, 1964.

JOHNSON, Ken. "'Global conceptualism': conceptual, but verbal, very verbal". *The New York Times*, mai. 1999.

JORRÍN, Miguel. *Governments of Latin America*. Nova York: D. Van Nostrand Company, 1953.

KAHL, Joseph A. *Modernization, Exploitation, and Dependency in Latin America*. Nova Jersey: Transaction Books, 1976.

KAUTSKY, John H. (Coord.). *Political change in underdeveloped countries*: nationalism and communism. Nova York: Wiley, 1965.

KEEN, Benjamin. "Latin American civilization: History and society", 1492 to the present, seventh edition. *Westview Press*, 2000.

KEEN, Benjamin; HAYNES, Keith. *A history of Latin America*. 7ª ed. Boston: Houghton Mifflin, 2004.

KEEN, Benjamin; WASSERMAN, Mark. *A history of Latin America*. 3ª ed. Boston: Houghton Mifflin, 1988.

KENSKI, Henry C.; GORGAN, Margaret. *Teaching political development and modernization at american universities*: a survey. Tucson: University of Arizona Press, 1974.

KLARE, Michael (Coord.). *The university-military-police complex*: a directory and related documents. Nova York: The North American Congress on Latin America (NACLA), 1970.

KLARÉN, Peter F. "Lost Promise: Explaining Latin American Underdevelopment". *In*: CAMP, Roderic Ai (Coord.). *Democracy in Latin America*: Patterns and Cycles. Wilmington: Scholarly Resources Inc., 1996.

KLING, Merle. "The State of Research on Latin America: Political Science". *In*: WAGLEY, Charles (Coord.). *Social Science Research on Latin America*. Nova York: Columbia University Press, 1964.

_____. "Towards a theory of power and political instability in Latin America". *Western Political Quarterly*, vol. 9, nº 1, mar. 1956.

_____. "Towards a theory of power and political instability in Latin America". *In*: PETRAS, James F.; ZEITLIN, Maurice (Coord.). *Latin America*: reform or revolution? a reader. Nova York: Fawcett, [1956] 1968.

KOHLI, Atul; EVANS, Peter; KATZENSTEIN, Peter J.; PRZEWORSKI, Adam; RUDOLPH, Susanne Hoeber; SCOTT, James C.; SKOCPOL, Theda. "The Role of Theory in Comparative Politics". *World Politics*, vol. 48, nº 1, out. 1996.

KOLKO, Gabriel. *Confronting the Third World*: United States Foreign Policy 1945-1980. Nova York: Pantheon Press, 1988.

KOSELLECK, Reinhart. "'Space of Experience' and 'Horizon of Expectation': Two Historical Categories". *In*: _____. *Futures past*: on the semantics of historical time. Londres: The MIT Press, 1985.

_____. "The historical-political semantics of asymmetric counterconcepts". *In*: _____. *Futures past*: on the semantics of historical time. Londres: The MIT Press, 1985.

_____. *Futures past*: on the semantics of historical time. Londres: The MIT Press, 1985.

KOSELLECK, Reinhart; BRUNNER, Otto; CONZE, Werner (Coord.). *Geschichtliche Grundbegriffe*. 9 vols. Stuttgart: Klett-Cotta, 1972-1997.

KOSELLECK, Reinhart; GADAMER, Hans-Georg. *Historia y hermenéutica*. Barcelona: Paidós, 1977.

KRESS, Gunthere; VAN LEEUWEN, Theo. *Reading images*. Deakin University, 1990.

KYMLICKA, Will. *Multicultural citizenship*: a liberal theory of minority rights, Oxford political theory. Oxford; Nova York: Clarendon Press; Oxford University Press, 1995.

LALL, Sanjaya. "Is 'Dependence' a useful concept in analysing underdevelopment?" *World Development*, vol. 3, nº 11/12, 1975.

LATHAM, Michael E. "Ideology, social science, and destiny: Modernization and the Kennedy-era alliance for progress". *Diplomatic History*, vol. 22, nº 2, 1998.

______. *Modernization as ideology*: American Social Science and "Nation Building" in the Kennedy Era. Chapel Hill: The University of North Carolina Press, 2000.

LATIN AMERICAN PERSPECTIVES. "Our Views". *Latin American Perspectives*, vol. 1, nº 1, 1974.

LATIN AMERICAN STUDIES CENTER; CALIFORNIA STATE UNIVERSITY (Coord.). *Latin American perspectives index*: issues 1-35, 1974-1982. Los Angeles: Latin American Studies Center; California State University, 1983.

LECAILLON, Jean-François. *Napolâeon III et le Mexique*: les illusions d'un grand dessein. (Coleção Horizons Amâeriques latines). Paris: L'Harmattan, 1994.

LEOGRANDE, William M. "Through the Looking Glass: The Kissinger Report on Central America". *World Policy Journal*, vol. 1, nº 2, 1984.

LERNER, Daniel. *The passing of traditional society*: modernizing the Middle East. Glencoe: Free Press, 1967.

LIEUWEN, Edwin. *Arms and politics in Latin America*. 1ª ed. Nova York: Published for the Council on Foreign Relations by Praeger, 1960.

______. *Arms and politics in Latin America*. Rev. English 2ª ed. Nova York: Published for the Council on Foreign Relations by Praeger, 1961.

______. *Generals vs. presidents*: neomilitarism in Latin America. Nova York: Praeger, 1964.

LIMA, Manoel de Oliveria. "New constitutional tendencies in Hispanic America". *Hispanic American Historical Review*, vol. 5, nº 1, 1922.

LIPSET, Seymour Martin. *Political man*: the social bases of politics. Garden City: Doubleday, 1960.

LIPSET, Seymour Martin; SOLARI, Aldo E. *Elites in Latin America*. Nova York: Oxford University Press, 1967.

LOCKE, John; LASLETT, Peter. *Two treatises of government*. Student ed. Coleção Cambridge texts in the history of political thought. Cambridge: Cambridge University Press, 1988.

LOCKEY, Joseph Byrne. *Essays in Pan-Americanism*. Berkeley: University of California Press, 1939.

LOVEMAN, Mara. "The Race to Progress: Census Taking and Nation Making in Brazil (1870-1920)". *Hispanic American Historical Review*, vol. 89, nº 3, 2009.

LOWEN, Rebecca S. *Creating the cold war university*. Berkeley: University of California Press, 1997.

LÖWITH, Karl. *Meaning in history*. Chicago; Londres: Phoenix Books; The University of Chicago Press, 1949.

MAIER, Joseph; WEATHERHEAD, Richard W. *Politics of Change in Latin America*. Nova York: Frederick A. Praeger, 1964.

MALLOY, James M. "Authoritarianism and corporatism in Latin America; the modal pattern". *In*: CAMP, Roderic Ai (Coord.). *Democracy in Latin America*: Patterns and Cycles. Wilmington: Scholarly Resources Inc, 1996.

______. "Authoritarianism, corporatism and mobilization in Peru". *The Review of Politics*, vol. 36, nº 1, jan. 1974.

______. *Authoritarianism and corporatism in Latin America*. Coleção Pitt Latin American series. Pittsburgh: University of Pittsburgh Press, 1977.

______. *Politics, fiscal crisis and social security reform in Brazil*. Coleção Latin American issues. nº 1. Meadville: Allegheny College, 1985.

______. *The politics of social security in Brazil*. Coleção Pitt Latin American series. Pittsburgh: University of Pittsburgh Press, 1979.

MALLOY, James M.; SELIGSON, Mitchell A. *Authoritarians and democrats*: regime transition in Latin America. Coleção Pitt Latin American series. Pitsburgo: University of Pittsburgh Press, 1987.

MALTBY, William S. *The Black Legend in England*: the development of anti-Spanish sentiment, 1558-1660. Durham: Duke University Press, 1971.

MARIZ, Cecília Loreto. *Coping with Poverty*: Pentecostals and Christian Base Communities in Brazil. Filadélfia: Temple University Press, 1994.

MARTIN, David. *Tongues of fire*: the explosion of Protestantism in Latin America. Cambridge: Blackwell, 1990.

MARTZ, John D. (Coord.). *The Dynamics of Change in Latin American Politics*. Englewood Cliffs: Prentice-Hall, 1965.

MARTZ, John D. "Political science and Latin American studies: a discipline in search of a region". *Latin American Research Review*, vol. 6, nº 1, 1971.

MATTIACE, Shannan; CAMP, Roderic Ai. "Democracy and Development: An Overview". *In*: CAMP, Roderic Ai (Coord.). *Democracy in Latin America*: Patterns and Cycles. Wilmington: Scholarly Resources Inc, 1996.

MCALISTER, Lyle N. "Recent research and writings on the role of the military in Latin America". *Latin American Research Review*, vol. 2, nº 1, out. 1966.

______. "The Military". *In*: JOHNSON, John J. (Coord.). *Continuity and change in Latin America*. Stanford: Stanford University Press, 1964.

MCCAUGHEY, Robert A. *International studies and academic enterprise*: a chapter in the enclosure of american learning. Nova York: Columbia University Press, 1984.

MCCLELLAND, David Clarence. *The achieving society*. Princeton: Van Nostrand, 1961.

MEIER, Gerald M.; BALDWIN, Robert E. *Economic development*: theory, history, policy. Nova York: Wiley, 1957.

MELANSON, Richard A. *Writing History and Making Policy*: The Cold War, Vietnam and Revisionism. Nova York: University Press of America, 1983.

MIGNOLO, Walter. *Local histories/global designs*: coloniality, subaltern knowledges, and border thinking. Princeton: Princeton University Press, 2000.

MILLIKAN, Max Franklin; BLACKMER, Donald L. M. *The emerging nations*: their growth and United States policy. Boston: Little Brown, 1961.

MITCHELL, Timothy. "Orientalism and the exhibitionary order". *In*: MIRZOEFF, Nicholas (Coord.). *The visual culture reader*. Londres: Routledge, 1998.

MITCHELL, W. J. T. *Picture theory*: essays on verbal and visual representation. Chicago: University of Chicago Press, 1994.

MONTEJANO, David. *Anglos and Mexicans in the making of Texas, 1836-1986*. 1ª ed. Austin: University of Texas Press, 1987.

MORSE, Richard M. "The heritage of Latin America". *In*: HARTZ, Louis (Coord.). *The Founding of New Societies*: Studies in the History of the United States, Latin America, South Africa, Canada and Australia. Nova York: Harcourt, Brace & World, 1964.

_____. "Toward a Theory of Spanish American Government". *Journal of the History of Ideas*, vol. 15, nº 1, jan. 1954.

MUELLER, John. "The Cold War Consensus: From Fearful Hostility to War Contempt". *In*: MELANSON, Richard A.; THOMPSON, Kenneth W. (Coord.). *Foreign Policy and Domestic Consensus*. New York: University Press of America, 1985.

MYERS, Steven Lee. "Be all that you can be: your future as an extortionist". *New York Times*, out. 1996.

_____. "Old U.S. Army manuals for Latin officers urged rights abuses". *New York Times*, set. 1966.

NAPOLÉON, Louis. *Canal of Nicaragua or, a project to connect Atlantic and Pacific oceans by means of a canal*. Londres: Mills & Son, 1846.

NEEDLER, Martin C.; WALKER, Thomas W. "The Current Status of Latin American Studies Programs". *Latin American Research Review*, vol. 6, nº 1, 1971.

NELSON-PALLMEYER, Jack. *School of assassins*: the case for closing the School of the AMERICAS and for fundamentally changing U.S. foreign policy. Nova York: Orbis Books, 1997.

NEWTON, Ronald C. "Natural Corporatism and the Passing of Populism in Spanish America". *Review of Politics*, vol. 36, nº 1, jan. 1974.

_____. "On 'Functional Groups', 'Fragmentation', and 'Pluralism' in Spanish American Political Society". *Hispanic American Historical Review*, vol. 50, nº 1, fev. 1970.

_____. *German Buenos Aires, 1900-1933*: social change and cultural crisis. Austin: University of Texas Press, 1977.

_____. *The "Nazi menace" in Argentina, 1931-1947*. Stanford: Stanford University Press, 1992.

NICHOLSON, Linda. "To be or not to be". *Constellations*, vol. 3, nº 1, 1996.

NOVICK, Peter. *That noble dream*: the "objectivity question" and the American historical profession. Cambridge: Cambridge University Press, 1988.

O'BRIEN, Philip. "1973-1982, of the Chilean Regime". *In*: O'BRIEN, Philip; CAMMACK, Paul (Coord.). *Generals in Retreat*: The Crisis of Military Rule in Latin America. Manchester University Press, 1985.

O'DONNELL, Guillermo. *Modernization and Bureaucratic-Authoritarianism*: studies in south American politics. Berkeley: Institute of International Studies University of California, 1973.

O'DONNELL, Guillermo; SCHMITTER, Philippe C. *Transitions from authoritarian rule*: tentative conclusions and uncertain democracies. Baltimore: Johns Hopkins University Press, 1986.

OXAAL, Ivar; BARNETT, Tony; BOOTH, David (Coord.). *Beyond the sociology of development*: economy and society in Latin America and Asia. Londres: Routledge & Kegan Paul, 1975.

PACKENHAM, Robert A. "Plus ça Change...: the English Edition of Cardoso and Faletto's Dependencia y Desarollo en América Latina". *Latin American Research Review*, vol. 17, nº 1, 1982.

______. *The dependency movement*: scholarship and politics in development studies. Cambridge: Harvard University Press, 1992.

PAGDEN, Anthony. *The fall of natural man*: the American Indian and the origins of comparative ethnology. Cambridge: Cambridge University Press, 1982.

PANITCH, Leo. *Working class politics in crisis*: essays on labour and the state. Londres: Verso, 1986.

PARK, James William. *Latin American Underdevelopment*: a history of perspectives in the United States, 1870-1965. Londres: Louisiana State University Press, 1995.

PARKER, Phyllis R. *1964*: o papel dos Estados Unidos no golpe de Estado de 31 de março. 2ª ed. Rio de Janeiro: Civilização Brasileira, 1977.

______. *Brazil and the quiet intervention, 1964*. Austin: University of Texas Press, 1979.

PARSONS, Talcott. *The social system*. Glencoe, Ill.: Free Press, 1951.

PETRAS, James F.; LAPORTE, Robert. *Cultivating Revolution*: the United States and Agrarian Reform in Latin America. Nova York: Vintage Books, 1973.

PETRAS, James. *Politics and Social Structure in Latin America*. Nova York: Monthly Review Press, 1970.

PETRAS, James; ZEITLIN, Maurice (Coord.). *Latin America*: Reform or Revolution? a reader. Nova York: Fawcett, 1968.

PHELAN, John Leddy. "Pan-latinism, French intervention in Mexico (1861-1867) and the genesis of the idea of Latin America". *In*: ORTEGA Y MEDINA, Juan A. (Coord.). *Conciencia y autenticidad históricas*: escritos en homenaje a Edmundo O'Gorman. Mexico: UNAM, 1968.

PIERSON, W.W. "Pathology of democracy in Latin-America: a symposium". *American Political Science Association*, vol. 44, nº 1, 1950.

PIKE, Frederick B. *The United States and Latin America*: myths and stereotypes of civilization and nature. Austin: University of Texas Press, 1992.

______. "Corporatism and Latin American-United States Relations". *In*: PIKE, Fredrick B.; STRITCH, Thomas (Coord.). *The New Corporatism*: Social-Political Structures in the Iberian World. Notre Dame: University of Notre Dame Press, 1974.

PIKE, Fredrick B.; STRITCH, Thomas (Coord.). *The New Corporatism*: Social-Political Structures in the Iberian World. Notre Dame: University of Notre Dame Press, 1974.

PIKE, Fredrick B. *Spanish America 1900-1970*: tradition and social innovation. Nova York: W. W. Norton, 1973.

______. *The United States and the Andean Republics*: Peru, Bolivia, and Ecuador. Harvard: Harvard University Press, 1977.

PINKARD, Terry P. *Hegel's Phenomenology*: the sociality of reason. Cambridge: Cambridge University Press, 1994.

POWELL, John D. "Military Assistance and Militarism in Latin America". *Western Political Quarterly*, vol. XVIII, jun. 1965.

POWELL, Philip Wayne. *Tree of hate*: propaganda and prejudices affecting United States relations with the Hispanic world. Nova York: Basic Books, 1971.

PRESTON, Julia. "Mexico students to continue strike at empty campus". *The New York Times*, jul. 1999.

PRIVETT, Stephen A. "School of the Americas on trial". *America*, vol. 174, mai./jun. 1996.

PROVA de vida (*Proof of Life*). Direção: Taylor Hackford. EUA, 2000.

PYE, Lucian. "Armies in the Process of Political Modernization". *In*: JOHNSON, John J. (Coord.). *The Role of the Military in Underdeveloped Countries*. Princeton: Princeton University Press, 1962.

______. *Politics, personality, and nation building*: Burma's search for identity. New Haven: Yale University Press, 1962.

RAMIREZ, Luz Elena. *British representations of Latin America*. Gainesville: University Press of Florida, 2007.

RANCIÈRE, Jacques. *The future of the image*. Pbk. ed. Londres: Verso, 2009.

RICHARDS, Thomas F. "The Cold War at Rutgers University: a case study of the dismissals of professors Heimlich, Finley, and Glasser". *Graduate Program in Social and Philosophical Foundations, Rutgers University*, vol. 15, nov. 1986.

RICHTER, Melvin. "Aristotle and the classical Greek concept of despotism". *History of European Ideas*, vol. 12, nº 2, 1990.

______. *The history of political and social concepts*: a critical introduction. Oxford: Oxford University Press, 1995.

RICOEUR, Paul. *Hermeneutics and the human sciences*. Paris: Cambridge University Press and Editions de la Maison des Sciences de L'Homme, 1981.

ROCKEFELLER, Nelson A. *The rockefeller report on the americas*: the official report of a United States presidential mission for the western hemisphere. Chicago: Quadrangle Books, 1969.

RORTY, Amelie Oksenberg. "The Hidden Politics of Cultural Identification". *Political Theory*, vol. 22, nº 1, 1994.

ROSENTHAL, Gert. "The contribution of the economic commission for Latin America and the Caribbean to the United Nations intellectual legacy". *Manuscript*, 2002.

ROSS, Dorothy. *The origins of American social science*. Nova York: Cambridge University Press, 1991.

ROSTOW, Walt Whitman. *The stages of economic growth*: a non-communist manifesto. Nova York: Cambridge University Press, 1960.

______. *View from the seventh floor*. 1ª ed. Nova York: Harper & Row, 1964.

SAFA, Helen Icken. "President's corner". *LASA Forum*, vol. 14, nº 4, 1985.

SAID, Edward W. *Orientalism*. 1ª ed. Nova York: Pantheon Books, 1978.

SALVATORE, Ricardo Donato. *Imágenes de un imperio*: Estados Unidos y las formas de representación de América Latina. Buenos Aires: Editorial Sudamericana, 2006.

SANDERS, Jane. *Cold war on the campus*: academic freedom at the University of Washington, 1946-64. Seattle: University of Washington Press, 1979.

SCHLESINGER, Stephen; KINZER, Stephen. *Bitter FRUIT*: the untold story of the american coup in guatemala. Nova York: Anchor Press, 1983.

SCHMITTER, Philippe C. "Corporatism is dead! long live corporatism!" *Government and Opposition*, vol. 24, nº 1, jan. 1989.

______. "Still the Century of Corporatism?" *The Review of Politics*, vol. 36, nº 1, 1974.

______. *Corporatism and public policy in authoritarian Portugal*. Londres: Sage Publications, 1975.

______. *Interest conflict and political change in Brazil*. Stanford: Stanford University Press, 1971.

______. "The Portugalization of Brazil?" *In*: STEPAN, Alfred (Coord.). *Authoritarian Brazil*: Origins, Policies, and Future. New Haven: Yale University Press, 1973.

SCHNEIDER, Arnd. *Appropriation as practice*: art and identity in Argentina. 1ª ed. Nova York: Palgrave Macmillan, 2006.

SCHOULTZ, Lars. *Beneath the United States*: a history of US policy toward Latin America. Londres: Harvard University Press, 1998.

______. *Human rights and United States policy toward Latin America*. Princeton: Princeton University Press, 1981.

______. *National Security and United States Policy Towards Latin America*. Princeton: Princeton University Press, 1987.

SCHURZ, William Lythe. *Latin America*: a descriptive survey. Nova York: E. P. Dutton, 1941.

SEVERO, Richard. "Senor Wences, Ventriloquist Who Was a TV Regular". *The New York Times*, abr. 1999.

SEYBOLD, Peter J. "The Ford Foundation and the Triumph of Behavioralism in American Political Science". *In*: ARNOVE, Robert F. (Coord.). *Philanthropy and Cultural Imperialism*: The Foundations at Home and Abroad, 1982.

SHILS, Edward. *Political Development in the New States*. Haia: Mouton and Company, 1962.

SILVERT, Kalman H. (Coord.). *Expectant Peoples*: Nationalism and Development. Nova York: Vintage Books, 1963.

SIMPSON, John A.; WEINER, E. S. C. *The Oxford English dictionary*. 2ª ed. Oxford; Nova York: Clarendon Press; Oxford University Press, 1991.

SIMPSON, John; PROFITT, Michael (Coord.). *Oxford English Dictionary*: additions series. Oxford: Clarendon Press, 1997.

SKIDMORE, Thomas E.; SMITH, Peter Hopkinson. *Modern Latin America*. Nova York: Oxford University Press, 1984.

______. *Modern Latin America*. 5ª ed. Nova York: Oxford University Press, 2001.

SKINNER, Quentin. *Foundations of modern political thought*. vol. 1/2. Cambridge: Cambridge University Press, 1978.

SMITH, Christian. "The spirit and democracy: base communities, Protestantism, and democratization in Latin America". *Sociology of Religion*, vol. 55, nº 2, jul. 1994.

SMITH, Peter Hopkinson. *Talons of the eagle*: dynamics of U.S.-Latin American relations. 1ª ed. Nova York: Oxford University Press, 1996.

SMITH, Rogers. *Civic ideals*: conflicting visions of citizenship in U.S. history. New Haven: Yale University Press, 1997.

SMITH, Terry. "Visual regimes of colonization: aboriginal seeing and European vision in Australia". *In*: MIRZOEFF, Nicholas (Coord.). *The visual culture reader*. Londres: Routledge, 1998.

SPIVAK, Gayatri Chakravorty. "Criticism, Feminism and the Institution: interview with Elizabeth Gross". *Thesis Eleven*, nº 10/11, 1984-1985.

SQUIER, Ephraim George. *Notes on Central America, Particularly the States of Honduras and San Salvador*. Nova York, 1855.

STEPHANSON, Anders. *Manifest destiny*: American expansionism and the empire of right. Nova York: Hill and Wang, 1995.

STOLL, David. *Is Latin America turning Protestant?*: the politics of Evangelical growth. Berkeley: University of California Press, 1990.

TAYLOR, Charles. "The politics of recognition". *In*: TAYLOR, Charles; GUTMANN, Amy (Coord.). *Multiculturalism*: Examining the Politics of Recognition. Princeton: Princeton University Press, 1992.

TAYLOR, Charles; GUTMANN, Amy. *Multiculturalism*: examining the politics of recognition. Princeton: Princeton University Press, 1994.

TAYLOR, Robert J. FRIEDLAENDER, Mark (Coord.). *Diary of John Quincy Adams*. Cambridge: Belknap Press, 1981.

TELLES, Edward E. *Race in another America*: the significance of skin color in Brazil. Princeton: Princeton University Press, 2004.

TODOROV, Tzvetan. *On human diversity*: nationalism, racism, and exoticism in French thought. Cambridge: Harvard University Press, 1993.

TORRES DE CAICEDO, José Maria. "Las Dos Americas". *In*: ARDAO, Arturo. *Genesis de la idea y el nombre de America Latina*. Caracas: Centro de Estudios Latinoamericanos Romulo Gallegos, 1856.

______. "Union Latino-Americana: pensamiento de Bolivar para formar una liga americana; su origen y sus desarrollos". *In*: VARGAS, Ribadeneira (Coord.). *El bogotano J.M. Torres Caicedo (1830-1889)*. Bogotá: Academia Colombiana de Historia, 1865.

TORRES, Carlos Alberto. "Center Directors Discuss the Future of Latin American Studies". *LASA Forum*, 2000.

TRIBE, Keith. *Transformation and Translation*: Max Weber in English. Tampere: History of Concepts Group Annual Conference, 2001.

TUCK, Richard. *Natural rights theories*: their origin and development. Cambridge: Cambridge University Press, 1979.

TULLY, James. "Struggles over Recognition and Distribution". *Constellations*, vol. 7, nº 4, 2000.

US GOVERNMENT DEFENSE DEPARTMENT. *Spanish-language intelligence training manuals*: [compiled from outdated instructional material... evolving from lesson plans used in an intelligence course at USASOA... and distributed by SOUTHCOM Mobile Training Teams to military personnel and intelligence schools in five Latin American countries – Colombia, Ecuador, El Salvador, Guatemala, and Peru] / [put together by Army military intelligence officers in SOUTHCOM, Panama]. Washington: Released by the Assistant to the Secretary of Defense, 1992.

US NATIONAL BIPARTISAN COMMISSION ON CENTRAL AMERICA. *Appendix to the Report of the National Bipartisan Commission on Central America*. Washington: National Bipartisan Commission on Central America: For sale by the Supt. of Documents, U.S. G.P.O, 1984.

US NATIONAL BIPARTISAN COMMISSION ON CENTRAL AMERICA; CHAIR, Henry Kissinger. *The Report of the President's National Bipartisan Commission on Central America*. Nova York: Macmillan, 1984.

VALENZUELA, J. Samuel; VALENZUELA, Arturo. "Modernization and Dependency: alternative perspectives in the study of Latin American underdevelopment". *Comparative Politics*, vol. 10, nº 4, 1978.

VARGAS, Antonio José Rivadeneira. *El bogotano J.M. Torres Caicedo (1830-1889)*, Cloleção Lecturas de Bogotá. Bogotá: Academia Colombiana de Historia, 1989.

VÉLIZ, Claudio. "A world made in England". *Quadrant*, vol. XXVII, nº 3, 1983.

_____. "Centralism and Nationalism in Latin America". *In*: WIARDA, Howard J. (Coord.). *Politics and Social Change in Latin America*: Still a Distinct Tradition? Boulder: Westview Press, [1968] 1992.

WAGLEY, Charles. *Social Science Research on Latin America*. Nova York: Columbia University Press, 1964.

WALLERSTEIN, Immanuel. "The Unintended Consequences of Cold War Area Studies". *In*: CHOMSKY, Noam (Coord.). *The Cold War and the university*. Nova York: The New Press, 1997.

WEATHERHEAD, Richard W. "Traditions of Conflict in Latin America". *In*: MAIER, Joseph; WEATHERHEAD, Richard W. (Coord.). *Politics of Change in Latin America*. Nova York: Alfred A. Knopf, 1964.

WEBER, Max, Talcott Parsons; TAWNEY, R. H. *The Protestant ethic and the spirit of capitalism*. Nova York: Scribner's, 1950.

WEINER, Myron. *Modernization*: the dynamics of growth. Nova York: Basic Books, 1966.

WELCH, Claude E. (Coord.). *Political modernization*: a reader in comparative political change. Belmont: Wadsworth Publishing Company, 1967.

WHITAKER, Arthur P. "Pathology of democracy in Latin-America: a symposium. I. A historian's point of view". *American Political Science Association*, vol. 44, nº 1, 1950.

WIARDA, Howard J. (Coord.). *Politics and social change in Latin America*: the distinct tradition. Amherst: University of Massachusetts Press, 1982.

______. *Finding our way? Toward maturity in US-Latin American relations*. Washington: Washington Enterprise Institute, 1987.

WIARDA, Howard J. "Corporatism and Development in the lberic-Latin World: Persistent Strains and New Variations". *Review of Politics*, vol. 36, nº 1, 1974.

______. "The Kissinger Commission Report: Background and Political Dimensions". *American Enterprise Institute Foreign Policy and Defense Review*, vol. 5, nº 1, 1984.

______. "The National Bipartisan (Kissinger) Commission on Central America, 1983-1984". *In*: ABSHIRE, David (Coord.). *Triumphs and tragedies of the modern presidency*: sixty-six case studies in presidential leardership. Westport: Praeger, 2001.

______. "Toward a Framework for the Study of Political Change in the lberic-Latin Tradition: The Corporative Model". *World Politics*, vol. 25, nº 1, 1973.

______. "United States Policy in Central America: Towards a New Relationship". *In*: NATIONAL BIPARTISAN COMMISSION ON CENTRAL AMERICA. *Appendix to the Report of the National Bipartisan Commission on Central America*. Washington: National Bipartisan Commission on Central America: For sale by the Supt. of Documents, U.S. G.P.O, 1984.

______. *Corporatism and development*: the portuguese experience. Amherst: University of Massachusetts Press, 1977.

______. *Corporatism and National Development in Latin America*. Boulder: Westview Press, 1981.

______. *Does Europe still stop at the Pyrenees? Or does Latin America begin there?*: Iberia, Latin America, and the second enlargement of the European Community. Washington: American Enterprise Institute for Public Policy Research Center for Hemispheric Studies, 1981.

______. *From corporatism to neo-syndicalism*: the state, organized labor and the changing industrial relations systems of southern europe. Cambridge: Harvard University Press, 1981.

______. *Politics and social change in Latin America*: the distinct tradition. Amherst: University of Massachusetts Press, 1974.

WIARDA, Howard J.; KLINE, Harvey F. *An introduction to Latin American politics and development*. Boulder: Westview Press, 2001.

______. *Latin American politics and development*. 5ª ed. Boulder: Westview Press, 2000.

WIARDA, Howard J.; KLINE, Harvey F. *Latin American politics and development*. 1ª ed. Boulder: Westview Press, 1979.

WILLIAMS, William Appleman. *Empire as a Way of Life*: An Essay on the Causes and Charcter of America's Present Predicament along with a Few Thoughts about an Alternative. Nova York: Oxford University Press, 1980.

WINKS, Robin. *Cloak and Gown*: Scholars in the Secret War 1939-1961. New Haven: Yale University Press, 1987.

WOOD, Forrest G. *The arrogance of faith*: christianity and race in America from the colonial era to the twentieth century. Boston: Northeastern University Press, 1991.

WYCKOFF, Theodore. "Communist Military Capabilities in Latin America: The Spectrum of Violence". *In*: MASON, Bruce B. (Coord.). *The Political-Military Defense of Latin America*. Tempe: Bureau of Governmental Research, Arizona State University, 1963.

______. "The Role of the Military in Latin American Politics". *Western Political Quarterly*, vol. XIII, nº 4, set. 1960.

______. "The Role of the Military in Latin American Politics". *In*: MARTZ, John D. (Coord.). *The Dynamics of Change in Latin American Politics*. Englewood Cliffs: Prentice-Hall 1965.

______. *The defense of Latin America*: the changing concept. vol. XIII. nº 81. Coleção Public Affairs Series. Tempe: Bureau of Government Research; Arizona State University, 1964.

APÊNDICE 1

Esses são os resultados de uma pesquisa bibliográfica conduzida no site da *Library of Congress*. Busquei publicações (livros, periódicos e revistas) em inglês que tivessem a expressão *Latin America* em seu título. Os instrumentos de busca do site cobrem toda a coleção principal da biblioteca, sendo a maior dos Estados Unidos.

Décadas	Nº Publicações
0-1900	0
1901-10	2
1911-20	23
1921-30	25
1931-40	50
1941-50	155
1951-60	91
1961-70	328
1971-80	450
1981-90	361
1991-00	502

Os resultados indicam claramente um crescimento abrupto do número de publicações por volta de 1960, revertendo drasticamente a tendência que se verificou após o fim da Segunda Grande Guerra. Os dados corroboram vários argumentos apresentados ao longo do texto, a saber:

– A inexistência do conceito em inglês antes de 1900.

– A falta de interesse por *Latin America* até o advento da revolução cubana, evidenciada pelo pequeno número de publicações no período precedente.

– O crescimento abrupto de publicações logo após a revolução, que coincide historicamente com o rápido crescimento dos *Latin American Studies*.

APÊNDICE 2

Os dados da tabela abaixo provêm de uma série de buscas feitas por meio do mecanismo de busca Google (www.google.com), possivelmente, o mais potente da Internet atualmente.

O método usado nessas buscas seguiu os seguintes passos:

1. Levantamento de uma lista de livros-texto, com seus respectivos autores, utilizados em cursos de graduação de *Latin American Studies* por meio da busca por páginas com programas de curso.

2. Uma vez de posse da lista, busca por páginas com nomes de cada livro com seus respectivos autores.

3. Seleção das páginas encontradas para descarte daquelas que não eram programas de curso de graduação de cursos sobre *Latin America*

4. Análise dos programas para determinar se os livros eram usados na bibliografia principal ou somente como bibliografia secundária.

5. Ranqueamento dos títulos em ordem decrescente.

Ainda que esse método não seja capaz de localizar todos os cursos do sistema universitário dos Estados Unidos que utilizam um determinado livro, ele permite que os livros sejam ranqueados pela frequência de sua incidência nos programas encontrados pelo *Google*. Não há razão para crer que a metodologia empregada por esse mecanismo de busca introduza um bias significativo na amostra. Muitos cursos não têm seus programas postos na internet. Contudo, o número de programas encontrados é grande (aproximadamente, 300), e as palavras de busca não introduzem limitações ao resultado para além dos nomes dos autores e de seus livros.

RESULTADOS

Palavras de busca	Nº
Skidmore and Smith and "Modern *Latin America*"	202
Keen and Benjamin and "History of *Latin America*"	54
Burkholder and "Colonial *Latin America*"	59
Burns and Bradford and "*Latin America* a Concise Interpretive History"	28
Winn and Peter and "The Changing Face of *Latin America*"	26
Wiarda and Kline and "*Latin American* Politics and Development"	18
Wynia and Gary and "Politics of *Latin American* Development"	18
Black and Knippers and "*Latin America* its Problems and its Promise"	16
Chasteen and John and "Born in Blood and Fire"	15

NOTAS

NOTAS

NOTAS

NOTAS

NOTAS

NOTAS

A Editora Contracorrente se preocupa com todos os detalhes de suas obras! Aos curiosos, informamos que este livro foi impresso no mês de setembro de 2023, em papel Pólen Natural 80g, pela Gráfica Copiart.

NOTAS